関係性の民俗学

平成の大合併と地域社会のくらし

小島孝夫 編著

明石書店

まえがき

本書は、「平成の大合併」による広域合併自治体を具体的な事例として、地域社会の再編に際して人々が共有する危惧や期待をはじめとしたさまざまな心意に留意することで、人々が描く地域社会像や、現代社会における集団生成の思惟を明らかにすることを試みたものである。

成城大学民俗学研究所は、民俗学・歴史学・文化人類学に関する研究プロジェクトを継続的に展開している。それらのうち、柳田國男主導で昭和九～十一年に実施された「山村調査」と昭和十二～十三年に実施された「海村調査」の『採集手帖』を基礎資料とするプロジェクトが継続されてきた。両調査が実施された調査地を対象に両調査実施後の民俗変化について追跡調査を実施したもので、それらの成果を『山村生活五〇年　―その文化変化の研究―（全三冊）』（昭和五十九～六十一年）、『昭和期山村の民俗変化』（平成二年）、『海と島のくらし―沿海諸地域の文化変化―』（平成十四年）として刊行してきた。この経緯は本書第6章田中論文に詳述されている。

本研究プロジェクトも、この流れに連なるもので、両調査が実施された地域を対象に、当該『採集手帖』の記載事項を起点とし、さらに先述の追跡調査の研究成果を当該地域社会の変化の過程として位置づけ、各調査地の現在にいたる民俗事象の変化を当該自治体の町村合併を介した全国的な動態として捉えなすことを目的として、研究に着手した。具体的には、当該地域における民俗変化の在り方から地域社会の現状を把握するという手法をとったが、こうした状況確認の中間報告として開催した公開シンポジウム「市町村合併と民俗変化―平成の合併を中心に」を契機として、むしろ「民俗」として捉えられてきた事象の背景にある、人々の生きかたや選択の核となっている、さまざまな関係性の変容の実態を明らかにすることこそが急務であることが参画者の間で共有されていくことになった。

今次の合併が成るまでの当該自治体間での協議が極めて短期間で収束しているのは、政府や都道府県による重層的な指導が行われたことに起因すると考えられるが、当該地域住民組織内での合意形成なしには合併が進展しなかったことを考えれば、住民の側の対応の背景にある思惟についても一層留意しなければならない。住民の側にも合併を選択した必然性や覚悟が存在したはずだからである。そして、この必然性や覚悟こそが、合併協議時の当該地域住民間で共有されていた意識であり価値観であると捉えることができる。

日本における町村合併は次のように展開してきた。明治二十一年（一八八八）の市制・町村制に基づく「明治の大合併」、昭和二十八年（一九五三）の町村合併促進法に基づく「昭和の大合併」、そして、平成七年（一九九五）の地方分権一括法による市町村合併特例法改正に基づくのが、今次の合併である。これらの町村合併施策は、政府の思惑によって常に広域合併が志向されており、当該地域の住民が生活上の必要性などから望んで実施されたものではない場合が多い。そのために、住民はこれらの広域合併を経験する過程で帰属意識の核となるものを模索していくことにもなった。政府の施策は、地域社会に一様な対応を求めようとするものであったが、地域社会の側は共振的に対応をしてきたわけではない。当該自治体を含む政府は国・都道府県・市町村と階層的に存在しており、地域住民側に対して垂直的・重層的にさまざまな働きかけを行ってきた。それらに対して、住民側は地域内にさまざまな集団が併存しているため、施策に従いながらも、個人の日常生活レベルでは多様な対応を選択してきた。町村合併が人口や面積などを基準として社会を構造的に再構築しようとする政府の視点にたったものであるのに対して、当該社会を生活空間や生産空間と捉える人々の基底には当該地域で生きることに対しての思いや願いが存在しており、人々はその思いや願いを満たすために共同性を前提とした各自の役割を果たしてきたのである。そうすることで、当該社会を安定した状態で維持できるようにしてきたのである。

このような視点から今次の合併の経緯を捉え直してみると、短期間の議論で当該自治体間の合併協議が完了していることが一層注目される。その背景には、住民が合併を選択した背景として、当該社会や集団間で共有されていた共同性や関係性が変化していることが挙げられる。第二次世界大戦後の高度経済成長期を経ることで当該地域の社会構造や産業構造が変化し、家業という世襲の生業形態を消失していくことになった。家業を維持していくためには、他者との協力が前提となっていたが、家業の継承という前提が当該社会から取り払われてしまうと、他者との間の協力関係や共同性に対する意識も希薄化していくことになったのである。共同性を前提として個の生活を形成していくという従前の他者との関係性が、共同性を前提としないで個の生活を形成するという関係性に変化しつつあることが、当該住民に「自分の代まではやるが、後の（代の）ことは仕方がない」という意識を共有させることになり、そうした人々の諦観によって選択されたのが今次の合併であると捉えることができる。

　こうした状況をかんがみ、本研究プロジェクトでは次のような視座を共有しながら議論を深めていくことになった。

地域住民組織の成りたちは、当該地域での定住生活を安定した状態で維持するための共同性やそれに基づく関係性をつくることが前提となってきたため、共同性や関係性は地域住民組織の紐帯としての役割を果たしてきた。そのために、昭和の大合併までは行政区分が変更になった場合でも、家業の存在により、当該地域住民組織単位の共同性や関係性は概ね維持されてきたといえよう。ところが、昭和の大合併から今次の大合併までの半世紀の間に、日本の地域社会は高度経済成長期やそれにともなう社会構造や産業構造の変化を経験しており、さらに地域社会をめぐる社会環境の差異や当該地域住民の世代差に応じて、地域住民組織の共同性や関係性にもさまざまな変化が生じていることも確かである。民俗として捉えられた事象の基盤自体が変容しているのである。町村合併は、概して、地域の基盤調整のために政府により繰り返されてきたもので、それに対して、当該地域行政においては新たに区分された範囲を制度的に維持することに腐心してきたのみで、当該地域の人々の意識を統合するような地域の紐帯となる概念を創出する努力はほとんど行われてこなかったといってよい。

　一方、数次の広域合併を経験してきた地域社会において、人々は行政区分としての「地域」と住民自身の自治で維持されている「地域」とが重層的に存在していることを理解しており、住民間で新たな関係性を模索することを繰り返しながら、自分自身が内包している地域像を核にして、ともに生きるための地域像を共有していくための模索を続けてきた。本研究の視座は、こうした、地域社会に生きる人々の新たな関係性の模索から形成された「地域自治」や公共性のあり方を検証していくことから、地域社会に生きる人々がともに生きることが可能になる地域社会を再構築するための課題と可能性を明らかにすることへと転換していくことになった。

明治・昭和・平成の三次にわたる町村合併は、地域社会の成り立ちや移り変わりに大きな影響を与えてきたが、合併という方法で行政区分を変更する施策と、それにともなう地域社会における諸集団やそれらの生活文化の変容に関する研究は、人文・社会科学の分野において今日まで等閑視されてきたが、平成の大合併から十年を迎えようとする時期にさまざまな分野からの検証成果が示されてきている。民俗学の分野では『日本民俗学』二四五号において「市町村合併と民俗」特集が組まれ、平成十六年度末までに全国で施行された「平成の大合併」を題材として今次の合併の現状や課題が論じられ、行政主導で実施された施策とそれをめぐる住民側の対応や対抗に関する研究の視座が示された。本研究は、この視座をさらに深めようとするもので、昭和の大合併と平成の大合併という広域合併を経験した地域社会における現状や課題を検証するだけではなく、当該地域で暮らし続けるための方途や視座にまで言及しようとするものである。本書の構成は、本研究の展開に即したもので、広域合併等を経験した地域の現状と現状にいたる経緯を民俗変化に留意しながら資料編で提示し、そこで抽出された課題を論考編で論じている。

本書には、研究に携わったそれぞれの、どう生きようとするのかという自問や自戒も籠められている。

なお、本書は成城大学民俗学研究所のプロジェクト研究「町村合併による社会・文化の再編に関する民俗学的研究——『平成大合併』を視野に」の成果であり、本研究の遂行にあたり日本私立学校振興・共済事業団の学術研究振興資金による研究助成（平成二十三〜二十五年度）を受けた。

また、本書は成城大学民俗学研究所プロジェクト研究成果刊行の出版助成（平成二十六年度）により刊行された。

平成二十七年三月

小島孝夫

平成の大合併と地域社会のくらし――関係性の民俗学◉目次

〈資料編〉

論 考 編

第Ⅰ部　町村合併の歴史的展開

第1章　日本における町村合併の展開

小島孝夫

はじめに

日本における町村合併は、政府の思惑により、つねに広域合併が志向され、生活上の必要などから当該地域の住民が望んで実施されたものではない場合が多い。そのため、住民の側は広域合併を経験する過程で帰属意識の核となるものを模索していくことにもなった。政府の施策は、地域社会に一様な対策を行うものであるが、地域社会の側はつねに、共振的に対応をしてきたわけではない。当該自治体を含む官の側は国・都道府県・市町村と階層的に存在しており、地域住民側に対して垂直的・重層的に、さまざまな働きかけを行ってきた。それらに対して、住民側は地域内にさまざまな集団が併存しているため、施策に従いながらも、個人の日常生活レベルでは多様な対応を選択してきた。

町村合併を含む廃置分合[1]が人口や面積などを基準として社会を構造的に再構築しようとする、官の側の視点にたったものであるのに対して、当該社会を生活空間や生産空間と捉える人々の基底には、当該地域で生きることに対しての思いや願いがあり、その思いや願いを満たすために人々は住民自治を前提とした各自の役割を果たしてきた。そうすることで、当該社会を安定した状態で維持できるようにしてきたのである。

日本民俗学が民俗変化として捉えてきた事象には、施策を基点とした地域社会の対応や対抗として理解できるものが多く含まれているのである。明治以降の急速な近代化に対する地域社会や家の対応等として選択された事象が、民俗変化として捉えられる場合がある。本書は、その具体的な検証を平成の大合併を事例として試みるものである。

本章では、「平成の大合併」施行までの歴史的展開と、次いで、明治以降、三次にわたり施行された大合併の意義と課題を確認し、さらに、行政・住民双方の視点の差異に注目し、合併によって形成される「地域」のあり方について述べ、最後に、新たな地域像を形成していくための「新たな関係性」の模索について、各章の概要を述べる。

1　明治の大合併と昭和の大合併(2)

わが国は、都道府県と市町村という二層の地方自治体制を布いている。都道府県は、広域自治体として、高校の設置・管理、産業インフラの整備および警察などの事務を行っている。市町村は、基礎自治体として住民登録、小・中学校の設置・管理、児童福祉・高齢者福祉、都市計画、上下水道、ごみ処理、消防などの事務を行っている。

日本の市町村数の推移は、明治・昭和・平成の三次にわたる町村合併により、現在まで減少の一途である。明治二十一（一八八八）年の市制・町村制」に基づく「明治の大合併」、昭和二十八（一九五三）年の「町村合併促進法」に基づく「昭和の大合併」、そして、市町村合併特例法改正に基づくのが、今次の合併である。町村合併は、吸収合併された小規模自治体の自治機能を弱体化させ、そのことが人口流出を誘引させた。これらの合併は、近代化や産業化の進展に応じて展開されたものであるが、その一方で、地域社会のあり方を大きく変える外的要因となった。

（1）明治の大合併

明治維新後、近代化を進める過程で、地方制度のありかたについても、さまざまな議論がなされた。割拠的に併存していた藩政村を廃して、中央集権的な国家統治機構を作るために、地方において政府機能の末端を担うことができる地方統治機構を整備しようとしたのである。

廃藩置県後の明治四（一八七一）年の戸籍法の施行により、政府は戸籍事務処理のために新たに区を設定し、戸籍吏として戸長・副戸長を置いた。翌年には区長・副区長と旧町村役人の名主・庄屋などの間に起こる権限の競合に対処するため、旧町村役人の廃止と区制による統一を命じる布告が出され、大区・小区制による新たな地方行政制度が定められた。大区・小区の規模や行政吏の名称は、府知事・県令の裁量に委ねられたため各府県で異なったが、数カ町村を合わせて小区とし、数カ小区を合わせて大区とし、小区に戸長、大区に区長を置くのが一般的であった。旧体制を末端から否定していくことをめざした人為的な行政区域づくりで、旧町村は否定され、区長・戸長は新政府への忠実さを基準に地域の有力者のなかから官選され、官吏に準ずる扱いを受けた。大区・小区の範囲の設定は住民とのつながりを希薄にし、住民の政治参加を排した統治方式下での中央集権政策の遂行は、区長・戸長への反発を生むことにもなった。この制度下で旧町村は行政単位としての地位を失ったが、行政業務の浸透には当該地域の課題を自主的に解決してきた旧町村の利用が不可欠であったため、旧町村を新たに組として各組に組頭を置き、行政補助機能を営ませた例が多かったが、中央の命令の伝達と実行のみを行う大区・小区制の官僚的統治は地域住民の反抗を誘発させることになり、明治十一年の郡区町村整備法発布により大区・小区制は廃止された。これにより旧町村が復活し、そこに民選の戸長や町村会が置かれ、旧町村の自治が回復した。

旧町村の有力者を中心とした地域社会は、次第に官僚的統治になじむことになったが、政府は明治十七（一八八四）年に町村会法などの地方制度関連法の改正を行い、官僚統制の強化を図った。戸長役場区域を平均旧五カ町村を含む範囲に拡大することによって、町村を複数の旧町村が協調・牽制しあう組織に編制したうえで、官僚機構を組み込もうとしたもので、新戸長は官選となった。結果的に、町村自治や町村財政に関しても官僚統制が細部まで徹底されていった。そして、この改正が、今日まで続く地方行財政の二重構造をつくりだすことになった。人為的な統治組織としての戸長管区における官制的業務と、旧町村の業務とが分断し、行政村における戸長や連合町村会の審議事項と、村落における村総代・寄合協議処理事項とが、当該地域社会内に併存するということになったのである。

こうした経緯を経て、明治二十一年に市制・町村制が制定、翌年に施行された。明治の大合併は、近代的地方自治行政を実現するための行政単位の整備を目的として行われたものであった。それまでの町村は、基本的には藩政村のままであったため、戸籍の事務処理や徴税等の仕事、明治十九年の小学校令により義務教育として制度化された尋常小学校の設置や管理を念頭に、戸数三〇〇〜五〇〇戸を標準規模として全国的な町村合併が進められた。その結果、同年に七万一三一四あった市町村が、翌年には一万五八五九となった。なお、明治の大合併は法律に基づく強制合併ではなく、原則として、各府県独自の計画と判断に任す方法がとられた。内務大臣の訓令に基づき、各府県の地方長官が住民の意見等を踏まえたうえで合併案を作成し、内務大臣の認可を得ることにより行われた。

明治政府が考えた市町村の役割は、地方における公共性を実現することであったが、その公共性は新たな行政村を対象としたものになり、旧町村は町村の連絡係としての区長を置く区として位置づけられることになり、共有財産の管理等を除いて、自治村落としての公法的権利は失われたり限定されたものになっていった。旧町村の自治組織は公的には否定され、旧町村時代の公共事務は市町村行政と村落的行政とに区別され、前者のみが国家的な公共性をもつとされたのである。一方で、後者は、地域社会内における生活組織として不可欠な存在として存続していくことになる。市町村は国策委任事務に翻弄され、当該住民のための公共政策を実施することができなかったため、当該地域の生活の安定のためには村落が共同作業等で補うことで、地域社会の現実的な生活を支えていくことになった。

村落は生活共同体としての自立性と自治を具えていたが、一方で、それらを完結させるための閉鎖性も併せ持っていた。そのため、市町村行政は、村落間の利害対立と衝突にも腐心することになった。この時期の地域行政の最大の課題は、この閉鎖性と利害対立等を排して統一的な市町村を作り、国家の意思と政策を地方や村落の末端にまで浸透させることであった。その後、明治時代末から昭和時代まで、農家小組合[3]の部落単位での組織化が急速に進むにつれて、国家的な公共性に加えて、農家の主体的成長とともに自治組織として取り組むべき課題も村落を主体とした公共性として捉えられるようになった。そうした流れのなかで、地方行政においても、村落の自治的公共性を容認しながら、行政村のなかにそれらを取り込んで利用する方が村落統治には効果的であると考えられるようになっていった。次いで、村落を中心とした活動が注目されるようになるのは、戦時下であった。昭和十五年に全員参加、諸団体統合、定期的常会の開催を前提とした部落会[4]が法制化された。部落の公法的機能は、市制・町村制で否認されたものであったが、戦時体制下の物資管理等の組織として、国家的公共性に特化した形で利用されることになった。

なお、明治の大合併が行われた明治二十二年から町村合併促進法が施行された昭和二十八（一九五三）年までの間にも合併は行われており、この六四年間に市町村数は、一万五八五九から九八六八にまで減少している。この背景には、組合町村の解消、都市化の進展、戦時体制の強化などの事由があげられる。組合町村の解消に伴う合併については、次のような事情がある。明治の大合併では、地理的条件や歴史的対立等の特別な事情から合併が困難な場合は、数町村が連合して組合町村を形成することが認められていたが、そのような組合町村の諸事情が解消されるに伴い、組合町村を解散して、一つの自治体として合併していくことになっていったのである。都市化の進展に伴う合併については、近代化による都市化が進展するなかで、都市空間の拡大に伴う隣接都市間の合併が大都市部において行われていったのである。また、戦時体制の強化に伴う合併については、戦時下での戦争遂行や国防体制強化のために、国防上重要な都市部での合併が行われていった。

（2）昭和の大合併

第二次世界大戦後、昭和二十一（一九四六）年に制定された新憲法と翌年に制定された地方自治体法の下での新しい地方制度では、市町村の役割が強化され、新制中学校の設置・管理、消防、社会福祉等は市町村が担うものとされた。とくに、市町村にとって、中学校を効率的に設置し、管理運営していくことが大きな課題となった。そのために、人口規模八〇〇〇人を標準として自治体の再編が検討された。明治の大合併が小学校の運営を前提とした自治体を形成するためのものであったのが、昭和の大合併は、新しく義務教育となった中学校を運営することができる市町村を作り上げるものでもあった。

昭和の大合併は、昭和二十八年に町村合併促進法が制定され、同年から昭和三十一年までの三年間で集中的に進められた。同法は、「町村が町村合併によりその組織及び運営を合理的且つ能率的にし、住民の福祉を増進するように規模の適正化を図ることを積極的に促進し、もって町村における地方自治の本旨の充分な実現に資すること」（第一章第一条）を目的としていた。当時は新憲法の下で新たな地方自治が醸成されていた時期で、県知事や市町村長が公選制になり、都道府県や市町村が自治体として機能し始めていた。首長の公選制に加えて、役所では機関委任事務が始まり、自治体の基盤強化が必要となっていた。さらに、その間に合併できなかった町村に対しては、昭和三十一年に制定された新市町村建設促進法に基づき、同年から昭和三十六年にかけて合併が進められていった。この法律は、「町村合併を行った市町村の新市町村建設計画の実施を促進し新市町村の健全な発展を図り、あわせて未合併町村の町村合併を強力に推進することにより地方自治の本旨の充分な実現に資すること」（第一章第一条）を目的としたものであった。合併した新市町村にはその建設計画の実施を促進し、町村合併促進審議会において町村合併が必要であるとされた町村で未合併の自治体に対しては、町村合併に向けて強力な推進が図られることになったのである。

ところが、昭和の大合併も法律に基づく強制的な合併ではなかった。市町村の自主性を尊重し、市町村議会の議決に基づき都道府県知事が決定するという手続きを経て行われるものであった。しかしその実情は、当時の町村数を三分の一にすることを目途とする「町村合併促進基本計画」が昭和二十八年に閣議決定されており、国は都道府県とともに市町村合併を強力に推し進めていた。昭和の大合併も明治の大合併と同様に、国による強力な主導が背景にあったのである。その結果、昭和二十八年に九八六八あった市町村が、昭和三十一年には三九七五、昭和三十六年には三四七二にまで減少し、「町村合併促進基本計画」の目標は、ほぼ達成されたのである。

昭和の大合併は高度経済成長期の直前に行われたものであり、日本の経済と社会に占めた農業などの第一次産業の位置づけは、現在よりもはるかに大きかった。換言すると、昭和の大合併は、都市部と農山漁村部との合併ということになり、当時は後者では第一次産業が家業として存続していた。明治の大合併以降、約七〇年をかけて調整してきた市町村と村落との間の行政業務関係は、村落側に家業という恒常的な生産活動が存在することで可能になっていたのであるが、高度経済成長期に、村落は大きく変容していくことになる。それに伴い、公共性の意味も変化していくことになるのである。(5) 地方財政の困難を乗り切り、行政を効率化するという目的で昭和の大合併は行われたが、それは同時に、地方の中核都市に財源を集中して経済開発を行うという政策とも連携していた。昭和二十六年に始まった特定地域総合開発計画、昭和三十七年に始まった全国総合開発計画は、昭和の大合併と相互に呼応した関係で展開されたと考えてよい。前者により大規模な多目的ダムを建設する河川総合開発が行われ、治山・治水とともに電源開発と農業振興の推進が企図されたが、後者では大都市への人口移動に伴う都市問題の解決と、工業地域と農村部における格差の是正を図るため、工場の分散と地方振興が意図された開発が行われた。公共政策として行われた開発事業は、第一次産業の生産の場を消失させ、人々から家業としての生産活動を奪うことにもなり、暮らしの紐帯となっていた村落への愛着や帰属意識を希薄化させていった。なお、昭和二十八年のサンフランシスコ講和条約の発効により、GHQ占領下で公布・施行した禁令が無効になった。そのなかに昭和二十二年に公布・施行された「町内会・部落会又はその連合会等に関する解散、就職禁止その他の行為の制限に関する政令」が含まれており、この年から全国で町内会が新たな形で復活していくことになった。

このように、一九六〇年代に入ると、公的な公共性には、高度経済成長に伴う国家と大企業とによる公益のための開発を前提とした公共性という要素が付与されていく。開発に関する政策は効率性や合理性が優先され、公共政策の公共性に対して、村落や地域で暮らす人々からは環境問題や開発問題としての公共性が強く認識されていくことになったのである。国家の公共政策としての公共性と、村落や地域で暮らすことを前提とした公共性との調整が求められることになった。高度経済成長期を経る過程では、市町村と村落との間の関係は、陳情請願という形でつながっていたが、地域社会の開発に関わる事案では、両者の関係は相互の公共性を調整しあう関係に変化していった。

さらに、産業構造の変化は地域社会をさらに大きく変容させていった。一九七〇年代に入ると、村落における後継者世代の家業離れが顕著になり、村落では農地の宅地化や混住化などの都市化が進展した。この傾向はその後さらに進み、村落社会における共同事務が混住者や家業の継承者ではない人々を含めたものへと変化し、景観は村落的であっても、そこでの生活は多様なものへと変化し、都市的な生活を前提としたものへとなっていった。こうした過程を経ることで、村落の共同事務の多くは自治体に移行し、行政と村落との関係は強いものになっていった。区や自治会は行政末端組織としての役割を担うとともに、自らも村落の自治的公共性を維持しようとしてきた。併せて、合併後の村落は異なる生業体系等に起因する地域間の対立を超えて相互に交流し、利害を調整する関係になっていったのである。昭和の大合併から約五〇年の間に、当該町村間に存在した合併に対する危惧も合併後の当該自治体内の調整も、社会構造自体の変化という大きな流れのなかで、主体となる人々が重層的な公共性のなかで生きなければならなくなったことで、市町村と村落との関係もこのように変化してきたのである。こうした関係性が構築されていた自治体間で、新たな合併が模索されていくことになった。

新市町村建設促進法が一部失効した昭和三十六年から平成の大合併の基点となった平成十一（一九九九）年の「地方分権の推進を図るための関係法律の整備等に関する法律」の一部施行までの三八年間にも、市町村数は三四七二から三二二九にまで減少している。この間の合併は、戦後の高度経済成長期に進展した都市化とともに人口規模の大きい地方都市が周辺町村を合併していく形態の合併が多くを占めていた。

2　平成の大合併(6)

(1)平成の大合併の概要

平成の大合併とは、平成十一年四月に旧合併特例法が改定され、それが同十七年三月で失効し、同年四月に平成二十二年三月までの時限立法として新合併特例法が施行されたことに伴い実施された合併をさすが、多くの合併は合併特例債の申請期限であった平成十七年三月までに集中していた。

日本では、現在まで中央集権的な地方支配が行われてきた。具体的には、官庁は地方自治体に、地方自治体は住民に対して、それぞれ上意下達的に指示や指導をし、それに対して住民は地方自治体に、地方自治体は中央官庁に対して、それぞれ陳情を行い、補助金を要請するシステムが定着していた。一方、平成の大合併は実質的に国の出先機関の役割を担っていた地方自治体に対して、中央集権的な関係を解消し、地方分権を実現させようとするものであった。

平成の大合併は、地方自治法および「市町村の合併の特例に関する法律」に定める手続きに基づいて、次のように行われた。まず、合併したい市町村は、当該議会の議決を得たうえで、合併協議会を設置し、その協議会において新市町村の名称、本庁の位置および事務事業の調整等の合併に係る協議を行うとともに、新市町村のまちづくりのための計画(市町村建設計画)を作成する。次いで、合併協議会においてまとまった協議事項および市町村建設計画をふまえて、当該市町村の議会が合併の決議を行う。その議決をふまえて、関係市町村長が都道府県知事に対して、合併の申請を行う。申請を受けた都道府県知事は、都道府県議会の議決を得たうえで、合併の決定を行い、その旨を国に届け出る。届け出を受けた国は、その合併の告示を行う。その告示により、合併の効力が発生する、という手順である。

このように、今次の合併も法律に基づく強制合併ではなく、昭和の大合併と同様、市町村議会による合併議決を受けて、都道府県知事が決定するというもので、それぞれの市町村の自主的な判断によって行われたものである。しかし、国が何もしなかったということではない。国は昭和四十年に制定された「市町村の合併の特例に関する法律」（合併特例法）の改正により、市町村合併を推進する方針を明確にした。この法律は本来、合併を施行する市町村がある時に、その合併が円滑に進むように合併の障害を取り除くための特例措置を設けた中立的な法律で、市町村合併を推進するためのものではなかった。その合併特例法が平成七年の改正により特例措置が拡充されると同時に、同法の目的が市町村合併を推進する法律へと改められた。さらに、前述の平成十一年の地方分権一括法の制定に伴う同法改正では、市町村に対して合併に向けて誘引するための判断材料を与えるために、地方交付税による優遇措置を大幅に拡充した。その具体的な内容は、合併後も地方交付税が減らないように保証する期間を従来の五年から一〇年へと延長し、さらに、合併後の新市町村のまちづくりのために、元利償還金の七〇パーセントが地方交付税で補塡される特別の地方債を制度化するというものであった。今次の合併は、この改正が契機となって進展したものであった。この合併特例法の期限は平成十七年三月であったが、「市町村の合併の特例に関する法律」の経過措置として平成十八年三月まで延長され、その最終期限までに、できるだけ多くの合併が行われるように、国は市町村に対してさまざまな働きかけを続けていったのである。その結果、平成十一年に三二三九あった市町村が「市町村の合併の特例法に関する法律」が施行された平成二十二年には一七二七となった。

平均人口は三万六三八七人から六万八九四七人に、平均面積は一一四・八キロ平方メートルから二一五・〇キロ平方メートルへと、いずれもほぼ倍増することになったが、多くは中山間地に位置する自治体間の合併であった。

（2）平成の大合併の背景

今次の大合併の伏線には、平成十二年に施行された地方分権一括法の存在がある。地方自治法についても同法により大改正が行われ、市町村は、新しい地方自治のあり方を追求していくことになった。今回の地方分権改革における大きな変化は、地方自治体の長を国の出先機関として位置づけたうえで、国の事務を自治体に処理させてきた機関委任事務制度を廃止させたことである[(7)]。市町村は、従前は国や都道府県からの指導監督に従って機関委任事務を処理してきた。また、自らの事務についても、国や都道府県からの指導監督に従って行ってきた。それまで市町村が対応してきた事務は、国や都道府県が決めたことを処理することであったのである。

今次の大合併は人口減少・少子高齢化等の社会経済情勢の変化や地方分権の担い手となる基礎自治体にふさわしい行財政基盤の確立を目的としたもので、地方分権の推進、少子高齢化の進展、厳しい財政状況、日常生活圏の拡大という課題を克服していくために、市町村の行財政基盤を強化し、より効果的・効率的な行政運営の実現を図ることが具体的な目途とされた。地方分権の推進については、地方分権改革後の市町村は、法令の範囲内で、自己決定・自己責任の原則の下で、すべての事務を自らの判断で処理していくことが求められていた。少子高齢化の進展については、国全体が人口減少社会となった現状では、とくに地方の人口規模の小さい市町村は地域の少子高齢化の問題にどのように対処し、地域社会をどのようにして存続させていくかということが喫緊の課題となった。厳しい財政状況については、一九六〇年代以降の高度経済成長期から一九九〇年代初めのバブル経済の崩壊まで経済成長を続けている間は、それに伴い国や地方自治体の財政規模も拡大していくことができたが、長期間にわたる経済成長の低迷が続く現状では、地方税や国税の一定割合である地方交付税の伸びは期待できず、国や地方自治体の財政面においても規模拡大が望めなくなっていた。日常生活圏の拡大については、一九六〇年代以降、高度経済成長の進展に伴い自家用車の普及が急速に進み、人々の行動範囲は、市町村の範囲をはるかに超えて拡大していくことになった。

こうした課題や将来の経済社会変化にも対応できる市町村を形成するための現実的な選択肢が、合併という選択肢に繋がっていったのである。その実現のため、国は平成十一年に都道府県に対して「市町村の合併の推進のための指針」を示して、各都道府県に対して市町村の合併案の作成を求めた。この指針は、必ずしも強制力を持つものではなかったが、全都道府県が合併案を作成し、それを基にして都道府県が市町村に対して合併推進を働きかけるという構造ができあがっていった。国は、翌年に閣議決定した行政改革大綱において、市町村数一〇〇〇を目標にして、合併を進めることを表明した。さらにその翌年には、総務大臣を本部長とする市町村合併支援本部を立ち上げ、関係省庁が一体となって市町村合併を支援する体制を作り上げ、同年八月には関係省庁の支援策を盛り込んだ市町村合併支援プランを作成した。国と都道府県は、市町村合併の推進のための広報・啓発活動を積極的に展開しながら、合併特例法による特例措置と市町村合併支援プランの優遇措置を示すことで、市町村に対して合併を働きかけていった。

今次の大合併においては、過去二回の大合併の時とは異なり、国は市町村の標準規模は示していない(8)。また、昭和の大合併の時のように、国が市町村合併計画を策定して推進したわけではないので、国の主導的な役割は、それ以前の大合併に比べて総じて弱いものであったという評価も可能であるが、前述のような国の働きかけは、特に地方の人口規模の小さい市町村などにとっては、本来有していた市町村の自律性を希薄化させることにもなったことは否めない。

合併件数の推移をみていくと、平成十一年度から十四年度までの合併件数は毎年度、一桁ずつであったが、平成十五年度には三〇件、十六年度には二一五件、十七年度には三二五件と急増している。十四年度から十六年度にかけての合併協議会の急激な増加から二年遅れて多くの合併が行われたことがわかる。合併協議の期間はほぼ二年間であった。合併関係市町村数も十六年度の一一〇市町村、十七年度の八二六市町村、十八年度の一〇二五市町村となった。平成十一年度に三二三二あった市町村の約六割以上が今次の大合併の対象になっていたのである。

今次の大合併は人口規模の小さい市町村の統合を中心に進められた。合併により、減少したのは人口一万未満の町村であり、次いで人口一万以上三万未満の市町村であった。町村の数が減少した一方で市の数は増加しており、今次の合併により、小規模な市町村の統合が進み、日本の市町村体制は市を単位としたものに推移した(9)。

3　平成の大合併と「自治意識」の変容

平成の大合併の特徴は、中山間地域間の合併が中心であったことであるが、当該自治体内では中心地域と周辺地域との差異が明確になっていること、さらに、世代の棲み分けという差異も明確になっている。産業構造においても、第二次産業や第三次産業が当該地域の中心地域に集中し、第一次産業が周辺地域で展開しているという図式である。

地域住民組織は、当該地域での定住生活を安定的に維持するための共同性やそれに基づく関係性の形成が前提となって維持されてきたため、それらの共同性や関係性は地域住民組織の紐帯としての役割を果たしてきた。そのために、廃置分合により行政区分が変更になった場合でも、当該地域住民組織単位の共同性や関係性は概ね維持されてきたといえよう。その一方で、昭和の合併から今次の合併までの半世紀の間に、地域社会は高度経済成長期やそれに伴う社会構造や産業構造の変化によって、地域住民組織の共同性や関係性にもさまざまな変化が生じたことも確かである。

三次の大合併を経て減少したのは、まず村であり、町であった。市は一貫して増え続けることになった。日本の廃置分合は、明治期以来、日本の社会経済の発展に伴い、日本が農村型社会から都市型社会へと移行することに対応したといえる。今次の合併の経緯を捉え直してみると、自治体間の合併協議が短期間の議論で完了している点が注目される。その背景には、住民が合併を選択した背景として、当該社会や集団間で共有されていた共同性や関係性が変化していることが挙げられる。民俗として捉えられてきた事象の基底自体が変容しているのである。

換言すれば、社会構造や産業構造が変化していく過程で、共同性を前提としながら個の世界を形成していくという従前の他者との関係性が、共同性を前提としないで個の世界を形成するという関係性に変化しつつあることを前提として実施されたのが今次の合併であると捉えることができる。明治の大合併は家業の継承が前提となった合併であり、昭和の大合併は家業継承の選択が前提となった合併であり、今次の合併は継承すべき家業が存在しないことが前提となった合併であった。また、廃置分合という施策が、人口や面積などを基準として社会を構造的に再構築しようとする官の側の視点にたったものであるのに対して、当該社会を生活空間や生産空間と捉える人々の基底には当該地域で生きることに対しての思いや願いが存在しており、人々はその思いや願いを満たすために共同性を前提とした各自の役割を果たしてきたのである。そうすることで、当該社会を安定した状態で維持できるようにしてきたのである。

高度経済成長期以降、社会構造や産業構造が変化し、家業という世襲の生業形態を消失していくことになった。家業を維持していくためには、他者との協力が前提となっていたが、家業の継承という前提が取り払われてしまうと、他者との間の協力関係や共同性に対する意識も希薄化していくことになったのである。共同性を前提として個の生活を形成していくという他者との関係性が、共同性を前提としないで個の生活を形成するという関係性に変化しつつある。これが、当該住民に「自分の代まではやるが、後の（代の）ことは仕方がない」という意識を共有させ、そうした人々の諦観の上に選択されたのが今次の合併であると捉えることができる。

三次の大合併の目的は、中央集権的な行政的効率性を前提に実施されたものであったが、その効率性に対応・対抗してきた村落組織はかつての強固な一様な関係から多様な関係へと変容してきている。これを弱体化と捉えることも、村落における生き方の変容と捉えることも可能であろう。廃置分合によって官の側が実現しようとする社会像と、当該地域住民組織との関係は階層が異なっており、多様な地域住民組織の意識を重層的に連ねたものが、官の側が想定した行政区分を満たしていくことができれば、地域住民組織が有機的に連なる自治体として再構築されるはずである。こうした試行は、広域合併の嚆矢となった昭和の合併を経験した自治体においては既に経験されてきたことであろうし、今次の合併後にもこうした試みがうまれている。今次の合併に際して協議の対象となった事象のなかには、昭和の合併後に当該地域内で共有された新たな共同性を基点とする意識や価値観を背景とするものもあった。合併は村落が経験してきた混住化生活の拡大版とも捉えることができる。多様な意識や価値観をもった人々による混住化社会において、自治意識に支えられた関係性の模索が、今後、一層求められていくことになる。村落社会が有していた内生的な自律的関係性のあり方が自在で柔軟な地域社会を形成していくことになるのである。

前述したように、昭和の大合併以降の五〇年間で、市町村と村落との間で、相互の公共性の接点の模索が行われ、互いが諒承できる関係が構築されていくことになった。その過程で、村落は行政業務の下請け的役割を超えて、自らの共通した課題の公共的な解決を図る手法を求めていくことになった。このことにより市町村行政に住民の生き方を反映させていく自治意識が形成されていく模索が始まることになったのである。村落や住民が求めるのは生活世界に基づく公共性であるのに対して、市町村は統治機関でもあり、国や都道府県が要請する公益を大義とした公共性を実現させることが求められる。昭和の大合併では、その後に約五〇年にわたって両者の質の異なる公共性のせめぎあいが行われてきたことになるのである。今次の合併は、公共性に関する一定の諒解点が得られた自治体を対象に、さらに広域の合併を図ろうとしたものであった。平成の大合併を村落で経験した人々は、昭和の大合併の経験者でもある。この世代の人々は、前述の諒解点を模索しようとした人々であった。ところが、今次の合併に際しては、概して、諦観した対応に終始してきたように見受けられる。昭和の大合併の経験から、新たな自治意識を覚醒した人々が、今次の合併に際して諦観した姿勢で対応したのは、なぜであろうか。

昭和の大合併の際には、これらの人々は当該地域における家業の継承者であった。地域を居住地としていた人々であり、昭和の大合併の際には、合併による居住環境や生産環境への影響について、真摯に向き合った人々であった。この世代によってその後の市町村や村落は維持されてきたのである。当該世代が市町村と村落とのせめぎあいの当事者として、両者の公共性の接点を見いだしてきた。それから五〇年が過ぎる過程で、当該世代をめぐる社会環境は大きく変化していった。高度経済成長により村落の生業構造は大きく様変わりし、当該世代までが家業としてきた生産活動には後継者世代がいなくなったのである。このことは、家業として継承されてきた技術や家産のようなものばかりでなく、当該地域で暮らしていく覚悟や思惟などの継承者を失ったことを意味する。当該世代が昭和の大合併後に経験した自治意識もまた、継承すべき相手を失ってしまったのである。現在の中山間地域における村落自治は、これらの世代の人たちによって維持されている。これらの世代の人々に共通しているのは、「自分たちでできることは自分たちでやる」、という意識である。さらにいうと、「やれる限りやる」という覚悟であり、意地なのである。合併の選択に際して、合併することは致し方ないと判断し、合併後には、このように対処しているのである。こうした生き方は、日常的な生産活動においても同様なのである。平成の大合併への対応にみられた村落の人々の諦観は、自分の生活は自分で護るという覚悟に根ざしたものなのである。こうした意識や覚悟は、合併の選択時にも顕在化してきており、合併を選択しなかった自治体においては、こうした意識や覚悟により合併を選択しなかったのである。

4　「関係性」という視座／本書の構成と論点

こうした状況をかんがみ、本書では、「平成の合併」によって誕生した広域合併自治等を具体的な題材として、官による地域社会の再編に際して人々が共有する期待や危惧をはじめとしたさまざまな心意を解明することで、人々が描く地域社会像や現代社会における集団生成の論理を明らかにすることを試みた。

論考編は、第Ⅰ部　町村合併の歴史的展開、第Ⅱ部　地域社会の生活文化や心意の変化、第Ⅲ部　合併に対する受容と対抗、第Ⅳ部　地域社会の現状や課題、により構成されている。平成の大合併にいたるまでの歴史的展開を確認したうえで、平成の大合併に対する当該地域の受容や対抗過程の検証を経て、平成の大合併を経験した後の当該地域の現状や課題を具体的に示そうと考えたからである。資料編は論考編の論拠とした基礎資料集で、山村調査や海村調査の対象地になかから一二地域の事例を収録している。地域間の比較検討を念頭におき、地域概要、山村（海村）調査時の概要、成城大学民俗学研究所による五〇年後の追跡調査時の概要、平成の大合併にいたるまでの経過、合併後の生活変化について記述し、当該地域の現状と課題を小括として付すことで、論考編における議論につなげるようにした。

論考編の論点の概要は次のとおりである。第Ⅰ部は平成の大合併までの三次にわたる廃置分合政策の展開について論じたもので、第一章の小島論文は本書の研究目的と日本における町村合併の展開とそれに伴う地域自治のあり方について提示している。

第二章の加藤論文は、平成の大合併が自治に及ぼす影響について、自治の展開の基底に伝承の存在があることを論じている。「自治が正常に機能するための最も重要な要素は、トップダウン式の政策や財政支援などではなく、過去―現在を通して蓄積された日常的なコミュニケーションや知識、関係性、すなわち伝承である」とし、「新自由主義を背景とする平成の大合併は資本（資源）や労働力の流動化を促し、生活の場に蓄積されてきた伝承を破壊し続けて」おり、「畢竟、自治は後退し地域社会の更なる『外部依存の体質』に拍車をかけることになる」としている。

第三章の山崎論文は、群馬県吾妻郡を事例に、明治二十二（一八八九）年に施行された市制・町村制によって成立した「行政村」について考察したものである。「行政村は、近代天皇制国家機構の末端機関であると同時に、もっとも基礎的な地方公共＝自治団体として、地方政治・行政の展開に大きな役割を果たしてきたとされる」とし、旧村の多元的連合にすぎなかった行政村が基礎的な地方公共団体へと転形していく過程について論じている。

第Ⅱ部は平成の大合併を経験した地域社会における生活文化や地域社会で暮らす人々の心意の変化を論じている。

第四章亀井論文は、平成の大合併を経験した新潟県東蒲原郡阿賀町を事例に、「生まれ育ち、生活をはぐくんできた土地に対する住民の愛着心、ふるさと意識といったものは、自治体の再編という上からの変化に対しどのような対応をみせるものか」を、民の側の意識や民俗が合併という社会変化と折り合わせていく様子から明らかにしている。

第五章山本論文は、兵庫県佐用郡佐用町海内を対象に、昭和初期から高度経済成長期頃までの生業の変遷をとおして、旧来の峠道を介した人と物の往来を復元するとともに、その後の町村合併とそれに伴う変化の過程を検証している。それにより、「中山間地域における『生きる方法』の選択や資源のあり方を考え、今後期待される『自律的』な地域再編に向けた可能性を探」ろうとしている。

第六章田中論文は、「山村調査」の五〇年後の追跡調査の成果から、生業に関する民俗、リーダー層の交替、性別年齢別作業分担の稀薄化、講行事の減少とサークル活動の増加、衣・食・住生活の変化、出産と結婚式の場、行動圏の拡大に関して大きな変化があり、比較的緩慢な変化しかみせなかったものは、部落会・町内会・自治会というような地域の自治組織、贈答をはじめとする親族のつきあいや、ハレの食生活や衣・食生活、祭礼、葬送習俗、俗信などであったと指摘している。そのうえで、追跡調査からすでに約三〇年を経た現在の課題として、昭和三十年代以降に進んだ地域の互助協同慣行の変化を、①成育上、②自治上、③生活上、④生産上、⑤祭祀上、⑥防災上という六側面から敷衍しつつ「山村調査」以来今日までの互助協同慣行の変化、および現状の把握と問題点を指摘している。

第七章玄蕃論文は、北秋田市の阿仁荒瀬、阿仁水無地区を事例に現状の検証を行っている。阿仁荒瀬地区では、アラセカタマリというつながりを核とする地域の再構築が行われ、阿仁水無地区では高齢者世代による自主的な集まりがつながりの核となっていたことを明らかにしている。このようなつながりの再構築は、そこで暮らしていくための自律的選択であるとして、自治のあり方を検討している。

第八章高木論文は、静岡県旧周智郡春野町の旧気多村地区を事例として、市町村合併と学校の統廃合が「効率」「能率」という名目により同時に進められたことに注目し、地域社会と民俗の変化を捉えることで、地域の変質を捉える視座を示そうとしている。生業に関わる政策は複合的に絡み合って現在の状況を作り出していることを述べ、村落の自治だけでは対応できない現状を指摘している。

第Ⅲ部は平成の大合併に対する当該自治体間の受容と対抗を事例として、その背景について論じたものである。

第九章山田論文は、島根県隠岐諸島の離島群である島前と単独の島である島後の対応に注目している。島前は合併を「時期尚早」として止まり、島後は合併を遂げたことを、対比させながら、平成の大合併を考えていく場合、その地域が持つ個別的な性格とともに、当該地域住民が地域にどれだけ関係、あるいは貢献していきたいと考えているか、ということなのではないかとしている。

第一〇章八木橋論文は、長野県上伊那地方を事例として、平成の大合併に際しての各自治体の対応を分析している。とくに、合併を志向しなかった蓑輪町、宮田村、南箕輪村の事例をとおして、これらの自治体が合併を選択しなかった事由は、各自治体に所属する人々の帰属意識が明確であったからだとしている。宮田村の事例でも指摘されているように若者が故郷から離れなくても生活できる産業構造・社会構造を維持しており、その社会構造は大きく変化することなく、しかも、その中で育まれてきた文化的・民俗的要素が地域のアイデンティティとして意識され維持されているという。自治体と住民との関係性が合併を必要としなかったことを示している。

第Ⅳ部は平成の大合併や地域統合を経験した地域社会における現状や課題について論じたものである。

第一一章俵木論文は、岡山県の笠岡諸島における「島づくり」の実践を事例に、それが直面する困難を乗り越える道をどのように見出すか、考察を行ったものである。笠岡諸島の有人七島を繋いで一つの存在と見立てることによって地域としての存在感を高め、より上位の政治経済的な機構である笠岡市と対峙するという方法論と、そこから広がる可能性に注目している。また、島の生活は、外部社会と人・モノ・情報などを介して繋がることで成り立っていたことに注目し、島外との関係や学校という仲介者的存在が島をつないでいくことになるとしている。

第一二章小島論文は、秋田県北秋田市と徳島県那賀町というスギの産地として知られている二地域を事例として、両者に共通しているのは、広域合併を契機とした森林整備事業の展開が依託制度により施業されていることに注目している。林業関係者の体質強化等を図るための選択であったが、本来、森林所有者が有していた林業を成り立たせるための手法や意識を希薄化させることになってしまったのではないかと指摘する。林業政策の現状は、平成の大合併後の地域社会の現状とも重なるとしている。

第一三章今野論文は、第一〇章八木橋論文と同じ合併事例をとりあげているが、合併を行った長野県伊那市を対象にし、最終的な合併対象となった伊那・高遠・長谷の三市町村住民の意見を中心にして、合併に対する人々の期待と不安を分析している。行政の期待すること、対象市町村の期待すること、そこに住む人々の期待することが必ずしも一致するとはいえず、当該地域で合併の際の課題とされた「新市一体感の醸成」が、行政対住民、行政対行政、住民対住民という多極的な差異の存在を共生へと収斂させることが求められたとしている。

そして終章において、本書における議論を、町村合併と地域社会のくらし―新たな「関係性」の模索、として総括した。

おわりに

本プロジェクトは当該地域における民俗変化の在り方から地域社会の現状を把握することを目途としたが、こうした状況が確認されることで、むしろ「民俗」として捉えられる事象の背景にある、人々の生き方や選択の核となっているさまざまな関係性の変容の実態を明らかにすることが急務であることが参画者の間で共有されていくことになった。

今次の合併が成るまでの当該自治体間での協議が極めて短期間で収束しているのは、官による重層的な指導が行われたことに起因すると考えられるが、当該地域住民組織内での合意形成なしには合併が進展しなかったことを考えれば、住民の側の対応の背景にある思惟についても一層留意しなければならない。住民の側にも合併を選択した必然性や覚悟が存在したはずだからである。そして、この必然性や覚悟こそが、合併協議時の当該地域住民間で共有されていた共同性や関係性であると捉えることができる。

日本の廃置分合施策は、地域行政においては新たに区分された地域を制度的に維持するために腐心してきたのみで、当該地域の人々の意識を統合するような地域概念を創出する努力はほとんど行われてこなかった。一方、数次の広域合併を経験してきた地域社会において、人々は行政区分としての「地域」と住民自身の自治で維持されている「地域」とがそれぞれの公共性の差異を調整することで重層的に存在していることを理解しながら、住民間で新たな関係性を模索することを繰り返しながら、自分自身が内包している地域像を核にして、ともに生きるための「地域」像を創出してきた。こうした、地域社会に生きる人々の新たな関係性の模索から形成された地域自治のあり方を検証していくことから、地域社会に生きる人々がともに生きることが可能になる地域社会を再構築するための課題と可能性が明らかになるはずである。

［註］

（1）地方自治法第七条には「市町村の廃置分合または市町村の境界変更」に関する事項が示されているが、具体的には、市町村の分割・分立・合体・編入をいう。なお、市町村の合体と編入とは合併と総称され、一般的に市町村合併と呼びならわされている。通常の合併は、廃止された市町村のすべての区域を他市町村に編入するか、廃止された複数の市町村のすべての区域をもって新しい市町村が設置される。

（2）本項の記述内容は、竹内利美「都市と村落」開国百年記念文化事業会編『明治文化史第一二巻　生活編』洋々社　一九五五年、および、佐藤康行「昭和・平成の大合併に関する研究と課題」佐藤康行編『検証・平成の大合併と農山村』農山村文化協会　二〇一三年、に依拠している。前者は、民俗学的視点から町村合併を論じた嚆矢として位置づけられる。なお、藩政村から行政村へと推移する過程は、大石嘉一郎・西田美昭編『近代日本の行政村――長野県埴科郡五加村の研究』日本経済評論社、一九九一年に詳しい。

（3）農村における商品流通の展開により明治中期頃から自然発生的に集落単位で組織された農作物の生産や流通に関する農村協同組合。昭和期になると農村経済更生運動の展開のなかで産業組合法が改正となり、従来の任意団体であった集落単位の農家小組合は法人化され農事実行組合と規定され、産業組合の傘下に組み入れられた。

（4）第二次世界大戦期に、市街地の町内会と並んで村落に設置された行政末端における補助組織で、広義の部落（村落）を単位とした団体は、明治二十二年の町村制施行後も旧村大字などを単位として、共同体的な組織として機能していた。昭和十八年の市制・

町村制の改正により、町内会とともに法制上の団体となったが、二十二年に法制上は廃止された。

（5）齋藤純一は『公共性』（岩波書店、二〇〇〇年）において、公共性の特性を、「国家の関する公的なもの」、「特定の誰かにではなく、すべての人々に関係する共通のもの」、「誰に対しても開かれているもの」の三つに分類し、それらは「互いに抗争する関係にある」としている。本稿では、この視点に依拠して、主体によって異なる「公共性」のあり方をすり合わせていくことを論じようとしている。なお、高橋明善「村落の公共性と村落研究史」庄司俊作編『市町村合併と村の再編―その歴史的変化と連続性』農山漁村文化協会、二〇一四年から多くの示唆を受けた。

（6）本項の記述内容は、総務省の報道発表資料および公益財団法人後藤・安田記念東京都市研究所編・発行『平成の市町村合併――その影響に関する総合的研究』（都市調査報告 一六）、二〇一三年に依拠している。

（7）本来は国が行うべき行政事務の一部について、住民の利便性や事務効率等を考慮して、法令によって地方公共団体の執行機関（都道府県知事・市町村長等）に事務処理を委任する制度。この制度は、平成十二年の地方自治法の改正により廃止され、自治事務と法定受託事務とに再編された。

（8）過去三回の大合併においては新設する学校運営のことが前提となって市町村の標準規模が示された。平成の大合併は小・中学校の統合など誘発させることになり地域社会における学校のあり方を大きく変えることになった。

（9）平成二十六年四月五日現在、全国の市町村数は七九〇市、七四五町、一八三村となった。

第2章

合併に対するまなざしの過去と現在

――システムと伝承の関係性を問う

加藤秀雄

はじめに

平成十七（二〇〇五）年に四つの市町村が合併して誕生した九州中央部のとある自治体で、最近、次のような出来事があったという話を聞いた。

道に雪が積もると役場に連絡して塩カリ〔塩化カリウム〕撒いてもらうんよ。でもいろんなところに撒くやろ。すぐなくなるんよね。そういうときは、役場の方で「○○ちゃんとことにブルあったやろ。いま仕事ねえやろうし、ちょっと出してもらおうえ」っち応援、頼んでくれよった。そうすると、すぐ終わる。でも合併の後、支所に来た人達は他所の人が多かったけん、連絡入れても「塩カリが無くなりました」とか言ってすぐ電話切っちゃう。知らん人にはブルドーザー出してくれっち頼めんやろうけど、やっぱり困るわな。(1)

この些細なエピソードは、「平成の大合併」が地域社会にもたらした影響を考えるうえで、示唆に富むものであるように思える。これとは対照的な事例をもうひとつ取り上げておこう。

先述の自治体が合併された平成十七（二〇〇五）年に、青森県八戸市と三戸郡南郷村の二つの自治体の間でも合併が行われた。八戸市博物館は県下でも屈指の規模を誇り、充実した展示、研究活動を行っていたが、南郷村の歴史民俗資料館は人員・予算の不足といった問題を抱えていた。しかし合併後は八戸市博物館との連携で行き届いた運営・管理が可能となり、平成二十六（二〇一四）年四月には、リニューアルオープンを行うなど、その活動を活性化させている。(2)

このように平成の大合併が、二〇〇〇年代に行われた行政改革のなかでも地域社会に最も大きな影響を与えるものであったことは論を俟たないが、合併を実施するか否かをめぐってさまざまな角度から議論が行われていた合併前の状況と比較すると、その効果、反省点を合併後に検証した例は意外なほど少ない。(3) 特に生活・文化に関する問題については、ほとんど議論の俎上には載せられていないのが現状である。

以上の点を踏まえて、本稿では過去の民俗学者の議論に依拠しつつ、市町村合併のようなマクロレベルの統治が生活世界にどのような影響をもたらすのかという点を「システムと伝承の関係性」という視点から論じていきたい。ここでいう「システム」とは、ローカルでミクロな生活世界に影響を与える制度や法、思想等を指す。これに対して「伝承」は、その生活世界の内部で培われてきた知識や規範、関係性等を指すが、詳しくは後ほど論じることとし、まずは「平成の大合併」がどのような時代的、社会的状況を背景に実施されたものなのかという点について確認していく。

1　平成の大合併と新自由主義

平成の大合併の政治的背景

表1　平成の大合併の件数と合併協議会設置数

年	合併件数	合併協議会設置数
1999	1	4
2000	2	7
2001	3	6
2002	6	142
2003	30	213
2004	215	219
2005	325	2
2006	12	0

出典：今井 2008：11。

平成の大合併と関連して触れておきたいのが、当時の政治的状況の背後に存在していた「思想」の問題である。表1は平成の大合併の件数、および合併協議会の設置数を示したものだが[4]、この資料からは平成十四（二〇〇二）年以降に全国各地で合併に関する議論が活発化し、それが平成十六（二〇〇四）年から平成十七（二〇〇五）年にかけて一気に現実化したということがわかるだろう。

行政学者の今井照は、平成十四（二〇〇二）年九月下旬に自民党地方行政調査会の「地方自治に関する検討プロジェクトチームの中間報告案」が公表されたこと、および同年十一月一日、地方政治調査会第十回専門小委員会に会議資料として「今後の基礎自治体のあり方について」（通称「西尾私案」[5]）が提出された時期が、全国の自治体が合併に向けて走り出すタイミングと重なることを指摘しており、国政、特に総務省内部における市町村合併推進の動きに拍車をかけたものと分析している。またその間接的な背景として平成十三（二〇〇一）年から平成十六（二〇〇四）年にかけて行われた地方交付税交付金の削減があったという指摘は重要だろう［今井 二〇〇八：一二］。

市町村合併が推進されるうえで、とりわけ重要な役割を担った人物は地方制度調査会委員会の委員に就任した政治家の野中廣務である[6]。野中自身が「私は分権に際して強く合併推進を唱えました」と述べているように、その旗振り役として強い影響力を持っていたが、野中はインタビューのなかで地方交付税について次のような見解を示している。

> ちょっとイヤミを言うたんですよ。交付税で楽しんでいる、とね。弱小町村ほど過疎債とか、いろんな厚みのある交付税をつけて、元利補給してやって。そのままでやれるような、そういう安住感を与えている、と。これが一番の間違いである、と[7]。［菅沼 二〇〇五：八〇］

この発言は当時の小泉政権が推進していた三位一体改革、すなわち「国庫補助負担金の廃止・縮減」「税財源の移譲」「地方交付税の一体的な見直し」と連動するものであるといえる。しかし当初の予想を遙かに上回るかたちで合併が進んだ状況に対して、平成十八（二〇〇六）年には次のような反省の弁がみられるようになった。

ところが私は今になって、やや、やりすぎたと思っているのです。後悔しています。〔中略〕今では一八〇〇までできて、なお法律が切れてからも合併が進んでいこうとしているのです。これはもう三位一体の改革など地方切り捨ての財政が進んだために、小さな市町村が自分たちだけでは生きていけない状態に追い込まれて、やむを得ず合併していくという姿にまでなってきたということです。

小泉内閣の一番悪い点は、やはり地方自治を根底から崩してしまったことだと私は思っています。そこが格差社会をつくる最大の要因だったと思っています。〔野中 二〇〇六：一一三〕

実際に「市町村の合併の特例に関する法律（旧・合併特例法）」が失効した平成十七（二〇〇五）年三月三十一日以降も年間十件弱の件数の合併が各地で実施されることになった。[8] 新たに制定された「市町村の合併の特例等に関する法律（新・合併特例法）」で合併特例債は廃止されたが、[9] 合併推進債の起債、合併交付税の急減緩和といった優遇措置が盛り込まれていたため、その後も合併が続いたと表向きは見ることができる。しかし野中がいうように二〇〇〇年代前半に行われた地方交付税の縮小が「弱小町村」の財政に影を落とすことになり、合併という選択肢を選ばざるを得なくなったというのが実情だろう。[10]

新自由主義と自治のゆくえ

三位一体改革にともなう規制緩和、「小さな政府」への移行といった行政改革は、郵政民営化、そして大規模な市町村合併などの政策として現実化することになる。これらを読み解く上で鍵になるのが新自由主義、いわゆるネオリベラリズムと呼ばれる思想的潮流である。ネオリベラリズムの歴史的展開を整理したデヴィッド・ハーヴェイは、一九七〇年代末から八〇年代初頭のマーガレット・サッチャー、ロナルド・レーガン政権の誕生をその画期として措定し[11]、次のようにその特徴を述べている。

新自由主義とは何よりも強力な私的所有権、自由市場、自由貿易を特徴とする制度的枠組みの範囲内で個々人の企業活動の自由とその能力とが無制約に発揮されることによって人類の富と福利が最も増大する、と主張する政治経済的実践の理論である。国家の役割は、こうした実践にふさわしい制度的枠組みを創出し維持することである。［ハーヴェイ 二〇〇七：一〇］

このように計画経済的な古い政策、社会体制を放棄・解体し、市場原理主義へと移行することで富の増大が図られるとする考えが新自由主義の根底にはある。しかし、それは国家が担うべき役割と責任（特に富の再分配）の履行を停滞させ、それを地域社会や個人の「自己責任」へとすり替えるような構造、言説を生起させることにもなった。そして米田実が指摘するように、平成の大合併は「『自己決定』『自己責任』を基調とした新自由主義的な政策」であり［米田 二〇〇六：一〇〇］、分権を標榜しつつ、その実態が地方や社会的弱者の切り捨てにもつながりかねない危険性を孕むものだったのである。

またハーヴェイは、新自由主義化のプロセスが多くの「創造的破壊」を引き起こすとしており、破壊されるものとして「旧来の制度的枠組みや諸権力に対してだけでなく、分業や社会関係、福祉制度、技術構成、ライフスタイルや思考様式、性と生殖に関する諸行為、土地への帰属意識、心的習慣」などを挙げている［ハーヴェイ 二〇〇七：一二］。

これらは「はじめに」で触れた「伝承」に換言できるものだろう。

ハーヴェイがただの「破壊」ではなく「創造的破壊」といっているのは、新自由主義的なリストラクチュアリングが、冒頭の八戸市の事例のようにプラスの効果をもたらす場合もあるからだと考えられる。しかしそこで破壊されるものが、地域や個人にとって極めて重い価値や機能を有する可能性は否定できない。新自由主義の最大の欠陥は、これがマクロ経済学に由来する「政治経済的実践の理論」として提示されたため、貨幣価値に換算することができない伝承の価値をまったく考慮していない点にある。

筆者は地域社会の「自治」の基本的要素に伝承を位置づけることができると考えるが、市町村合併が自治に及ぼす影響については批判的な見解を示す論者が多い。たとえば結城登美雄は次のように述べている。

> 農山漁村をたずねれば、古老たちから「昔は道路でも橋でも学校だって、村のみんなに必要なものは、みんなの力を持ち寄って自分達でやったものさ」と語られる。公が地域の主役ではなく、私の集まりが共同して地域を支える、それが村の自治だった。その自治を行政にゆだね、自分たちは金稼ぎに専念してしまった。そのツケが回ってきたのだと、現下の市町村合併を受け止める人々。本来は自分たちがやっていたことを外部に依存することをサービス化社会というが、私たちは都市に暮らそうと村に暮らそうと、効率主義の名のもとに、外部依存の体質を身につけ過ぎてしまっているのかもしれない。［結城 二〇〇六：二九］

この「外部依存の体質」については、山村の過疎化について論じる岩崎正弥も「内発力、自治力が殺がれ、一致協力して事態に当たれなくなってしまった現実こそ、山村経済の最大の問題である」と指摘し、「信頼、相互扶助、ネットワーク等のソーシャルキャピタル」の破壊にその要因を求めている［岩崎 二〇〇六：四四］。これらはすべて伝承の破壊、失調と結びつけて考えられる事態だといえるが、新自由主義の急速な浸透は自治の停滞というかたちで、それを更に進行させていったとみなせるだろう。それでは、このような社会的問題をもたらす動きに対し、地域社会を基点にして研究を行ってきた民俗学者はどのような批判、提言を行ってきたのだろうか。

2　民俗学の立場から

民俗学者は市町村合併をどうみたのか

日本民俗学の成立に大きな影響を与えた南方熊楠の社会運動として、これまでしばしば取り上げられてきたものに、明治政府が推進した神社合祀への反対運動がある[12]。しかし南方が当時の市町村合併に対しても同様に反対意見を表明していたことはあまり知られていない。最近、雲藤等がその分析を行ったことにより［雲藤 二〇〇九］、南方がなぜそのような行動を取るに至ったのか、その理由の一端が明らかになったが、南方の市町村合併に対する認識は、それが地域社会の伝承にもたらす影響を考える上で示唆的である。

南方が具体的な反対意見を表明したのは[13]、大正五（一九一六）年から大正十三（一九二四）年にかけて取り沙汰された和歌山県の田辺・湊・西ノ谷三町村の合併、および昭和十年代の田辺町、新庄村の合併問題である[14]［南方 一九七三a、一九七三c］。後者の合併について述べた以下の一文は、市町村合併に対する南方の考えを端的に表わすものだといえよう。

> しかるに、この春夏の際まで、この新庄村を田辺町へ合併すべし、と県庁よりの勧告一再ならず。〔中略〕痩せても肥えても一村は一村なり。すでに自治の一群団をなす上は、むやみに他町村の威力を迎合屈服すべきにあらず。みだりに威嚇を加えらるれば、村社を奉じて一同討ち死にするのが自治の精神なり（このことは一昨日の

『大毎』紙に蘇峰先生が旨く述べている。）町村おのおのその特性あり事歴あれば、他の都合よきままに勧められたからって、妄りに軽挙合同すべきにあらず。〔南方 一九七三c：一八四〕

雲藤は南方が市町村合併に批判的だった理由について、大正年間の反対意見における結論部の「しかして、今回新聞紙に見及ぶごとき突飛偏頗なる町村合併を挙行されては、せっかく保存の途立ち行なわれおる科学上の貴重品や古蹟名勝は、例の通り何の心得なき者に売り飛ばされ、あるいは全滅、あるいは大破に及び、小生は行き懸かり上、またまたこれを抗争せざるを得ぬこととなるべし」という言葉を引き〔南方 一九七三a：一六六〕、自然史・歴史・民俗の資料（＝「科学上の貴重品や古蹟名勝」）の破壊が進むことを懸念していたためだと指摘している〔雲藤 二〇〇九：六八〕。その背景には、これと同時期に行われた神社合祀の苦い経験があったと推測されるだろう。確かに南方が反対意見を表明するに至った直接の動機は、自らの研究対象である植物や粘菌、民俗資料が官吏や行政の勝手な都合で滅失してしまうことへの強い反発であったといえるが、先に引用した文章からも看取できるように、市町村合併が地域社会の自治を阻害し、その発展になんら結びつかないことを予期していたことも大きな要因だったとみられる。

南方以外に大正・昭和期の市町村合併に対して、具体的な反対意見を表明した民俗学者は管見の範囲では見当たらなかったが[15]、平成の大合併については地名研究の立場から谷川健一が鋭い批判を展開している〔谷川 二〇一一a、二〇一一b、二〇一一c〕。谷川は「日本全国で推し進められてきた安易な『地名の抹殺』『意味不明の新地名』について、私はこれまで抗議の意を表明し、小さな地名の持つ意味の大きさを訴えてきた」として、平成の大合併を次のように断罪する。

特例による財政面での優遇を受けたいがために、合併に飛びつく日本の行政の当事者はあまりにも低次元であるといわざるをえない。目先のカネに走り失うものの大きさにも気づいていない、恐るべき鈍感さだ。なぜ日本

を愛する団体が抗議活動をおこさないのか不思議なくらいの愚挙である。［谷川 二〇一一b：三一一］

谷川は自らの古代研究の重要な資料として地名を扱っていたことから、市町村合併による地名の改変、消失に危機感を持ったとみられるが(16)、南方、谷川両者の共通点として、自らの研究対象が失われることへの強い反発が挙げられるだろう。しかし、それは単なる個人的な価値の次元に留まるものではなく、それらが地域や人々の生活にとってこそ重要な意味を持つとする認識が根底にはあったのではないだろうか。民俗学の立場性を考えるうえで、この両者が市町村合併に対してとったスタンスから学ぶべきところは大きい。

平成の大合併から伝承を考える

福田アジオは、「民俗の伝承母体は支配や行政の単位ではなく、それとは区別される地域社会であるムラ」であるとしており、これを「人々が互いに面識関係があり、生活と生産のさまざまな互助関係を形成し、さらに地域として共同することで各家の生活・生産の条件を維持発展させる」志向性を持つものだとしている［福田 二〇〇六：三］。つまり行政単位である市町村とは異なるものとしての「伝承母体＝ムラ」の存在がここでは主張されているのだが、福田の認識では、そのようなムラが持つ自治力は市町村合併によって失われていくことになった。

一九五五年を中心とした市町村合併は、人々の広域合併への抵抗感を弱め、あきらめの観念を植え付けたものと思われる。共通の地理的条件もなく、住民の間には一体感もなく、ただ地図上に広がる一定範囲を線引きして決められたような市町村を行政単位と考えることが当たり前になった。［福田 二〇〇六：一五］

さらに福田は、平成の大合併についても自治の停滞と絡めて次のように論じている。

現在急激な勢いで進行している「平成の大合併」はさらに広域の市町村をつくり出すことを目指している。それは車社会・情報化社会に対応した効率的な行財政運営を目指すものであり、合併特例債に示されるような飴を用いての強引な中央からの施策によって実施されている。そこには住民自治という観点はほとんど見られないと言って良い。合併促進の過程には人々の地域生活を基礎とした自治への関心は低い。〔福田 二〇〇六：一五〕

南方や福田の議論からは、市町村合併を民俗学者が論じる際に共通して浮上してくるキーワードが「自治」であることが見えてくるだろう。すでに述べたように筆者は自治が正常に機能するための最も重要な要素は、トップダウン式の政策や財政支援などではなく、過去―現在を通して蓄積された日常的なコミュニケーションや知識、関係性、すなわち伝承であると考える。しかし新自由主義を背景とする平成の大合併は資本（資源）や労働力の流動化を促し、生活の場に蓄積されてきた伝承を破壊し続けている。畢竟、自治は後退し地域社会の更なる「外部依存の体質」に拍車をかけることになるといえるだろう。

福田は「明治町村制の市町村は、住民が徒歩あるいは自転車で行き来できる範囲であり、そこに共同性の範囲があり、社会関係での共同性も形成された」として、その後、拡大の一途を辿ることになる行政範囲としての市町村との違いを指摘している〔福田 二〇〇六：一五〕。この「徒歩、あるいは自転車で行き来できる範囲」という「共同性の条件」は自治と伝承の条件を考える上でも極めて重要な観点だといえるだろう。広域化した行政範囲としての市町村を運営していくためには制度、法、思想といった「文字の力」を背景とするシステムによる統治が必要不可欠になってくるが、日常的にコミュニケーションを行うことが可能な範囲の統治、現代風の言葉でいえばガバナンスは、それらへの依存度は極めて少ないといえる。システムへの依存度という点からみれば行政区域としての市町村とは比べものにならないと考えられるが、それをシステムの代わりに下支えしているものこそが伝承なのである。しかし、すでに論じたように近年の新自由主義の浸透は伝承の破壊、失調と「外部依存の体質」を極端なかたちで進行させている。このような状況が地方の疲弊、自治の停滞を招いているとすれば、システムと伝承の関係性を改めて問い直し、伝承とはそもそもどのような存在なのかということについて理論的な観点から論じていかなくてはならないだろう。

３　システムと伝承の関係性

システムが伝承にもたらす影響

現代社会において伝承の問題を論じなくてはならないと筆者が主張する理由は、Ｊ・ハーバーマスが論じた「システムによる生活世界の植民地化」が、近現代の歴史的状況における最も重要な側面であると考えるからである。近代以降の大規模な市町村合併もある種の「生活世界の植民地化」の一環として位置づけられるように筆者には思えるが、まずここでは生活世界とは何かということについて確認しておきたい。

現象学に起源を持つ生活世界（Lebenswelt）の概念は、社会学、人類学、民俗学などフィールドワークを研究の基礎に置く学問分野にも導入されており、とりわけＡ・シュッツの議論は、その対象認識における枠組みを提供するものとして参照されてきた。シュッツは生活世界について次のように述べている。

「日常生活の世界」とは、われわれが生まれるはるか以前から存在し、他の人々、つまり、われわれの祖先達によって秩序ある世界として経験され解釈されてきた間主観的な世界であり、また、今、われわれの経験と解釈の所与として与えられているような世界である。したがって、この世界についてのどのような解釈も、「手もちの知識」という、この世界についてこれまで蓄積されて準拠枠として働くようになった経験、つまりわれわれ自身の経験やわれわれが両親や教師から受けついだ経験にもとづいている。［シュッツ　一九八〇：一八］

この一文からは生活世界が「手持ちの知識」「この世界についてこれまで蓄積されて準拠枠として働くようになった経験」によって構成されていること、あるいはそれらが生活世界を基盤とするものであることが理解されよう。筆者はこのような「知識」「経験」を伝承と同義のものであると考える。しかし、このような生活世界と伝承の様相は、ハーバーマスが「システム」と呼ぶものによって近代以降、大きく変質することになった。

ハーバーマスは、複雑化したコミュニケーション行為を円滑化するために急速に発達した国家や貨幣、マスメディアなどの支配的システムが、日常的なコミュニケーション行為の場、すなわち生活世界に侵入し植民地化していると論じる［ハーバーマス 一九八七］。ハーバーマスのこのような議論は首尾一貫したものとしてさまざまな著作の中で見出されるものだが、端的にその主張を理解することができる文章を以下に引用しておこう。

〔ダニエル・ベルらに代表されるような、〕新保守主義を支えるこの不快感を生み出したのはモデルネに従う知識人たちではない。その根はもっとずっと深く、社会の近代化に対する反発に依拠している。すなわち、社会の近代化が、経済成長や国家による組織的活動〔行政や福祉〕のもつ強制力に促されて、自然に生い育った生活形式の生態系に闖入して来ることへの、つまり、歴史的な生活世界のもつ対話的な内部構造を侵食することへの反発に由来しているのだ。〔中略〕こうした不快感や抵抗運動が発生する多様なきっかけを見ていると、そこには必ず、経済的合理性にのっとった一面的な近代化が、文化的伝統の継承や社会的統合、さらには教育等の課題に芯を持つ生活領域に闖入していきているという現象がある。つまり、単なる合理性とは異なった基準、ようするに対話的合理性の諸基準に依拠した生活領域に侵入して来ているのである。［ハーバーマス 二〇〇〇：二一］

ハーバーマスはこのような生活世界におけるシステムの闖入という事態を考慮する際に、「昔からのさまざまな問題」が分化し、それに対処する方法が専門家に独占されていく過程と照らし合わせて次のように述べている。

マクス・ヴェーバーが見ていたこうした分化、つまり、学問〔科学〕、道徳、芸術への理性の分化は、これら諸領域が、専門家によって取り扱われ、自律的なものになる過程なのだが、また同時にこれらの諸領域が伝統の流れから切断されてしまったことをも意味している。すなわち、日常の生活実践における解釈の積み重ねで自生的に継承されていく伝統から切り離されてしまったのである。[17]〔ハーバーマス 二〇〇〇：二五〕

専門分化したシステムが生活世界に与える最も大きな弊害は、計量的に把握されるような単純な基準によってコミュニケーション行為がなされる事態が生じ、自己と他者のあいだにある間主観的な世界の複雑性が縮減されてしまうこと、[18]および専門家システムによる社会構築の専制に歯止めが効かなくなることであると考えられる。

システムに抗する伝承

このような状況を近代以降に生じた生活世界の「危機」として受け止めた場合、システムと伝承の対称性を回復する試みは極めて重要な意味を持つことになるだろう。ハーバーマスは生活世界から離床したシステムを「再接続」させる必要性について以下のように述べている。

モデルネの文化と日常の生活実践とを――つまり、生き生きとした伝統を必要とするが、単なる伝統主義によっては貧困化せざるを得ない日常の生活実践とを――各側面において精密に再接続することがうまく行くためには、社会の近代化をもこれまでとは異なった、非資本主義的な方向へ導くことが必要であり、また、生活世界がそれ自身の中から経済的および行政的行為システムの自己運動を制限しうる諸制度を生み出し得ねばならない。[19]

〔ハーバーマス 二〇〇〇：三九―四〇〕

ハーバーマスは、システムに対抗する基点として、理性に基づいたコミュニケーション行為の場である公共圏の創出にその可能性を見出しているが、小田亮は公共圏が「生活世界での権力関係や利害関係や役割をいったん括弧にいれた、生活世界の外にあるものである」とし、「レヴィ＝ストロースは、そのような西欧近代の理性や主体を疑っており、貨幣や国家やマスメディアに媒介された『真正さのない水準』の社会に包摂されてもなお残る『真正さの水準』の社会の対面関係の維持と創出に希望を求めている」と論じている〔小田 二〇〇一：三五―三六〕。小田は生活世界とシステムの関係性について、「生活世界とは、人がそこで生まれ、他人とさまざまな関係を結び、〈顔〉のみえる関係とその連鎖からなる場を生き、死んでいく世界である」、「システムはけっして世界ではない。このシステムを、ミシェル・フーコーに倣って規律化の『装置』と呼んでもいいだろうが、システム＝装置のみを生きる人間などいない」と述べているが〔小田 二〇〇一：二〇〕、これらの議論からは、システムのみを生きるでもなく、かといってシステムと完全に無縁のまま生きるわけでもない現代の人間存在をとりまく込み入った状況が浮かび上がってくる。

現代における生活世界のありかたを問うことは、システムに包摂された状況のなかで、なおも存在し続ける〈顔〉のみえる関係とその連鎖のありかたについて考察することになるだろう。つまりシステムの影響下にありながらも、なおも存在する生活世界の「もののやりかた」、すなわち伝承を基点とした自治の空間を創出するための議論へと接続されるのだが、それは「単なる伝統主義」ではなく、生活の場に根ざした「伝承主義」とでも呼ばれるべきものでなくてはならない。

おわりに

ハーバーマスは「生活世界がそれ自身の中から経済的および行政的行為システムの自己運動を制限しうる諸制度」を生み出すことの必要性を訴えているが、それは新たに創造されるものであるというより、つねに／すでに存在する伝承との連続性から立ち現れるものだとすべきだろう。内山節は市町村合併が地域社会にもたらす影響を考察する際に、「地域」と「自治」の概念の再検討を試みているが、内山の自治論において特に重要なのは、それが人間だけではなく自然や神、そして死者を交えてなされるものであったということを指摘している点である［内山 二〇一三：一七七―一八〇］。このような神・人・自然、そして死者達は、シュッツや小田がいうところの、「われわれが生まれるはるか以前から存在する世界」、「祖先達によって秩序ある世界として経験され解釈されてきた間主観的な世界」、「人がそこで生まれ、他人とさまざまな関係を結び、〈顔〉のみえる関係とその連鎖からなる場を生き、死んでいく世界」、すなわち生活世界の存在者である。システムと新自由主義はこれらの存在者をほとんど考慮していないが、私たちの生活世界が死者達の手で作られてきたものであるということ、そして私たちが死者となった後も存在し続けるという事実の重みを、私たちは今一度、思い出さなくてはならないだろう。

本稿でみてきた民俗学者たちの議論からも知れるように、平成の大合併は、それとは逆行するような動きであり、伝承を衰微させるものであったといわざるを得ないが、真の意味での地域の再生、分権を目指すのであれば、伝承を再活性化し、生活者自身の手で生活空間を統治していくこと、すなわち自治の空間を作り上げていくことが必要不可欠なのである。

［註］

（1）平成九（一九九七）年から平成十七（二〇〇五）年までの八年間、当該地域で勤務した経験を持つ男性（昭和二十二年生まれ）からの聞き取り。

（2）八戸市博物館主事兼学芸員の小林力氏のご教示による。なお南郷村は地域自治区・八戸市南郷区として八戸市と行政機能・権限の分掌を行っている。
（3）合併前に平成の大合併の問題点を詳細に検討した例として［小原編 二〇〇三］がある。また平成の大合併が実施された時期とその直後に発表された論文、書籍については、［今井 二〇〇八：二五三］が詳しい。しかし、ここで紹介されているものは平成十七（二〇〇五）年〜平成十八（二〇〇六）年に発表、刊行されたものがほとんどで、今井も平成の大合併をめぐる研究が、「まだ不十分」であると指摘しており、市町村合併の反省点や問題点を各自治体レベルで歴史的観点から検証する必要性を説いている。なお最近のまとまった研究成果としては、［室崎・幸田編 二〇一三］［庄司編 二〇一四］を参照のこと。
（4）「合併協議会設置数」は最終的に合併が成立した協議会の設置数。このほか、平成十一（一九九九）年三月末以前に五件ある。
（5）国際基督教大学教授・西尾勝が提出したことからこのように呼ばれる。全文は全国町村会ＨＰ（http://www.zck.or.jp/activities/h141112/nishio_shian.pdf）で閲覧が可能。平成二十六（二〇一四）年十二月九日確認。
（6）平成の大合併において野中が果たした役割について詳しくは、［菅沼 二〇〇五：七九—九〇］［今井 二〇〇八：一六—一七］を参照のこと。
（7）平成十七（二〇〇五）年八月九日の菅沼栄一郎氏によるインタビューのなかでの発言。
（8）平成十九（二〇〇七）年、十一件。平成二十（二〇〇八）年、十一件。平成二十一（二〇〇九）年、九件。平成二十二（二〇一〇）年、十九件。平成二十三（二〇一一）年、六件。
（9）合併特例債とは合併後の十年間に発行できる地方債のことで合併に関わる事業費の九十五％に充てることができる。そのうち七割は国庫負担となるが、合併市町村振興基金とともに平成の大合併の起爆剤となった。総務省自治行政局市町村課「合併特例債の考え方」『合併デジタルアーカイブ』（http://www.gappei-archive.soumu.go.jp/db/02ao/2-17oi/state/tokurei.pdf）参照。平成二十六（二〇一四）年十二月九日確認。
（10）ただしこの発言は野中と小泉純一郎元首相の対立を背景にしたもので、合併の失敗を内閣の責任に転嫁する側面があったとする見方もある。［今井 二〇〇八：一七］
（11）渡部治は我が国における新自由主義の浸透が、世界的な流れから見ると極めて遅れて開始されたものであると分析しており、その「本格的な遂行は、小泉政権にいたってはじめて可能であった」としている。詳しくは［渡部 二〇〇七：二九六—二九九］を参照のこと。
（12）神社合祀は明治政府の神社政策により、明治三（一八七一）年から始められた。複数の神社の祭神を一つの神社に合祀させるか、もしくは一つの神社の境内社にまとめて遷座させ、その他の神社を廃することにより数を減らすというものである。南方が住んでいた和歌山県では明治三十九（一九〇六）年から始められ、合祀が中止される大正九（一九二〇）年までに、二千九百二十三の神社が整理統合され四百四十前後にまで減少している。南方は神社合祀によって土着の信仰・習俗が毀損され、また神社林が伐採されることで固有の生態系が破壊されてしまうことを憂い、明治四十（一九〇七）年から神社合祀反対運動を起こした。南方が粘菌の採集地として利用していた猿神祠が合祀され、粘菌採集ができなくなったことが、合祀反対運動の直接的な引き金であったという。

(13) このほかにも南方が市町村合併を批判した文章として、昭和五（一九三〇）年四月に『紀伊毎日新聞』に掲載された「南方熊楠翁の書簡」がある。［南方 一九七三 b］

(14) 田辺・湊・西ノ谷三町村の合併は大正十三（一九二四）年に実現し、田辺町と新庄村の合併は南方没後の昭和二十九（一九五四）年に実施された。

(15) 福田アジオの整理によると、「市町村合併と民俗という問題設定は必ずしも古くから意識されるべき課題ではなかった」とし、『日本民俗学』二四五号（二〇〇六）の市町村合併特集号が組まれたことにより「はじめて市町村合併という地域の広域的編成とそれに伴う行政の力が民俗に無関係ではないという認識が登場した」とされる［福田 二〇〇六：五―六］。

(16) 松田香代子も今回の大合併の重要な問題として「地名の問題」を挙げており、民俗学者の立場から「周知の地名がなくなってしまうと、いったいそれがどこの民俗なのか皆目見当もつかなくなってしまう。せめて集落名あるいは村落名を残す手立ては講じた方がいいと考える」と主張している［松田 二〇〇六：六五―六六］。なお市町村合併に伴う地名の改変、消失をめぐっては［菅原 二〇〇五：一〇―四〇］［片岡 二〇〇五］が参考になる。

(17) 引用文では原典における tradition を「伝統」と訳しているが、本稿の議論の内容に則せば「伝承」と訳す方が適切だろう。

(18) 現象学における生活世界の概念が、客観性を標榜する物理学の登場以前の世界認識を回復するために提示されたものであることを鑑みると［フッサール 一九九五］、生活世界の分析において重要になってくるのは、一般性を持つような客観的理論ではなく、単独性を持つような間主観的な世界のありかたを記述する民族誌的な方法だと考えられる。

(19) 前掲註（17）参照。

【参考文献】

今井照『「平成の大合併」の政治学』公人社、二〇〇八年
岩崎正弥「現代山村経済と過疎――三遠南信の現実から」『日本民俗学』第二四五号、二〇〇六年
内山節「地域・自治概念の再検討」『市町村合併による防災力空洞化――東日本大震災で露呈した弊害』二〇一三年
雲藤等「田辺・湊・西ノ谷三町村合併問題と南方熊楠」『社学研論集』第十三号、早稲田大学大学院社会科学研究科、二〇〇九年
小田亮「生活世界の植民地化に抗するために――横断性としての「民衆的なもの」再論」『日本常民文化紀要』二〇〇一年
片岡正人『市町村合併で「地名」を殺すな』洋泉社、二〇〇五年
小原隆治偏『これでいいのか平成の大合併』コモンズ、二〇〇三年
シュッツ、アルフレッド『現象学的社会学』紀伊國屋書店、一九八〇年
庄司俊作編『市町村合併と村の再編――その歴史的変化と連続性』農山漁村文化協会、二〇一四年
菅沼栄一郎『村が消えた――平成大合併とは何だったのか』祥伝社、二〇〇五年
谷川健一a「新地名は安易すぎないか」『谷川健一全集 十五』冨山房インターナショナル、二〇一一年
谷川健一b「地名「大虐殺」の愚挙」『谷川健一全集　十五』冨山房インターナショナル、二〇一一年
谷川健一c「平成の大合併の功罪」『谷川健一全集　十五』冨山房インターナショナル、二〇一一年
野中廣務「蜷川革新京都府政との対峙」『都市問題』第九七号第十二号、二〇〇六年
ハーヴェイ、デヴィッド『新自由主義――その歴史的展開と現在』作品社、二〇〇七年
ハーバーマス、ユルゲン『コミュニケイション的行為の理論（下）』未来社、一九八七年
ハーバーマス、ユルゲン『近代――未完のプロジェクト』岩波書店、二〇〇〇年
福田アジオ「市町村合併と伝承母体――その歴史的展開」『日本民俗学』第二四五号、二〇〇六年
フッサール、エドムント『ヨーロッパ諸学の危機と超越論的現象学』中央公論社、一九九五年
松田香代子「『伊豆の国市』とはどこか――大合併と民俗の本質」『日本民俗学』第二四五号、二〇〇六年
南方熊楠a「田辺町湊村合併に関し池松本県知事に贈れる南方先生の意見書」『南方熊楠全集 六』平凡社、一九七三年
南方熊楠b「南方熊楠翁の書簡」『南方熊楠全集 六』平凡社、一九七三年
南方熊楠c「新庄村合併について」『南方熊楠全集 六』平凡社、一九七三年

室崎益輝・幸田雅治編『市町村合併による防災力空洞化——東日本大震災で露呈した弊害』ミネルヴァ書房、二〇一三年
結城登美雄「市町村合併の現在——合併で村はどうなるのか」『日本民俗学』第二四五号、二〇〇六年
米田実「市町村合併と民俗——滋賀県を事例として」『日本民俗学』第二四五号、二〇〇六年
渡部治「日本の新自由主義——ハーヴェイ『新自由主義』に寄せて」『新自由主義——その歴史的展開と現在』作品社、二〇〇七年

第3章

明治の大合併と行政村の創出

――山村地域の特質を中心に

山﨑久登

はじめに

本稿は、群馬県吾妻郡を事例に、明治の大合併によって形成されることになる行政村について考察しようとするものである。

近代の日本の町村は、明治二十二（一八八九）年を境に大きく変化を遂げることになる。この年に施行された市制・町村制によって成立した新町村は「行政村」とされ、それまで存在した旧町村は「自然村」と呼ばれる。

行政村は、近代天皇制国家機構の末端機関であると同時に、最も基礎的な地方公共＝自治団体として、地方政治・行政の展開に大きな役割を果たしてきたとされる。大石嘉一郎らは、長野県埴科郡五加村を事例として、行政村の歴史的・段階的展開を分析している。そこでは、旧村の多元的連合にすぎなかった成立期の行政村が、基礎的な地方公共団体へと転形していく過程が綿密な分析によって明らかにされている(1)。

だが近年、松沢裕作のように、上記のような自然村と行政村の二重構造を、近代の日本社会が持ったとする論理そのものを再検討しようとする試みもある。そもそも、百姓という身分に規制された社会集団としての近世の村と、近代の村とは比較できるものではないとする。その上で、国家―府県―市町村―大字という行政区画の重層＝同心円的性格は、明治の町村合併によって形成されたものと述べている(2)。

松沢は、三新法から、明治地方自治体制へと至る制度変容について、その基本的な論理は、政治社会と市民社会の分離、それに伴う身分制的権力編成の解体として位置づけている。その上で、明治の合併については、自治体を創出すべく実施され、その枠組みについては村町の総代人らの意見を取り入れつつ決定されていったという。しかし、近世の村々の関係が課題ごとに異なっていたこと（用水・治水・助郷・領主等々）からもわかるように、地域からの意見が一つに収斂することはありえない。その結果、行政村は、恣意的に切り取られた一定の地理的空間、その内部に多様な社会的利害を抱えた政治権力体として成立するよりなかったと述べている(3)。

たしかに、明治の大合併についてはこれまでさまざまな研究が行われ、県が当初案にこだわらず、地域の声を聞きいれて案を変化させていった事例(4)や、一方で、県が当初案を譲らず、地域の側の反対にも拘わらず強制していった事例が明らかにされている(5)。松沢の論によれば、まさにこうした状況になるのは当然であり、行政村が切り取られた一定の地理空間として成立する所以ということになる。

こうした見解に対して、植山淳は静岡県・埼玉県・神奈川県・山梨県の合併過程について比較検討し、より地域住民の意向を慎重に考慮した県もあれば、地域自治の実存を捉えようとする姿勢を持ちえない県もあったとし、一概な議論を行うには、地域差が大きすぎると疑問を投げかけている。その上で、この地域差は府県レベルだけでなく、郡レベルはもちろん、町村レベルでも起こりうるものであり、そうした問題を捨象しては実態を見誤るのではないかとしている(6)。

以上のような研究史の課題として、第一に挙げられるのは、全国の地域性を考えるとまだ十分に事例研究が尽くされていないことである。対象とされているのは、埼玉県・奈良県など一部の県に留まっているように思われる。合併をめぐっては、行政の対応にも地域差がみられることが指摘されているが、日本全体の状況を明らかにするためには、今後さらに事例を積み上げていく必要があるのではないだろうか。

第二に、郡を対象とした研究がないことである。これまで研究の対象となってきたのは、県または村であった。その間に介在し、合併に大きな影響を与えたと思われる郡長やその周辺を中心においた研究はみられない。

第三に、県という一つのカテゴリーで分析を行っているため、県の中でも山地と平地ではどのような違いがあるかなど、地域的偏差が合併に与えた影響が不明である。平地の町村と山村の町村では、当然合併の受容を廻っても差異があって然るべきであるが、そうした視点に立った研究は管見の限りみられない。

本稿では、このような研究史の状況に鑑み、以下のような研究視角に基づいて考察を行いたい。まず、本稿では郡を対象として、合併の実態を明らかにしていきたい。特に一つの郡の中で、どのような意見の対立が起こり、また収束していったのかに着目する。次に、山村地域という特質性についても着目したい。平地の村にはない、交通上の不便さなどは合併にどのように影響をしてきているのかを検討する。

以上のような研究視角に基づき、本稿では、群馬県吾妻郡を対象として取り上げる。まず合併の経緯について明らかにし、その上で合併を村々がどのように受容していったのかを分析していきたい。

また、史料としては、群馬県立文書館所蔵の、明治二十一年『町村分合諮問ニ対スル意見書類（町村合併関係、吾妻郡委員係）』（文書番号二一三五）[7]、明治二十一年『郡市町村行政監督　事務（共四冊第三号、町村分合関係他）』（文書番号二七六）[8]を用いる。前者は、吾妻郡の町村合併について、諮問案に対する村々からの答申書類を収めたものである。後者は、明治二十一年六月～十二月の市町村合併に関わる県知事から郡長への訓令や照会、また郡長から県知事への答申などを合綴した簿冊である。

なお吾妻郡は、群馬県の西北部に位置する山岳地域の郡である。郡内には吾妻川が西から東へと流れ、草津・四万・沢渡など著名な温泉地を擁している。『天保郷帳』では、中野条町・伊勢町・原町の三つの町のほか、八五の村名がみえ、明治の大合併直前には五町七七村が存在した。

1　合併の経緯

本節では、合併に至る経緯についてみていきたい。明治二十一年四月二五日、市制・町村制が公布された。施行は翌年の四月一日であり、その前に大規模な市町村合併が行われることになった。その目的は、各町村に地方団体としての自立能力を与えることである。明治二十年当時の全国町村七万一五七三のうち、一〇〇戸以下の弱小町村が全体の七割近くを占めていた。そのため、これら小町村を合併し、自立能力を持った町村に移行させる必要があった(9)。同年六月十三日、内務大臣訓令第三五二号が出され、町村合併の基準が示されている。その前文は次のようになっている。

町村制ヲ施行スルニ付テハ町村ハ、各独立シテ従前ノ区域ヲ存スルヲ原則トナスト雖モ、其ノ独立自治ノ目的ヲ達スルニハ、各町村ニ於テ相当ノ資力ヲ有スルコト肝要ナリ、故ニ町村ノ区域狭小若クハ戸口僅少ニシテ、独立自治ニ耐ユルノ資力ナキモノハ、之ヲ合併シテ有力ノ町村タラシメサルヘカラス依テ其ノ施行ニ際シ、先ツ府県知事ニ於テ現今各町村ノ区域人口及其資力如何ヲ調査シ、左ノ条項ヲ標準トシテ相当ノ処分ヲ為ス可シ(10)

ここでは、従来の区域を原則としながらも、町村において相当の「資力」を有することが重要であり、そのために区域が狭くまた人口が少ない場合は、合併して有力町村となることが重要であるとしている。そして、合併の標準について、第三・四・六条には次のようにある。

第三条　町村ヲ合併スルハ其ノ資力如何ヲ察シ、大小広狭其宜ヲ量リ適当ノ処分ヲ為ス可シ、大凡三百戸乃至五百戸ヲ以テ標準ト為シ、猶従来ノ習慣ニ随ヒ請願ヲ酌量シ民情ニ背カサルヲ要ス、且ツ現今ノ戸長管轄区域ニシテ地形民情ニ於テ故障ナキモノハ、其ノ区域ノ儘合併ヲ為スコトヲ得、合併ヲ為ストキハ町村ノ区域広潤ニ過キス、交通ノ便利ヲ妨ケサルコトニ注意ス可シ

第四条　町村ノ合併ヲ為ストキハ深ク将来ノ利害得失ニ注意シ、郡区長及町村吏員等ニ就テ之ヲ諮問シ、勉メテ民情ノ帰スル所ヲ察スルヲ要ス

（中略）

第六条　合併ノ町村ニハ新ニ其名称ヲ選定スヘシ、旧各町村ノ名称ハ大字トシテ之ヲ存スルコトヲ得、尤大町村ニ小町ヲ合併スルトキハ其大町村ノ名称ヲ以テ新町村ノ名称トナシ、或ハ互ニ優劣ナキ数小町村ヲ合併スルトキハ各町村ノ旧名称ヲ参互折衷スル等適宜斟酌シ、勉メテ民情ニ背カサルコトヲ要ス、但シ町村ノ大小ニ拘ハラス歴史上著名ノ名称ハ可成保存ノ注意ヲ為スヘシ(11)

第三条では、合併の標準が三〇〇～五〇〇戸であるとされている。また、従来の習慣に従い、民情に背かないようにとされているように、地域の民情に特段の配慮がなされていることがわかる。また第四条でも、郡区長および町村の吏員に諮問し、民情を把握するようにとしている。この民情への配慮は、新しい町村名についてもみられ、第六条でその旨が記されている。その上で、歴史上著名な名称はなるべく保存するようにとしている。

このように、合併を上から強権的に行うのではなく、あくまでも地域の意向をくむ形で進めようとしていたことが知られる。

さて、群馬県では、これを受けて、六月二十日に、県から各郡長に対して、合併取扱方法について訓令が出されている。その後、七月十日に郡長会の決議を経て、「町村分合取扱方法」が決定された。

第一条、郡区町村編制法第八条ニ基キ地方ノ便益ニ依リ町村ノ分合ヲ為サントスルトキハ、郡長ヲシテ其関係村ノ総代ニ諮問セシムルコトアル可シ

第二条、前条ノ場合ニ於テハ一町村三名以下ノ総代人ヲ選挙セシムヘシ

表１　吾妻郡合併案と実際の合併状況

合併前	諮問案	合併後	合併前	諮問案	合併後
原町	原町	原町	中之条町	中之条町	中之条町
川戸村			伊勢町		
金井村			西中之条村		
郷原村		岩島村	青山村		
厚田村			市城村		
岩下村	岩島湯村		大戸村	大本村	坂上村
三島村			荻生村		
松谷村			本宿村		
矢倉村			大柏木村		
川原湯村		長野原町	須賀尾村		
川原畑村			植栗村	栗井泉村	太田村
長野原町	長野原町		岩井村		
与喜屋村			小泉村		
羽根尾村			泉沢村		
古森村			三原村	三原村	嬬恋村
大津村			門貝村		
応桑村			西窪村		
横壁村			鎌原村		
林村			芦生田村		
草津村	草津村	草津村	袋倉村		
前口村			今井村		
入山村			大笹村		
小雨村			大前村		
太子村			田代村		
日影村			干俣村		
赤岩村			須川町	須川村	久賀村
生須村			布施村		
五町田村	新箱田村	東村	東峰須川村		
新巻村			西峰須川村		
奥田村			入須川村		
箱島村			師田村		
岡崎新田			吹路村		
平村	平尾塚村	名久田村	永井村		
横尾村			猿ヶ京村		
赤坂村			山田村	沢渡村	沢田村
大塚村			折田村		
栃窪村			上沢渡村		
			下沢渡村		
			四万村	四万村	
			原岩本村		伊参村
			五反田村		
			蟻川村		
			大道新田		

出典：諮問案は『吾妻郡意見書類』〔前掲註（7）〕より、合併後の構成は、『群馬県市町村合併史』〔前掲註（10）〕より作成。

第三条、諮問ハ郡役所又ハ戸長役場等適宜ノ場所々於テ之ヲ行フヘキモノトス
第四条、町村ノ分合ヲ為ストキハ従前之町村費ハ其徴収ノ歩合ニ依リ、之ヲ分割スヘキモノトス
第五条、町村分合ヲ為ストキハ其町村共有財産ノ処分ハ各町村ノ協議ニ依リ、郡長ヲ経テ知事ノ認可ヲ受クベシ
第六条、前条ノ協議若シ調ハサルトキハ各町村ヨリ其事由ヲ具シ、知事ノ処分ヲ求ムルコトヲ得
第七条、町村ノ分合ヲ為ストモ数町村共同ノ水利土功等ノ事業ニ付テハ、其共同事業ノ区域ハ従来ノ慣行ニ据置クヘキモノトス(12)

この史料から、合併にあたっては、郡長が町村の総代人（各町村より選挙された者）に対して諮問を行うように定められていることがわかる。郡長と各総代人の協議が重要性を持っていることがうかがわれよう。またここでは、合併の際の町村費や共有財産、水利の扱いについても定められている。

その後、七月十八日には、各町村の名称由来や役場の位置、民情風俗などについて調査を行うべき訓示が知事より郡長に対して出されている。それとともに、郡は新町村の案を町村に諮ったうえで作成し、県に提出するように命じられている。これを受けて各郡では調査を実施し、諮問案を作成したうえで各村に諮り、実際の合併の枠組みを作っていくことになった。

吾妻郡でも、当時編成されていた連合村の枠組みを軸として、合併の諮問案が作成され、各町村に諮られることになった。八月中旬以降、各町村から返答書が作成され、郡長はそれを踏まえて郡長案をまとめ、県に提出している。

ところで、この合併は、当初の諮問案がどの程度受け入れられたものであったのだろうか。表1は、合併構成の諮問案と実際の合併枠組みを示したものである。表2は、諮問案の受容

表２　吾妻郡における諮問案の受容状況

状　　　況	事例数（件）
諮問案通りに合併	2
枠組みは諮問案通りで村名は変更	6
枠組みは変更して、村名は諮問案通り	2
枠組み・村名とも変更	3

出典：『吾妻郡意見書類』より作成。

状況を示したものである。これをみると、当初の諮問案通りに合併がなされたのは、一三件中一件しかなく、多くの場合、村名または枠組みの変更がなされたことがわかる。特に、村名については、九件で変更がなされている。この変更はどのようにしてなされたのであろうか。次節以降では、具体的な事例を挙げて検討をしていきたい。

2　諮問案村名の変更

まず、一三件中九件を数えた、村名変更についてみていきたい。この村名変更については二つの傾向がある。それは、①歴史的地名への改称、②その他の事情による改称、である。では①から見ていきたい。

①歴史的地名への改称

今般当連合村々合併之儀御諮問ニ奉答候ニ付テハ、村名ノ儀ハ新箱田村ト改称ノ儀御諮問ニ有之候得共、右ハ奥田村ノ内南凡ソ一里許リノ処ニ榛名山ノ一峰我嬬山（今ナマリテアヅサ山ト云フ）ト謂フ其以謂ハ古昔日本武尊東夷征統ノ時御登山ノ古跡ニシテ、今尚ホ石ノ祀アリテ村民尊信ス、依之我嬬ヲ東《アヅマ》ト改メ合併村名ヲ東《アヅマ》村ト改称仕度謹テ奉答ス(13)

この史料は、五町田村分合取扱惣代・外四カ村惣代から提出された返答書である。諮問案では、村名を「新箱田村」と改称することになっているが、これを「東村」に改めたいとしている。その理由として、奥田村の領域で南におおよそ一里ばかりのところに榛名山の一峰「我嬬山」があり、日本武尊が東夷征討の時に「御登山の古跡」であり、

表3　歴史的由来により諮問案村名を改称

改称村名	諮問案村名	改称理由
嬬恋村	三原村	日本武尊の古歌による。
名久田村	平尾塚村	土地の人民は皆、名久田と唱えており、そのことは古書にも見えるため。
伊参村	四万村	原岩本村・五反田村・蟻川村・大道新田の四カ村を古くは伊参郷と唱えた縁故があるため。
坂上村	大本村	大戸村・荻生村・本宿村・大柏木村・須賀尾村の五カ村を坂上ノ郷と唱えた縁故があるため。
太田村	栗井泉村	植栗村・岩井村・小泉村・泉沢村は、古来、太田郷と言ったため。

出典：「三原村十一ヶ村町村分合諮問二対スル意見上申」、「平村五ヶ町村分合諮問諮問ニ付意見書」、「原岩本村五ヶ村町村分合諮問ニ付意見書」、「大戸村五ヶ村町村分合二付意見上申」（以上全て『吾妻郡意見書類』〔前掲註（7）〕所収）より作成。

今なお石の祀があって村民が尊信していることによるという。

このように地域の歴史に基づいて、村名を改めたいとした事例をまとめたのが、表3である。ここでは、合併する村の名前から一字ずつ取るような折衷案が否定され、古来の郷名などを採用するように村側が求めていたことがわかる。結果としては、東村も含めて六事例とも改称が認められている。地域からの求めに応じ、その歴史的な名称を残すという方針が貫徹されていることがうかがわれる。

②その他の事情による改称

歴史的な名称以外で、村名が改められた例は、三つある。そのうち、久賀村の例については、詳細は不明である。また岩島村の場合は、合併の枠組み自体が変更されたことにより、村名も変わったものである。ここでは、三つめのケース、村名をめぐって地域の意見が衝突した事例（沢田村）を取り上げたい。以下、まず経緯をみていこう。

今般町村分合之義ニ付御諮問ニヨレハ新村名ハ沢渡村ト有之候処、左ノ二ヶ村之義ハ従来山田折田之名称ニ有之、納税及戸数人口等モ上下沢渡ニ比シ山田折田両村落ハ何分之高類ニモ有之、旁以テ二ヶ村人民ノ平和ヲ基トシ旧名称四ヶ村ヲ片執リ新村名ハ沢田村ト仕度、此段以連署上申仕候也(14)

この史料は、山田村・折田村の惣代より提出された返答書である。これによれば、当二カ村は山田村・折田村という名称であり、また納税額や戸数・人口なども上下沢渡村よりも前の二カ村の方が高額であることを理由に、旧名称四カ村の片方の字を取って、沢田村とされたいとしている。これに対して、沢渡村側は、次のように反論している。

今般町村分合之義ニ付御諮問ニ対シ新村名之義ハ沢渡村可然ト考、若シ著名鉱泉地之名称ヲ消滅之景況ニ有之哉ト推考仕候間、御諮問案之通沢渡村ト仕度此段奉答候也[15]

この史料は、上沢渡村・下沢渡村の惣代人の提出した返答書の一部である。新村名については、沢渡村とするべきであるとし、その理由として沢渡が著名な鉱泉地の名称である点を挙げている。結局、この対立は、山田村・折田村の要請が受け入れられ、諮問案の沢渡村ではなく、沢田村となった。

以上のように、地域の中で新村名をめぐって対立が起こり、村名が改められるというケースも存在していたのである。このように、合併にあたっては、歴史的な地名への改称、地域内対立を受けての改称など、村名についてはほぼ地域の意向を受ける形で諮問案の変更がなされていたことが知られるのである。

3　諮問案枠組みの変更

では次に、諮問案における合併の枠組み自体が変更されたケースをみていきたい。初めに、①岩島村の事例、②草津村の事例を挙げたうえで、③以上の二事例において郡長がどのような意向で臨んだのかを検討したい。そのうえで、④郡長の意向に反して地域の要望が優先されたケースを検討していきたい。

①岩島村の事例

それでは、まず諮問案で岩島村を構成するとされている村の対応をみていきたい。諮問案に対しては、返答書が各村の戸長および町村分合惣代人（以下、総代人）より群馬県知事に対して提出されている。[16] 以下では、それを明らかにしていきたい。

まず、八月十七日に八カ村の戸長より返答書が出され、諮問案に異論のない旨が記されている。[17] それに対して、九月一日に出された各村の総代人の返答書では異論が噴出している。岩下・松谷・三島の三カ村の総代人は、諮問案の枠組みから、川原湯・川原畑の二カ村を除くことを主張し、その理由としては、この二カ村は松谷村から道陸神《どうろくじん》峠を経て一里余も離れているうえ、民情風俗も異なるとしている。さらに、先の二カ村は、登記所や警察署は現在長野原町の所轄になっているとし、このような状況で合併しても、将来不便になると主張している。[18]

同村の総代人たちは、さらに同日付で参考書も提出している。次の史料はその一部である。

岩下村矢倉村松谷村郷原村四ヶ村之義者、往古山城之庄岩間之郷ト云一村落ニシテ、氏神ハ矢倉村鳥頭神社、且ツ秣場等も入会ニ有之、三島村之義モ往古山城之庄太田郷ト云一村落ニ有之、且三島村之内字四戸耕地之人民ハ厚田村秣場へ入会ニ有之、其他村落各毎ニ耕作地入会多シ、然ルニ岩下村三島村松谷村連合及ヒ矢倉村郷原村厚田村連合之義ハ吾妻川ヲ中央シ、峯嶽四囲併風ヲ繞ラス如キ地形ニシテ直ニ一区域ヲナシ、人民ノ便利ハ勿論民情風俗ニ至ル迄同一ニシテ交際等尤厚シ、[19]

この史料によれば、岩下村他三カ村は古来「山城之庄岩間之郷」という一村を構成し、氏神は矢倉村鳥頭神社であり、かつ秣場等共同で利用していたとする。また三島村も往古より「山城之庄太田郷」という一村落であり、かつ字四戸耕地の人民は厚田村秣場へ入会をしている。その他、他村落ごとに耕作地の入会も多いという。岩下村・三島村・松谷村連合と、矢倉村・郷原村・厚田村連合は、吾妻川を中央にして「峯嶽山四囲併風ヲ繞ラス如キ地形」であって、一区域をなしており、民情風俗も同一で交際が活発であるとする。このように、古来一村であったという来歴や、周囲を山に囲まれた地形、古来より協力関係にあったことなどを根拠として、六カ村での合併を主張しているのである。

一方、川原湯・川原畑の二カ村については、諮問案について区域・村名とも至極適当であると回答している[20]。つまり、諮問案にある岩島湯村の八カ村の中では、上記二カ村だけがこの諮問案での合併に賛成し、残りの六カ村はこの二カ村を切り離しての合併を求めていたことがわかる。

次に、諮問案で原町を形成することになっている五カ町村の動向についてみてみよう。郷原村・厚田村の総代人は、原町との合併は、地形や民情が異なっているため将来に不安が残るとし、古来より関係の深い岩下村・三島村との合併を希望している[21]。また、同村の戸長も、諮問案は「将来ノ自治ニ適当」か疑義を投げかけている[22]。一方で、原町・川戸村・金井村の総代人は諮問案で問題がないとしている[23]。以上のように、郷原村・厚田村だけが、戸長・総代人ともに諮問案に疑問を示し、総代人たちによって岩下村との合併を支持しているのである。

この合併については、最終的に、諮問案に異を唱えた村々の主張が取り入れられることとなった。岩島湯村を構成する予定だった村々のうち、川原湯・川原畑の二カ村は長野原町へ組み込まれた。一方で、残りの村々は、郷原・厚田の二カ村を迎え入れて合併し、六カ村で岩島村となる。諮問案で、郷原・厚田と組む予定だった、原町・川戸村・金井村は三カ町村で合併し、原町となった。

以上のように、結果として諮問案とは大きく異なる合併となった。同案を支持する村もあり、村の中でも戸長と総代人では意見が分かれている場合などもあったが、最終的には、諮問案反対派の主張が全面的に受け入れられることとなった。これは、古来一村を構成したという来歴や、山に囲まれた地形という点が受け入れられたものと思われる。

②草津村の事例

もう一つ、草津村をめぐる合併の事例を見ていきたい。当初の諮問案では、草津村・前口村・入山村・小雨村・太子村・日影村・赤岩村・生須村の八カ町村（五四六戸）を合併して草津村とするものであった。結果的にこの枠組みで合併をすることになるのであるが、そこに至るまでには紆余曲折があった。

まず、八月十七日に提出された、小雨村連合、草津村連合各戸長たちの奉答書では、諮問案通りで良いとしている。[24]また、九月三日には、草津村・前口村の惣代より、草津村外七カ村で一村とすることを至極適当とする回答が出されている。[25]

ところが、同日に出された、小雨村連合の各惣代人による答申では、一転して合併は難しいとし、長野原町との合併を望むとしている。その理由は、第一に草津村は著名第一の温泉場であって民情も異なるということ、第二に草津村の標高が高く積雪量が多いため冬は往来することができないこと、第三に草津村と小雨村連合とは二里または三里ほども隔たっていることを理由としている。[26]これを合併するとなると、各所に区長を設けることなどが必要があり、それをすれば出費負担もかさむとしている。

これに対して、小雨村連合の戸長たちは、やはり諮問案通りの合併がよいとし、具申書を提出している。その理由として、諮問案を変更した場合、実際に幾分かの利益があるのは赤岩村・日影村のみであって、六カ村全体からみれば決して適当ではないからとする。特に、入山村北端の一家からは、長野原町まで五里余も離れており、施政上不便をきたすことになるとしている。そこで、諮問案通りに合併を行い、ただ役場の位置などは新村の中央である旧小雨村に置かれたいと述べている。[27]

さらに、草津村連合の総代人は、次のように答申している。諮問案を変更した場合、草津村連合村も長野原町へ合併するべきだという論が起こることが予想される。しかし、それは次の理由により難しいとしている。

当連合ノ長野原町へ連合スルハ地理ノ隔絶風土人情ノ差異等篤ト思料候処、到底合併スル能ハス殊ニ草津村ニハ共有財産タル湯ノ花アリテ年々五百余円ノ所得モ有之、且他ニ共有財産等モ少シク有之候得者、是迄ノ連合ニテ一村トナルモ難キニアラス候得者、曩ニ奉答ノ如ク八ヶ村合併ノ不相成以上者、寧ロ是迄ノ連合ニシテ一村ト相成方便且能スル処ナレハ、一応夫々ノ人民ニモ諮問候処人民ニ於テモ同感ニ付、何卒右情々御参酌従前ノ連合ニテ一村ト相成様致度此段以連署上申候也(28)

これは、草津村連合の総代の意見上申書の末部である。ここでは、地理の隔絶、風土人情の差異などが大きいと思われるので到底実行することはできないと述べている。特に草津村は共有財産としての湯の花があり、年々五〇〇円あまりの所得もある。他に共有財産もあり、八カ村連合ができないのならば、むしろこれまでの連合村で一村となるほうが便利であるとし、従前の連合で一村とするように要望している。以上のように、小雨村連合の総代人たちは、長野原町との合併を希望し、一方で、同村の戸長たちや草津村連合の総代人・戸長たちは、諮問案通りの合併を支持しているのである。

この結果、諮問案通りに八カ村による合併が行われることになった。ただしこれは、諮問案がそのまま強制されたという訳ではない。小雨村戸長の意見を取り入れ、小雨村に役場を置くという妥協を行うなかで、合併にこぎつけているのである。つまり、この草津村のケースでも地域総代人の声を制して、諮問案を強制したのではなく、戸長の意見や、草津村の総代人の意見を踏まえて決断がなされているのである。

③郡長の意向と合併

では、どのような場合、地域の要望が取り入れられたのであろうか。それを解く鍵を握るのが、吾妻郡長井原昂の意向である。井原は、九月十五日付で、次の様な意見具申書を群馬県知事に送っている。

本郡町村制実施遅速ノ儀、民度情況ニ照シ査察スルニ、近来人智稍発達共同自治ノ精神ナシトセス、殊ニ其実施ニ先チ町村ノ資力ヲ厚シ、完然ノ区域ヲ造成セント欲スル傾アリ、雖然山間僻陬ノ地西北ノ片隅ニ至テハ往々謂フヘカラサル未開ノ寒村有リト雖トモ本郡全体ノ上就テ敢テ妨ナカルヘシ故ニ前日御諮問ニ際シ奉答セシカ如ク断シテ二十二年四月一日ヲ以テ本制ヲ実施シ、以テ漸ク自治ノ団体ヲ完全セシメ度、此段具申候也(29)

この史料は、町村制実施の是非について、井原の認識を示したものである。これによれば、まず吾妻郡自体も、民度の観点からようやく「共同自治ノ精神」が存在するようになってきたとする。そして、市制・町村制の実施に先立って、町村の経済力を高め、「完然ノ区域」を造成しようとする傾向があるとする。そのうえで、本郡には、山間僻地、特に西北の片隅は言うこともできないほどの「未開ノ寒村」があるが、本郡全体の上においては「敢テ妨ナカルへシ」としている。そこで、断じて明治二十二年四月一日をもって、町村制を実施し、漸く自治の団体を完全なものとしたいと述べている。

ここからは井原が町村制実施を予定通り行うことを主張し、その上での問題点を町村の経済力にあると考えていることが看取されよう。特に吾妻郡は山間の地にあるため、合併によって自治に耐えうる町村を作らなくてはならないとする認識を、より強く有していたと考えられる。

では、井原は、合併諮問案に対する異論が噴出していたことについてどのように考えていたのであろうか。

本郡各町村区域調、客月十七日付ヲ以テ具申候処、町村総代人ヘ諮問之義、御指令ニ依リ夫々諮問シタルニ、或ハ諮問按ニ対シ異議ヲ唱フルモノ有之候ヘ共、逐一其意見ヲ容ル、ニ於テハ、到底完全ナル自治区ヲ画成スル不能ニ付、甲ハ情願ヲ採ルモ乙ハ之レヲ捨テ別紙諮問一覧表ヘ意見ヲ掲載且ツ其状況具陳致候、則諸表相添此段具

中候也[30]

この史料は、九月十五日付で群馬県知事に出された意見具申書の一部である。これによれば、町村惣代人から出される異論についてそれを逐一受け入れてはとても「完全ナル自治区」を作ることができないと述べている。異論の取捨選択をし、諮問案一覧表へ意見を掲載したとしている。では、どのような異論であれば郡長に受け入れられたのであろうか。九月一五日付の意見具申書の中からそれをみていきたい。

岩島湯村・原町・長野原町の三団体を組織する諮問案について、原町・岩島村は、独立自治が可能であるが、長野原町に至ってはとてもその資力なしと認めている[31]。つまり、原町から郷原・厚田の二カ村が抜けて岩島村へ加わったとしても、原町は十分に三カ町村で存続することができると認識している。また、岩島村も、諮問案では加わることになっている川原湯・川原畑の二カ村が欠落することになるが、それでも一村として十分にやっていけると考えていたことがわかる。

このように、郡長として、最も重視をしていたのは、「資力」であり、その結果「独立自治」を達成することができるかの点だったのである。それは、次のような草津村についての認識でもうかがうことができる。

然レトモ若シ其意見ヲ採用スルニ於テハ草津前口ノ両村ヲシテ独立自治スルコト能ハス、或ハ之レヲ他ノ町村へ合併セント欲スルモ隣村ハ何レモ三里以上ヲ懸隔シ地勢亦不便ヲ極メ、終ニ両ナカラ宜シキヲ得ル能ハス、依テ小雨村戸長意見ノ如ク原案諮問通リ八ヶ村ヲ一区域ト為シ小雨村ニ役場ヲ設置スルヲ以テ全郡観察上至当ノ儀ト信認候条此段具申候也[32]

入山村ら六カ村の総代人の意見を採用した場合、草津・前口の両村をして独立自治を達成することは不可能であり、あるいは他の町村と合併しようとしても隣村はいずれも三里以上離れており、地勢もまた不便を極め、結局双方とも良いという結果をえることはできないとする。よって、小雨村戸長の意見のように、原案諮問通りに八カ村を一区域とし、小雨村に役場を設置することが全郡の観点から至当であるとしている。ここでも、郡長は独立自治を重視する立場に立っている。入山村など六カ村が我儘をいうと、残りの二カ村が独立自治を達成できない。だから、八カ村で合わさるべきとする論理である。

このように、郡長としては、あくまでも独立自治のための経済力を重視していたことがわかる。ある村落が別の村落と合併したいと言った場合も、代替となる村落を組み込むことができればそれも可能であるが、草津村の場合はそれ以外の村落からは隔絶された地形にありそれは不可能であった。そのため、諮問案通りでの合併を県知事に要請しているのである。

④郡長の意向が通らなかった事例

では、地域の要請を受け諮問案に郡長が修正を加えたものは、そのまま実現することになったのであろうか。結論からいえばそうではなかった。先に挙げた岩島村・原町・長野原町・草津村は、郡長による修正案の通りに合併することになった。ただし、そうならない事例もあったのである。それが、四万村と山田村との合併の事例である。

諮問案では、四万村・原岩本村・五反田村・蟻川村・大道新田の五カ村を合併して一村としていた。それに対して、四万村総代人は山田村と合併したい旨を申し立て[33]、残る四カ村は、諮問案の区域は適当であると答申している[34]。

郡長は、県知事にあてた答申書の中で、四万村と山田村とが合併する場合、残る四カ村は戸数が僅少であり、独立自治を達成する力がないとしている。また四万村は、五反田村内に夥しい数の飛地もあり、且つ地勢を考えても諮問案の区域が適当であると答申している。つまり郡長は、①新しい村の独立自治、②飛び地の存在、③地勢の三点から、諮問案通りの合併を指示しているのである[35]。

ところが、この事案は郡長の意見が受け入れられず、四万村を除く四カ村によって伊参村が形成され、四万村は、山田村・上下沢渡村・折田村四カ村と合併し、新たに沢田村となっている。これはいかなる事情によるものであろうか。

先に、二、「諮問案村名の変更」で見たように、山田村・折田村の総代人は村名を諮問案の「沢渡村」ではなく「沢田村」とすることを求め、一方上下の沢渡村二カ村は、諮問案通り沢渡村とすることを求めている。ここでは、村名のみが問題とされ、特に四カ村で合併することについては何も述べられていない。一方で、四万村の総代人はどのような主張をしていたのであろうか。

右五カ村合併与御措定ニ御座候処、本村ゟ《より》原岩本村ハ連結スルモ往復ノ便ナク誠ニ該村ニ至ルハ山路ニシテ冬時積雪ノ際ハ行通容易ナラス特ニ四万村ノ不利益与予想仕候、因テハ現今ノ山田村連合江合併ナス時ハ地形ノ連結及本村ヨリ中之条町ニ至ル県道ニ沿フタル村落故、往復ノ便且旧制大小区御設置ノ際ハ同区中ニシテ人民交際モ篤ク旁将来ニ於テ至便与奉存候間、右山田村連合江合併仕度此段御諮問ニ対シ謹テ奉答仕候也(36)

この史料は、四万村総代人より出された奉答書の一部である。ここで、四万村総代人は、原岩本村とは往復の便がなく、山路であるために積雪のあったときは通行困難な状況になると述べている。そこで、四万村は現在山田村と連合しているが、もし同村と合併した場合は地形的にも連続しており、しかも中之条町へいく県道に沿って立地しているため往復の便がよいとする。且つ大区小区制の時も同じ区に属しており、村民の交際も篤く、将来において至便と考えるので、山田村と合併することを望むとしているのである。

明治二十年輯製の群馬県全図(37)を見ると、四万村から山田村連合村かけては県道沿いに展開している。一方で、原岩本村との間には県道はなく、たしかに四万村などが主張するように隔絶された地形となっている。ただし、四万村と五反田村との間には県道はある。しかし、他の村との間には道路はない。この点、先にみた草津村と小雨村連合との合併とも大きくことなっているのである。草津村も地域的には郡内の北西部に位置しているが、県道で小雨村や赤岩村とつながっている。

そうしてみると、四万村を原岩本村などと合併させようとしているのは、数を調整するという意味で、半ば強引に合併をしようという意図が垣間見える。意味もないところに線を引いて新たな村を創出する、そうした行政村の創出がこの四万村と原岩本村などとの合併にはみることができよう。そうしたなかで、郡長が経済上の問題から合併を行うように意見具申したにもかかわらず、四万村側の反論を受けて諮問案が覆されたものと思われる。これはわずかに吾妻郡内唯一の事例であるが、たとえ経済上の問題を抱えることになったとしても、道路など交通環境の整っていない合併を強行することはできなかったものと思われる。

おわりに

以上、吾妻郡の合併において本稿で明らかになったことをまとめていきたい。

第一に指摘できるのは、諮問案に示された村名の多くが、地域からの求めにより改められたことである。新名称は、地域の歴史や旧跡などに因むものが多かったが、一方で沢田村などのように地域の秩序の上から改められるものもあった。

第二に、諮問案に示された村の枠組みはあくまで仮のものであり、町村の総代人の意見を受けて、変更されるものも少なくなかったことである。町村は、古来一村であったとする歴史や、地形、民情と風俗などを理由として挙げ、自らが主張する町村の枠組みを正当化しているのである。

第三に、こうした地域の主張は、合併のうえでほぼ認められていったことである。吾妻郡長は、新町村による独立自治という目標実現のために、特に「資力」を重視し、それを満たさない場合は地域の要求を否定していた。しかし、それは絶対的なものではなく、四万村のように、交通上の不便が明らかな場合は、たとえ経済上の問題を抱えていたとしても、地域の要望が通っているのである。

吾妻郡という山村を多く抱える地域性をふまえると、その背景には次のようなものがあると思われる。もともと交通が発達せず、また人口の少ない山村が多い地域で問題となるのは、はたして合併をしても独立自治の行政村として永続しえるのかということであった。そのため、合併をめぐる地域の要望の取捨においても、その村の「資力」という部分が重視されているのである。しかし、一方で地域の交通路という点でも平地の町村とは異なって大きな困難を抱えており、たとえ、経済的に厳しい村が生まれたとしても、交通環境の整っていない一村を強制的に作り出すことはできなかったのである。ここに山村地域における行政村の一つの特徴を見出すことができよう。つまり、山村地域における行政村とは、意味の無い地域に線をひく形で成立することはありえず、地域の要望を踏まえて、経済力・道路環境を整えた上で成り立つものであったのである。

それでは、最後に本稿の課題を述べたい。まず、第一は、合併を受け入れなかった事例について、よりその地域の事情に踏み込んだ分析が行われていないことである。その地域がなぜ合併の諮問案を拒否したのか、今後、地域の史料を基に分析を進めていきたい。第二に、この合併がその後の昭和の大合併へと、どのように展開していくのかを明らかにすることである。以上の点については、後稿を期したい。

［註］

（１）大石嘉一郎・西田美昭編著『近代日本の行政村——長野県埴科郡五加村の研究』日本経済評論社、一九九一年。

（２）松沢裕作『明治地方自治体制の起源——近世社会の危機と制度変容』（東京大学出版会、二〇〇九年）、同『町村合併から生まれ

た日本近代　明治の経験』（講談社、二〇一三年）。
（3）前掲、松沢裕作『明治地方自治体制の起源――近世社会の危機と制度変容』三一八頁。
（4）佐藤政憲「明治地方自治と『村』――市制・町村制をめぐって」（鹿野政直・由井正臣編著『近代日本の統合と抵抗』日本評論社、一九八二年）・井岡康時「市制・町村制期の奈良県における町村合併についての一考察」（奈良県立同和問題関係史料センター編『研究紀要』一八号、奈良県教育委員会、二〇一三年）など
（5）内田満「埼玉県における町村合併反対運動――大里郡石原村を素材として」『地方史研究』二四三号、一九九三年。など
（6）植山淳「市制・町村制の施行と町村合併」明治維新史学会編『講座明治維新七 改訂版 明治維新と地域社会』有志舎、二〇一四年。
（7）以下、『吾妻郡意見書類』と略記する。
（8）二冊に分かれており（文書番号二七六　二―一・二―二）、以下、『行政監督事務』と略記する。
（9）前掲、植山淳「市制・町村制の施行と町村合併」。
（10）群馬県総務部地方課編集・発行『群馬県市町村合併史』一九五三年、五～六頁。なお、以下すべての引用資料について読点は筆者が付した（一部は付し直した）ものである。また常用漢字のあるものはこれを使用し、旧字は新字に改めた。
（11）前掲註（10）、六頁。
（12）「町村分合取扱方郡町会決議ノ旨趣ニヨリ発令ノ件」『行政監督事務』一、二一頁。
（13）「五町田村五ヶ村町村分合諮問ニ付意見書」『吾妻郡意見書類』三八頁。
（14）「山田村四ヶ村町村分合諮問ニ付意見書上申」『吾妻郡意見書類』一一九頁。
（15）前掲註（14）（『吾妻郡意見書類』一一八頁）。
（16）「町村分合諮問ニ対スル意見書意見一覧表」『吾妻郡意見書類』二～十一頁。
（17）前掲註（16）（『吾妻郡意見書類』三頁）。
（18）前掲註（16）（『吾妻郡意見書類』六～七頁）。
（19）前掲註（16）（『吾妻郡意見書類』四～五頁）。
（20）前掲註（16）（『吾妻郡意見書類』九頁）。
（21）「原町五ヶ村町村分合諮問ニ対スル意見書」『吾妻郡意見書類』一六～一七頁。
（22）前掲註（21）（『吾妻郡意見書類』一三頁）。

(23) 前掲註（21）（『吾妻郡意見書類』一四～一五頁）。
(24) 「草津村八ヶ村町村分合諮問ニ付意見書上申」『吾妻郡意見書類』三四～三五頁。
(25) 前掲註（24）（『吾妻郡意見書類』三二頁）。
(26) 前掲註（24）（『吾妻郡意見書類』三〇～三一頁）。
(27) 前掲註（24）（『吾妻郡意見書類』三三頁）。
(28) 前掲註（24）（『吾妻郡意見書類』二八～二九頁）。
(29) 「新制度施行期日上申ノ件」『行政監督事務』一、一七四頁。
(30) 「町村分合諮問状況進達ノ件」『行政監督事務』一、一八〇頁。
(31) 前掲註（30）（『行政監督事務』一、一八二頁）。
(32) 前掲註（30）（『行政監督事務』一、一八三頁）。
(33) 「原岩本村五ヶ村町村分合諮問ニ付意見書」（『吾妻郡意見書類』五七～五八頁）。
(34) 前掲註（33）（『吾妻郡意見書類』六一～六二頁）。
(35) 前掲註（30）（『行政監督事務』一、一八一頁）。
(36) 前掲註（33）。
(37) 輯製二十万分一図復刻版「群馬県全図」平凡社地方資料センター編『日本歴史地名大系第一〇巻　群馬県の地名』平凡社、一九八七年。

第Ⅱ部　地域社会の生活文化や心意の変化

第4章 自治体の再編とふるさと意識・民俗の変化

亀井好恵

はじめに

阿賀町に合併された二町二村は今回の合併の五〇年ほど前にも「昭和の大合併」の際に合併した経緯をもつ。住民のなかには二度の自治体再編を経験した者も多い。自治体の合併・再編は、昨日まで隣の町や村であった地域が今日から「わが町（や市）」になることである。理屈ではそのとおりである。行政上の手続き等の場では、たとえば昨日まで自宅近くの村（町）役場でできた手続きが今日からは別の本庁舎にいかなくては用が足せなくなる等のことで「わが町（や市）」の広がったことを実感することはあるだろう。

だが、自分の生まれ育った、または長く住み慣れた地域に対するふるさと意識、愛着のような意識は、行政上の地域拡大と連動して広がっていくのだろうか。町村合併により空間的に広がった市域をも含め、「わが町（や市）」と認識されるようなその土地に対する愛着心も広がりをみせるものなのだろうか。だとすればそれはどのような契機をもってであろうか。これが一つめの疑問である。

また身近な生活圏域への愛着は「住めば都」という言葉があるように、誰もがもつものであろうが、その地に伝承される民俗の担い手である生活者にとっては自治体の再編はどのような変化をもたらすのかもたらさないのか。これが二つめの問いである。

一つめの問いに対して、本稿では阿賀町となった東蒲原郡域が新潟県と福島県との境に位置する地であり、かつては新潟と福島（会津）との境界再編により帰属が揺れた地域であることに着目し、帰属意識（ふるさと意識）がどのような経緯をもって変化していったかを追った。また外社会に向け発信される「ふるさと意識」を旧村の動きから明らかにしようと試みた。

二つめの問いに対しては、旧上川村内の一集落である武須沢入で伝承される行事を例にとった。本稿で取り上げる行事は、一度は当地の人口減少により中断されたが後に復活する。それだけに行事に対する住民の愛着は強いと思われるが、他地域と同様、過疎化や住民の高齢化に伴いかつてのにぎやかな行事の姿は変化した。自治体の再編という大きな変化と民俗を伝承するムラとは直接の連動性は薄いのではないかというのが筆者の当初の見立てであったが、本稿のキーワードである「生活の場への愛着」「ふるさと意識」を添えることでささやかなつながりが見いだされた。

1　阿賀町の歴史と民俗——会津への帰属意識

平成の大合併により成立した阿賀町は、新潟県東蒲原郡に属する二町二村がひとつの自治体として合併することによって成立し生まれた。その東蒲原郡だが、地理的、歴史的には新潟県よりも福島県の会津に近しい意識をもつ地域であるということはよく聞かされる。地理的な近接性は東蒲原郡が新潟県の蒲原地方の東端に位置し、福島県と隣接する立地条件からも明らかであるが、歴史的には古く平安時代から、東蒲原地方は「小川荘（「小河庄」の表記をとるものもあるが、本稿では小川荘で統一した）」と呼ばれ、会津と深いかかわりのある地であった。

　往時、越後一帯を勢力下においていた越後国守の城氏が承安二（一一七二）年に小川荘七十五村を会津の恵日寺に寄進し、その時から約七〇〇年、東蒲原地方は会津の支配下に置かれることになったという。小川荘を直接支配する領主は時代とともに変わった。芦名、伊達、蒲生、上杉、再び蒲生、保科（松平）と、領主は変わったが東蒲原地方と会津との結びつきは継続していた。

　しかし明治政府の時代になると小川荘と呼ばれてきた東蒲原地方は越後府の管轄下に置かれることとなった。とはいえ、ある日を境として行政的な帰属を変化させられた地域住民は越後の風になじめず、会津への復帰を請願し、明治二（一八六九）年には再び会津（若松県）に帰属することとなった。明治九（一八七六）年、福島、盤前、若松の三県が合併し福島県となると、東蒲原地方は東蒲原郡と称されることになり、郡役場は津川町に置かれることになった。しかし三県が合併することにより、県庁所在地である福島町まで、津川からでも往復八日の行程を要するほどの遠方となってしまった。そのため今度は若松県の再置を願う動きも東蒲原ではあったという。だが地域住民の願いはかなわず、明治十九（一八八六）年、政府は福島県東蒲原郡の新潟県への管轄替えを決定した。

　平安時代末期から約七〇〇年、会津の支配下にあった東蒲原地方であったが、明治になってその所属が越後に代わり、さらに何度か越後と会津の間を往復するという変則的な所属の歴史をたどることになった。その変転する歴史は行政的な改変、混乱にとどまらず、地域住民の暮らしにも影響を与えただろう。

　東蒲原地方の暮らしぶりには会津の影響が濃いという。約七〇〇年におよぶ会津への帰属の事実は支配／被支配の関係を越え、人々の生活の目を会津へと向けその影響を受ける素地、心情を形成しただろうし、行政上新潟県へ所属するようになってもすぐにそれを手放すとは思えない。暮らしのところどころに、会津の影響と思われるものは今も見受けられる。

　『東蒲原郡史　資料編８　民俗』によると、編纂のために行った聞き取り調査で「旧暦から新暦に切り替えたのは

写真１（左）　雪囲いされた旧上川村東山
写真２（右）　東造と思われる中門造の民家（旧上川村小手茂）

昭和三十七年のこと。中暦（一か月遅れの暦）を用いたこともあったが、一年で取り止めた。中暦は越後の衆がやる暦だ」と語る旧上川村鍵取の古老の言が紹介されている。越後の衆との暮らしぶりの違いは、会津の衆としての「われわれ意識」を強く意識したものとしてある。東蒲原郡の人々の暮らしのなかに残る会津への親近性を示す民俗を今回の調査で得た資料とともに同書からいくつかひいてみる。

①住まい

近年は積雪が少なくなったといわれるが、東蒲原地方は豪雪地帯である。冬場は豪雪にそなえ家屋に雪囲いが施される。アルミサッシ戸の普及により、雪囲いも以前ほど厳重ではなくなったというが、十一月頃になると各家で冬の到来にそなえ雪囲いの準備がはじまる（写真１）。

東蒲原郡の屋敷配置の特色は、家の周りに樹木が少ないことにあるという。雪おろしのため、建物の周囲を広くあける必要があること、かつて現金収入の要であった春先のゼンマイ干しの場所を確保するためもあった。また付属小屋の少ないのも当地の特徴である。

民家は中門造と呼ばれる形態の民家が分布している。突出部の中門《チョウモン》は馬屋と作業場、通路、玄関が兼ねられている。豪雪地帯では農業の作業場を母屋の外に設けると冬場の作業に支障が生じる。そのため中門を突き出すことで作業場の拡大をはかったのである。

中門造には中門の屋根の形に寄棟、切妻、東造《あずまづくり》の三形態がある。会津から伝わったので東造と称するのだという（写真２）。

②人的交流

阿賀町鹿瀬の日出谷と豊実地区では屋根葺き職人を多く輩出していた。彼らの屋根葺き技術の特色は、福島県西会津町周辺の屋根葺き職人集団である西会津茅手の系統に属するという。すなわち薄屋根で隅もグシも三角部分を際だたせ、威厳のある屋根型に仕上げるのを特徴とする[1]。鹿瀬は西会津町に隣接し、嫁や婿のやり取りも盛んであった。屋根葺き職人は春から秋にかけ東蒲原郡一帯と会津盆地、猪苗代盆地の水田地帯で仕事をし、冬は雪の少ない福島県の中通りや浜通りに行ったという。

通婚圏は、鹿瀬では西会津方面、上野尻・野沢との交流が多く、津川との交流もあった。上川では村内婚がほとんどとされるが、山越えで会津との行き来が他の地区よりも多かったと思われる中山地区では西会津の大久保や野尻との嫁のやり取りがあった。津川や三川でも会津方面との交流があった。

③民間信仰

安産の神様として竹屋の観音様が東蒲原郡一帯では信仰されている。竹屋の観音様とは喜多方市塩川町の竹屋観音のことで、各地域に観音講（竹屋講）があった。四月八日の祭礼日には講中の女性が数人で代参していた。観音講は鹿瀬では昭和五十年頃、上川では昭和四十年頃まで続いていたという。

会津の三観音めぐりもあった。三観音とは会津美里町の中田観音、会津坂下町の立木観音、西会津町野沢の鳥追観音である。

男の子も女の子も一三歳になると十三参りといって会津の柳津町にある虚空蔵様（円蔵寺福満虚空蔵尊）へお参りをする。津川ではかぞえ年の三歳と七歳になると西会津町野沢にある大山祇神社へ参拝し、一三歳になると柳津の虚空蔵様に参拝するという。男性は四二歳の大厄にも大山祇神社へ参拝するという。

旧上川村が昭和二十九（一九五四）年に三村合併する前、七名にあった中学校では学校の遠足で野沢の山の神さま（大山祇神社）に行ったという。山越えで片道三時間かかったという。

大山祇《おおやまつみ》神社は阿賀町上川の八田蟹のように講を組織して参詣する場合もあるが、個人参詣も多い。山の神として、林業に携わる人々の信仰を集める一方、農事に関連させて田植え後に参詣する人も多い。大山祇神社は「一生に一度は願いを叶えてくれる神」として、多くの参拝者を集めていたという。

また、旧上川村武須沢入では、旧津川町大牧のショウキサマと大山祇神社を関連させた次のような話を伝えている。

ショウキサマはあまりに巨大な性器を持っていたために、性経験がなかったと言う。そこでショウキサマは旅に出たのであるが、ある時、阿賀野川で洗濯をしている女性に出会った。昔の着物なので、水面に女性の陰部が映ってよく見えた。それが途方もなく大きい。そこでショウキサマはお願いして交わり、その場所に居着くことにしたという。それが大牧である。この女性は、会津にある野沢の大山祇神社の山の神様であった。山の神様はショウキサマが可哀想で許したが、その身を恥じ、山奥に籠ってしまった。それが現在の福島県耶麻郡西会津町の大山祇神社奥之院であるという。（東蒲原郡史編さん委員会　二〇〇四）

以上の民俗、説話は、東蒲原地方の人々と会津地方との心情的な身近さを示す例である。

社会生活の範囲が拡大した今日では通婚圏も広がり、右にあげた圏域はかつてのものとなっている。安産祈願の観音講も講自体は消滅している。しかし、個人レベルの参拝の継続や民家の形態には会津との親近性を推測させる。

2　生活環境の変化に伴う親近性の変化

地理的、歴史的に会津の影響の強かった東蒲原地方であるが、新潟県への帰属となってから長い年月を経て、生活意識の上ではその影響が徐々に薄れていく。『山村生活五〇年　その文化変化の研究』（以下、「山村追調査」と称す一九八六　成城大学民俗学研究所）所収の「磐越国境山村の変容と再生――新潟県東蒲原郡上川村東川地区」には、調査当時の上川村東川地区の人々の生活意識が会津から津川、その先の新潟に移行していく契機と過程が言及されている。同論考を参考に行政上の所属の変化に伴う住民意識の移り変わりを生活道路の変化面から述べておきたい。

東川地区には津川方面に通じる二本の幹線道路がある。一つは「東通《ひがしどおり》」と呼ばれる、久島、野中、小出、東山を抜け、土井、柴倉へと至るものである。もう一つは「中通《なかどおり》」と呼ばれる、太田、粟瀬、明谷沢、安用、押出を抜け、大尾に至るものである（図1）。

図1　旧東川の主な地名

山村追調査の時点では道筋に若干の異動があり、「中通」は大尾から先が伸び、柴倉、土井を結ぶよう延長されている。この「中通」の延長は、当該地域の大規模な架橋工事[2]によって可能となった。「中通」の道路整備によって、柴倉、土井は従来の「東通」を利用するよりも容易に津川と通じるようになったという。また中山も、「中通」からの支線道路のほうが、旧来の「東通」よりも道路の整備がよく、津川方面へ向かうには「中通」経由となっている。

東川地区の人々にとって「中通」を幹線と扱う意識が強まったであろうことは、山村追調査当時に中通を運行していた路線バス「太田―柴倉線」の運行[3]と、それに対し「東通」にはバス路線がなく、週二回の役場のマイクロバス運行のみという状況からも推し量ることができる。

前述の論考では、「中通」ルートに位置する小手茂《おても》と「東通」ルートに位置する中山を具体例に取り上げ、人口構成の変化、生業の変化、

写真３　上川地区中山

外社会との交渉の変化の三点から二つのムラのありように言及している。結論からいうと昭和四十五（一九七〇）年以降、中山は生業の変化とともに人口構成上の安定性を失いムラとしての機能を失したが、対する小手茂は比較的安定したムラ機能を維持してきた。両地区の差異を生じさせた一因に、外社会との交渉が指摘される。小手茂は早くから津川町を中心とした外社会に関心をもち交流を行っていたが、中山は比較的遅くまで会津側との交渉を志向し、津川町を中心とする外社会への関心、交流が希薄であったためというのである。

そのような状況をもたらした理由の一つに両者が生活道路として利用する幹線道路の整備が挙げられている。すなわち、県道柴倉―津川線（中通）に近接する小手茂は、昭和三十六（一九六一）年に柴倉―津川線が四メートル道路へ拡幅され、昭和四十一（一九六六）年に津川とのバス路線が開通するなど津川方面との積極的な交流が可能な状況にあった。

一方、中山は「東通」ルートに位置し、土井、九才坂《くさいざか》峠を越えて福島県の野沢との交流が昭和四十年頃まであった（写真3）。中山からは山越えで一時間半ほど歩けば福島まで行ける。福島側との交流は両者の通婚関係にも如実に表れている。それが昭和四十二（一九六七）年の県道東山―津川線（東通）の整備によって、中山の交流圏は津川町方面へと変わっていったという。またかつて福島側との交流に利用された九才坂峠越えの道は、山菜取りや炭焼きが生業として活きていた頃であれば、中山の者も、福島の者も山の行き来があったから整備されていたけれど、生業が変化した今となっては道の整備はされることはなく、ハイキングコースとして利用されるにとどまっているという。福島側への交通路の整備を得ず、前述のように「東通」にバス路線はない。同論考では道路整備と交通手段の相違が外社会との交流の差異となって、小手茂と中山の両集落が戦後の生活変化の大きな差を生じさせたと指摘する。生活道路の変化が、生活の交流圏を変えた例といえよう。

前節では『東蒲原郡史　資料編8　民俗』から例を引き、東蒲原郡の人々の会津との親近性にふれた。個人レベルでの会津への親近性は今後も根強く残る可能性は否めない。柳津の虚空蔵様や大山祇神社への信仰は、ムラ単位のものはともかく個人レベルでは今も強く、大倉から西会津町へ抜ける連絡道路の整備を願う地元の声もあった(4)。だが、現実的な生活レベルでは津川ひいては新潟等の外社会への志向性、親近性は会津へのそれを上回る。道路整備やそれにともなう交通手段の変化が、そのことを誘引したといえよう。

3　町村合併とふるさと意識の変化を聞き取りからみる

住民にとって町村合併とは、合併前のそれぞれの村や町を「わが村」と意識し愛着心をもって生活してきた者が、「わが村」ではなかった「隣村」の者とあらたな村、町を「わが村（町）」と意識し、ともに生活していくことだと思われる。東蒲原郡の人々にとって阿賀町への合併は戦後二度目の町村合併で、前回の合併時にそのような意識変化を経験した人も多い。合併後の「わが村（町）」意識の拡大の道程を、聞き取りをもとに考えてみたい。

変化する「ふるさと」の意識

まず昭和の大合併時に成立した上川村ではどのようであったのか。

昭和二十八（一九五三）年九月に町村合併促進法が成立公布されると、新潟県では東蒲原郡の西川村、東川村、上条村の三カ村を合併させる計画があがった。この三カ村の合併はスムーズに進み、翌昭和二十九年十二月に上川村が発足した。同じ東蒲原郡内でも他所ではそれぞれの村の思惑が交差し、町村合併が落ち着くまでには悶着もあったようである。しかし西川村、東川村、上条村の三カ村の合併は早く、郡内第一番の合併となった。

上川村の合併がスムーズに進んだのは三カ村の地理的、歴史的な一体感の強さが理由であったろうといわれる[5]。しかし、上川村に合併された旧三カ村は景観、生業が異なる。よって気質も違うと当地の人々には認識されていた。西川村は平地が開けていて農村らしい景観をしている。東川村は山村。農業もするが山仕事に比重のかかる村だという。対して上条村は景観こそ農村だが、郡内の中心であった津川に出るには西川村、東川村ともに上条を通らなくてはならない立地条件もあり、二村より「都会」であるという意識がみられた。

合併当初は物事を決めるにしても旧村ごとに張り合って、一つの「上川村」という意識はもてないでいたという。昭和三十（一九五五）年生まれのIさんが子供のころは、中学校が旧西川村、旧東川村、旧上条村にそれぞれあった。Iさんの親の世代には三カ村の気質の違いを問題視する風が依然としてあり、その対抗意識が子供世代にも影響したことで、三カ村の中学生同士も互いに張り合い、いがみあう傾向にあったという。

ところが、昭和四十九（一九七四）年四月に三校は統合し、上川中学校が新設される。統合前の三校は、生徒数は百人前後、三学級の小規模校であった。統合することで生徒数三二四人、九学級の適正規模に近い中学校となった。では統合後、三地区の対抗意識はどうなったか。

昭和三十九（一九六四）年生まれのEさんが中学校にあがった頃は上川中学校の一期生は卒業した後で、Iさんのいう旧村単位の派閥意識はなく「上川中学校生」として中学時代を過ごしたという。つまり、案ずるより産むが易しの言のとおり、地区の違いから生じていた派閥間のいがみあいは解消され、「上川中学校の生徒」という同窓意識が芽生えたのだというのだ[6]。

Iさんは旧西川村、旧東川村、旧上条村の人たちが「わが村　上川」と意識のうえでまとまるようになるのには「三〇年かかった」と古老に聞いている。「三〇年たてばまとまる」という言葉は「子供が大人になる」「世代が代わる」だけではないのかもしれない。役所勤めのIさんは勤め先のことを例に、大学出てから役場に勤めて、三〇年経てば定年だ。今は役場内でも「元の村ではこうだった」という意識が先に立って、阿賀町役場の仕事の進め方に違和感を抱く者はある。けれど、「三〇年」が経ち、定年でその者たちがいなくなれば、「阿賀町役場のやり方」を身に着けた後輩たちばかりになる。そのとき阿賀町が「自分たちの町」としてまとまるのかもしれないな。

だいたい、うちの母はいまだに旧上川村に合併された三カ村の気質の違いをあれこれいうことがある。大人の意識は変わらないものだ。けれど、これから生まれてくる子供たちは、旧三カ村の気質の違いを意識することはないだろう。同じように、子供たち世代が「阿賀町意識」をつくっていくのだと思う。

と「わが町　阿賀」意識が獲得される道程を指摘する。

子どもたちの意識が変わっていく過程として上川村の例でもあげた学校の統合だが、上川地区では四校（西川小学校、三宝分小学校、七名小学校、上条小学校）あった小学校は合併後二校（西川小学校、三校統合のうえ上条小学校）になった。中学校は阿賀町に現在三校ある。上川中学校、津川町学校、鹿瀬中学校が統合されて阿賀津川中学校となり、三川中学校、県立黎明中・高等学校（中高一貫校）の三校である。つまり上川地区の中学生は地元には中学校がないため、津川へ通うこととなった。

同じ学校の同窓生意識が旧町村単位のこだわりを解消していくだろうというのがＩさんの見立てである。では旧村、たとえば上川地区へのふるさと意識、愛着心は、より広い範囲にひろがる阿賀町への愛着心の形成とともに薄れていくものなのだろうか。

そうとも限らないとＩさんはいう。たとえば津川の中学校で「上川の子」が他所の地区の子にいじめられれば「上川の子」としてまとまり、対抗する場面も出てくるのではないかと。

「わが町」「わが村」というふるさとに対する愛着心は重層的で、状況により準拠となるふるさと意識は変わるということなのだろう。

維持されるふるさとの意識

東京上川会とは東京を中心とした関東在住の上川村出身者の親睦団体である。平成十（一九九八）年に設立された。設立当初は上川在住の家族を通して関東在住の村出身者に連絡をとり、会の趣旨の賛同を得て会員を募った。上川在住の家族へは区長を通して連絡されたことから、設立当初は行政側からの働きかけがあったものと思われる。結果、約二〇〇人の賛同者が東京で会議をもち、三名の発起人を選出し、会の目的等の趣意書を作成した。会の理事は村長を含め二〇人くらいで構成されている。会員には年四回に分けて上川村の『広報』（合併後は阿賀町広報）が送られ、活動としては総会、理事会（年三回）、新年会（親睦会）がある。総会には上川から村長、村会議長、村議、産業課長（および次長、副次長）が参加する。活動の段取りは東京で会議がもたれるが、決定されると現上川支所にある事務局から各会員に連絡される。

会の目的のなかには「会員相互の親睦」とともに「上川の地域振興のため」といった内容が組み込まれている。平成十四年の『村勢要覧』に掲載された上川会会長のあいさつには「先輩・後輩・友人と幅広い年代の人たちが、ふるさとを懐かしんで語り合える楽しい集い」の場であり、「東京上川会は、都会に住む村出身者の心の拠り所として、素晴らしい自然とあたたかな人情が昔ながらに残るふるさとを誇りとして、これからも親睦を深めていきたい」、「今後は『村のために何かできないか』と寄せられる会員の意見を取り入れ、ふるさと上川村を関東圏からバックアップした事業を行いたい」とある（八木橋　二〇〇六）。

同郷者による単純な親睦会と異なるのは、設立の当初から行政のかかわりがみられる点である。その点について設立当初に担当部署こそ違うが上川役場にいたRさんは次のように述懐している。

平成十年は、米の生産調整が始まった年であり、農家は新しい商品作物、特産品を考案しなくてはいけない状況にあった。そこで上川の特産品の情報を発信する先として東京上川会を設立し、協力を求めたのではないか。趣意書に「上川の地域振興のため」とあるのはそのためだろう。

そのことを裏付けるように、同時期には三川、津川、鹿瀬でもそれぞれ三川東京会、津川東京会、鹿瀬東京会が設立されている。

平成二十五（二〇一三）年は東京上川会が設立して十五周年にあたった。総会には上川地区の区長も参加した。当年の企画は「ふるさと交流親睦旅行」で、会員たちが上川（阿賀町）にやってくる。会員は一代の頃に上川を離れている。在住者にはよく知られた場所であっても、若いうちに故郷を離れた会員にとっては知らない場所、施設もある。そこで故郷を旅行しようという企画になったという。また、「どうせなら故郷に金を落としたい」の意味もあるだろうという。

ところで、上川村は平成十七（二〇〇五）年に他の東蒲原郡内の町村と合併し阿賀町となったが、会の名称は依然「東京上川会」である。他の町村の東京会も改称はされていない。合併から八年が経ち、行政側のトップのなかには阿賀町の東京会として統一してもよいのではないかとの意見も出ている。しかしそうはならない事情を、Rさんは「一町二村が合併し、阿賀町となっても人の気持ちがすぐに一つになるとは限らない。合併前の、それぞれの地域への「愛着」は大切にしていきたい」気持ちが、各東京会の、各地区の名称、活動がそのまま継続している理由なのではないかという。また、

小学校二年生くらいの子供に「今住んでいるところは？」と尋ねたら「阿賀町」と答えた。「上川村って知っ

てる？」と尋ねたら「知らない」と答えた。小学二年生だと、合併前後の生まれで物心ついていない。合併のときに物心ついた子なら上川村のことを覚えているだろうけど、物心ついてない子なら自分は「阿賀町の子」なのだと無意識に思う。

上川は二度の合併があった地区だが、わたしは前回の合併の後に生まれたから、それ以前の東川村への愛着はないけれど、親の世代にはあるだろう。今回の合併と、統一後の阿賀町への愛着のめばえも、「時がたてば」なものなのだろうと考えている。

東京上川会が郡内他地区の東京会と統一され、阿賀町にちなむ名称に改称されるとき、会員たちのふるさと意識はどのように変容するのだろうか。

合併後も上川の名称を継続している行事のひとつに「ふるさと上川ふれあい祭り」がある。

これは上川地区で毎年盆期間中に催される地域祭りである。平成二十六（二〇一四）年で第二十九回の開催を迎えた。「ふるさと上川ふれあい祭り」は、子供向けのアトラクション（ヒーローショー）や上川在住者の団体による太鼓や踊りの披露、カラオケ大会、仮装盆踊り、歌謡ショー、花火大会と盛りだくさんのプログラムに彩られたイベントで、地域の人たちはもちろん他地区や盆の帰省客も参加する上川地区最大のイベントである。

合併後のイベントの存続について、合併直前の平成十七年二月十五日、上川村内の小学校五、六年生による上川村ジュニア議会上[7]、次のような意見が出された。

僕は、毎年ふるさと上川ふれあい祭りを楽しみにしています。なぜなら、食べ物や射的、おもちゃなどのお店が出たり、カラオケ大会や盆踊り、花火大会などのイベントがあったり有名な歌手が来てくれたりして、とても楽しいお祭りだからです。〔中略〕僕は、ふるさと上川ふれあい祭りをこれからも続けてほしいと思います。なぜなら、東蒲原の四ケ町村合併で上川村が無くなってしまうからです。それと、もし、ふるさと祭りが無くなってしまうと郡内の他の町村からくる人が減ってしまうからです。〔後略〕（『広報かみかわ』第四四一号　平成十七年）

「ふるさと上川ふれあい祭り」は合併後も改称はなく、上川地区最大のイベントとして継続されている。上川「村」はなくなっても、上川地区のイベントとして残った形だ。当イベントは上川在住者より実行委員会が組織され、阿賀町上川支所の職員らのバックアップのもとに開催されている。上川支所の職員だけでは手薄になるので他地区の職員にも手伝い要請がでる。このような形は、阿賀町の他地区たとえば旧津川町内のイベントである「つがわ狐の嫁入り行列」でも同様で、イベントの主催は旧町村単位の組織に置き、役場の職員レベルでは地区に限らず協同して事にあたる体制になっているようである。

4　みいだされる民俗

前節では合併を機に広がる「わが町」に対し、時を経ることによって住民の意識も変化していくだろうことを役場や学校を例にあげて言及した。だがその一方で、いまだ旧村の気質の違いが意識されることもあることも述べた。生まれ育ち、または長くその地に生活する者にとってはその地、地元への愛着はそう簡単には変わらないだろうし、行政上の再編が生活者の地元への愛着心に影響を与えるのかどうかとなれば、問いのレベルが違うようにも思われる。ましてや、その地に古くから伝承された民俗を継承し、信仰と愛着をもって継続していこうとする動きと行政上の変化は無関係ではないか、とも思われる。

ここで取り上げるのは一二軒の小さな集落で伝承されてきた民俗が、外社会との接触によって再認識される動きで

写真４　武須沢入のショウキサマ

ある。

藁人形信仰とショウキサマ

東蒲原郡域には、春季の民俗行事としてショウキサマ（鐘馗様）と呼ばれる藁人形を作り、村境に祀る風が伝承されている。現在も継続してショウキサマを行っているのは熊渡《くまわたり》（旧三川村）、大牧《おおまき》（旧津川町）、平瀬《ひょうぜ》（旧鹿瀬町）、夏渡戸《なつわど》（旧鹿瀬町）、武須沢入《ぶすぞうり》（旧上川村）の五集落である。ショウキサマまつりが行われるのは平瀬、武須沢入で二月中、熊渡、大牧、夏渡戸では三月中と各集落で異なるが、いずれの集落でも毎年作成されるショウキサマを集落の境とみなされる場所に安置し、新春の魔除け行事ととらえられている（写真４）。

現在は消滅してしまったが武須沢入の隣の集落である東岐や牧野[8]、昭和四十五年に過疎のため廃村となった旧鹿瀬町仙石でも同様にショウキサマは祀られていたという。

ショウキサマは悪い病魔を部落に入り込ませないために作られるといわれているが、すでに病のある人にとっては病直しのご利益もあるという。熊渡のショウキサマでは製作時に「病直しの藁」といって、直してほしい身体の場所を書いた紙を藁に巻いたものをショウキサマの身体の病んだ場所と同じ場所に埋め込み、病気の平癒を祈願するという。病気平癒祈願をショウキサマに託す同様の行為は武須沢入以外の集落でもみられる。また、ショウキサマはその姿から戦時中には戦の神としての信仰も集めていたという。平瀬や夏渡戸ではショウキサマのおかげで部落から戦死者を一人も出さなかったと信じられているし、熊渡や大牧では戦地でショウキサマと思しき（名のる）人物があらわれ、生死の境をさまよっていたところを安全な場所へと案内してくれたといった話が郡外の人からもたらされ、その霊験が伝えられてもいる。

ショウキサマの製作、信仰は東蒲原郡に特徴的なものである。新潟県下では東蒲原郡と新発田市浦のみで伝えられている。

その新発田市浦のショウキサマであるが、これは東蒲原郡から勧請してきたものである。そのことを伝える書面によると、

越後国東蒲原郡津川町郷社住吉神社司手代木常盤　印教第一三一号
新潟県北蒲原郡松浦村字浦佐藤精一外七名
神道実行教力行講社名称願
講社名称願ヲ認可ス
明治四十五年三月十六日
神道実行教管長　柴田礼一　印

とあり、津川町の住吉神社の働きかけにより勧請されたことがわかる。なお、浦のショウキサマはムラ全体の行事ではなく、「力行講社」とよばれる数軒の講中を主導とするものである（東蒲原郡史編さん委員会　二〇〇四）。

図２はショウキサマまつりと同時期に行われる藁人形祭祀の分布をしめしたものである。春季における藁人形信仰自体は会津方面にも広がりをみせていて、往時、東蒲原郡と会津が会津街道を通じて深い関係をもっていたことを忍ばせてくれるが、ショウキサマの姿で藁人形信仰を伝えるのが新潟県下の六か所のみで、東蒲原郡域では分布が阿賀野川流域に強くみられる点に独自の民俗の展開を思わせる。

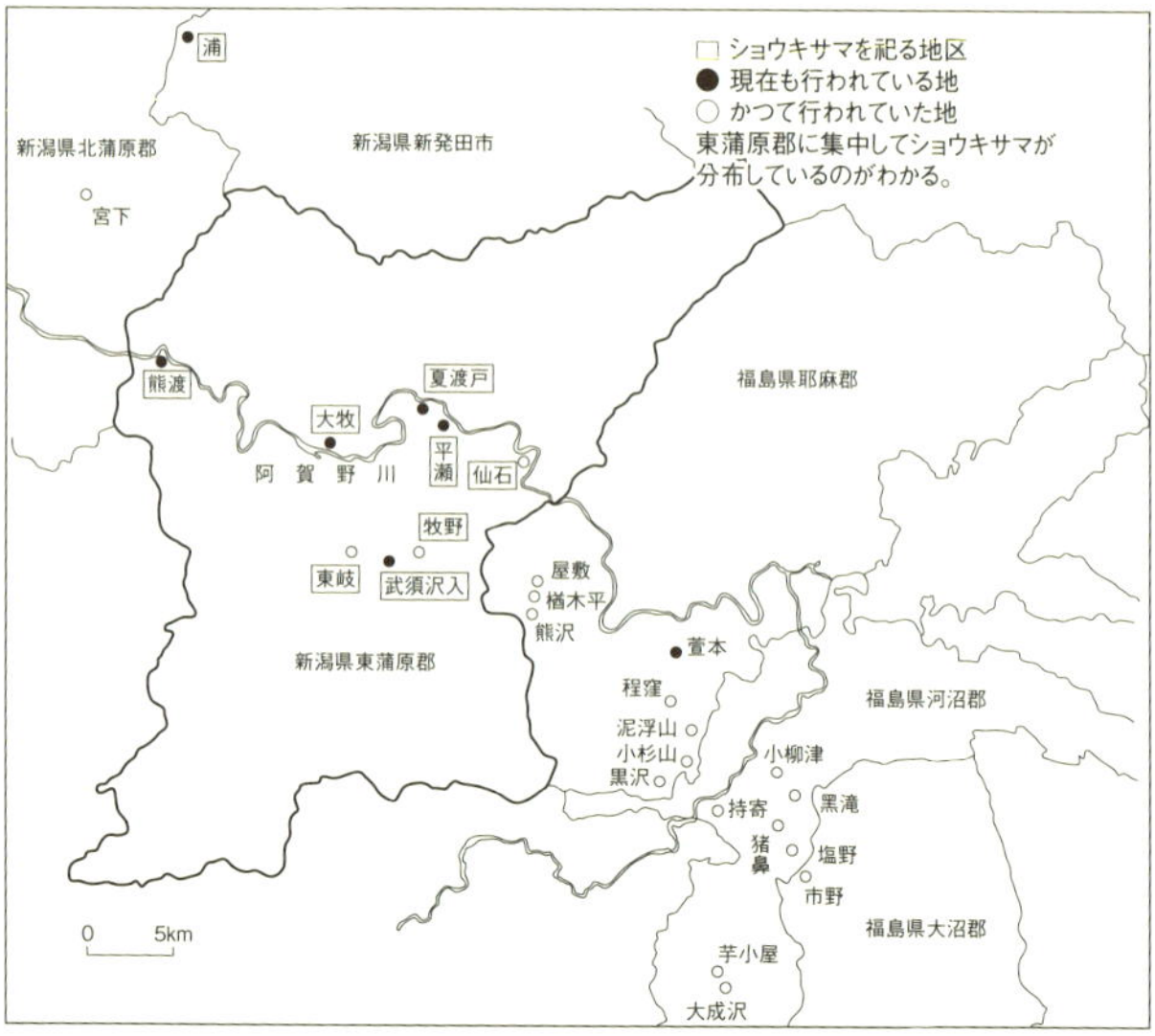

図２　阿賀野川流域の藁人形祭祀分布図

武須沢入のショウキサマまつり

武須沢入は旧上川村を流れる小出川流域にある集落で、小出川を挟んで牧野、山側は東岐集落と接する一二軒ほどの集落である。かつて東通とよばれた上川の幹線道路が通る小出地区にある。小出地区には牧野、東岐《ひがしまた》、長坂と大きく三つの部落があり、牧野がさらに小出川を挟んで武須沢入と牧野に分かれている。

武須沢入のショウキサマの祭日は本来なら二月二日であるが、三〇年ほどまえから二月第一日曜日にこの行事を行うこととなった。第一日曜日に行事の日程を固定したのは平日だと学校のある子供たちが集まらず、にぎやかでないのはさびしいというのと、勤め人の参加がしやすい点からであった。

まつりの前日、ヤドとなる家（トオマエ）に集落の者があつまり藁でショウキサマとしめ縄作りが行われる。この時作られるしめ縄はムラの出入り口に張るものと各家の玄関に張られるものと二種類である。

現在でもトオマエ制であるが、ショウキサマ作りは集落の中心にある「牧野集落ふれあいセンター（以下センター）」で行っている。前日の作業は昼過ぎから半日かけてショウキサマの各部分をおおまかにつくり、まつりの当日の午前に二、三時間かけ、最後の仕上げを行う（写真5～9）。

トオマエの家がヤドになっていた頃は集落に人も多く、一日（まつりの前日）でショウキサマを作れたが、今では

写真５　分担でショウキサマの部分を作る

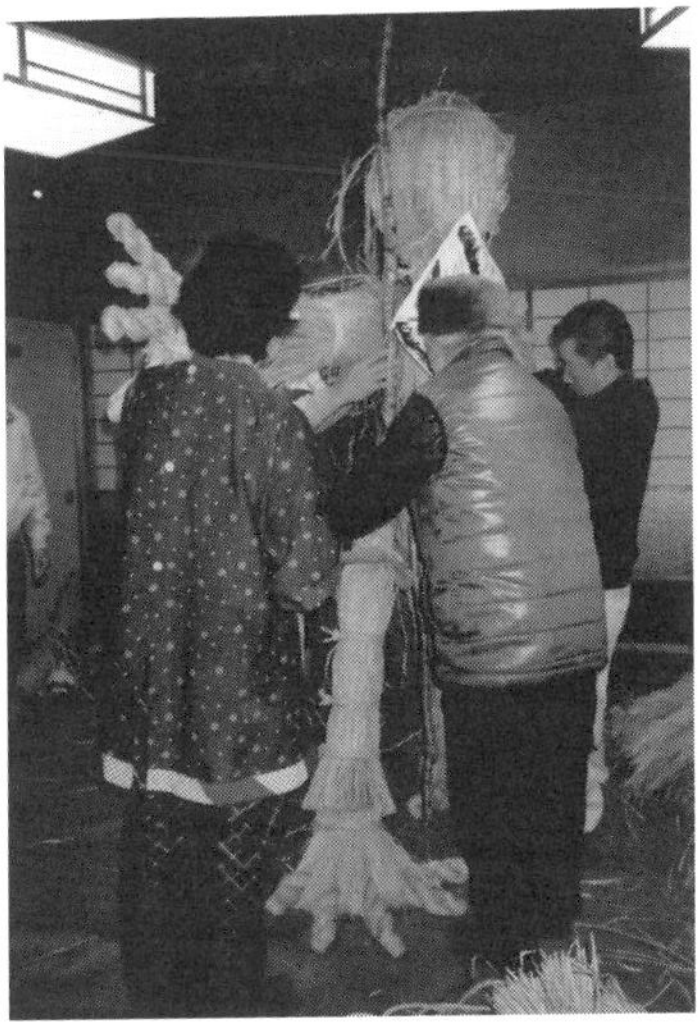

写真６　各部分を合わせる

写真８　ショウキサマのお顔は毎年描き直されるので年ごとに表情が異なる

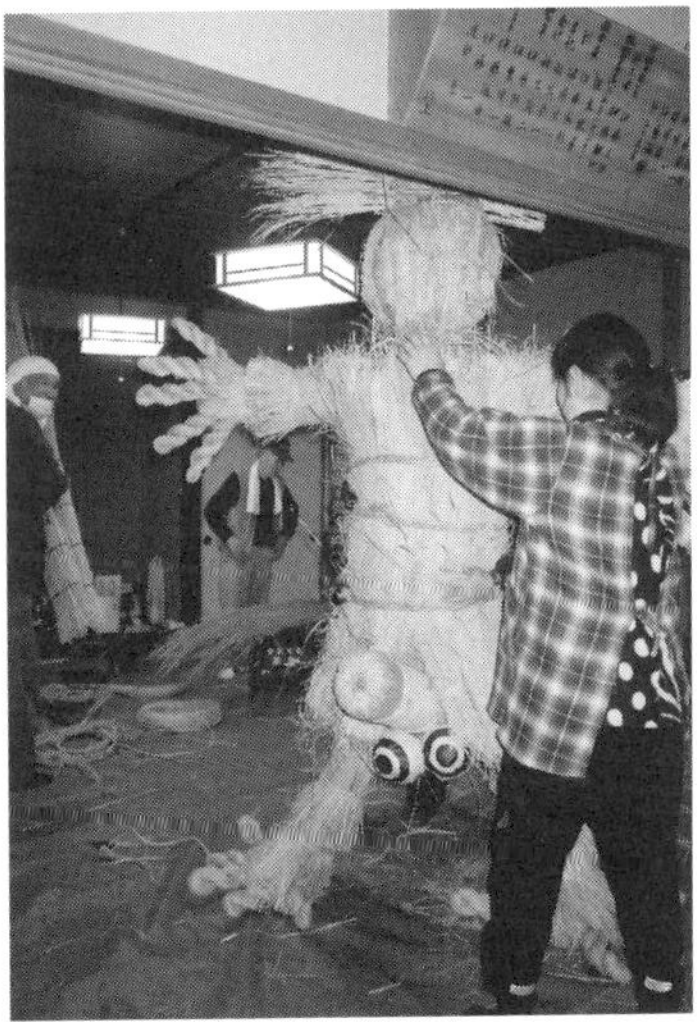

写真７　胴の部分に藁をたくわえるとバランスのよい格好になった

写真９　平成 26 年　ショウキサマ

写真 10（左）　百万遍
写真 11（右）百万遍のあとショウキサマを社へ運ぶ

参加者も少なくなったため二日にわたっての製作となっている。トウマエはショウキサマ作りにかかせない藁の調達と津川町の寺からお札や幣束をいただいてきたり、ショウキサマと一緒に行う百万遍のための豆（大豆）の用意など細々した用意を行う。武須沢入は一二軒の集落だが、年寄が亡くなり次の世代の人がさまざまな理由で参加できなくなり、一二軒のうち二軒はショウキサマから抜けた。今では一〇軒が順番にトオマエの役にあたる。藁は持ち寄りが建前だが、実際にはトオマエが用意している。

まつり当日、午前のうちにショウキサマを完成させると各自いったん家に戻り、午後一時に集合してショーキサマまつりと百万遍が始まる。

百万遍では武須沢入の最長老が鉦をたたき、次の長老が太鼓をたたいて拍子を取り、参加者は「ナンマイダー、ナンマイダー」の掛け声とともに手にした大数珠を時計と反対に回す。百万遍の終いには用意された豆（大豆）を食べる（写真10）。

百万遍は集落の家族全員が集まって行っていたものだからトオマエの家で百万遍をしていたころは大人も子供も多くにぎやかなものだったという。青年たちが子供たちのために出店を出して商いをするようなこともあった。現在は参加人数も少なく廻す数珠もひとつだが、人の多かった時代にはおばあさんたちは囲炉裏の間で小さな数珠（「女縄」と呼ばれ、伝承では西南戦争の折、無事に帰ったお礼にと寄付されたものという）をまわし、青年たちは二手に分かれ綱引きのように双方で大数珠（「男縄」）をひっぱりあってまわすのも寒い時期の楽しみだったという。

百万遍が終わるとショウキサマを担ぎ社へ向かう（写真11）。厄年の人、トオマエの人がショウキサマを担いだものだというが、現在は担ぎ手にこだわりはないようだ。

ショウキサマはムラの外れにある社に安置される。「ムラの外れ」は主要となる道が変化すれば場所も変わる。昭和二十三年生まれのIさんが覚えているだけで三度、ショウキサマを祀る場所は変わった。舗装道路ができる前は山道の登り坂が落ち着いたあたり、社はなかったので目印となる松の木に縛り付けていた。現在の舗装道路が出来てからは社も作られた。最初の社は道路から高所にあったためショウキサマを担いで上げるには容易ではなかった。そこで道路沿いの現在の位置に移動したという。いずれも東岐へ向かう道沿いである。また、祀られるショウキサマを見下ろすわけにはいかないから集落の民家よりも高い場所を選んでいる（図3）。

図3　ショウキサマの祀られた場所の変遷

その後、センターで直会となる。ショウキサマと一緒につくったしめ縄はショウキサマの社と隣の牧野との境である橋のところに張られる。

ショウキサマを伝えていく意識

武須沢入ではショウキサマと百万遍の行事を一緒に行うのが特徴である。阿賀町には前述のように武須沢入以外にもショウキサマを伝える地が四か所あるが、百万遍との明確な連動は示されない[9]。

大正十四（一九二五）年生まれのKさんは、昔、壇の越（字名）で祈禱をしたとき、悪いモノが入って来ないようにとショウキサマを祀ったという話を何かで聞いて知って

写真12　ショウキサマの社のある方向から武須沢入の集落を見る

いるというが、そのショウキサマと現在伝承されている武須沢入をふくめた各地のショウキサマの関係は定かでない。

ただ、百万遍はこのあたりでは広く伝えられている行事で、武須沢入だけ百万遍とともにショウキサマも行っていることから、百万遍の方が古く、ショウキサマまつりは後から始まったのではないか、といわれている。

武須沢入のショウキサマは一度中断されている。それは冬期間の出稼ぎによる男手不足によるもので、昭和四十年から十二年間、ショウキサマは作られなかった（上川村文化財調査審議会　二〇〇四）。とはいえその間も百万遍としめ縄作りのみは継続していた。昭和五十二年になって、前述Iさんの家がトオマエの年にショウキサマ作りは復活したという。

ショウキサマは病魔退散、部落に悪いモノを入れないための思いを込めて作られる。武須沢入でのショウキサマ作り復活に際し、どのような話があったかの詳細は不明だが、武須沢入のムラとしてのまとまり、「わがムラ」意識が根底にあったであろうことは想像に難くない。

武須沢入一二軒は伊藤姓（五軒）と稲生姓（七軒）で構成されている。伊藤姓の家では笹団子を作らないという。これはかつてある伊藤家で笹団子をゆでている際に火事が出て隣接する伊藤家すべてが燃えた故事による。そこで笹団子は稲生姓の家からおすそ分けされる。お返しに伊藤姓の家ではちまきを作り稲生姓の家におすそ分けするなどの日常のやり取りは今もある。また住民同士の会話では屋号で呼び合うのが通常でもあり、「わがムラ」のまとまり意識は強いように思われる。

「わがムラ」を病魔や悪いモノから守る意図をもって祀られるショウキサマの復活、継続は、武須沢入の人々の「わがムラ」への強い愛着意識が背景にあってのものであろう。

外社会からの来訪とショウキサマ

だが、現実にはこの行事を継続するにあたって問題点も抱えている。ショウキサマ作り復活後、武須沢入では新潟県の文化財指定を取ろうと保存会組織をつくったというが、作り手の高齢化による後継者不足には悩まされている。現在でも、作り手は手や足など部位ごとの得意部位はできるけれど、各部位をまとめバランスよく全体を作りきれるのは八十代の二人くらいである。次の世代に伝えていくにはショウキサマ全体を作りきれる技量を受け継がなくてはならない。

また藁の準備等はかつて住民の持ち寄りでまかなえていた。今でも建前上は持ち寄りなのだが、実際はトオマエが用意するなどトオマエの責任が大きくなっている。そのため高齢者のみの家庭ではトオマエの仕事を受けられない（受けきれない）現状もあり、行事の継続には不安のあることが否めない。

ショウキサマ、百万遍のときは住民の家族が全員トオマエの家に集まってきた。六十代のTさんが子供の頃は各家に子供は四、五人はいたものだから、子供だけでも五〇人は集まってきて、当時はにぎやかなまつりだったと述懐する。前述したようにショウキサマの日程が変更されたのも、昼過ぎから始まるまつりに学校へ通う子供たちが集まれるようにとの配慮があってのことであった。しかし現在、武須沢入には子供はいない。去年までは武須沢入から出て行った息子・娘世代の子供（孫世代）が数人、親と里帰りして参加していたというが、平成二十六（二〇一四）年のショウキサマには子供の姿はみえなかった。このことは、大勢の子供たちの集まっていた頃を知る者にとってはさびしい気持ちを抱かせるという（写真12）。

そのかわり、現在では東蒲原郡の珍しいまつりをみようと写真愛好家が集まっている。藁人形信仰の一つであるショウキサマは東蒲原郡を流れる阿賀野川流域に特徴的に分布していることは先に述べたとおりである。現在では阿賀町で五か所のみ残っている、貴重なまつりといえよう。

平成二十六年には五、六人の写真愛好家がセンターに集まり、ショウキサマや百万遍の様子を写真におさめていた。

彼らのうちには何年もこの行事に通い続けて武須沢入の人とも顔見知りになっている方もいる。また、彼らは武須沢入以外のショウキサマの行事へも出かけていくので他所のショウキサマと武須沢入のショウキサマの違いを知っており、武須沢入のショウキサマに独特の「らしさ」を住民に教えてくれる者たちでもある。

平成二十六年年の冬は雪が少なく、ショウキサマをセンターから社に担いで行くには容易であったが、シャッターチャンスを狙う写真愛好家にとっては「絵として弱い」気候ではあって、「ここで雪が降ってくれればよいのだがな」といった声がきかれた。また顔見知りの気楽さから担ぎ手にポーズの注文をつけるなど、「わがムラ」の行事の担い手側とは異なったアプローチでショウキサマに参加する存在である。

それでも、「来年もまた来るよ」「もっといい写真を次は撮るよ」といって帰っていく彼らは、行事の継続に問題を抱える武須沢入の住民にとって「来年も続けよう」との励みにもなっているのだとTさんはいう。

武須沢入のショウキサマや百万遍は、民俗の担い手側にとっては自分たちの生活する地域「わがムラ」への愛着や信仰心に支えられて今日まで継続してきた。だが、住民の高齢化、人口減少によりこの行事の存続はけっして容易ではないのが現状である。一方、ここであげた写真愛好家たち外社会からの来訪者は行事を継続する当地への愛着はないかわりに、外社会から当の行事がどのようにみえているか武須沢入のショウキサマや百万遍の文化的価値を地元に知らしめてくれる。そのことが翻って行事の担い手の励みになっていることからも、彼らの存在は民俗の存続を後押ししてくれる、ささやかではあるがひとつの動きなのであろう。

なお、写真撮影のため集まってきたのは、阿賀町や新潟市の人であった。武須沢入とは直接の関係はないながら、阿賀町の行事、新潟県の行事を写真におさめ、いずれは何らかの形で広く世間に発表されるであろう彼らの写真や映像は、広い意味での「わがふるさと」を伝えるものとなっていくのではないだろうか。

おわりに

生まれ育ち、生活を営んできた土地に対する住民の愛着心、ふるさと意識といったものは、自治体の再編という上からの変化に対しどのような対応をみせるものなのだろうか。本稿では民の側の意識や民俗が上からの自治体の再編、変化と折り合いをみせ、変化していく様子を明らかにしようとした。

東蒲原郡は新潟県と福島県の境に立地し、歴史的には新潟と福島（会津）との間で所属に揺れた地域である。明治以降は新潟県に所属するが、風習や住民の感じる親近感には会津への志向が今でも折々にみてとれる。

だが、上川地区の例でみたように、地域の幹線道路の整備に伴い、日常生活の便が郡の中心である津川へと向かうにつれ、現実レベルでの志向性は、津川ひいては新潟へと変化した。幹線道路整備の行われたのは大きな社会変化により、上川地区の生業や生活も大きく変化していた時代である。外社会を志向する人々の意識は道路の整備にともない津川や新潟その先へと向かい、整備されないままであった会津方面への山越えの道は忘れ去られ、ひいては会津方面に対する親近性を薄れさせた。

町村合併に伴い、「わが町」意識の形成は何を契機とされるのか。「昭和の大合併」時、東蒲原郡内でいち早く合併した上川村であるが、住民意識の上では旧三カ村住民の気質の違いからくる齟齬も少なくなかったという。これを解消に導いたのは、結局は「時間」であった。阿賀町を「わが町」と認識し、ふるさと意識がめばえる契機には、相応の「時間」と「同窓の関係」があることが指摘された。ふるさと意識は右の契機を経てその範囲を広げてゆくだろう。だからといって、より狭い日常生活圏に対する愛着が薄れていくとは思われない。本稿で取り上げた東京上川会やふるさと上川ふれあい祭りは、合併により広がっていく「わが町」意識と逆方向のベクトルに向く、愛着ある生活圏を大切にしていこうとする動きだと思われる。

　さらに狭い範囲での、自分たちの伝える民俗に対する愛着心のあらわれを描こうと本稿ではショウキサマまつりを取り上げた。民俗を継承していく人々が自らだけで自閉せず、外社会からの来訪者を受け入れ、それに後押しされて「わがムラ」の民俗の意義を自覚する様子、来訪者側もまた「わがふるさと」の民俗としてこの行事に接する様子がうかがわれた

［註］

（1）福島県の屋根葺き職人の系統には、鹿瀬の職人たちの西会津茅手の系統と、会津田島町・下郷町を中心とした南会津茅手の系統がある。後者の葺く屋根は、厚屋根で重厚な感じに仕上げる特色がある。
（2）大尾橋の架け替えは昭和四十五（一九七〇）年。
（3）昭和四十一（一九六六）年に丸渕までのバス運行が始まった。
（4）『広報かみかわ』第二〇五号（昭和六〇年四月号）に寄せられた上川住民の投稿記事では、家族で会津の柳津円蔵寺に参詣の帰り、西会津で一服しながらかつて峠道を越えて会津に通った思い出に思いをはせ、上川の大倉地区と西会津間に道路が開通すれば村内の七名地区や過疎地の大倉地区も活性化がはたせる、村の行き止まりになっている地区に活路がみいだせるのではないか、との意見が載せられている。
（5）昭和二十八年の町村合併推進法では合併後の人口が八千人以上の町村になることが目標とされていたが、合併後の上川村は人口七一四二人。国の目標基準には満たない合併であった。
（6）とはいえ、中学校の統合時期にあたった中学生（昭和三十四年より前の生まれ）の旧村単位の派閥意識は複雑だったのではないかとIさんEさんはいう。
（7）「上川ジュニア議会」とは、ふるさと学習の一環として、さまざまな問題に興味と関心をもって普段の生活を見つめなおしてもらうこと、議会の仕組みを理解してもらうため、村内小学生を対象に行われた。小学生からの一般質問に対し、担当課長が答弁する形式をとる。その様子は『広報かみかわ』誌上に掲載された。

（８）「牧野でもショウキサマまつりをやっていたと聞いたことはある。でもショウキサマはみたことはない。東岐のショウキサマは小学生の頃東岐に遊びに行ってショウキサマをみたから覚えている」武須沢入のＷさん談。牧野でもショウキサマを行っていたらしいという話は複数から聞いたが、実際にみた人はなかった。牧野と武須沢入は小出川を挟んだ隣ムラなので、ショウキサマをまつる風はかつてはあったとしても、相当前に消滅してしまったか。

（９）平瀬ではショウキサマの製作時に「ナンマイダー、ナンマイダー」の掛け声を掛けながら作業にあたるというが、百万遍との関係はないようだ（東蒲原郡史編さん委員会、二〇〇四年）。

［参考文献］

『広報かみかわ』
『東蒲原郡史　資料編　７　旧町村誌』東蒲原郡史編さん委員会、二〇〇九年
『東蒲原郡史　資料編　８　民俗』東蒲原郡史編さん委員会、二〇〇四年
『ふるさとの歴史と文化』上川村文化財調査審議会、二〇〇四年
八木橋伸浩「都鄙連続論再考」『論叢』第四六号、玉川大学文学部、二〇〇六年
山田直巳・喜山朝彦・八木橋伸浩「磐越国境山村の変容と再生――新潟県東蒲原郡上川村東川地区」『山村生活五〇年　その文化変化の研究』成城大学民俗学研究所、一九八六年

第5章
「生活の道」の変遷
——兵庫県佐用郡佐用町海内を事例として

山本志乃

はじめに

兵庫県南西の内陸部に位置する佐用町は、中国山地の東端にあり、かつての因幡街道と出雲街道が交差する交通の要所であった。一方で、佐用町を含む西播磨地域一帯は、河川の流れが網の目のような広がりをみせていることにも特徴がある。大きくは、東側の宍粟《しそう》市からたつの市にかけて流れる揖保《いぼ》川水系と、西側の佐用町から赤穂郡上郡町、赤穂市にかけて流れる千種川水系の二つがあり、これらはともに瀬戸内海に注いでいる。両水系には多数の支流があり、水運の発達とともに、水害にも見舞われやすい土地柄にあった。

佐用町北部には、昭和中頃まで石井村という行政区分が存在していた。石井村の歴史的な経緯は資料編で詳述したとおりだが、近世においては美作国に属し、近代以降も明治二十二（一八八九）年の町村制施行時においては岡山県の一部であった。しかし、生活面ではむしろ播磨地域との関係が近世以来強かったことから、明治二十九（一八九六）年に県境の変更が実施され、兵庫県佐用郡石井村となった。石井村は昭和三十（一九五五）年に佐用町に合併され、佐用町はその後平成十七（二〇〇五）年に、同じく佐用郡を構成する上月町・三日月町・南光町と広域合併をして、新たに佐用郡佐用町が発足した。

行政上は佐用町に属していても、旧石井村を構成する七集落は、現在でも石井地区としてひとつのまとまりある地域であると認識されており、住民の帰属意識も強い。このまとまりは、現実に消防団や自治会長会などでも機能しており、旧石井村から引き継いだ財産区も、石井地区の所有として佐用町森林組合で管理されている。

本稿では、この旧石井村を構成していた集落のひとつである海内《みうち》を事例に、昭和初期から高度経済成長期頃までの生業の変遷をとおして、旧来の峠道を介した人と物の往来を復元するとともに、その後の町村合併とそれに伴う変化の過程を検証する。それにより、中山間地域における「生きる方法」の選択や資源のあり方を考え、今後期待される「自律的」な地域再編に向けた可能性を探ってみたい。

1　海内における生業の変遷

生計維持活動の概要

海内は、先述した千種川水系を構成する佐用川の支流のひとつ、庵川《いおり》をさかのぼった最奥に位置する集落である。平成二十五年四月現在の戸数は三七戸で、庵川上流二キロメートルほどの川沿いに家屋とわずかな水田が点在し、家屋の裏山に畑がある。全体的に山がちな土地で、平坦地がきわめて少ない。

海内における農家数ならびに経営規模の推移は、資料編で詳述したとおりである。昭和四十五年当時にさかのぼると、総戸数五三戸中、農家数は四九戸と、集落内のほとんどの家が農業に従事しており、そのうち九一・八パーセントにあたる四五戸が第二種兼業農家である。また、農家の大半が畑を所有する一方で、水田の所有は約半数となっており、耕地の経営規模も〇・五ヘクタール未満の農家が七〇パーセント強を占めることから、総じて畑作を中心とした小規模な農業経営であったことがうかがえる。

海内は、昭和九（一九三四）年に実施された山村調査の対象地であり、「採集手帖」にも当時の生活全般についての調査記録が残されている。[1] それによると、昭和初期のこの当時、海内には約七〇戸の家があったようである。米がほとんどとれない土地なので、「五〇戸になったら食うていけん」といわれていたというが、「七〇戸になったがどうこうど食うてだけいける」とある。その背景としては、コンニャクイモの栽培による収入があったようだ。米は、旧江川村のほうから売りに来る米屋から二～三俵借り、十二月一日頃にコンニャクの売り上げ金が入ったところで支払う段取りになっていたという。村の暮らしがもっとも楽であったのは、「大正七、八年から十一年頃」であったといい、当時のコンニャクイモの相場は、一駄四十貫が大正七・八年頃で三〇円、十一年頃で五〇円ほどだったと記録されている。昭和九年前後には二〇円に下がっていたようで、大正年間の好景気の時代に比べれば、「暮らしはあまり楽ではない」と書かれている。

このほか、炭焼きが副業として重要であったことも記されている。炭を焼く山が近ければ通うが、遠い場合はイゴヤという二畳ほどの小屋で寝泊りをしたという。山での作法として、毎月九日はオヤカタが山の神をまつるほか、炭焼きにかかる最初の日をヤマハジメ、仕事が半分程度片付いたらナカエコウ、終わるとヤマジマイといって、オヤカタが酒肴をふるまう習わしがあった。また、十二月九日と一月九日は、山の神さまが立木を数えるので、その数に読みこまれたらいけないというので、山には一切行かないのだという。この日はオハギを作って山の神に供えることになっていたことが、あわせて記されている。

こうしてみると、水田が少なく、小規模な農業経営でありながら、コンニャクイモの栽培や炭焼きによる現金収入によって生活を成り立たせてきた地域であることがうかがえる。またその最盛期は、海内小学校の在籍児童数の推移からみて、明治末から昭和二十年代頃までであったことがわかる（資料編参照）。

海内は、その後昭和六十年に実施された成城大学民俗学研究所による追跡調査の対象地域とはなっていない。そのため、「採集手帖」以降約八〇年が経過しているにもかかわらず、その間の変遷過程に関する記録はほとんど残されていない。

そこで、平成二十四年から二十五年にかけて海内在住者から聞き取り調査を行い、昭和初期から戦後の高度経済成長期にかけての生計維持活動について復元を試みた(2)。その結果、戦前期から昭和三十年代頃まで、さまざまな現金収入手段を複数組み合わせて生計を成り立たせてきた実態が明らかになった。聞き取りから復元されたかつての主な生業は、①コンニャクイモの栽培、②炭焼き、③製茶の三種類である。佐用郡の各地では、大正から昭和初期にかけて養蚕が盛んだったこともあったが、海内に関しては上記の三つを上回るほどではなかったという。このうち、③の製茶業は、弘法大師にまつわる創始伝承をもつことから、次節で述べることとし、本節では「採集手帖」にも記載があった①と②について詳述したい。

主幹産業としてのコンニャクイモ栽培

海内でコンニャクイモがいつから栽培されるようになったのかは定かではないが、後醍醐天皇の隠岐遷幸の折に献上したという伝説があり、古くから作られていた作物であると思われる。この伝説は、「後醍醐天皇がこの地を通過した際にお茶とコンニャクを献上した」という内容である(3)。コンニャクイモは、食用のほか、コンニャク粉を糊として使用する場合もあり、コンニャク糊は和紙や糸の加工に用いられたり、製茶の工程でも使われるという。茶に関しては次節で後述するが、海内は茶の木が自生する土地柄で、製茶もまたムラの主要な産業のひとつであった。他国から製茶の職人がこの地に来ていたという伝承もあり、コンニャクイモが製茶の技術とともに持ち込まれた可能性もあるという(4)。

江戸時代においては、米一石に対してコンニャク玉二駄(一駄＝四〇貫、一〇貫入りの俵か四俵)の換算で、年貢とし

写真1（上）　コンニャク製粉加工場跡（2012年2月撮影）
写真2（下）　コンニャクイモを植えたヤマバタの跡（2013年9月撮影）

て銀納していた[5]。これが現金収入手段として本格的に産業化するのは近代であり、先述したとおり、「採集手帖」にも大正七～八（一九一八～一九一九）年頃が最盛期であったと記録されている。コンニャクイモを製粉する技術は、すでに江戸時代後期、一八世紀頃には日本国内で開発されていたという。製粉することにより、加工もしやすく、また年間を通じた取引も可能になるため商品価値が高まる。海内では、明治末から大正初期頃であると思われるが、会員制で製粉工場を作り、地域内で収穫したコンニャクイモを製粉してこれを取り引きしていた。この工場は戦後になるまで存在していたという。個人で事業を興して工場を建てた人もおり、その工場跡は現在、庵集落近くにまだ形を残している（写真1）。

海内では、家々が裏山の斜面にヤマバタ（山畑）を二～三反所有し、これをジネンバタとしてタネとなるコンニャクイモを育てていた（写真2）。海内のヤマバタは排水がよく、コンニャクイモ作りに適した土地であった。郡内では海内に隣接する桑野集落でも同様にコンニャクイモを作っていたが、桑野には水田が多くあったため、海内ほどには産業化が進まなかった。盛んだった頃は、海内だけでは植える土地が足りなくなり、桑野や、さらに南の現在佐用インターチェンジがあるあたりの土地を借りてコンニャクイモを作るほどであったという。

コンニャクイモはサトイモ科の多年生植物で、地下茎の先端が大きくなって子イモとなり、子イモが四～五年経つと花をつけて一代を終わる。そのため、栽培から収穫までは三～四年が必要である。ヤマバタで栽培するタネは、子イモを植え込んだもので、これを翌年もしくは翌々年の九月半ばから十月半ばにかけて大きくなったものを収穫し、囲炉裏の上の棚に保管する。これをタネダマという。六月くらいまで保管し、煤で黒くなったタネダマを平地の畑に植える（写真3）。平地の畑には麦が植えられており、その間をくぐりながら、足いっぱいくらいの間隔でタネダマを植える。やがて麦刈りの時期になるが、その際にはタネダマから芽が出ているので、それを切らないように気をつけながら鎌で刈っていく。

コンニャクイモは平地の畑に植えると大きくなる。それを九〜十月頃に掘り起こし、スライスして一メートルくらいの縄に横に吊るしていく。これを何段にもつなげてのれんのようにして乾燥させる。乾燥したものを製粉する。製粉工場には、石臼と鉄の杵が二〇ずつほど連結されており、これを一本のシャフトで動かす。動力は水車であった。庵川の川底がかつては高かったので、これを利用したのである（写真4）。

写真3（上） 平坦地にある畑の跡（2013年9月撮影）
写真4（下） 庵川の上流（2012年2月撮影）

コンニャクイモは、生で出荷する場合もあり、その際は七月が出荷時期であった。しかし、生の場合は出荷先の業者がこれを煮て加工しなければならず、製粉されたものにくらべて商品価値は低い。製粉されたものは、業者にとっても都合がよいので商品価値が高く、蓄えておけばいつでも問屋が買いに来た。

取り引き先は、山崎（宍粟市）が主であった。問屋が三軒あり、商売人が買いに来た。その問屋は、京都や尼崎、岡山などからの注文に応じて品物を集めていたようだ。各家では、出荷時期になると、製粉したコンニャクイモを十二貫の俵にして、多い家で一度に三〜四俵、少なくても二俵程度を海内の公民館に持ち寄る。商売人は、百円札を大きな風呂敷に包んで持参し、その場で現金取引が行われた。

昭和初期生まれの海内在住者の記憶では、大正末から昭和十二～十三年頃がもっともコンニャクで栄えた時代だったという。昭和初期、先代もしくは先々代の頃に、「尺祝い」なるものが行われたというのである。コンニャクイモの取引で手にした百円札の束を三方に載せ、自宅の神棚に供える。その札束の厚さが一尺にもなるというので「尺祝い」とよばれる。どのくらいの金額なのか想像もつかないが、コンニャクイモの取引によって相当な大金を手にすることができたことは確かである。

そのため、当時、交易先の山崎方面に行くと、「海内の衆は他と違う」といわれることもあったのだという。上等な服を着て、二八インチの自転車で颯爽と行くので、そのようにいわれたようだ。年貢も米で納めるより金納のほうが都合がよく、コンニャクを売った金で米を買った。

なお、『海内小学校創立百年の歩み』には、明治から昭和初期にかけてのコンニャクの収穫量や相場についての記述がある。これによると、明治八（一八七五）年の海内のコンニャクの生産量は一六〇駄であったが、大正年間にはこれが一〇〇〇駄ほどになり、昭和九～十（一九三四～一九三五）年頃は一八〇〇駄にものぼったという[6]。「採集手帖」には、大正年間に比べて昭和初期には相場が下がったことが記録されていたが、その後再び上がったようで、前掲書には昭和十三（一九三八）年に一駄が四〇円になったとある。先述した「尺祝い」とは、まさにこうした時期に行われたのであろう。

海内に大きな富をもたらしたコンニャクは、戦中戦後の一時期、食料増産のためにサツマイモ畑に変わるなどしたが、戦後の復興期以降に再び作られるようになった。しかし昭和三十～三十五（一九五五～一九六〇）年頃に連作障害と思われる病気が出たことで急速に廃れる。明石の農業試験場を通じて病原菌の検査が行われたが、結論は出ず、効果的な薬剤もなかったため、コンニャク農家の多くが自作農創生資金に申請をした。その消化のため、兵庫県の開拓

写真５（右上）　海内小学校跡に作られた若杉蒟蒻加工処（2012 年 2 月撮影）
写真６（右下）　ゆでて冷凍保存されたコンニャクイモ（2012 年 2 月撮影）
写真７（左上）　ミキサー（写真奥）でつぶしたコンニャクイモ（2012 年 2 月撮影）
写真８（左下）　木枠を使ってコンニャクを成形する（2012 年 2 月撮影）

課の協力もあって十数人ほどがカリフォルニアに出稼ぎに行ったという。カリフォルニアでは、二四〇〇町歩の畑を耕し、タデシ（赤大根）を育てた。

　コンニャクイモが植えられていたヤマバタには、その後植林が行われた。コンニャクイモには適した土地だったが、植林した木は成長が早く、根が張らないうちに幹が大きくなる。そのため、台風になるとその木が倒れ、水害などの甚大な被害を生じる原因ともなった。

　現在、海内でコンニャクイモの生産はなされていないが、平成九（一九九七）年に海内小学校跡地を活用して「若杉蒟蒻加工処」[7]の運営を始めた（写真５）。地域の人たちの出資と助成金により設立され、第三セクターが運営する。当初、宿泊施設の建設が予定されていたが、古くからの産業であるコンニャクをメインにした施設にして地域活性化に役立てようということで、計画が変更された。加工処内で働いている人たちは、いずれも地元の方々である。

　原料となるコンンニャクイモは、佐用町内（平成の大合併後の佐用町）で生産されたイモを生の状態で農協から仕入れる。それをゆでて皮をむき、カットして二～三キログラムの袋に入れて冷凍する（写真6）。冷凍保存は一年間である。それを加工するには、解凍してからミキサーでつぶし（写真7）、手作業で製品にする（写真8）。かつては製粉して加工するのが主流だったので、その予定であったが、冷凍保存が可能になったことや、歯ごたえの好みなどから、イモをつぶす形での製造法にしたのだという。

製品は、町内の道の駅やＪＡの直売所などで売られているほか、学校給食にも出されている。そのため、作業も給食センターからの希望にあわせて週に一～二回程度のペースで行われる。学校給食に関しては、平成の大合併後、町の範囲が広がったために需要が増えた。ゆでたコンニャクイモの需要もあり、県内各所に出荷しているほか、近年では東日本大震災による原発事故の影響で、コンニャクの産地である群馬県からの問い合わせも多いという。

また、かつて各家庭で作られていた、コンニャクを使った「混ぜ飯」の具も製品化し、月に一回、三〇〇食程度を作っている。「海内こんにゃく」の名で広く知られていた頃とは形も方法も異なるが、こうした取り組みは、地域の資源を現代に語り継ぐひとつのモデルケースであるともいえよう。

ブランドだった石井白炭

旧石井村は、面積の八～九割を山林が占める。そのため、かつては住民の多くが木炭の製造に従事していた。地域の産業としての炭焼きの終焉は、燃料がガスへと変わった昭和四十年代前半頃である。

大正十五（一九二六）年発行の『佐用郡誌』には石井村の産業として木炭製造をあげ、「製炭改良の組合を組織し、年産約六万俵にして其の販路益々拡張せらるゝに至れり[8]」と書かれている。白炭であったため商品価値が高く、昭和になって「石井白炭」の名で知られるようになった。村内に検査院ができるほどに盛んであったという。また、『海内小学校創立百年のあゆみ』にも、明治四十二年から連続四期、一六年間の長期にわたって石井村長を務めた海内出身の梶本沢之助が木炭の産業化に尽力したことが記されている。それによると、梶本村長は、「杉・檜が資本回収に五〇~六〇年の長期間を要するのに対し、木炭の原材であるクヌギ・ナラなどは一〇~一五年で伐採可能であることから、四~五倍の回転率になる」という持論を展開し、原木の品種改良までも企てるほどであったという。また大正元年から木炭の規格を定めて検査制度を実施し、共同販売に持ち込んだ。こうした指導により、石井村産出の木炭の品質に対する価値が高まり、村長は後年、「産業村長」とよばれるほどその功績が語り継がれているという。(9)

聞き取りによれば、海内の多くの人が戦後まで炭焼きに従事していた。昭和四十一年の時点で三~四人がまだ従事していたが、ちょうどガスが普及した頃で、そのあたりまでであった。昭和初期生まれの方々の記憶では、石井村農協の海内・桑野支所が海内小学校の前あたりにあり、そこへ焼いた炭を持って出た。農協で集めた炭は、神戸をはじめとする阪神方面へと出荷されていた。「神戸で寒いといったら、(一日)一〇〇〇俵いるんじゃぞ、本気で焼けよ」などといわれるほど、神戸方面の炭の需要は大きかったという。

木炭製造には、山主・サキヤマ・ヤッコという三者が関わる。サキヤマとは山の木を切る人で、ヤッコは炭を焼く焼き子のことである。ヤッコは「窯をする人(窯を作る人)」のことでもあり、窯をする人が山主から地所を買い、サキヤマがその山の木を窯に合わせて切る。海内には山主が三人ほどいたが、木炭製造に携わる人のほとんどは、サキヤマかヤッコであった。

ヤッコには、これを専業とする人と農閑期のみ携わる人とがあった。技術的にも「この人なら率がよい」というような良質の炭を効率よく焼くことができる人がいて、そういう人にはサキヤマも多くついた。サキヤマは、五月の八十八夜までに原料の木を切るようにいわれる。夏場は木のアトメ(後芽)を育てるために、彼岸までは木を切ってはいけないことになっているからである。そのため「山をあけい(あけろ)」といわれ、それまでに切ってしまうよう指示される。上郡《かみごおり》や鳥取県の智頭町など他地域の山へ行って泊まりがけで木を切るようなこともあった。またオヤカタがいて、その人に雇われるようなかっこうで炭焼きに従事する場合もあったという。

炭の材料となる木は、ナラ・クヌギ・カシなどの広葉樹がジョウキ(上木)、サクラなどはチュウキ(中木)といって価格に大きな差があった。薪炭材を伐採したあとの山には、ヤッコが山主に頼まれてダイコンを植える。同じ山で炭を焼くのは一年だけで、次の年には別の山に移った。

こうした製炭が廃れたあとの山には、スギやヒノキが植林されるようになった。これにより大雨で土砂崩れが起きやすくなり、水害の原因を作ることにもなったという。

2 「語り」にみる海内の地域特性

地名の由来

現在の海内在住者の間で、地名についての由来は伝承されていないのだが、「採集手帖」には昭和初期に語られていた言説が記録されている。

それによると、海内のほか、奥海《おねみ》、水根といったように、海岸から離れた山間部にあるにもかかわらず、石井村には「海」や「水」の字がつく地名が散見され、その理由として、「昔、船越山から奥一帯が泥海だった」というのである。船越山とは、旧石井村の東側に位置する標高七二七メートルの山で、南側の山腹に古刹瑠璃寺があることで知られる。

『佐用町史』によれば、「みうち」とよばれる地名が日本各地にあり、「水の内」が語源であるとしている。水ノ内、海内、見内、三内、御内などの漢字があてられ、小川谷の小盆地にある湿地や低地をさすとしている。[10]

海内は佐用川支流の庵川沿いに位置しているが、この庵川について海内在住者は、「こまい（細い）川なのに山が広い」と語る。降水量が多くなるとたちまち増水し、過去には実際に川が氾濫することも多くあった。そのため川底を掘り下げたり川幅を拡張したりといった河川改修工事が、たびたび行われてきた。海内の主要な産業がコンニャクイモ栽培と製粉加工にあったことは先述したが、製粉のための水車を設置することができたのは、この河川改修工事以前、まだ庵川の川底が浅かった頃のことである。

旧石井村一帯には、佐用川に注ぐ小さな支流が網目のように広がっており、雨量が増せば、まさに各地で「泥の海」となるような事態もしばしば起きたのではないかと想像される。そしてそうした地理的な特徴は、この地域の集落の立地や交通網にも大きな影響を及ぼしたであろう。水害を受けやすい低地を避け、尾根に近いところに家屋を建てたり、尾根筋を通る道が開かれたりすることは、中国山地の各地や四国の山あいなどでもしばしば聞かれる。海内で語られてきた地名の由来に、この地域における地勢上の特性が内包されていることは興味深い。

海内薬師堂と瑠璃寺との関係

「採集手帖」の記載事項で注目したいのは、海内のムラの起りについて、次のような言説が紹介されていることである。

「別所長治の伯父の子が赤松の乱に負け、船越山の南光坊（瑠璃寺）に逃れてから、山を下りて海内に来た。その時、海内の北に一軒だけ家があり、その家の娘をもらってここに居付いた。その後戸数が次第に増えた」というものである。やや時代の整合性には欠けるものの、おおむね一五世紀半ば頃に起きた嘉吉の乱の落ち武者をムラの祖としていることがうかがえる。

ここで船越山南光坊瑠璃寺（旧南光町・写真９）との関係が語られていることも興味深い。瑠璃寺は、旧南光町の船越にある真言宗の古刹で、行基が開祖と伝える。修験の道場としても知られ、近郷近在から参詣者が集まる寺院であった。特に春と秋の彼岸の中日は、参道に店が出て賑わったという。

海内には近世初期に創建されたと思われる薬師堂があり、瑠璃寺と関係が深いことが伝えられている。『佐用町史』によれば、この佐用町と岡山県美作市周辺一帯には、延命山道仙寺（美作市）をはじめ、恵龍山大聖寺（美作市）、高

写真９（上）　船越山南光坊瑠璃寺の入り口（2013年９月撮影）
写真10（下）　海内薬師堂（2012年２月撮影）

伏山長谷寺（佐用町）、高雄山福円寺（旧上月町）、そして船越山瑠璃寺と、修験の道場として知られる古刹が群立しており、とくに中世中頃に、やはり修験の一大霊場であった大和の吉野が戦乱に巻き込まれると、こちらが西の吉野、新吉野などとよばれて多くの信者で賑わった時代があったという[11]。こうした歴史を考えると、峠道の一角に位置する海内のムラの創始には、信仰を背景にした人の動きとの関連もうかがうことができるのである。

海内薬師堂は、海内の氏神である海内八幡宮の脇に置かれている（写真10）。この薬師堂に安置されている薬師如来坐像は平安時代後期の作とされ、平成四年に町指定文化財となっている。どこからか持ち込まれたものと推測できるが、「仏師が瑠璃寺の薬師を作った残りの木で海内の薬師を作った」、「海内の薬師と瑠璃寺の薬師は兄弟」といった話も聞かれ、関連が興味深い。また、海内の薬師はシマイヤクシともいい、瑠璃寺から下りてきて海内に参らなければならないともいわれていた。

なお、平成十七年に、薬師如来坐像の修理に伴い、薬師堂の改修も行われた。その際の棟札などの調査により、薬師堂の建立は寛永六（一六二九）年と推定されることがわかっている。

弘法大師と製茶業

海内には茶の木がもともと自生しており、その後茶畑も作られるようになって、昭和四十年頃までは製茶業によって現金収入を得る家が多かった。番茶で、天日干しにして製品化したものを売っていた。各家では、コンニャクイモのヤマバタの周りに茶の木を植えているところが多かった（写真11）。「八十八夜、十日摘み」といって、八十八夜から一〇日たったところで新芽を手で摘み始める。摘んだ新芽はその日の晩に釜で蒸し、蒸したあとすぐに手で揉んで縒る。一日天日に干して一晩夜露にあて、さらにもう一日天日干しする。夜露にあてるのはカビが生えないようにするためで、一日干した後に湿気が戻ることにより、香りが高くなるのだという。反対に、雨にあたってしまうとカビが生える。天日干しの後は、三日ほど陰干しにする。比較的近年まで、集落内の五〜六軒が製茶業を続けていたといい、茶畑もまだ集落内に散見される。

この地域における製茶業の始まりについては、弘法大師にまつわる伝説がある。以下、海内在住の男性（昭和八年生まれ）が語った伝説内容をそのまま採録する。

山崎のほうから行きよったらな、三河というところでな、お茶よんでくれ、て物貰いがゆうたんやて。ほたらな、お茶なんかあるか、ゆうてな、飲ましてもらわなんだで。三河にはな、竹の種でもまいといちゃれ、て。三河は昔からオナゴダケがびっしり生えてたんやて。

海内来て、お茶飲んでんか、ゆうて、さあさあどうぞどうぞ、て、お茶よばれて、ここはお茶をまいたげ、ゆうて、物貰いが一番初めにお茶やったんや、ゆうて、おじいさんがな、その話しよったがよ。その物貰いがお大師さん。（平成二十四年二月十日、海内公民館にて採録）

全国各地に分布する弘法大師伝説のひとつと考えることができるが、ここではこの伝説が、昭和三十年代まで頻繁に行き来があった旧南光町の三河方面との関わりの中で展開していることに注目したい。

三河は、海内から峠道を越えた東側、千種川の中流域に位置している。三河には商店があり、海内からもっとも近い町場であった。かつてコンニャクの交易などで行き来があった山崎へも、三河を経由して行ったという。

写真11　かつてのコンニャクのヤマバタの周りに植えられた茶の木（2013年9月撮影）

伝説の中では、物貰いに姿を変えた弘法大師が三河に竹の種をまいたというくだりがあるが、実際に三河方面を流れる千種川の川岸には竹が多く、水害を防ぐ役割を果たしているともいう。水流のゆるやかな庵川に比べて、千種川は流れが急であり、川幅もあるため氾濫しにくい。また千種川で獲れるアユは、庵川や佐用川のものと比べて色も違い、味もよいのだとされている。

かつて昭和四十六年に、庵川の水害で海内に被害が出たことがあった。その折にも三河方面は無事であったため、佐用方面からでなく、三河から峠道を越える道をたどって海内と行き来したという話も聞かれる。こうしてみると、川が網目のように流れるこの地域にあっては、三河から海内へという旧来の生活の道が、もっとも安全で機能的な道であったことがわかる。そしてその道筋が、弘法大師にまつわる海内の茶の創始伝説の中にも織り込まれ、地域の産業の始まりとして語り継がれていることは興味深い。

3　「最奥のムラ」の再考

峠道を介した人と物の交流

海内は、佐用川支流の庵川をさかのぼった最奥に位置している。最寄駅は約七キロメートル離れた庵川下流の平福にある智頭急行平福駅であるが、バスをはじめとする海内までの公共交通機関はない。自動車での往来が一般的となった現代においては、交通の不便な僻地という印象が強い。

しかし、戦前期から高度経済成長期にかけての生業や日常生活を復元してみると、谷筋から谷筋へと峠を越えて行き来する道が発達し、海内はむしろこれらの峠道の結節点ともよべる位置にあって、独自の文化を育んできたことがわかる。

海内における聞き取り調査からうかびあがる、昭和三十年代頃までの交通路でまず特筆すべきは、現在町役場などが立地する佐用町の中心部よりも、東側の峠を越えた旧三河村（広域合併前の南光町）方面へ徒歩や自転車で出る場合のほうが多かったということである。三河の先は、さらに東の山崎（宍粟市）とのつながりが強かった。海内から三河へは峠越えの近道があり、徒歩であっても三〇分程度で行くことができる。そのため、かつては買い物などの日常の用事は、三河ですませることが多かった。庵川に沿った海内・桑野・庵・平福という「川流れ」での交流ももちろんあったが、この川沿いの道路が本格的に整備されたのは、昭和三十年に石井村が佐用町へと合併された後のことである。川下の平福周辺から佐用町中心部にかけての地域を海内ではシモとよぶが、シモに出やすくなったのは昭和の合併以降である。それ以前は、峠越えの三河方面への道が利用されていた。

写真 12　海内のムラ境に置かれた道標
（2012 年 2 月撮影）

この峠越えの道は、藩政期に瀬戸内海産の塩を因幡方面へと運ぶ「塩の道」でもあった。瀬戸内海沿岸の御津（たつの市）で生産された塩が、揖保川をさかのぼって平見（宍粟市）まで船で運ばれ、ここからは牛の背に荷を積み替え、陸路で山崎・三河・海内・奥海を経て因幡方面へと運ばれたという。先述した三河と海内を結ぶ道には寺坂峠があり、近世においては、ここが播磨国と美作国との国境でもあった。峠の近くには地蔵がまつられており、石臼の形をした台座の上に安座していることから「臼目地蔵」とよばれ、臼目と薄目とをかけて、眼病治癒の信仰がある。(12)この地蔵は安政四（一八五七）年建立の銘が刻まれており、「牛馬往来安全」とあることから、牛馬の供養塔でもあることがわかる。興味深いのは、「世話人　因州坪屋甚兵衛　出石広瀬屋九兵衛　三河屋喜兵衛」とあり、因幡・但馬（出石）・播磨（三河）の三国の商人が施主として名を連ねていることである。(13)山崎では昭和十年代まで牛市が開かれていたともいい、この峠道を若いオイコ（追子）が牛を何頭も連れ、尻をたたきながら通っていったことを記憶している人もいる。こうしたことから、海内から三河を経て山崎へと通じる道が、この地域における交通・交易上の主要路のひとつであり、かつての国境に位置する海内はその要所であったことがわかるのである。

海内では、例年六月もしくは七月の日曜日に、夏越まつりとして虫送りの行事が行われる。ムラの入り口四ヶ所に札を立て、虫送りの舟を作って川に流すのである。この虫送りの際に札を立てる場所には、あわせて道標が立てられている（写真12）。これは、ムラ境がすなわち道の分岐点でもあることを示している。道標には「右　ふなこしちくさ　左　やまみちやくし」とあり、三河方面への行先を示すとともに、「やくし」すなわち瑠璃寺奥の院の薬師堂への案内を兼ねていることがわかる。前節でも述べたとおり、周辺に修験の道場ともいえる古刹が集まったこの地域においては、古くからこれらを信仰する人たちの往来が盛んだったと思われる。そうした道が交易の道ともなり、さまざまな地域の人々が行きかい出会う結節点のような場所に海内のムラが存在していた。

海内在住者によれば、海内の各家で作られる正月の雑煮は、家によって味付けがまちまちで、醤油味のすまし汁の家もあれば、白味噌で味付けをする家もあり、また小豆のぜんざいのような雑煮を作る家もあるという。(14)その家の雑煮の味は代々受け継がれるもので、嫁入りした人の出身地とは無関係だともいい、こうしたエピソードからも、海内の集落そのものが、さまざまな地域からやってきた人たちによって構成されていることがうかがわれるのである。

山の暮らしにみる地域の資源

戦前期から昭和三十年代までの海内における生計維持活動をふりかえると、平坦地が少なく水田がほとんどないかわりに、換金性の高い商品作物の栽培や炭焼きなどを組み合わせ、現金収入を得ることによって生活を成り立たせてきた実態がうかびあがってくる。しかもその現金収入は、第一節のコンニャクイモの栽培でみたとおり、年一回の収入ながらも莫大であった。その現金で米を買い、裕福な暮らしを営むことができた。現金を多く持つことにより、それを新たな事業の投資としたり、商品作物用の耕作地を増やしたりすることも可能であった。

写真13（右）　丸太を刳り貫いて作ったニホンミツバチの巣箱（2013年9月撮影）
写真14（左）　かつて狩猟で仕留めたキツネの毛皮（2013年9月撮影）

　また、各家においては、野生動物の狩猟や川での漁撈、ミツバチの飼育など、中山間地域ならではの多様な資源を利用し、これを生業に組み合わせることも行われていた（写真13・14）。一般に、水田の有無やその面積の大小は、土地の豊かさをはかる目安とされがちだが、海内においては、むしろ水田耕作に依拠しないところに「生きる方法」としての本質があり、消費地であるマチとの緊密な関係性の中で生活を成り立たせてきたことがわかる。

　そして、そのマチとの関係性を維持するうえで重要な役割をはたしていたのが、因幡（鳥取）・美作（岡山）・播磨（兵庫）の各地を結ぶ峠道の存在であった。国境（県境）近くに位置する海内は、それらの道をつなぐジャンクションのような立地を利用して、交易により生活の基盤を築くことができた。いうならば、この立地と交易こそが、海内における最大の地域資源であったといえる。

　海内を含む旧石井村は、昭和三十年に佐用町に合併し、行政上の中心地が川下の平坦地へと移った。それに伴い、自動車の普及にあわせて道路整備が実施され、庵川沿いの道が生活上のメインルートとなった。
「生活の道」が峠道から川沿いの道へと変わったことにより、それまで海内と密接な関係にあった三河や山崎などのマチとのつながりは薄れた。またコンニャクイモの栽培を主とする海内の生業形態も、ちょうどこの頃から変化を余儀なくされた。さまざまな要因が重層的に生じた結果、海内の資源であった立地と交易はもはや資源としての機能を失い、次第に戸数や人口の減少を招くようになったと考えられる。

おわりに

本稿で事例とした海内集落のように、中山間地域にあるムラの多くは、そのムラの中で生活が完結するのでなく、近隣のマチやムラと相互補完関係にあり、その関係性の中で生活を成り立たせてきた。全国的にこれまで繰り返されてきた町村合併は、行政機能を効率化する一方で、中山間地域との密接なつながりのもとに存在していたサテライト的な小中規模のマチの機能を失墜させ、結果としてそのマチを含む周辺地域全体の衰退を招いたともいえる。

平成十七年、いわゆる平成の大合併により、佐用町域はさらに拡大した。小学校の統廃合なども計画されており、一極集中の傾向は今後ますます進むことが予想される。その際に、中心地から遠く離れた中山間地域にとっては、町の中心部といかに関係性を取り結ぶかが新たな課題となる。

海内の場合は、かつて主軸の産業としてムラの各家を支えてきたコンニャク作りを復活させ、コンニャクイモの栽培こそしていないものの、町内産のコンニャクイモを使った特産品として商品化にこぎつけた。大合併を逆手にとり、町域が拡大したことで、原料のイモの入手や学校給食などの販路の確保が可能となったのである。こうした新たな関係性の構築は、コンニャクイモの栽培に実際に携わった経験を持ち、また先代、先々代から語り伝えられてきた海内におけるコンニャクイモの歴史を継承する人たちの存在があって初めて実現したことはいうまでもない。

大合併後の各地域で今後期待されるのは、それぞれの地域における自律的な地域づくりの実践である。合併により周縁化した中山間地域においては、その地域が従来持っていた多様な生業の可能性を掘り起こし、これを再評価することが、新たな関係性の構築に向けた第一歩となると考えられるのである。

［註］

（1）採集者は神戸市在住の河本正義。昭和九年九月十六日から二十二日にかけて、旧石井村の海内・水根・桑野の各集落で聞き取り調査を行っている。

（2）お話をうかがったのは海内在住の以下の方々である。井上輝人氏（海内自治会長・昭和二十三年牛まれ）、井上適氏（昭和六年生まれ）、紙本和雄氏（昭和八年生まれ）、堤貞三氏（昭和九年生まれ）、梶本達郎氏（昭和十年生まれ）。本文において「海内在住者」とした聞き書きは、これらの方々によるものである。

（3）佐用町立海内小学校六年生編集『ふるさと昔ばなし』平成元年、一〇一～一〇四頁。

（4）海内小学校創立百周年記念事業実行委員会『海内小学校創立百年のあゆみ』昭和五十三年、一〇三～一〇四頁。

（5）佐用町史編さん委員会編『佐用町史　上巻』昭和五十年、七三五頁。

（6）海内小学校創立百周年記念事業実行委員会『海内小学校創立百年のあゆみ』昭和五十三年、五五頁。

（7）海内と桑野を学区とする海内小学校は平成六年に平福の利神小学校に統合され、その後跡地を利用して、地域活性化のための施設「ふれあいの郷みうち若杉館」が開設された。若杉蒟蒻加工処は、この若杉館に隣接して建てられている。

（8）兵庫県佐用郡役所編集発行『佐用郡誌』大正十五年、四五六頁。

（9）海内小学校創立百周年記念事業実行委員会『海内小学校創立百年のあゆみ』昭和五十三年、三六頁。

（10）佐用町史編さん委員会編『佐用町史　中巻』昭和五十五年、一一八七頁。

（11）佐用町史編さん委員会編『佐用町史　上巻』昭和五十年、七三三頁。

（12）佐用町史編さん委員会編『佐用町史　上巻』昭和五十年、七三七～七三八頁。また佐用郡地域史研究会の調査によれば、臼目地蔵に拳大の石が三つほど置いてあり、横のブリキ板に「この石をいただいて帰って悪いところや痛いところを撫でてお祈りください。必ず直ります」と書かれているとされ、広く民間信仰の対象とされてきたことがうかがえる（佐用郡地域史研究会編集・発行『播磨古道をさぐる――佐用郡編―』平成十四年、九〇頁）。

（13）佐用町史編さん委員会編『佐用町史　中巻』昭和五十五年、八二八頁。

（14）白味噌は京都府を中心とする近畿地方に特徴的な雑煮の味付けで、小豆のぜんざいは鳥取県など山陰地方に特徴的な雑煮の味付け。

第6章

互助協同の変化と協同圏の拡大

田中宣一

はじめに

「山村調査」の追跡調査（以下「追跡調査」とのみ記す）に参加した筆者は[1]、その三年目（最終年〈昭和六十一年度〉）の報告書に、「山村調査」の行われた昭和十（一九三五）年前後から「追跡調査」の昭和六十（一九八五）年前後までの五〇年間の、各調査地に共通しかつ比較的顕著だと思われる変化を次のようにまとめておいた[2]。

- 生業に関する民俗
- リーダー層の交替
- 性別年齢別作業分担の稀薄化
- 講行事の減少とサークル活動の増加
- 衣・食・住生活の変化
- 出産と結婚式の場

・行動圏の拡大

これは三年目の七地域についてのものではあるが、初年度の七地域、二年目の七地域においてもほぼ同様な傾向が指摘できた。今からみると、生業に関する民俗というように対象が広く取りあげられてあったり、出産と結婚式の場というような狭い事象を指摘しているなど、まとめ方の基準に統一を欠いている憾みはあるが、とにかく大戦や戦後の緊張と混乱、高度経済成長という、わが国の歴史を顧みても有数の激動期であったこの五〇年間に、地域の各種伝承は右の諸点において大きく変わったことがわかったのである。

一方、比較的緩慢な変化しかみせなかったものは、部落会・町内会・自治会というような地域の自治組織や、贈答をはじめとする親族のつきあい、ハレの食生活、祭礼、葬送習俗、俗信などであった。

ところで今回、かつての「追跡調査」の三冊の報告書を虚心に読み直してみたり、研究会において参加者各氏の中間報告に接したり、「追跡調査」対象地のうち筆者が今回三カ所を訪れてみたりした結果、(3)各地の互助協同の民俗の変化にも特段の注意を払わなければならないことに気がついたのである。もちろん互助協同については「追跡調査」のさいにも注意を払っていて、生業に関する民俗変化のなかで取りあげており、年齢別作業分担の稀薄化や講行事の減少とサークル活動の増加を指摘したところでも触れておいたことではあった。しかしさらに、昭和六十年前後からすでに約三〇年を経た現今わが国の人と人との関係、人と自然との関係を考えるとき、昭和十年前後の「山村調査」以降、とくに昭和三十年代以降に進んだ地域の互助協同慣行の変化は、今後、深く分析されるべき問題だと思ったのである。

すでに筆者は、近年、互助協同について何度か見解をまとめてきたが、(4)小稿の目的は、昭和十年前後の「山村調査」、昭和六十年前後の「追跡調査」、そして今回のプロジェクト結果を比較しつつ、それらを発展させようとするものである。ただ、具体的な事例は念頭にあるが、「山村調査」や「追跡調査」の事例はすでに註（1）に挙げた報告書に掲載ずみであるので、いちいち提示する資料は限られたものになるであろう。

1　人と人との関わり

たといこの世に生を受けたとしても、人はただ一人で生きていくことはできない。あたりまえである。人は自己以外の人とのさまざまな関わりのなかで歩みつづけるのであるが、人と関わりを持とうとする最大の理由は、生殖など本能にもとづくものを除けば、それは互助協同のためであるといってよい。互助協同とは、字義どおり、助けあって物事に相対し精神的物質的に互いに目的を達成しようとすることである。相互扶助といってもよいが、相互扶助の語にはすでに地域社会での労力交換というような意味が纏綿しているので、ここでは用いるのはひかえたい。筆者としては互助協同という概念に、生存していく上での人間関係のもっと広い意味を持たせて用いようとするのである。労力交換のような人間行動の一部に限定するのではなく、戦争や水争いなどという争闘を除く人間関係のほとんどすべては、実は互助協同をめぐるものだと述べても過言ではないと思い、この語を用いるのである。

人間関係のあり方は、すべての人文科学・社会科学の研究対象である。民俗学も明治時代後期に伝承というものの豊穣さを発見して以来、人と人との関わりの伝承的側面の研究を分担する形でそれらに参画し、多くの資料を発掘収集して公表し、大多数のごく普通の人びとの生き方を問うという方法で日本文化と格闘しつつ、今日にいたっているわけである(6)。

民俗学における互助協同慣行の研究史はすでに簡単にたどったことがあるので再述は控えるが(6)、最初にこの問題に積極的に取り組んだのは、筆者のみるところ、昭和七年に長野県の伊那地方で発刊された雑誌『蕗原』である。その『蕗原』が発刊されていた昭和九年から三カ年にわたって実施された「山村調査」においては、全国にわたってこの慣行について組織的に資料収集がなされ、かつ分析もされた。つづく「海村調査」(7)においても同様であった。したがって、地域の互助協同慣行の研究は昭和十年前後に大きく進展したといえるのである。

かつて筆者は、互助協同の目的を、平常時の維持安定のためと異常時への対応とに二分し、さらに前者を衣食住の安定的確保、争闘の抑止＝自治、心身の安寧と成長とに分けて考えてみたことがある。(8) この場合の平常時とは、従来いわれてきたハレとケの両方を含む概念として用い、異常時には、大災害など予期せぬ事態の出来《しゅったい》を示すものとして用いたのである。これは現在でも、互助協同を人間関係・行動から捉える上での一つの視点だと思っている。

その視点を認めつつ、以下、本プロジェクトの趣旨に沿いながら、互助協同の目的を、⑴成育上、⑵自治上、⑶生活上、⑷生産上、⑸祭祀上、⑹防災上という六側面から、これらを敷衍しつつ、「山村調査」以来今日までの互助協同慣行の変化、および現状の把握と問題点を指摘していく。

2　互助協同慣行の変化

⑴　成育上の互助協同

(ア) 幼・少・青・壮年期

人は生を受けたときから、自己以外の人と関わりを持つ。生まれたときも死ぬときも一人さ、と言う人がよくいるが、死ぬときも通常は多くの人と関わりつつ息を引きとっていくのである。さらに死後においてもそうであることは、さまざまな墓葬習俗の示すとおりである。

ここで成育上という場合、身体の成長著しい幼少年期のみではなく、肉体的には衰退状態に入っていても生を歩む老年期までをも含めて、人が他の人とどのように関わりつづけるのかについても考えていく。

民俗学では個人が主役となる一生の諸儀礼を、通過儀礼とか人生儀礼として括っているが、それら儀礼のさいにはもちろんのこと、儀礼以外の場においても、日常的に多くの人と関わっている。普通一般の人の場合を考えてみよう。

幼年期には家族に育まれ、ごく近隣の子供とのみ交遊を持つ。この間、宮参り・初節供・初誕生・七五三など、家族・親族に囲まれて多くの儀礼を経験する。学齢に達すると学校友達とも交わり、地域では子供組にも入り、何とか社会生活がはじまる。ここまでは主に助けられる関係のなかにいるとはいえ、多くの人とは交わっているのであって、交わる人々の年齢の幅が小さい、いわば互助協同の訓練期である。

中学（新学制までは小学校）から大学までの人それぞれの学業を終えると、それぞれの職業を通じて、あるいは職場以外の人とも多くの関わりを持ちつつ老年期を迎える。その間、結婚すると家庭において新たな家族とも関わり、親として子供を養育する立場になる。また、学業を終了すると青年団などに加入する人もおり、結婚後はしだいに家を代表して地域社会に貢献したり、講仲間に加わったり婦人会に参加したりすることによって、互助協同する人々の輪は広がっていく。

いよいよ老年期にさしかかると職場から離れ（サラリーマン以外は離れる時期は曖昧であるが）、家族を中心にしつつ、親族や地域の人との交わりの比重が高くなっていく。老人会などに加入する人もあるであろう。農家や商家の人の場合には家業も年齢相応に手伝うが、次第に助力される立場になって生を終えるのである。

右の成育上の互助協同をとおした交わりは、昭和十年前後にも密であったし、現在でも大部分の人には当てはまることであろう。しかしその内容は、昭和十年以降大きく変わっているのである。

「追跡調査」当時の昭和六十年前後においてもすでにそうであったが、近年は保育園が山村地域にもさらに普及して、すでに幼児期から地域の同齢者や、家族以外の大人との関わりのなかで一日の大部分を過ごす子供が多くなっている。それとは逆に、子供組や青年団がなくなりはじめたために、青少年期に、ある程度年長の仲間とともに行動することや、年下の仲間と関わりを持つことが少なくなってきている。上下幅広い仲間とのあいだで培われていた自治意識とか、服従といたわり、義務遂行の努力というような、学校以外での学習経験が稀薄になってき、互助協同の訓練の機会がダイナミックさを失い、慣行の継承がなされにくくなっているといえよう。このような状態では、地域の一員であるとの意識や、それを背景にした行動力が薄れていくのではないかと思われる。

一方、従来の子供組は消えつつあるが、クラブ活動などをとおして学校友達とのつながりには新たな展開もみられる。「追跡調査」によれば、青年団は昭和四十・五十年代に消滅しつつあったことがわかる。その要因として、過疎化や高学歴化が挙げられるし、青年たちから一次産業従事者が減少したことが挙げられる。そのほか、青年が重要な任務としていた祭りのさいの芸能に保存会が結成されたりして、地域に青年独自の活躍の機会が少なくなっていることなども理由としてあるであろう。

（イ）老年期

子供仲間や青年同士の関わりのみならず、幼少年期の仮親の慣行すなわち擬制的親子関係が戦後の早い段階に地域からほとんど姿を消し、子供が家族以外の地域の壮年者高齢者と濃密に関わることが少なくなってきてもいる。このことは、大人が地域の年少者を愛育する心理にも微妙な影響を与えていることであろう。

近年、高齢者には介護施設でサービスを受ける者が確実に多くなっている。「追跡調査」当時にはみられなかったことで、保育園に預けられる子供の増加とともに、注目すべき現象である。その一方で、「追跡調査」当時にはまだ多く見られた高齢者同士がゲートボールに興じるというような光景は、めっきり少なくなっていると感じる。従来の信仰的講行事も少なくなりつつある。家族や狭い地域の人々のみと交わったり、それらの人から世話を受ける形ではなくなりつつあるのである。だからといって、現在の高齢者は長らく地域社会を支えてきた者同士なので、いきなり関わりが疎遠になるということはないであろうが、関わり方には確実に変化が生じているとはいえよう。

また、調査できているわけではないが、携帯電話やスマートホンというような通信機器は「追跡調査」当時にはなかったもので、これを駆使したその青壮年者の人との関わり、さらには現在駆使している人が高齢化したときの人と人との関わり方は、今後注視していくべきであろう。

(2) 自治上の互助協同

(ア) 自治会の機能

地域社会が安定的に維持されるためには、一定のルールが必要である。ここでは、地域社会としておおよそ二〇戸(世帯)から一〇〇戸前後ぐらいの集落を念頭においているが、集落内で各人が恣意的に関わりを持ちあい、めいめい勝手に振る舞うとすれば、混乱をきたし争論の生じることは必定である。争闘の抑止のためにも、ルールにもとづいて不断に関係を持ちつづけることが欠かせない。

そのためどの地域社会にも、部落会とか町内会、自治会というような組織が形成されている(以下、自治会で代表させる)。さらにその中に、一〇戸前後のクミなどという組織がいくつか存在している。こういう地域のしくみは「追跡調査」の地すべてに共通していた。のみならず、全国の都市部・非都市部すべてに共通していたといってよいであろうし、現在でもそうであろう。

自治会という組織では会長とか区長をはじめ一定数のリーダーが選ばれている。そして予算を持ち、長年の互助協同の過程で育ててきた規範(ルール)を遵守し、共有財産(共有地・共有施設・共有物)を維持管理し、しばしば神社という精神的紐帯を保持しており、組織は一般に強固だといってよい。しかしその性格は「山村調査」以来、戦中戦後になって少なからず変化しているし、「追跡調査」以来でもこの三〇年間、市町村合併などの影響を受けて少なからぬ地域において変化を余儀なくされているのである。

(イ) リーダーの選出

まずリーダーであるが、「山村調査」当時においては旧家(地主で経済的に優位な例が多かった)のいわゆる旦那衆がおのずからにして地域をリードしていたが、「追跡調査」当時になると、ほぼ完全に力量と人望のある人にリーダーを託すようになっていた。

例えば、筆者が調査した岐阜県揖斐郡徳山村塚(現在徳山村はダムで水没し揖斐町に併合されている)の場合、明治二十二（一八八九）年から昭和五十八（一九八三）年までの九十余年間に集落の三役（区長・副区長・議員）に就任した家をたどってみると、三家（いずれも旧家とされる）が傑出して多く（年にもよるが全体の戸数は三〇余）、この三家を含む八家で三役をほぼ独占していた。ところが、戦後はこれらの家も三役に就いているとはいえ、数年経つと戦前にはまったく就任していなかった他の四家（いずれも木地屋など明治初期に新しく移住した家とされる）が、しばしば就任するようになったのである(9)。

また各地で、結果的には旧家の人がリーダーになったとしても、半世襲制から公正な選挙によってリーダーを選ぶように変わっていったのである。このような変化は農地改革による経済力の均質化もさることながら、民主主義という戦後の思想、新生活運動や公民館による啓蒙活動が浸透していったことにもよるであろう。選挙をしたり、リーダーの資格として力量と人望を重視するというような、現在では当然のことだと思われている考えは、実は「追跡調査」までの五〇年間に徐々に変わっていった結果なのである。

リーダーに選任されれば時間的にも金銭面でも負担は軽くないが、それでもかつては名誉なこと、あるいは地域貢献の意思をもって積極的に役務を果たしていた。「追跡調査」当時においても、いちいちリーダーの胸の内までは確かめなかったとはいえ、その雰囲気は残っていたようだ。ところが近年では、負担であることを公言してまで、なるべくリーダー就任を避けようとする傾向になっていると聞いた。自治面での互助協同意識の確実な後退である。さらには、自治会加入をしぶる家さえ出ている。地域で生活するにあたっては公的な自治体のサービスを受けるだけで充分というわけである。互助協同の性格が変わったためか、互助協同の意識が衰えてきているからだといえよう。

（ウ）共有財産の管理

地域社会には伝来の共有地を持っているところが少なくなく、この多くはかつて原野で、田畑の肥料や家畜飼料用の草刈り場にしていた。その管理と利用については後の「（4）生産活動上の互助協同」で述べるつもりであるが、農業が化学肥料を多用するようになったり、機械化が進んで畜力に頼ることがなくなると、原野へは松・檜の植林がなされはじめた。植林は国や自治体などからの指嗾があって、昭和三十年・四十年代に一気に進んだことである。それはそれで一つの選択ではあったのだが、同じ頃わが国は貿易自由化開放経済体制に移り、林産物の輸入自由化が図られたために徐々に輸入材に押されはじめ、樹木の伐採適期を迎えた現在、共有林（共有地）の価値はきわめて小さなものになってしまっている。

筆者は本プロジェクトで佐賀県唐津市厳木町天川を訪れたさい、「山が動かん」「山が眠ってしまっている」という声を何人もの方から聞いた[10]。こういう声はこれまでも各地で耳にしてきたことではあったが、年輩者にとって、若いときに期待して植林した山林の価値が減少していることの歎きは大きい。下刈り・間伐など樹木の保護育成に公的補助があるとはいえ、自治会としての共有林への期待と関与意欲の減退を強く感じたのである。

共有施設として、「山村調査」当時は火の見櫓や郷倉のような非常用の施設を持っている地域が多かったが、「追跡調査」時には少なくなり、現在では施設が残っている場合でも機能させてはいない。かわりに自治体の消防活動は強化され、地域の安全は増した。

国や自治体の援助によって自治会館、コミュニティーセンター、集落センターというような似たような立派な施設が各地に完成しており（援助主体が異なるのであろうか重複して存在している例もある）、「山村調査」当時大きな旧家や寺院等を利用していた自治会の寄合いが、現在では完全に新たな施設に移り自主管理されている。

右のようなことは、自治体が、互助協同慣行の変質しつつある自治会を支援し、静かに関与している例だといえよう。地域の安全や生活の充実にはよいことである。同時に自治体からの連絡事項が輻輳し、自治会が本来の機能よりも、自治体の下請け機関的になりつつもあるのである。

（エ）市町村合併の影響

こういうなか、市町村合併の影響で自治会の再編がはかられつつある。例えば鹿児島県鹿屋市輝北町百引（「山村調査」当時は百引村）では、昭和三十一年に隣接する市成（市成村）と合併して輝北町となったさいに、四〇ほどの小集落を行政上二二に統合整理して部落振興小組合と呼び、この単位に集会所兼公民館を設けた。それゆえ「追跡調査」当時はこの二二集落が部落とか公民館と通称されていたのである。それが平成十八年一月の鹿屋市などとの合併を経た現在では、自治体（鹿屋市）の意向によってかつての集落が二つのグループにまとめられ、一六集落（部落・公民館）からなる町内会と五集落（部落・公民館）からなる町内会に統合されてしまったのである。[11]さりとて現在のところ、従来の集落機能に大きな変化がみられるわけではないが（それほど地域社会としての集落は強固だといえる）、今後のことはわからないのである。

右の輝北町では六校あった小学校が、合併後の平成二十三年からはたった一校に統廃合され、二校あった中学校も一校に統廃合されてしまったのである。

小学校の統廃合は他の地でも顕著になっている。かつて小学校は人々にとって身近な存在で、校舎建築にあたっては共有林の木材を提供したり、労力奉仕することさえあったのである。運動会には集落対抗の競技などがあって盛りあがり、これも自治会の結束に役立っていたが、統廃合された場合、校区はたいへん広いものになってそれが難しくなった。生徒は広い範域の仲間と交わり、父母も一時的にはＰＴＡ活動などをとおしてさまざまな人を知るようにはなったが、自治会にとって小学校は遠い存在になったといえるのではないだろうか。

また、佐賀県唐津市厳木町天川のような山間部集落の場合、人々は農作業を休日にまとめて行い、平日の日中はほとんどの青壮年男女が車で他地域（町場）の職場へ勤めに出てしまっている。そのため分校の教職員が日中の集落の貴重な集落滞在者となり、火災など突発的な出来事の場合、勤めに出ている人々への連絡など何らかの対応をしてくれるであろうと頼りにされているのである。ここのような山間部で分校が消えることは（幸い現在は存続しているが）、結集の拠りどころを失うことであり、生活の安全という意味でも由々しきことなのである。

（３）生活上の互助協同

日常生活の安定維持には、衣・食・住の確保が不可欠である。また、家族および近隣の人々、家々との円滑な意思疎通が必要となる。そのためにさまざまな助けあい、すなわち互助協同がなされている。

（ア）衣生活

現在では、普段着、仕事着、晴着、被り物、履物すべてがほぼ購入したものを用いるようになっており、それらの調達に地域の互助協同の入り込む余地はないといってよい。しかし「山村調査」当時には、晴着は別として、ほかのものには自家製のものが多かったのである。畑の脇で麻や棉を栽培して、原料の糸・生地まで自家で作りだしていたところさえあり、そのため、家族内や近隣同士で綿繰りや苧績みを協同で行う場合があったのである。五〇年後の「追跡調査」当時には、すでに現在と同様に購入するようになっていた。消耗品である草履・草鞋さえ作る人はいなかったように思われる。

（イ）食生活

日常食も「山村調査」から「追跡調査」までの五〇年間に大きく変化してしまっていた。「追跡調査」後にも何種類かの珍しい食料（食材）が入ってきているし、調理用具等や電化製品の進歩があったりして確かに食生活は豊かに変わってはいるが、「追跡調査」以降、大きな変化というほどではない。

「山村調査」当時には、塩・砂糖・肉・魚など幾品かの食料を除いてはほとんど自給しており、そのためにそれらの生産・採取に家族内での互助協同は欠かせなかった。「追跡調査」当時では、主食である米や若干の野菜類は別として、調味料を含め食料・食品のほとんどはすでに購入に頼るようになっており、食料店のない地域には定期的に販売者が訪れていたのである。調理用の電化製品の多くも揃いはじめていたのである。

調理に用いる燃料も薪炭からプロパンガス、さらに電力へと変わっていったが、これも「追跡調査」当時にはすでに変化してしまっていた。

（ウ）住生活

住生活についても「山村調査」から「追跡調査」までの五〇年間の変化が著しく、その後現在まで三〇年間の変化は少ない。このことは当然、住生活をめぐる互助協同についてもいえることである。

「山村調査」当時も建築の専門家（大工・屋根職人など）がいたとはいえ、多くの地域では、母屋建築には近くの共有林などからの建材の伐り出しにはじまって、基礎作りから棟上げまでは、長年の慣行にしたがって親族や近隣の家々からの労力提供がなされていた。当時は茅屋根の家が多かったので、屋根葺きの場合も、茅の調達（茅場での茅刈りから運搬など）から屋根の古茅剥ぎ、屋根葺きまで、同様に労力提供がなされていたのである。こういう慣行は、労力の提供者に酒食が振る舞われることがあったとしても、その局面だけみればあくまでも一方的な労力提供である。しかし家の盛衰・出入りの少ない地域と時代であってみれば、その一部始終は記録にとどめられるか多くの人の記憶に残っていて、数十年単位で考えると、労力はすべての家が同様に提供し均等に受益するという互助協同だったのである。

しかし「追跡調査」当時にはもう、建材はほとんど木材業者から購入するようになっていたり、茅屋根は瓦やトタンに切り替えられしまい、かつて地域の互助協同に大きなウエイトを占めていた建築作業への労力提供は、わずかに上棟式などに参加するなど儀礼的なものになってしまっていたのである。

住生活に火と水は欠かせない。燃料は「山村調査」当時にはもっぱら近くの山林で採取生産する薪炭があてられており、その採取生産のために互助協同は欠かせなかったが、「追跡調査」当時にはそれは昔の話で、プロパンガスが全調査地に普及しており、熱源を電力に負うところさえ少なくなかったのである。それでも筆者の経験では囲炉裏や竃のある家は少なくなかったが、囲炉裏・竃本来の機能は期待されていなくて、補助的に用いられていただけだったように思う。

水も、「山村調査」当時には井戸のある地域はよい方で、炊事に川水を使っているところが多かったのであるが（水使用に関しての互助協同意識は強かった）、衛生面に配慮した戦後の生活改善事業や保健所の努力もあって、「追跡調査」

当時にはほとんどの地域で簡易水道を設備していた。

「山村調査」当時、いわゆる呼び風呂の慣習は各地にあったと思うが、風呂についてやや特殊な例ではあろうが、次に佐賀県唐津市厳木町天川の共同風呂をめぐる互助協同慣行を紹介しておこう。

「山村調査」当時、この地域には各家に風呂がなく、カド（クミ）単位でモヤーブロという風呂運営の慣行を維持していた。風呂場として独立した建物を持ち、風呂は一度に四、五人から一〇人ぐらいまで入ることのできるものまで、大きさはまちまちであった。カドごとに順に一軒ずつ当番を決め、当番の家々は夕刻仕事を少し早く切りあげ、川から水を汲んで沸していた。入る順番などは自由だったが、だいたい早い時間に男女の別なく老人や子供が入り、次に野良仕事を終えた青壮年男子、最後に女子の入ることが多かったようである。翌日、女子が集まってお喋りしながら残り湯で洗濯をしたあと、その日の当番が風呂場の掃除をして水を汲み入れていたのである。建物や不具合の生じた箇所の修理は協同で行っていた。こういうしくみに、天川で育った男女はとくに違和感を持っていなかったというが、他集落から嫁入りした女性などは男女を分けない風習に最初困ったようである。しかし当時は集落内婚が多く、幼いころからの習慣だったのでつづけられていたのであるが、婚姻圏が広くなったり、昭和四十年代になると家の新築・改築が進み、自宅に風呂場を設ける家が増えてきたために、徐々にモヤーブロの利用者が減ってきた。昭和五十三年に最後のカドが廃止して、この地からモヤーブロという互助協同慣行は姿を消したのである。筆者が訪れた「追跡調査」当時には建物は何棟か残っていたが、風呂事情は都市部と同じになっていた[17]。平成二十四年に訪れたさいには建物もなくなっていた。

（エ）道普請

「山村調査」当時は土砂が敷かれていればよい方で、単に土を踏み固めただけの道路が多かったので、どの集落でも年に何回か各家から人が出て（春秋二回が普通）、道普請などといって道両側の草を刈ったり、凹凸のできた部分の改修作業をしていた。「追跡調査」当時にもこの慣行は残っていたが、山の道や野道は別にして、生活道路はほとんど自治体が管理するようになっており、かつ山間部といえども舗装がゆきとどきはじめていたので、道普請という互助協同は限られたものになっていた。現在では災害時を除いて、皆が力を合わせてするという大がかりな道普請は、多くの地域でなくなっているように思われる。

（オ）葬儀

「山村調査」当時には圧倒的に土葬の地域が多かった。そして墓穴掘りから葬具（柩作りなど）作り、寺や親戚へのシラセ（連絡）、食事の接待など、葬儀関係の作業はすべて、慣行にしたがって地域の労力提供によって執り行われており、葬儀の場には不幸のあった当家があてられていた。俗に村八分の残り二分のつきあいは火事と葬式だといわれるくらい、葬儀は何をおいても欠かせない互助協同の機会だったのである。

「追跡調査」当時には各地ともほとんど火葬に変わっており、電話も普及していたので、穴掘りとかシラセというような労務はなくなっていた。しかし、他の互助協同はかつてとほとんど変わらず行われていた。山間部といえどもすでに葬祭業者は関与しはじめていたが、業者の仕事は補助的な作業にとどまっていたのである。変化の指摘が多かった「追跡調査」各地の報告のなかで、葬儀は、変化が少ないと結論されていた事柄だったのである。

それから三〇年後の今回の調査では、葬儀をめぐる互助協同は各地で大変化していたのである。儀礼には旧来の形を残しているものがあるとはいえ、火葬が完全に定着し、葬祭業者が裏方の立場をとりながらもほぼ葬儀全体を仕切り、葬儀の場も葬家から独立した斎場へと移り（通夜を葬家で営む例はまだ多い）、食事も仕出し屋から取り寄せる形になってしまったのである。それのみならず、筆者が訪れた九州の二地域では、それまでの家墓を廃し、火葬骨を寺が設けた納骨堂へ納めるようになっていた例さえあるのである。(13) この三〇年間の葬墓習俗の変化は著しい。

（カ）サークル活動など

後でも少し触れるが、講行事は少なくなりながらも各地で継続されている。ただ、筆者が感じるに、かつて集落単位の講のつきあいによって濃密にはかられていた人間関係というものは、薄くなりはじめている。

人は何らかの形で互いに関わりあうことによって精神の安定が保たれるわけだから、男女とも働き盛りの者のあいだでは、従来のような狭い地域の者同士の講とは別に、野菜や果樹、酪農・畜産など同一生産物を出荷している広い範域の者同士が、研修会や親睦会をとおして関わりを持つことの方が多くなっている。新たな会は講とは異なって信仰心は同じくしないが、講と同様に同じ目的を持つ者同士ということで話題にはこと欠かない。会合は農協の組織内で計画されることが多く、集落を超えたつながりという性格も持っている。

また、民謡や詩吟、手芸、絵画など、趣味のグループが増えており、集落を超え広範域の人とのつながりが強くなりつつあるように思われる。

（４）生産活動上の互助協同

（ア）農業の機械化

農業は、牛馬を使役したり水車を用いていたとはいえ、電動脱穀機の導入や昭和三十（一九五五）年前後以降耕耘機が普及するまでは、基本的には人力に頼って作業をしていた。昭和四十年代になると駆動耕耘機は牽引型耕耘機・トラクターへと大型化し、農作業でもっとも労力を要する田畑の耕起にほとんど人力を要しなくなった。その上、昭和五十年前後には動力田植機、さらには動力稲刈機が普及してき、これによって農作業は完全に機械化したといえよう。その後さらに大型化機能化したり乾燥機が整ったりはするが、機械化は昭和三十前後から昭和五十年前後までの二〇年間に瞠目すべき発達普及を遂げ、作業力が飛躍したのである。まず、このことを確認しておきたい。

（イ）ユイ・テツダイ

昭和十年前後の「山村調査」当時にはこういう機械類がまったく存在せず、一部に畜力や水力を用いながらも、圧倒的に人力に頼っていた。そのため、短時日にまとまった作業を完了させなければならないときには、ユイ・テツダイというような互助協同が欠かせなかったのである。

ユイによる作業は完全な互助協同である。すでに述べた茅屋根の葺き替えも長年月でみればユイといってもよかったが、農作業では集中して一度に労力が必要な田植えなどに、比較的均質な労力を持つ家同士で話しあってユイという労力交換が行われていたのである。青壮年男子二名が労力提供に出向いたら、必ず同じように青壮年男子二名（一名で二日間ということも可）の労力で返すというふうに、互助の決まりがきっちりしていた地域もあれば、年輩者でも女性でもとにかく二名の労力で返せばよいという穏やかな例もあった。テツダイとは、家族が急病になったり戦前には出征者がいたりして作業が遅れ気味の家へ、一方的に労力を提供しにいくことであるが、屋根葺きなどと同様に、同じ地域に住みつづけていればこれもお互いさまということだったのである。そして各家の作業が一段落すると、地域一斉の農休みが触れ出されていたのである。

このようにして「山村調査」当時、ユイとかテツダイはどの地域でも行われていて、農山村地域の人間関係は、現在からみると息苦しいと感じる面もあろうが、とにかく濃密だったのである。

しかし、すでに述べたように昭和三十年前後以降の農業の機械化によって、このような互助協同による労働の慣行はしだいに消えていき。「追跡調査」当時にはまったくといってもよいほどになくなっていたのである。ただ、このようにしてかつて助けあっていた人々は当時まだまだ健在で、その精神は地域生活に生かされていたはずであるが、その三〇年後の現在では、かつてユイとかテツダイというような慣行のあったことさえ知らない人が多くなっているのである。

水田稲作農業にとって用水の確保は重大な問題で（山村では水に困る地域は少なかったが）、かつては利用者が共同で用水路の整備改修や管理に当たっていたのである。しかし「追跡調査」当時になると大小のダムが建設されており（そのダムによって移転を余儀なくされた地域もでていたが）、自治体などによって用水路も整備されていて、この局面での互助協同もよほど関係の薄いものになってしまっていた。ただ、用水路の掃除など、現在でもまったくなくなっているわけではないのである。

「山村調査」当時には焼畑で粟・稗・蕎麦などを栽培している地域もあったので、その火入れは危険が伴うので互助協同で行うこともあったが、「追跡調査」当時はこういう労働もすでになくなっていた。現在では当然、この種の共同作業はない。

（ウ）林業の場合

機械化は林業においても同様で、昭和三十年代に入ってチェンソーや索道が導入され、伐採や搬出にかかる人手と時間が省けるようになった。林道も各地で整えられていった。その結果、山小屋での共同作業や、太い木材を木橇（木馬《きんま》）に乗せて何人もで運び出すような、技術と労力を要する作業は姿を消したのである。

林業におけるさらに大きな変化は、昭和三十年代後半から四十年代に化石燃料が一気に普及したため、薪炭の需要が急減したことである。薪炭生産には大々的な互助協同が必要だったわけではないが、それでも共有林伐採の権利を入札によって数人で共同購入し共同生産するというようなことは、「山村調査」当時にはあったことである。薪炭以外でも、奈良県吉野郡天川村では伐採した杉・檜を男性（夫）が樽丸という桶や樽の材料に加工し、女性（妻）がそれを荷って平地の取り扱い業者へ売りにいく（京阪神地方の酒樽や桶になる）というような家族内の分業が、ガラスや金属類の容器の普及によってなくなってしまったのである。

家族内の分業も、作業の機械化によって農山村部から子供や年輩者の分担すべき作業が減ってきている。保育園が整いはじめたことはよいが、年輩者が幼少年者の面倒をみることは少なくなっている。農作業を手伝う少年の姿もほとんど見かけない。家族内で互助協同するという、家族労働力を結集しなければならない農業形態ではなくなっているからである。冒頭にも触れたように、すでに「追跡調査」当時において指摘されていたことだが、いよいよ明確になってきたのである。

（エ）野生動物の被害

現在農山村部では、鹿・猿・猪・穴熊・ハクビシンなどによる作物被害がほぼ常態化し、その防禦のために山麓の田畑には金網や電柵が張りめぐらされている。罠も仕掛けられている。猪垣の設置は古くからの対策法であったが、電柵が取り入れられてからでも相当な年月が経っているのである。杉・檜などの植林によって山の植生が異なってきたためか、ハンターが高齢化し数も減ったからなのか、おそらくその両方の理由からではあろうが、とにかく野生動物は数を増やして跋扈しているといってもよいくらいなのである。

「追跡調査」当時にも動物の被害はみられたが、その三〇年後の現在はさらに目立ってきており、互助協同による有効な対策は見出せていないようである(14)。

（オ）農業組合法人

近年、里山資本主義などという言葉で、地域が一体となって、地域資源を活用して特色ある生き方をしようとの動きが各地で試みられている（この場合の地域は集落を超えたいわゆる行政村単位ぐらい）。全国的にはいまだ模索の域を出ていないが、成功例も多く報告されており(15)、今後の進展が大いに期待されるところである。本プロジェクトの対象地域でもさまざまな試みがなされている。

ここでは、里山資本主義が発信するほど大規模ではなく、また性格も異なるものだが、筆者が調査に行った島根県仁多郡奥出雲町大谷の、水田稲作農業の新たな互助協同の事例について、概略を述べてみたい(16)。この地は「山村調査」の対象地であり、「追跡調査」の対象地として筆者が訪れた地であるが、農業組合法人のような試みは、「追跡調査」当時にはまったくみられなかったことである。

大谷は、七〇戸ほどの典型的といってもよい山間の農業集落である。少子高齢化が相当に進んでいるが、世帯数が激減するまでにはいたっていない。ほとんど全部の家で水田を所有するほか、果樹栽培農家が一〇戸弱、野菜栽培農家が二戸ある（自家消費の野菜ならばどの家でも栽培している）。壮年者には勤めに出ている人も多いが、病弱でない多くの年輩者は自宅周囲の田畑をほそぼそと耕作しており、年金や子供からの仕送りで生計を維持しているものと思われる。

平成十七年、ここに「飲水思源の里　大谷」という農業組合法人が誕生し、平成二十五年現在、三五戸が加入している。法人は組合員から水田二八町歩、畑四町歩余（休耕田での蕎麦と少々の野菜を作付け）を請負っている。法人は農機具類を所有し、組合員（すなわち集落の仲間）の中から壮年で所有田畑も比較的多い三人を専任に選んで、耕起から収穫にいたるまですべての作業を委ねている。産米は主に農協をとおして販売している。そして利益から専任者の給料（年俸）を支払い、かつ田畑の所有者には一反につき二万円の年貢を支払っている。このほかに田畑を所有者が草刈りや肥料やり、消毒薬剤の散布、部分管理（猪の防禦）などを手伝った場合には、作業の内容に応じて日当を支払うという仕組みになっているのである。

このことによって、高齢化して家族で耕作はできないが先祖代々の田畑を手放すわけにはいかないという田畑が、耕作放棄地になることなく有効利用され、全員が所有田畑と臨時の作業に応じて収入まで得られるようになったというわけである。法人化の背景には自治体や農協からの情報提供や奨励があったとはいえ、このような法人化は、筆者には互助協同の極みだと思われるのである。

農業組合法人の設立は全国各地で進められており、大規模化したり水田に特化以外の例も少なくないが、生産活動上のユイとかテツダイとは異なる、新たな互助協同の出現というものであろう。

(5)　祭祀上の互助協同

信仰心が稀薄になったといわれながらも、地域の神社祭祀は、「追跡調査」当時においても変化の少ないものだったが、その三〇年後においても、変化していないわけではないが、変化の仕方は比較的少ない。「山村調査」以来、さらに「追跡調査」以来無住になった寺院がないではないが、それでも寺院を核とする仏教行事も熱心に継続されているといえるであろう。

生業の形態や生活が変化しようとも、祭祀上の互助協同はつづけられるものと思われる。

講行事も継続されているが、講行事の持っていた親睦的機能は、壮年者の間ではサークル活動に移りつつあるように思われる。

（6）防災上の互助協同

水害、旱害、雪害（雪崩など）、雹害、風害、獣害、疾病の流行、火災、噴火、地震、津波、そして戦争、これらに襲われた場合、一人や一家族で防禦することなどとてもできない。そのため日頃から皆で力を合わせて予防し、かつ、異常事態発生時にはこれに対抗しなければならない。常に互助協同が欠かせないわけで、それぞれの地域において、それぞれの場面に応じた互助協同の慣行が育まれてきたのである。

水害に対しては皆で堤防を築いておくし、雪害・風害にも防雪林・防風林などを準備する。獣害にも猪垣を築いたり罠を仕掛けたり狩りをしたりして防ぐが、現在その対応が困難に直面していることはすでに述べた。旱害・雹害は防ぎようがないので、かつては雨乞い・雹祭りなど祈願呪術に頼るしかなかったが、旱害は灌漑用水などを完備させて未然に防ぐすべが整ってきている。防風林などではとても防げない風害も祈願呪術に頼ってきた。疾病の予防や治療もかつては呪術に頼る面が大きかったが、医学の進歩によって徐々に防禦体制が確立してきた。火災は一人ひとりの心がけ次第だが、不燃材の開発や防火技術・消火体制の進歩によって一定の防禦は可能になっている。これらはすべて人智をつくしての互助協同である。噴火・地震・津波も日頃の心構えが最大の防禦ではあろうが、これらを含む災害予防すべての前提には、予知する力が必要になる。なお、戦争は最高の人智を尽くして発生を未然に防ぐべきものだが、これがなかなか難しい。

災害襲来の予知は、数々の経験をふまえ各地固有の知識として伝承されているし、科学技術の進歩とともに、技術を駆使して予報がなされるようになってきている。後者の場合は、全国的あるいは世界規模での互助協同ということになろう。

かつては集落など比較的狭い範域での互助協同によって、これら災害を防ごうとしていたが、自治体が器具や組織を整えて積極的に災害対策に乗りだしてきた結果、互助協同をする範域は次第に広くなってきているといえよう。

おわりに

人が関わりを持つ理由をつきつめれば、精神上物質上の互助協同のためであるという認識にたち、昭和十年前後の「山村調査」から同六十年前後の「追跡調査」をへて、本プロジェクトで関わった調査対象地域の約九〇年間にわたる互助協同のあり方を、成育上、自治上、生活上、生産上、祭祀上、防災上という六側面から考えてきた。その結果、祭祀上の互助協同を除いて、互助協同の内容と方法が大きく変化していることがわかった。主だったものを箇条書きふうに述べて小稿を閉じたい。

農林業の機械化によって、人力に頼る作業での互助協同の機会が極端に減少していることである。そのため、かつては相当に明確であった家族内での男女別年齢別の作業分担が、ほとんどみられなくなっている。少年少女の役割、老年男女の役割が消えたといってよいのである。これによって家族の結束力が弱まったとは一概にいえないが、若年者の家業への思いには影響をおよぼしているかもしれない。

同時に、同じ要因によって、家々同士の互助協同の機会が減った。これも、地域の結束力の弱体化につながるとは一概にいえないが、長い間には、人々や家々の地域（小稿では集落を念頭においている）への帰属意識に少なからず影響を与えていくかもしれない。

一方、自治体や諸団体による人・家・地域社会への関与が深くなっているといえる。手厚い福祉だということもできようが、保育園や介護施設の充実は、地域社会の互助協同力衰退の結果でもあり原因でもあろう。自治体によるコミュニティセンター等の建設や防災力の強化、道路や用水路の維持管理についても同じことがいえよう。これらはすべてさまざまな税金によって建設され管理されているのだから、かつては人や家同士の直接の互助協同によって切り拓かれてきたことが、互助協同のあり方を変え、互助協同圏を拡大させて行われているのだといえないだろうか。講行事などによる地域社会内での関わりから、さまざまなサークル活動をとおしての関わりなどへと、人々の関わる範域が広くなっているといえる。

総じて、地域社会内で完結する互助協同が後退しつつ、形を変えた互助協同が拡大しつつ行われているのだということができよう。

［註］

（1）「山村調査」とは、昭和九年五月から同十二年四月にかけて柳田國男指導の郷土生活研究所が行ったプロジェクト「日本僻陬諸村に於ける郷党生活の資料蒐集調査並に其の結果の出版」をさす。その成果は、柳田國男編『山村生活の研究』（民間伝承の会、昭和十二年。昭和五十年に国書刊行会より復刻慣行）などとして公表されている。

「追跡調査」とは、「山村調査」の内容を参考にして同調査の対象となった地域のうち二一カ所のその後の民俗変化の調査研究を企図して、昭和五十九年度から六十一年度にかけて成城大学民俗学研究所が行ったプロジェクト「山村生活五〇年　その文化変化の研究」をさす。その成果は、同研究所より三冊の『山村生活五〇年　その文化変化の研究（昭和五十九・六十・六十一年度調査報告）』（民俗学研究所、一九八六・一九八七　一九八八年）のほか、成城大学民俗学研究所編『昭和期山村の民俗変化』（名著出版、一九九〇年）として公表されている。

（2）前掲註（1）の『山村生活五〇年　その文化研究の研究』（昭和六十一年度報告）の「終章」による。

（3）三カ所は左のとおりである。（　）内は「追跡調査」当時の地名。

・島根県仁多郡奥出雲町大谷（旧横田町大谷）

・佐賀県唐津市厳木町天川（旧東松浦郡厳木町天川）

・鹿児島県鹿屋市輝北町百引（旧曽於郡輝北町百引）
（4）「地域の互助協同と高度経済成長」（『国立歴史民俗博物館研究報告』一七一集　二〇一一年）、「人と人とのかかわり――互助協同」（『日本常民文化紀要』二九輯　二〇一二年）。
（5）拙稿「人と人とのかかわり――互助協同」『日本常民文化紀要』二九輯、一一頁。
（6）前掲註（5）同論文、一一～一八頁。
（7）「海村調査」とは、昭和十二年五月から同十五年四月（事実上は十四年までの二年間）にかけて郷土研究所が行ったプロジェクト「離島及び沿海諸村に於ける郷党生活の調査」をさす。その成果は、柳田國男編『海村生活の研究』（日本民俗学会、一九四九年）その他として公表されている。
（8）前掲註（5）論文。
（9）拙著『徳山村民俗誌――ダム水没地域社会の解体と再生』慶友社　平成十二年、第二章第二節「区の運営――塚区区有文書の分析を中心に」。
（10）拙稿「佐賀県唐津市厳木町天川再訪」『民俗学研究所紀要』第三七集。
（11）拙稿「鹿児島県鹿屋市輝北町百引再訪（中間報告）」『民俗学研究所紀要』第三八集。
（12）前掲註（1）の、『山村生活五〇年　その文化変化の研究（昭和六十年度調査報告）』による。
（13）詳しいことは、前掲註（10）（11）報告に述べておいた。
（14）被害の一端は、前掲註（10）（11）報告に述べておいた。
（15）藻谷浩介・NHK広島取材班『里山資本主義――日本経済は「安心の原理」で動く』角川書店、二〇一三年、その他。
（16）拙稿「島根県仁多郡奥出雲町大谷再訪（中間報告）」『民俗学研究所紀要』第三九集。

第7章 市町村合併と新たなつながりの模索
――秋田県北秋田市を事例に

玄蕃充子

はじめに

秋田県北秋田市は、平成十七年三月二十二日、北秋田郡の鷹巣町・合川町・森吉町・阿仁町の旧四町が合併して誕生した。財政難を背景に、県の主導で行われた合併は、旧阿仁町にとって逃れられない合併であったという。

今次の合併において旧阿仁町は合併協議の過程で、阿仁という地名を合併後の新地名に残すという主張を行った。協議会のなかでこの要望を出した当初は、他の旧三町から反対されたが、他町内で重複する地名があることから、結果として字名に付すかたちで阿仁という地名を残すこととなった。

その背景には、「阿仁鉱山」や「阿仁マタギ」など旧阿仁町民の「阿仁文化」への自負や矜持をみることもできそうだが、実際には、地域住民の中に「自分たちは阿仁の人間である」という認識が根強くある様子はなく、むしろ鷹巣町など他地域の人々からはアニブ（阿仁部）と総称されることで相対化されている様子がみてとれる（後述）。

本稿では、北秋田市の旧阿仁町を対象として、平成の大合併に際し北秋田市、アニブ、阿仁、所属する集落（字）

という四つの地域区分が、住民にどのように捉えられているのか、当該地域内のつながりに留意しながら検討する。その上で、合併により行政区域が拡大してきたなかで、当該地域を構成してきたつながりがどのように継承され、人口減少や高齢化に対してどのような対応がなされているのか、阿仁荒瀬、阿仁水無地区を事例に現状の検証を行う。

1　阿仁地域と平成の大合併

(1) 阿仁地域の特徴

旧阿仁町は、山間の豪雪地域であり、基幹産業は農業であった。限られた農業生産量を補って支えていたのが、豊富な森林資源と鉱山であり、鉱山事業で用いられる道具などの物づくりのほか、明治時代には農閑期になると多くの人々が鉱山へ出稼ぎに出たという。

また、狩猟を行う「阿仁マタギ」や、阿仁鉱山の存在が阿仁地区の生活文化を構成しており、特に、阿仁鉱山の存在によって旧阿仁町が栄えたといっても過言ではない。同地域には、明治三十一（一八九八）年当時、鉱夫とその家族で一万人もの人々が住んでいたといい、鉱山用の飯米の専売、鉱山従業者用の酒・味噌・醤油・その他食品・日用品・雑貨類などの莫大な消費が周辺地域の経済をも発展させた。また、これらの商品や鉱産物の交易ルートとして、五城目街道や阿仁川・米代川の舟運も発展した（図1）。鉱産物を積んだ川舟は阿仁川から米

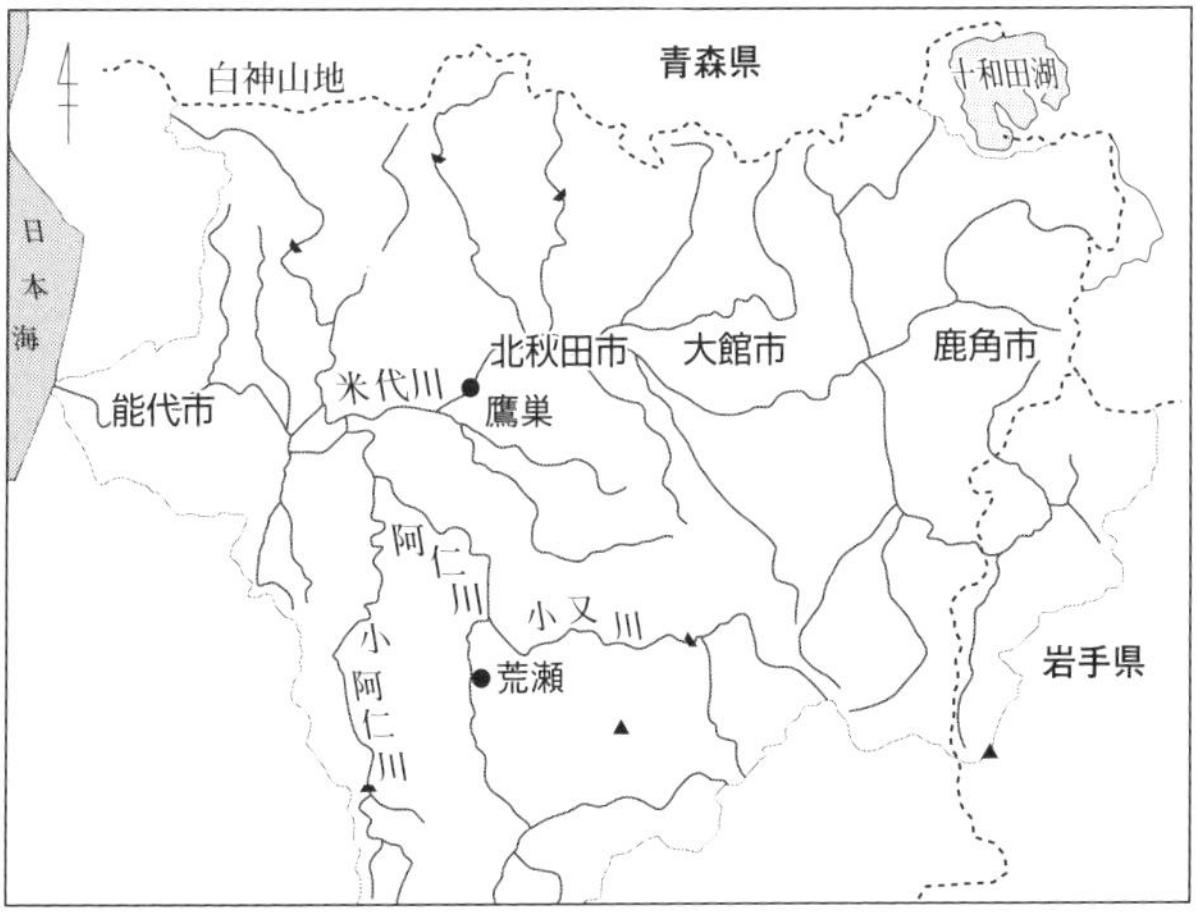

図1　米代川流域図

代川を経て、積出し港である能代に着港する。能代から出港する北前船は復路では衣食住を中心とした物資を下り物として阿仁地域に運び込んだ。明治三十八（一九〇五）年の奥羽本線全線開通以降、貨物輸送は舟運から鉄道へと移行し、昭和時代に入ると川舟はやがて消滅することとなった。

阿仁鉱山は第二次世界大戦後、戦後特需で、順調に生産を続けていたが、鉱源の枯渇により昭和四十五年に生産操業を中止した。それ以降、少しずつ人口は減少し、旧阿仁町における商業は衰退傾向がみられるようになった。

（2）平成の大合併と旧阿仁町

旧阿仁町は、鉱山を中心として周辺集落間の関係がみられ、明治時代、昭和時代と合併・編入を繰り返している。詳細は資料編に記すが、旧阿仁町にいたるまでの行政区域の変遷は左記のとおりである。

明治四（一八七一）年四月に戸籍制度が公布された。戸籍区画として区が設置され、郡単位の大区、数町村を包括した小区が設けられた。秋田県公文書館企画展資料と[1]『阿仁町史』[2]によれば、このような大小区制によって、旧秋田県（旧秋田藩域）は明治四年八月に九大区一六〇小区に分画され、阿仁地区は第五大区となり、阿仁合は第一四から第一九小区、荒瀬村を含む十二村が第十一小区として編成された。翌明治五（一八七二）年二月の第二次再編で、二〇大区一〇四小区、明治六（一八七三）年三月には、七大区四五小区に整理され、同年九月には、七大区四八小区となった。

各大区には区長、小区には戸長が置かれ、各町村の政務を行った。戸長の多くは近世以来の肝煎、名主、庄屋が任命された。大区小区制は、明治十一（一八七九）年七月の郡区町村編制法で廃止となり、旧来からの郡区町村が行政単位として復活した。

その後、明治二十一（一八八九）年四月の市制・町村制の公布（翌二十二年四月施行）により、各町村三〇〇～五〇〇戸を基準とした町村合併の動きが高まり、秋田県域では明治二十一年末には三〇五町九三四村であった区分が、明治二十三（一八九〇）年末には一市一四町二二三村となった。

阿仁地区では、小沢鉱山、真木沢鉱山、一ノ又鉱山、三枚鉱山、萱草鉱山、二ノ又鉱山に加え、銀山村、水無村、吉田村、小淵村、小様村が合併して阿仁銅山村に、萱草、佐山、笑内、根子など荒瀬以南郡境までの一八集落が合併し、荒瀬村が発足した。昭和九年に実施された杉浦健一の山村調査は、この時期の荒瀬村を対象としたものであった。明治二十九（一八九六）年、荒瀬村の一部である荒瀬川、櫃畑が阿仁銅山村に編入、明治三十（一八九七）年の町制施行により、阿仁銅山村は阿仁合町と改称した。さらに、昭和十二年四月、荒瀬村から荒瀬本村が阿仁合町へ編入となり本村以外の荒瀬村域は大阿仁村となった。

昭和二十八（一九五三）年の町村合併促進法に基づき、一町村あたり人口八〇〇〇人を基準に再編成が行われ、大阿仁村、阿仁合町、前田村の一町三村での合併の話が挙がったが、前田村は米内沢町と合併となり、昭和三十（一九五五）年四月に、大阿仁村と阿仁合町が合併し、旧阿仁町が誕生した。

このように、明治時代の「市制・町村制」以降、秋田県内は県が主導となって数次の編成と合併を行ってきたが、今次の北秋田市の合併も県の主導によるものであり、その背景には主として財政難の問題があげられる。

平成十五年の「鷹巣阿仁地域合併検討準備会」の時点では、鷹巣町、森吉町、合川町、阿仁町の旧四町に、上小阿仁村を加えた旧四町と一村で合併が検討されていた。

鷹巣町を除く旧三町と一村は、アニブと総称され、阿仁川流域という地理的な結びつきに加え、鉱山の生産と流通とを主とした歴史的な結びつきもある地域であり、それらを背景に、当初旧四町と一村での合併が協議された。しかし、旧四町と一村のなかで、広大な国有林を有し、その山林の活用に関わることで一定の財源を維持してきた上小阿仁村は、合併の協議から外れ、自立の道を選択した。

財政難を背景に合併に踏み切った旧阿仁町であるが、当初より合併に前向きであったわけではない。

自立をするなら〔合併をしないなら―引用者註〕相当の痛みを覚悟しなければならない。合併する場合でも、現在策定中の特色ある町づくりの案を通じて阿仁町が埋没しないよう、存在価値のある町づくりを進めたい（町長）

心情的には合併したくないが、今後生き延びていくために合併はやむを得ない。人を増やすことができないなら、人を他から連れてくることが今必要（婦人会長）

合併すれば不便になるといった不安があるようだが、旧町村の自治組織を大事に、権限を本庁に集中しない地域分権を法定協議会で話し合えば済む問題。あまり落ち込まず、前向きに議論したい（自治会長会会長）

これは、鷹巣阿仁地域合併検討準備会が発足する以前、旧阿仁町で開かれた「市町村合併にかかる町民協議会」の模様を記した新聞記事[(3)]の抜粋である。

この町民会議には、自治会長会会長や婦人会長などの各種団体の代表と議員が参加し、合併に関する意見交換が行われた。秋田県議会議員が参加するなど、積極的な合併が推し進められていたが、旧阿仁町民の心情には、上小阿仁村と同様に「自立したい」という想いと「やむを得ない」という気持ちがあったことがうかがえる。

旧阿仁町の財政難の背景には、若年層の人口流出と、住民の高齢化があげられる。旧四町の地区別人口世帯数をみると（資料編参照）、各町とも昭和六十年から平成二十二年にいたるまで、緩やかな人口減少が確認できる。一方で、旧阿仁町の年齢別人口推移をみると、二〇歳代から三〇歳代の減少が著しく、八〇歳代以上の人口が増加している[(4)]。七〇歳代の人口は二〇歳代の人口の約七倍であり、地域を支える若年層が減少していることがわかる。

前述のように、旧阿仁町は鉱山事業により一万人もの人が住み、それらの人々の生活を支えるために物資が集まることで栄えた街であった。しかし、昭和四十五年の生産操業中止後から現在（二〇一四年調査時）に続く人口減少により経済活動・社会生活に支障をきたしている。

日常生活の面においては、必要最低限の生活用品は、商店や週に一～二回のスーパーの移動販売や通信販売によって成り立つが、教育面では、小学校は三校、中学校は一校あるものの、高校は旧鷹巣町に通うことになる。また、高校、大学を卒業した若年層が地元に帰ってきても就職先がないため、結局また旧鷹巣町などに出ていってしまうという。加えて、高齢化が進むなかで、自力での除雪作業が困難になり転居する人も少なくない。

こうした人口流出は、旧阿仁町の財源にも影響を及ぼしており、町民の生活を維持するためには合併をしないという選択肢はなかったのである。

新聞報道からは、合併という選択のなかで、阿仁としてどう生きていくのか揺れる様子がうかがえる。阿仁でどう生きていくのか。こうした町民の意識を集約するかたちで合併協議会のなかで出された旧阿仁町側の要望は、合併後の住所表記に阿仁という呼称を残すことであった。当初は却下されたものの二度の再提案を行い、最終的には阿仁という呼称が残ることになった。旧阿仁町にとって、逃れられぬ合併を前に、阿仁という呼称を残すことは、合併諒承のための最後の条件であり、阿仁という地名にこだわる意識には、当該地域における人々の生き方の志向性が籠められている。

では、なぜ、旧阿仁町の人々は阿仁という地名にこだわったのだろうか。旧阿仁町におけるつながりとは一体どのような関係なのか。以下では、阿仁地域の地理的、歴史的背景を確認し、具体的な事例として阿仁荒瀬地区にみられるアラセカタマリと阿仁水無地区の現状とを題材に、当該地域における「つながり」について検討する。

2　阿仁地域にみられるつながり

合併後、北秋田市の人々の中に、自分たちは「北秋田市の人間である」という意識はまだ共有されていない。阿仁という言い方をしたとき、現在では旧阿仁町域を指すが、当該地域は明治時代以降に合併と編入を繰り返した歴史を持つ。また、先述したように旧鷹巣町の人々からは旧森吉町、旧合川町、上小阿仁村含めアニブ（阿仁部）とも総称されている。これらアニブという総称は、他地域からの認識であり、当該地域においてはアニブという呼称について認識していても、現在においては自称することはないという。

本節では、旧鷹巣町の人々が総称するアニブと、平成の大合併時に地名表記に残そうとした阿仁、そして、現阿仁荒瀬地区のあり方を示すのに用いられるカタマリについて整理し、各名称がどのような地域意識を指すのか、またどのような意識がこめられているのか確認する。

（1）総称としてのアニブ

旧鷹巣町の人々は、阿仁町、森吉町、合川町、上小阿仁村の旧三町と一村を合わせてアニブ（図2）と呼ぶが、実際にアニブという行政区分はない。

『阿仁の明暗録』には、「昔は阿仁部又は阿仁地方とは鷹巣七日市以奥（南方）を総称し、上、下大野より米内沢、大阿仁川に沿うた一帯と小阿仁川に沿うた一帯を指した地名であった[5]」とあり、アニブとは、阿仁川流域によって形成された地域であることがわかる。

また、同書の著者は、旧阿仁町出身者であることから、アニブの範囲となる地域の者が自らの生活圏をアニブと称していることになる。この例より、アニブという総称が、決して外からみた総称だけではないことがうかがえる。阿仁水無地区の八〇歳代の女性たちによれば、アニブとは「阿仁川の流域範囲」であり、以前は自称として使うこともあったが、現在では意識することがないという。現在、当該範囲となる旧三町と一村の地域の人々が自分たちをアニブと表す様子はなく、また代わりとなるような同地域を表す別の言い方もみられない。

では、アニブとはどのようなつながりを指す言葉なのであろうか。そして、アニブという地域内には、どのようなつながりがあったのだろうか。

アニブとは、河川流域によって形成された地域であると述べたが、鉱山事業においても各集落間に深い関係があった。阿仁鉱山は、江戸時代に金山が発見されて以降、良質な銀山、銅山に恵まれ、それらの鉱山を阿仁鉱山と総称する。鉱山労働者の中心は、全国から集まった鉱夫と近隣集落の住民である。鉱山において鉱物の精錬に用いる木炭、薪材の他、採掘のための坑木、従事者の住宅用として膨大な木材が必要であり、それらの多くはアニブの広大な森林から供給された。

また、トモシダケ（灯竹）という坑内の灯火には、森吉山の根曲り竹を乾燥させたもの、笊は上小阿仁村折渡で作られたものが用いられるなど、鉱山で使われる道具の一部はアニブ内で作られ補充されていた。加えて、鉱山従事者の生活を支えるための食料品、日用品は主に、アニブ内から集まり、農家の稼ぎとなっていた。

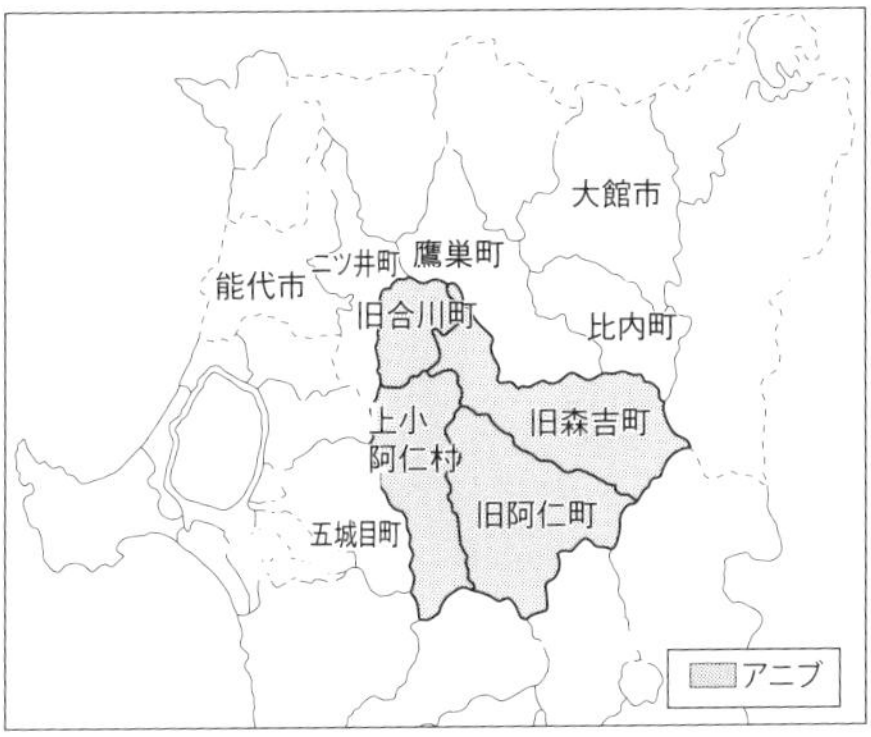

図２　アニブ概念図

このようにアニブとは、河川流域を前提とした鉱山事業を中心に形成された経済圏を指すと考えられる。アニブの中では、鉱山事業を支える地域間の役割分担があり、この役割を担う地域間のつながりがアニブという経済圏を形成していたのである。

アニブというまとまりは、具体的にアニブ運動会、アニブ消防大会というかたちで意識されており、人々の間に「自分たちはアニブ」という認識があったことがわかる。

今次の合併に参加しなかった上小阿仁村であるが、ほかの旧四町と現在も消防費など行政的なつながりがある。旧四町と一村間には五町村広域組合が組織されており、各町村が財源と人員を負担していた。消防組合も旧四町一村で組織されていたが、合併に際して組合が解消されることになり、上小阿仁村の常時消防をどうするかが協議された。その結果、組合解消後も上小阿仁村が人口割りで負担金を支払うことで、北秋田市の消防と上小阿仁村消防とが併存することになった。アニブとしての関係は、現在においてもこのように継承されているのである。

阿仁鉱山地域は県内でも、文化的、技術的発展が先駆的であり、経済活動の中心地でもあった。その阿仁鉱山を支える役割を担う地域の人々の間には少なからず自負もあり、アニブの中でのつながりの意識を濃くしていったのではないだろうか。その後、閉山によって中心となる事業がなくなり、各集落が独自の生活を模索していくなかで、自分たちはアニブであるという意識も薄れていったことは想像に難くない。

(2) 行政区分のアニ

アニという地名の初出は、『秋田家文書』天正十九年正月十七日豊臣秀吉朱印安堵状写に記された秋田郡小阿仁村であるという。それ以前にも、館越記天正十六（一五八八）年一月の記録に「秋田領安仁ノ笠張」という記述、「湊檜山両家合戦覚書」天正十七年頃に「大アニ・小アニ」という記録がみられる。[6] いずれもアニという具体的な地名ではなく、字に付属するかたちであり、具体的な「阿仁」という地名が行政区域として誕生したのは、前章で確認したように昭和三十（一九五五）年四月に大阿仁村と阿仁合町が合併してからである。

本節冒頭において、合併後、北秋田市の人々の中に、自分たちは「北秋田市の人間である」という意識はまだ共有されていない、と述べたが、では、旧阿仁町の人々の中に、自分たちは「阿仁町の人間である」という意識はあるのだろうか。

平成十七年に北秋田市になって以降、役所をはじめ消防や病院などの管理は、市が主導しまとめられることになった。一方で、旧町単位で行われている行事も存続しており、その一つに敬老式がある。北秋田市の敬老式は、合併後も旧町ごとに行われており、旧阿仁町では町内在住の七五歳以上を対象に式典が開催されている。平成二十六年度阿仁地区敬老式は、九月十五日に阿仁体育館で開催された。阿仁地区においては、対象となるのは男性三五八人、女性六六八人の計一〇二六人であり、そのうち約二九〇人が参加した[7]。敬老式の式典後には祝宴が行われ、保育園児や小学校の児童、地元の舞踊愛好家グループなどによる余興が催された。会場である体育館から各集落までの送迎バスが用意され（写真1）、また会場では集落ごとに座席が設けられる（写真2）。集落内の人同士だけではなく、別の集落の人々との交流の場ともなっている。

以上の事例から、旧阿仁町においては町域を形成するひとつの単位として、集落が意識されていることが確認できる。さらに、敬老式は北秋田市が主導して行われており、旧阿仁町における自発的な主催行事ではないことからも、敬老式の様子からは、自分たちが「阿仁町の人間である」という意識を確認することはできない。旧阿仁町とは、行政区分によって形成された地区であり、集落単位での生活を前提とすると、行政区分の変更は、生活者個人の意識に大きな影響を与えるものではなさそうな様子であった。

写真１（上）　旧阿仁町敬老式の送迎バス
写真２（下）　旧阿仁町敬老式会場（2014年9月15日）

（3）カタマリという意識

旧阿仁町の敬老式では、バスの送迎や座席の配置が集落単位であることから字単位の集落がひとつの集団としていまだに強く旧阿仁町内で機能していることが確認できる。その機能のあり方をここでは阿仁荒瀬地区を呼びならわすアラセカタマリという概念を用いて検討する。

旧阿仁町の荒瀬（現阿仁荒瀬）にはアラセカタマリと表現される、荒瀬の人々特有のまとまり、団結する気質があるという。これは、アニブ同様、他者から語られることが多い。例えば、阿仁水無地区の女性の話の中で

「あそこは、アラセカタマリだから……」という言葉があった。それは外部からみた荒瀬という集落の団結力、結束を表すものであった。

また、阿仁比立内の男性は、「アラセカタマリという言い方は初めて聞いた」とのことであったが、荒瀬地区の団結やまとまりを表す言葉であることを説明すると、すぐ承知した様子で「ああ、荒瀬はまとまっている。例えば、町民体育祭で荒瀬は選手の応援に多くの人が駆けつけた」と話した。町民体育祭とは、旧阿仁町で昭和四十年に始められた字対抗の体育祭のことである。各字から代表で選手が出るが、荒瀬地区は他の地区と比較して、応援に駆け付ける人数や、応援の様子にまとまりがあったというのである。このことは内部でも自覚されており、阿仁荒瀬地区のある男性は「町民体育祭で（荒瀬の人間が）好成績を挙げたときなどに言われた」という。阿仁比立内地区出身の他女性話者も「アラセカタマリ」という言葉は知らない様子であったが、荒瀬地区がまとまっている、団結しているという印象は強いようで、何を指す言葉か説明するとすぐ納得した様子であった。

以上のことから、アラセカタマリという言葉は、他地区の人々が荒瀬地区はまとまっている、団結しているという評価していることを示している。

阿仁荒瀬地区を総称するアラセカタマリとは、どのような背景で生まれたのであろうか。比較対象として、阿仁水無地区を事例に挙げたい。阿仁水無地区にはカタマリという意識はなく、アツマリモンという意識がある。その背景には、阿仁水無地区と鉱山との関係を指摘することができる。旧阿仁町には、全国から鉱山従事者が集まり明治三十一（一八九八）年当時、鉱夫とその家族で一万人もの人々が住んでいたという。阿仁水無地区と阿仁荒瀬地区はそのなかでどのような地域であったのだろうか。

阿仁水無地区には鉱山従事者の長屋があり、衣食住に関する経済活動の中心地のひとつであった。

また、明治三十年には鉱山事務所に電話が開通し、翌三十一年には、阿仁で最初の電灯がともったといい、旧阿仁町に留まらず、秋田県ひいては東北地方のなかでも文化的展開と発展は先駆的なものであったという。話者の話でも、当該地域は映画館があり、サーカスが来ることもあり、たいへん賑わっていたという。阿仁水無地区は、旧阿仁町の中でも賑やかな地区であり消費の町であったのである。

阿仁水無地区も鉱山事業者を中心とした友子制度[8]などの互助組織はあったが、鉱山閉山後においてその関係は瓦解し、現在では葬儀における義理や手伝いにおいてかたちを残すのみである。

では、阿仁荒瀬地区とはどのような地域なのだろうか。

阿仁荒瀬地区は、旧荒瀬村時代に肝煎が置かれ、本郷となる荒瀬村は、枝郷十二村、孫枝郷二三村の計三六村で構成されていた。旧荒瀬村時代には、村役場、準派出所、学校などがあり、周辺地域の中心となる集落であった。

阿仁荒瀬地区は阿仁水無地区とは異なり、農業を中心とした家業によって代々その地域に住まう人々の集まりであった。旧荒瀬村本郷は、湿地帯であり耕作量は決して多いものでなかったが、新田開拓の際には肝煎である湊家が中心となり、佐竹藩主の承認を得て慶応年間（一八六五〜一八六八）には佐山川より穴堰を、昭和以降の耕地拡張と湿田の乾田化に伴う水不足を解消するために荒瀬堰（昭和九年）を開削した[9]。また、他地域所有となった旧荒瀬村本郷の一部甫田を藩と交渉し買いもどす指揮をとったのも湊家であった。

タノマレホンケという、血縁関係のない本分家関係を湊家に依頼する逸話もあり、当該地域において肝煎である湊家の存在が非常に大きいものであったことがうかがえる。

湊家現当主は、このような肝煎を中心としたまとまりのほか、肝煎が集落に存在する自負・矜持がアラセカタマリを形成していたと考えている。持ち回りの代表ではなく、世襲の肝煎が集落をまとめることで、ある目的に向かって「みんなで頑張る」といった共有意識が維持されてきたのではないだろうかというのである。

また、旧荒瀬村本郷は、鉱山との関係では、農業のかたわら物づくりに従事する集落であり、「イカケヤ」「カジヤ」「オカシヤ」「フロヤ」などが鉱山従事者を支える役割を担うほか、荒瀬地区内も出稼ぎとして鉱山で働く者が多かったという。阿仁荒瀬地区は、阿仁水無地区のような華やかさはないものの、家業によるイエ同士のつながりや互助組織があったと考えられる。

阿仁荒瀬地区のイエ同士のつながりや互助組織は、堰守、念仏講や荒瀬神社の祭礼に表れている。まず、堰守であるが、同地区には集落内全域に行き渡るような水路が流れており、その管理を行う者を堰守という。堰守は、水田所有者を対象とした二人一組の当番制となっている。現在の管轄は水利組合となっており、管理期間は春季から秋季まで、以降は流雪溝としての利用となり管轄が移動する。水田所有者は、一年間の維持管理経費の総額を、田んぼの面積に応じて割り、米に換算して堰守料を決まった日にちに集金係に支払う。以前は堰守米を、現在は堰守料が管理を担当した者に賃金として支払われている。

主な仕事は、堰や水路の点検と小さい修繕、降雨時の頭首工の確認と、水量の調整である。同地区は、沢からの増水などによる水害の歴史があり、堰守の役割は責任重大であった。

冬季（十二月一日から三月三十一日）は流雪溝組合の管轄となるが、二人一組の管理体制は同様であり、年間三千円の会費で運営されている。この流雪溝があることで同地区の除雪作業は他地区よりも楽であるという。

阿仁荒瀬地区は、水路（流雪溝）が生活をしていく上で必要不可欠であり、堰守とは責任をともなう役割である。管理が持ち回りで維持されている背景には、「今年は誰々に管理を任せる」という他者に対する信頼関が集落内で共有されている。

次に、念仏講であるが、念仏講は春秋の彼岸と六月に行われ、当座の組は、上・中・下と三つに分かれる。持ち回りで女性たちが順番に料理や会場などの準備を担当する。阿仁荒瀬地区における念仏講の始まりは定かではないが、使用している鉦が弘化二（一八四五）年製造とあり、現在まで長く継承されていることは明らかである。なお、念仏講だけではなく、お籠もり行事においても女性が中心となって準備が行われる。阿仁荒瀬地区の産土神である荒瀬神社の祭礼は、念仏講とは異なり組によって分けられることなく、集落が一体となって行われる。荒瀬御神輿会が中心となり、集落内を神輿が練り歩き、巡幸路でセッタイが行われる。

念仏講や荒瀬神社の祭礼は、生業という安定したつながりを前提に行われてきた。高齢化や人口減少に伴い継続が難しい状況になっているが、現在も継承されており、荒瀬地区のつながりを意識させる重要な行事となっている。

また、葬儀に関する互助組織にもつながりが確認できる。同地区内では戦前、料理や不幸米の巡回など葬儀の手伝いは、親戚を中心として行われてきた。不幸米は、二人一組となり地区内全戸から、二・五合のお米（戦後、各戸三百円に変更）を集める役目を担うが、仲良しグループ（後述）という自主的な「集まり」の結成以降、グループの会員が葬儀の手伝いを担うようになり親戚の手伝いは遠退いたという。

阿仁荒瀬地区の葬儀において人手不足の際には、自治会長に依頼し、回覧板用の組を組単位で手伝いに貸し出す仕組みがある。担当の組は持ち回りで、順番は自治会総務担当者が書面に残して管理しており、このまとまりは地区内の自治に基づくつながりであるといえる。

阿仁荒瀬地区では、自治会長を中心とした男性のまとまりと、念仏講やお籠もりでみられるような女性を中心としたまとまりが階層として存在している。

以上は、生業や家業を前提とした地域のつながりや互助組織であったが、阿仁荒瀬地区には部落会や「仲良しグループ」という、生業を前提としないまとまりも確認できる。

部落会は、昭和二十二年十月に発足した会で、『荒瀬の昔と今』には、「部落会は同じ地域の人々が互いに助けあい、喜びも悲しみも共にし、生活に潤いを与え乍ら文化的生活の向上を期して行く事をねらいとしている集合体で、町の下部組織でもないし、法的な団体でもないので所有権ももたない、民主的な任意団体である」[10]とある。部落会は、会長、副会長、各執行機関や監事で成り立ち、定められた会則に基づき運営されてきたという。

「仲良しグループ」は、昭和十三年結成の「積善会」が嚆矢となり、昭和二十年代後半以降旧荒瀬村内で一〇グループほど結成された。「積善会」では、会員十一名の各家をヤド（宿）として持ち回りで月一回の会合が行われていた。当時、キリ材が高額で販売されており、会で土地を借りて植林し、グループの自給的活動資金にしていたという。積善会の活動には、公共の敷地に桜の木の植樹を行うことや、旅行などに出掛けることもあった。「十二志会」「十三志会」「さくら会」「ことぶき会」など、後にこのような会は増えたが現存しているのは積善会のみであるという。世代交代を機に消滅していったようである。部落会が集落全体を対象にしているのに対し、「仲良しグループ」は、女性限定など、会によって入会制限があり、個人的な興味関心による集まりであることが特徴としてあげられる。阿仁荒瀬地区には、生業を前提とした責任をともなう役割分担や互助組織、神仏を中心としたつながりのほか、個人が集まりたい人々と集まるという個人的な会など、集落内で階層の異なるまとまりが複数存在していたことがうかがえる。

カタマリという関係は、アニブと同様に他の地区からの総称であり、阿仁荒瀬地区のある男性は、「自分たちが特別まとまっている意識はない」と話していることからも日常生活のなかから生まれた自然発生的なものであるといえる。

（4）アニブ・アニ・カタマリにみられる「他者」との関係性の差異

ここまで、関係を表す三つの呼称について、その背景を検討してきた。「アニ（阿仁町）」は、合併における行政区分によって出来たつながりであり、役所、消防、病院など行政が主体となって地域に働きかけるという点においては、普遍的な関係といえる。これは平成十七年の合併で北秋田市となった後も形式上は変わりがなく、行政の統括する範囲が拡大しただけである。

では、アニブ、カタマリはどうであろうか。この二つの名称に共通するのは、生業によって出来たつながりであるということである。だが、現在希薄化したアニブという総称に対してアラセカタマリという関係は未だ阿仁荒瀬地区を表す総称として認識されている。

その最大の差異は、アニブは鉱山という有限の資源利用を前提とした流動的で不安定な生業に根ざした概念であり、一方、アラセカタマリは、農業という定住を前提とした生業に根ざした概念というところにある。アラセカタマリは、定住という安定した農業中心の生活と、荒瀬神社の祭礼や念仏講のような信仰によるつながりで地域が自然発生的にまとまっていたのである。また、他の地域から阿仁荒瀬地区の特徴として捉えられたアラセカタマリは、体育祭や地区同士の集まりなどで印象付けられる団結を表すまとまりであるが、その内部をみたとき、その核となっているのは、部落会や仲良しグループなどの自主的な関係であるといえる。

なぜならば、生業や信仰などの必然性をともなうまとまりは、当該集団で生活していく上でまとまらなくてはならない関係であり、ある程度の我慢と強制力、拘束力を持つが、仲良しグループは、集まりたい人だけで集まる自由な関係であり、換言すればこの人とまとまりたいという意識を持った自主的なまとまりである。このような核となるまとまりが集まることで、強固なアラセカタマリを形成していたのではないだろうか。

比較対象としていた阿仁水無地区にも水無神社があり、住民の中につながりを意識させる精神的な支柱となるものはあった。しかし、基盤となる生業の鉱山事業が不安定なものであり、生業主体が崩れた際に、その意識は綻びをみせ、やがて消失していったと考えられる。

旧阿仁町の一部には、次のような言い回しがある。「アラセカタマリ　ギンザンガラス　ミズナシキツネに騙された……（以下他の地区も続く）」というものである。

これは、各集落の特徴を表すとともに揶揄的な意味合いを含んでおり、聞き取り調査を行った阿仁水無地区、阿仁荒瀬地区の人々が共有していた慣用句であった。

アラセカタマリは、先述したような阿仁荒瀬地区が団結力を持った地区であり、内側を向いた思考やまとまりを指す。阿仁銀山地区を指すギンザンガラスは、当該地区が鉱山興隆期に集まったいわゆる烏合の衆で、何事か決める話し合いが行われても、意見がまとまらない様子が表現されており、ミズナシキツネとは、阿仁水無地区が文化の中心地で賑やかであったが、それらに惹かれて人は集まるものの、貧富の格差があったということ、地区内の富豪にも大損した人々がいるという逸話が、準えられていた。

このような言い回しが、旧阿仁町の一部で周知されているという事実は、アラセカタマリほどのつながりではないものの、当該地域を類型化していた事例であると考える。互いの集落を意識し、評価や揶揄することで自集落を認識し、「自分は（自集落）の人間である」という意識を持つことになったのであろう。日常生活の単位はあくまでも集落（大字）であったことを示している。

3　市町村合併と地域のつながり

（1）表出した阿仁という意識

前節では、鷹巣町以奥、阿仁川上流の旧三町と一村を総称するアニブ、旧阿仁町を指すアニ、そして、字単位にみられるアラセカタマリなど、阿仁地域におけるつながりの関係が階層的になっていることを確認した。

アニブは鉱山を支える役割分担による関係、「アニ」は行政区分による強制的な地域分けによってできた関係、そしてアラセカタマリは、基幹産業や生活を基盤とした関係としてそれらのつながりをみていくことができる。

このつながりの関係が広域になればなるほど、自身が「〈地域〉の人間である」という意識は薄く、逆に関係が狭くなるほど、つながりが濃く表出しているのである。

旧阿仁町の人々にとって、自分たちは「〈地域〉の人間である」とより意識するのは、字単位であり、行政区域が広がるほどその意識は薄れている。しかし、平成十七年における合併時には阿仁という地名を残すことを旧阿仁町は強く望み、結果、字に付属するかたちで表記することになった。

先述したように旧阿仁町という地域は行政区分によってできた地名であり、住民の中に自分は「阿仁町の人間である」という意識はあまり根づいていない。それにも関わらず合併に際し、阿仁という地名を残そうとしたのにはどのような意識があるのだろうか。

合併協議会が開催されていた当時の旧阿仁町の町民協議会での資料によると、阿仁マタギや阿仁鉱山といった阿仁を象徴する文化が、合併によって地域性を失い、阿仁文化が埋没する懸念が背景にあるとされている。北秋田市になることで、旧阿仁町域で保持してきた文化が埋没することを恐れたのである。

阿仁という地名を残す主張は、実際には住民一人ひとりから自発的に表出したものではない。発端は協議会の参加者の対応であり、それまで、旧阿仁町の住民は自らを「阿仁町の人間である」と主張する機会はなかったのだという。それは、平成十七年の合併時の行政側と住民側の合併に関する意識の差異にも表れている。

今次の合併時、行政側は財政難ゆえの合併と認識していたが、住民側は「わたし」もしくは「わたしたち」を主体とした生活が、人口減少、高齢化が進むなかで今後どうなっていくのかが最大の問題であった。人口減少と高齢化の結果が財政難であることは明確であるが、住民にとっては、例えば冬季におけるユキヨセ（雪除せ）や、空き家問題など生活にそくした具体的な課題が不安の要素であった。この時の、「わたしたち」とは旧阿仁町を単位としたものではなく、自身が所属する字単位の集落である。旧阿仁町の住民にとって行政区域として拡大された阿仁町より、字単位の集落に帰属意識を持っていたといえるだろう。

なお、旧阿仁町の住民による阿仁という地名を残したいという協議会での主張に反対する意見はなく、むしろ、そこで阿仁という地名を残す意義に気付かされる人々もいたという。これは、「自分は、阿仁町の人間である」という帰属意識の表出であり、それまで特別に意識することがなかった阿仁という地名に対し、ある種の愛着とつながりのような関係を意識したのではないだろうか。つまり、今次の合併によって自分たちは「阿仁町の人間である」という意識が顕在化し、共有されたということである。

今次の事例のように、市町村合併によって、自分たちの地域をより強く意識することになるのならば、北秋田市が今後他地域と合併することがあればその時に人々はまた、自分たちの帰属を再確認することになるのだろう。

市町村合併により、拡大する地域の中で、旧阿仁町は、北秋田市の「阿仁」となることが「わたしたち」の生き方として選択されたが、では、「わたし」という主体の生活するつながりやまとまりは、どうなっていくのだろうか。

(2) 人口減少と高齢化のなかで

本稿においては、平成十七年の北秋田市の合併に際し、旧阿仁町民が、阿仁という地名を残すことにこだわったという事例をもとに、当該地域の人々が阿仁という地名にどのような意識を持っていたのか、どのようなつながりがあったのか、つながりの階層を分けて検討を行った。

旧阿仁町の人々が持つつながりは、北秋田市、アニブ、アニ（阿仁町）といった階層に加え、さらに字集落にみられるカタマリという意識が重層的に存在することが確認できた。

このカタマリという意識がもっともつながりとして強く表れ、逆に北秋田市、アニブのように区分が広範囲になるほどその関係性は希薄になる。

つまり、「自分たちは何者であるか」を生み出すつながり意識は、地域が拡大すればするほど、希薄になり、対面的な関係になるほど表出しやすいと考えられる。

合併以前、旧阿仁町の人々のなかで「自分（たち）は阿仁町の人間である」という意識は希薄であったが、合併により旧阿仁町域の文化が埋没することを懸念した人々によって急激に阿仁という意識が共有されるようになった。だが、この意識はやがて拡散していく可能性を示唆している。一方で、生業や家業を根幹にもつカタマリというつながりは、たとえ阿仁という意識がより強く共有されても覆されることがない普遍的で基本的な単位となっている。

地域のつながりは重層的に存在しているが、一方で生業・家業を基礎とした最小単位の地域のつながりは普遍的であるといえる。

しかし、旧阿仁町の合併の背景にもなった高齢化と人口減少は、この普遍的なつながりを変化させる要素を内包している。このまま高齢化と人口流出による人口減少が進めば、カタマリ意識の継承が困難になっていくことは想像に難くない。合併によって地域が統合され、新しいつながりが再構成されているなかで、カタマリ的なつながりはどのように変化し、選択されていくのだろうか。

集落内の人口が少なくなれば、当然つながりは消失していく。本稿において、合併によって自分たちが何者であるか再確認することで、つながりの表出と共有がなされると述べたが、人口減少に歯止めが利かず合併や編入により地域同士が一つになってしまえば、既存のつながりは段々と薄れ、他地域と統合することで再構築される可能性があるだろう。だが、再構築されたつながりは流動的なものであり、生業や家業のような生活の根幹を共有する関係がない以上、希薄な関係であるといえる。

(3) 阿仁荒瀬地区と阿仁水無地区のつながりの現状

内山節は「地域・自治概念の再検討」のなかで、「地域とは行政のつくる区分などではなく、関係の網として形成されている[11]」と述べており、この「関係の網」とは、普遍的なものではなくローカルなものであるとしている。その「関係の網」を構成するものとして内山は「伝統的な日本では、人間たちの関係だけでなく、自然との関係や死者との関係が人間の存在の自己諒解にとっては不可欠な要素であった[12]」と述べている。つまり、生業や信仰における役割によって自己を諒解し、そこに暮らす必然性を見出し、その関係が集まることで地域が形成されていたということである。

また、内山は「日本では『行政の効率化』を求めて地域行政の合併が繰り返され、行政単位としての地域のなかでは存在の自己諒解の希薄化が進んでしまった。行政単位としての地域は、人々に存在の自己諒解を与える装置ではなくなってしまった[13]」と述べ、合併における地域の存続への懸念を指摘している。

昭和時代以降の合併は、行政の効率化の他、財政難による地域の維持の困難さも背景にある。その根本には、「自己諒解の希薄化」による「地域」からの人口流出や高齢化があり、内山の指摘どおり、本来ならば合併による地域の維持ではなく、ローカルな地域を考慮した地域存続の方法が選択されるべきだったのである。平成の大合併以降、行政側の対策もあまり効果がみられず「地域」の存続は、現代社会において深刻な問題の一つとなっている。つまり、留意すべきなのは、合併した地域がこれからどのように地域や生活を維持していくかである。

平成十七年の北秋田市の合併後、旧阿仁町民が問題視していた人口流出は回復の兆しをみせていない。高齢化が進行する地域の中で、人々のつながりはどのように維持され、また変化しているのだろうか。阿仁水無地区と阿仁荒瀬地区を事例に検討する。

阿仁水無地区では、鉱山という人間と自然の関係を前提とした生業によるつながりも、鉱山にまつわる信仰も現在は薄れ、地域の人が一堂に集まるということがなくなったという。

地域の人々が集まるのは葬式であり、同地区の女性は「不幸で人が集まる」と話していた。しかし、地域の人々が集まるきっかけとなる葬儀も互助的関係に変化がみられる。同地区内では小字によって葬儀に関する互助的関係が異なり、滝ノ沢という地区では、通夜、告別式、初七日、四十九日、一周忌まで、同小字内の人々が準備や当日の手伝いを行う。

阿仁水無地区のある女性は、平成元年に同地区内から転居したが、以前の小字では、葬式は向こう三軒両隣の手伝いだけであったため、滝ノ沢の葬儀では手伝うことが多く、また手伝う人々へのお礼も「たいへんだった」という。なぜ同じ大字内で葬儀にまつわる互助的関係が異なるのだろうか。滝ノ沢の関係は、他の地区より強い互助関係があるようにみえる。滝ノ沢は、鉱山従事者の長屋があった地区であり、このような葬儀における関係は、長屋内での互助組織の一つであると考えられる。同地区の女性が「水無はアツマリモン」と称していたことからも、他地域から集まった人々が同じ長屋の中で助け合うのは必然であり、全戸での助け合いは、自分たちが「同じ長屋の住民である」

とつながりを意識させる機会であったことは想像に難くない。滝ノ沢にみられる関係は、友子制度を前提としたつながりであるといえるだろう。なお、このような鉱山組織的なつながりの名残は、当該地域では葬儀にしかみられないということであった。

現在は、滝ノ沢に限らず阿仁水無地区では、「手伝い」は強制的な力を持たず、どこかの家で不幸があった際には、「お手伝いは必要ですか」と尋ねるようにしているという。

この背景には、阿仁水無地区の高齢者世帯が増加している上に、寡婦が多くなっているため、この葬儀の互助関係が生活や経済的負担になっている面があると考えられる。同地区在住の女性たちは、同地区を「雪と葬式がなければ住みやすい」と話しており、葬式が如何に大変なものかが表われている。相互の経済状況や家庭環境を考慮した上での、葬儀における互助関係の簡略化であり、これもお互いが無理なくともに暮らしていくための選択である。

では、冠婚葬祭で必然的、強制的なつながりが薄れている阿仁水無地区において、人々はどのような関係を形成し、維持しているのだろうか。

北秋田市の社会福祉の取り組みに「ふれあいいきいきサロン」というものがある。「一人暮らし高齢者や高齢者世帯の方などが、趣味や語らいなどの交流を通じて、健康で明るく、楽しく生きがいを持ちながら地域で元気に暮らせることを目的に実施(14)」されており、阿仁水無地区は、同地区文化センターにおいて毎月二十日に開催されている。企画者は北秋田市であるが、実際の活動内容の主体は各大字であり、同地区においては、自分たちで作った昼食をともにし、トランプなどレクリエーションを行う内容となっている。

平成十三年から開始された一〇人程度の女性を中心とした集まりで、当初は、一五人程で始まったが、一二年の間には亡くなった人も多く、現在は一〇人程度である。婦人学級のようなものだが、男性の参加者も一名おり、強制力のようなものはなく希望者だけが参加しているという。参加している女性の一人は、次のサロンの日をカレンダーに丸をつけるほど楽しみにしているようで、また他の参加者もこのサロンを「居場所作りのようなもの」と話しており、内山の述べていたような「自己諒解」によって地域で暮らす必然性が再構築されているといえる。

このような北秋田市の取り組みをきっかけにしたつながりの他に、同様の自主的なつながりは同地区内の女性たちの集まりでもみられる。その集まりとは、女性数人が家に集まりお茶を飲みながら世間話をするものである。「井戸端会議」「茶飲み友達」のようなもので、決まった集まる日取りがあるわけではない。集まりたいと思った同士が思い付きや気持ちによって集まろうと思ったときに声を掛け合う関係である。一見、利那的な関係であるが、集まる顔触れは同じであり、家事を手伝うことや互いの体調などを把握している様子がみられ、互助関係が再構築されていると考えられる。「これだけが楽しみ」と話す女性もおり、強制的、必然的なつながりが希薄化した地区内では、「居場所づくり」であり、ともに生活する相手の選択であるといえるだろう。これは、阿仁荒瀬地区にみられた「仲良しグループ」と似たつながりであり、このような自主的な集まりが、当該地区においては地域を構成する核となっている。

一方の、阿仁荒瀬地区であるが、現在のアラセカタマリはどうなっているのだろうか。

アラセカタマリは、他の地区の人々から現在でもまとまっているという印象を持たれているが、湊家現当主によれば、世代交代と生業の多様化によってまとまる要素がなくなり、関係は希薄化していっているという。ここでは、主に地区全体のつながりの変化について、念仏講やお籠もりの関係から検討する。

阿仁荒瀬地区の念仏講とお籠もりは、前述した通り上・中・下の三組に分かれ、準備の担当が持ち回りとなっている。念仏講は春の彼岸、旧六月二十四日、秋の彼岸の三回、お籠もりが旧十一月一日、旧十二月七日、旧一月七日の三回、計六回を一つの組が三年で一巡するような仕組みとなっている。食事や会場の準備は女性の役割であるが、姑から嫁への引き継ぎがなされていないため、念仏講やお籠もりについて役割を知らない人や、お金は出すが出席しないという人が増えてきている。

この上・中・下の各組には、女性の中心となる人物がまとめ役を担っているという特徴があり、日常的な会話の中でも利用するという。しかし、この組分けは、念仏講・お籠もりのほか地区内の運動会[11]にだけ利用されるもので、回覧板を回す組分けは、一組九世帯ほどに分けられた十二組が別に存在する。

上・中・下組の組分けは、呼称としても利用されており、阿仁荒瀬地区内には二つの墓地があるが、集落に対する墓地の位置から上の墓、下の墓と呼び分けられている。だが、上の墓地を上組の住民、下の墓地を下組の住民が用いるとは決まっていない。また、同地区内は、各家の宗派も多様であり、宗派や墓地の利用について同地区内にまとまりはみられない。

阿仁荒瀬地区においては、現在でも信仰によるまとまりがあり、役割分担によって地域のつながりが継続されているといえるだろう。男性は肝煎であった湊家を中心として、女性は上・中・下の三組によるまとまりによって集団意識が形成されている様子がうかがえる。しかし、念仏講やお籠もりなどの信仰のつながりは、希薄化していることは事実である。

湊家現当主は、今後高齢化が進むなかでまとまって生きていく必要があると考え、「アラセカタマリほどではないにしろ、まとまりを復活させたい」と願い、平成十三年九月に自治会長となって以降、自治会報の発行という取り組みを行っている。

自治会報は、情報を集落内に共有させることを目的とし、平成十三年十月二十五日から始まり、現在百七十八号まで発行されている。阿仁荒瀬地区の住民向きに作成されており、月に一回発行している。内容は、月に一回開催される委員会で決まった内容報告、北秋田市からの情報の伝達、また関連するコラムなどが記されている。

阿仁荒瀬地区で現在も行われているお籠りや、自治総会、新年会などでどれほどの効果があるか確認したところ、年齢層が高いほど自治会報を読んでいる傾向があるようである。

湊家現当主のこのような意識と活動には、肝煎家継承者としての責任と自負がうかがえる。その背景には、阿仁荒瀬地区の成り立ちには肝煎であった湊家の存在が大きく、現在も自治会長としての湊家を中心としたまとまりがみられるからである。湊家前当主が、「積善会」という自主的なグループを核としてアラセカタマリを模索しようとしたのに対し、湊家現当主は、高齢化や人口流出をふまえ、自治会報によってアラセカタマリを再構築しようとしているともいえよう。

自治会報発行という取り組みは、自治会という同地区全戸のまとまりを対象としたものであるが強制力はなく、住民にアラセカタマリ意識を喚起するものである。

(4) これからの地域のつながりの模索

阿仁荒瀬地区、阿仁水無地区においては、鉱山事業、農業など生業による必然性をともなったつながりは希薄化し、高齢化と人口流出による人口減少という問題を抱えているのは同様である。

阿仁荒瀬地区では、既存のつながりを継承しながら、地域を統合する新しい試みが行われている。アラセカタマリという概念は、外部からの認識によって形成されたもので、阿仁荒瀬地区の人々は、自分たちのまとまりが特別だと考えていない。現在、他の地区で作られた評価が、同地区に「自分たちはまとまっている」という意識を表出させ、かえって「まとまること」を意識した取り組みへとつながっている様子がうかがえる。既存のつながりを再構築しながら今後を展望したまとまりづくりは、新しいアラセカタマリを再構築することになるだろう。行政による強制的なつながりではなく、内部からの自発的な動きは、「わたし」の生活に適合した無理のないまとまりになるはずである。

一方の阿仁水無地区では、既存の必然性をともなったつながりは希薄化し、付き合いたい人と集まる、これからともに生きたいと思う人を個人が選択して生活している。この選択は阿仁荒瀬地区の仲良しグループと同じであるが、阿仁荒瀬地区の場合は、複数のつながりが階層的になっている。この複数のつながりが階層的になっているのは、内山の述べる「関係の網」と同義であり、アラセカタマリという「関係の網」は内山のいう「地域」と同義である。生業という必然的なつながりがなくなったとしても、堰守や信仰行事にみられるような役割と責任が自己諒解となり、そこで暮らす意味や必然性につながっていくのである。

明治、昭和に行われた合併は、行政側による強制的なものだったにしろ、定住生活を前提とした生業や信仰に関係するまとまりとして形成されてきた。しかし、平成の大合併は、基幹産業である第一次産業が衰退し、それに伴い家業が消滅していく過程で強制力をともなうような必然的なまとまりが希薄化することで、地域としての関係がつながりをもたない状態で形成されている。

人口減少、高齢化が地方では進むなかで、今後危惧されるのは地域社会の解体であり、集落の消滅である。広域合併後の地域社会において、今後注目していくべきなのは、阿仁荒瀬にみられるアラセカタマリのようなまとまりとしての生き方の模索であり、このような模索が地域社会を維持していくための重要な視座となるのではないだろうか。

おわりに

本稿においては、市町村合併を題材に、北秋田市、アニブ、阿仁、所属する集落（字）という四つの地域区分が、住民にどのように捉えられているのか。また、合併により行政区域が拡大していくなか、当該地域を構成してきたつながりがどのように形成され、人口減少や高齢化などの諸問題を背景にどのように再構築されているのか、阿仁荒瀬、阿仁水無地区を事例に検討を行ってきた。

基幹となる生業や家業が衰退、多様化し、必然性をともなった関係が希薄化していくなかで、現在の阿仁荒瀬地区では、アラセカタマリというつながりを核とする地域の再構築が行われ、阿仁水無地区では自主的な集まりがつながりの核となっていた。このようなつながりの再構築は、「わたし」と「わたしたち」の生活を維持し、そこで暮らしていくための選択である。

合併後も人口減少に歯止めが利かないなか、どのように地域を維持していくのか、今後も留意すべき問題であり、継続的な調査が必要である。この問題は北秋田市に限らず、全国的な市町村合併と人口減少や高齢化における地域の「つながり」の変化を検討する上で重要な題材となるだろう。

［註］

(1) 秋田県公文書館『平成十九年度　秋田県公文書館企画展「秋田県の成立と市町村の移りかわり」パンフレット』秋田県、二〇〇七年。

(2) 阿仁町史編纂委員会『阿仁町史』阿仁町、一九九二年、一五二～一六三、一八九～一九〇、二二六～二三〇頁。

(3) 秋田魁新報社「合併の場合でも『特色ある町』に」『秋田さきがけ』秋田魁新報社、二〇〇三年一月十八日、二〇〇二年。

(4) 北秋田市役所総務部総合政策課編『平成二十四年度版　北秋田市の統計』北秋田市役所総務部総合政策課、二〇一二年、九～一八頁。

(5) 佐藤時治『阿仁の明暗録』大阿仁木材興行株式会社、一九七五年、一五頁。

(6) 角川日本地名大辞典編纂委員会編『角川日本地名大辞典五・秋田県』角川書房、一九八〇年、七一頁。

(7) 北秋田市　ちいきの話題　阿仁地区敬老式 http://www.city.kitaakita.akita.jp/chiiki_wadai/2014/09/0915-anikeirousiki.html［最終閲覧日：二〇一四年十二月四日］

(8) 友子制度とは、『阿仁町史』によれば、抗夫社会における同盟友子といわれる共済関係である。山例五十三か条を守ること誓う出生取立てという儀式を経た抗夫は、友子となり同盟友子に加入する。同盟友子内では、親分子分関係、兄弟関係があり、互助関係として強固な結びつきを形成していた。七五四～七六七頁。

(9) 佐藤一巳『荒瀬のむかし昔』秋北新聞社、二〇一二年、六九～七〇頁。

(10) 福嶋吉五郎『荒瀬の昔と今』一九八八年、二六頁。

(11) 内山節「地域・自治概念の再検討」室崎益輝　幸田雅治編『市町村合併による防災力空洞化――東日本大震災で露呈した弊害』ミネルヴァ書房、二〇一三年、一七五頁。

(12) 前掲註（11）同論文、一七六頁。
(13) 前掲註（11）同論文、一七六頁。
(14) 社会福祉法人　北秋田市社会福祉協議会 http://kitaakita-shakyo.or.jp/index.html
ふれあいいきいきサロン http://kitaakita-shakyo.or.jp/tiiki/saron.html［最終閲覧日：二〇一五年一月二〇日］
(15) 荒瀬運動会のこと。五月第三日曜日。小学校が廃校になってから行われている。

第8章

市町村合併・学校統廃合と民俗変化

――浜松市天竜区気田と鳥羽市離島部を中心に

高木大祐

はじめに

静岡県旧周智郡春野町の旧気多村地区は、林業の衰退とともに、少子高齢化が進行した地区であった。そして、林業の衰退と並行して小学校の統廃合が進められた（本書資料編参照）。その他の地区でも、学校に着目してみると、浜松市天竜区に組み込まれた五市町村のうち旧春野町、旧天竜市、旧龍山村が市町村合併に先立ち学校の統廃合を行った。学校の統廃合が平成の大合併と同時期に進んだのは偶然であろうか。平成十九年第八回浜松市学校・幼稚園規模適正化基本方針検討会会議録[1]には春野中学校教務主任による「地元に教育委員会があるうちに統合ができて良かった。音頭をとってくれるところが身近にあって助かった」という発言が記録されている。市町村合併と同時に学校統廃合も避けることはできないという認識があったことは明らかである。市町村合併も学校統廃合も、「効率」「能率」という概念に則って行われる以上、国策がそれを重視する方向に向けば、同時に起こるのは当然の帰結であるといえよう。

一方、限界集落と化した調査地を回るなかで、子どもの教育を考え転出した人が多かったという回想も何度か耳にしている。ならば、市町村合併と学校統廃合の両方を視野に入れて、地域社会と民俗の変化を捉えることが、地域の変質を考える上で重要になるのではないか。本稿ではこの考えに立って、市町村合併、学校統廃合と、さらには生業を中心とした民俗の変化がどのように作用しあい、影響を与えているか検討してみたい。

１　調査地の概要

旧気多村のうち、山村調査の記録が残るのは、気田《けた》、植田《うえった》、勝坂《かっさか》、石切、小俣の各地区である。この共同研究でもこれらの地区を中心に聞き取り調査を行った。まずはその現状をまとめておこう（2）。気田は気田川の湾曲部内側の平地に形成された町で、この地域の中心部である。気田にはコンビニエンスストアや、個人商店ながらスーパーもある。また、過疎地では重要な存在であるガソリンスタンドもある。また旧気多村地域で唯一残る小学校である気田小学校、旧春野町地域でこれまた唯一残された春野中学校も気田に立地する。平成二十二年度国勢調査時の人口は八〇六人。過疎化が進んでいるとはいえ、旧春野町域の一五歳未満の子どものうち二五パーセントが気田に住み、高齢化率は三九パーセントにとどまる。かつての営林署跡には老人介護施設が建設され、近隣地区から人が集まる場所としての役割を今も一定程度果たしているといえる。一方で、旧気多村

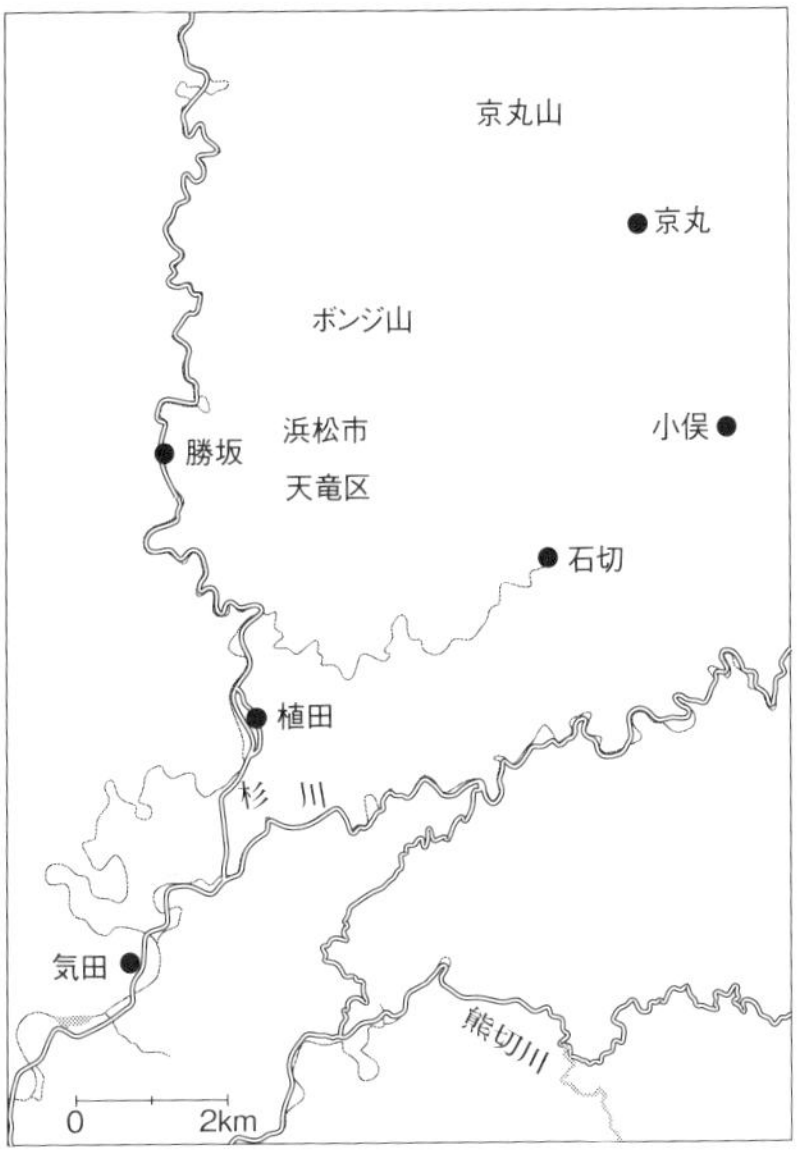

図１　気田と周辺の地区の位置

で最も広い平地には水田耕作も行われている。これは明治時代の和田政光の功績によるものとされている。

春野中学校の敷地内に王子製紙の倉庫が保存されている。気田に王子製紙工場が置かれたのは明治二十二（一八八九）年のことで、工場の建設が始まった当時から気田に人が集まるようになった。工場の操業が始まると、原料の供給源となった周辺の山村を含め、地域経済が活況を呈した。しかし、山林資源の減少と、苫小牧工場への比重の変化により、大正十（一九二一）年に撤退が決定、二年後に閉鎖された。昭和九年、橋浦泰雄による山村手帖によると、王子製紙撤退後、困窮する者が多く、「全村民が破産状態」と記されるほどの状態を経験している。しかし、昭和十（一九三五）年から二十六年にかけて、水窪町門桁《かどげた》から気田対岸の金川《きんがわ》まで森林鉄道が開通、また昭和十三年から、天竜川材木商同業組合と東邦電力との契約により、水路式水力発電所である気田発電所の水路を木材搬出に使うようになると状況が好転した。気田発電所は植田の上流にある気田堰堤から取水し、金川まで地下水路がつながっている。森林鉄道、水路とも終点となる金川には昭和七年に貯木場が完成しており、木材の輸送網が次々に整備されたことになる。このため森林鉄道と水路によって輸送力を増した林業が活況を呈した。森林鉄道は昭和三十四年に廃止となったがその一部は道路に転用され、昭和三十九年までには石切、小俣、京丸までの林道が開通してトラック輸送が始まっている。そしてその頃、昭和四十年に気田地区は人口のピークを迎えている。

植田は気田から約四キロメートルの位置にある。気田川沿いの道路では時間がかかるが、かつての森林鉄道の小石間隧道を車道に転用したルートがあるおかげで、車で一〇分程度の所要時間である。平成二十二年の人口は一二三人。ただし、一五歳未満の子どもは三人に過ぎず、高齢化率は六一・八パーセントに達する。かつては林業が主な産業であった。現在も林業に従事する若い人がいるが、全体としては職種はさまざまで、家庭事情で残る場合が多いという。

植田の場合も、森林鉄道と発電所の水路の両方で木材の輸送をしていた頃が、もっとも賑わっていたという。さらに、植田集落のすぐ上流にある豊岡発電所に勤めるため、付近に三〇戸程が住居を構えていた。また、植田は上流部の集落と比べ、平地の面積が広く、王子製紙工場があった時代の貯木場が戦後は水田にされ、農業も営まれていた。林業の衰退、発電所の無人化などが重なり、昭和三十五年以降人口の減少が続いている。

勝坂は植田の上流に位置し、気田から約一〇キロメートル、車で三〇分弱の距離にある。平成二十二年の人口は二六人、一五歳未満の子どもはわずかに一人、高齢化率は六九・二パーセントにもなる。しかし、清水神社・八幡神社の祭礼で演じられる勝坂神楽は春野町時代に町の文化財に指定され、浜松市もこれを引き継いでいるため、祭礼の時には長男が帰ってくるなどして、極端な過疎高齢化のなかにあっても祭礼を維持している。また、この祭礼を村おこしの核に据えるべく、平成五（一九九三）年に「農山漁村地域を農林漁業の振興の基本としつつ、誇りと愛着の持てる場として整備することにより地域への定住を促進するとともに、都市住民にも開かれた農山漁村として、景観や環境にも配慮した整備を行う」と謳った農林水産省の美しいむらづくり特別対策モデル地区選定を受けて、売店、食堂、コテージなどからなる勝坂神楽の里が整備された。平成六年にはさっそく第七回静岡県景観賞優秀賞を受賞するなどすぐれた取り組みと認められている。合併後、浜松市は公共施設の指定管理者制度への移行を始めると、勝坂神楽の里もその対象に加え、静岡市の民間企業二社の共同運営とするという改変を加えている。平成二十四年度の利用者はコテージ宿泊が二九五人、売店の食事物販が四〇七人、イベント参加者五五人となっている。

ただし、こうした村おこしの成果が人口の増加にまで結びついているわけではない。高齢者がほとんどである現在の勝坂には主たる産業はなく、自家用の畑作が細々と続けられている程度である。気田に王子製紙工場があった時代には、勝坂にも芸者がいたと伝えられ、最も栄えた時期として意識されている。その後、勝坂は森林鉄道の経由地になっており、この時期にも林業で活況を呈していた。林業が働き口として機能していたのは気田の営林署が閉鎖される頃まででであった。

石切は植田の上流で気田川に流れ込む支流石切川沿いにある。気田からは一二キロメートル、車で四〇から五〇分ほどかかる。平成二十二年度の人口は一三人、六四歳以下の人は一人だけで、平均年齢は七八・六歳、高齢化率は九二・三パーセントと、最も深刻な状況に置かれている。勝坂同様、自家消費用の畑作が行われている程度で、主な産業はない。

石切に最も多くの人が住んでいたのは終戦直後で、統計資料はないものの、聞き取り調査によると二八〇人ほどがいたという。国有林のほか、金原明善《きんぱらめいぜん》が開発した民有林の仕事もあり、また炭焼きも盛んであった。林業が全盛期を迎えたのは昭和三十年頃で、当時は営林署の宿舎が石切に置かれていた。その頃は、シイタケや茶の栽培も盛んであった。特に、茶の栽培は林業との兼業が可能であったため、重要な作物であった。

木材の仲買いが五軒、茶やシイタケの仲買いが四軒あったという。木材輸送には川も使われたが、車道が開通するまでの物流のルートは、山の尾根にある杉峰集落（旧周智郡熊切村）を通って、気田や川根へ向かう道であった。石切と杉峰の間には昭和五年六月に七尺幅の馬車道が開通している(3)。石切だけでなく、気田方面から杉峰より奥へ物を運ぶには、必ずここを通るという物流の拠点であった。三軒の馬力が営業しており、炭や木材を気田に下ろし、味噌や醤油を持って戻るのが主な仕事であった。戦前には商店が三軒あり、山の下の集落からも買いにくるので、三軒が似たようなものを売っていても商売が成り立っていたという。戦時中に物資が不足し、自給の傾向が強まったため商店はなくなったとはいえ、石切から杉峰を通って気田へというルートが重要であったことに変わりはない。

気田川沿いには昭和十年頃、リヤカーで通ることができる道が作られ、戦後営林署によって拡幅されて車道となり、現在は市道春野石切線となっている。しかし、この車道が開通した頃から人口の流出が始まり、昭和三十五年以降は人口が減り続けている。

小俣は金原明善の造林した民有林を主な産業とした場所であった。現在居住者はなく、往時の状況は不明である。最後の住人は、金原明善以来の民有林を管理していた人であったという。廃村ではあるが、現在車で移動すると想定すると、気田からの距離は約二〇キロメートル、九〇分程度かかる。

小俣の人口統計は、気多村発足まで旧小俣京丸村に属していた京丸と合わせた数字となっている。京丸の戸数は三戸から四戸と、林業の最盛期にもさして変化していなかった。小俣京丸の人口は、昭和三十五年から四十年の間に一〇三人から一三人へ激減、実に八八パーセントも人口を減らしている。京丸に最後まで残った家の現在の当主は旧気多村域に居住しているので、聞き取り調査を行うことができた。現当主は昭和十五年の生まれで、記憶にある時期では、京丸の戸数は三戸、各戸に七〜八人ずつ住んでいたとのことであるから、昭和三十五年の人口一〇八人のうち、二一人から二四人が京丸地区の人口と推定される。すると小俣地区は八一人から八四人が住んでいたことになるので、この時期の人口減少は京丸地区でも起きてはいるが、主に小俣地区での何らかの変化が原因と考えられる。しかし、かつて小俣に住んでいた人の聞き取り調査はできず、周辺地区の調査からもこの時期に何か決定的な出来事があったのかは判然としなかった。

2　旧気多村の変容と学校統廃合

ここでは、「昭和の大合併」が行われた昭和三十年代を分析の起点として、前節で概要を述べた各地区の変容を追ってみよう。当時、気田には営林署が置かれていた。勝坂、植田からは森林鉄道が通じ、気田を集積点とした林業が地域全体の経済を支えていた。その活況は、気田では「ビフテキを食べた村」と表現されたというほどであり、かつて「全村民が破産状態」の王子製紙撤退後の窮状を完全に変えていた。このときに起きた「昭和の大合併」の議論に対し、気多村では時期尚早の意見が多数を占め、犬居町、熊切村の合併による昭和三十一（一九五六）年の旧春野町発足には加わらなかった。結局は翌年合併し、春野町に加わることにはなるが、これは静岡県による勧告を受けてのことであり、決して内発的な強い動機を持って行われたものではなかった。この合併に対しては、町役場の位置が決まらず、最終的には静岡県知事が地図を見て決めたという逸話が記憶されている。地図を見て決めたかは真偽不明ではあるが、実際に庁舎の場所は知事の裁定で決定している。県の勧告、県知事の裁定による庁舎の立地決定、いずれの逸話も当時の気多村には合併の必要はなかった、という自立の気概を示している。

　この頃、林業の雇用を背景として、勝坂、石切、小俣にも多くの人が住んでいた。これに応じるように、各地区に小学校が置かれていた。春野町発足後の昭和三十五（一九六〇）年の児童数を見ると、勝坂小学校五八人、石切小学校四二人、石切小学校小俣分校一三人となっている。

　ところが、この頃から山間部の子どもの数は減少の一途をたどる。わずか五年後の昭和四十年の児童在籍数は、勝坂小学校三二人、石切小学校三二人、石切小学校小俣分校四人と大きく数を減らすことになる。こうなると、昭和の大合併と時を同じくして推進された学校統廃合の波から逃れることはできなかった。『春野町史』では、学校統廃合の背景を以下のように説明する。


　学校統合は、「町村合併促進法」や「新市町村建設促進法」が出されてから、取り上げられた国の教育政策の一つである。

　教育組織や設備などをよくするのが難しい小規模校を、適当な規模にまとめて教育水準を高め、学校経費を合理的、効率的に使うようにするため、県教育委員会は昭和三十四年（一九五九）に「学校規模の適正化要領」を立て、以来各町村に統合を促している。

　小規模校の問題点としては、次のようなことが挙げられている。
一、教員数が少ないため、学校全体の教育計画が充実しかねる。
二、同一学年の担任者がほかになく、学年内相互の研究ができない。
三、出張や欠勤職員の補充ができにくく、校内研修の時間も不足する。
四、事務や雑務が多く、少人数で分担するので非能率で、学校行事などで個人の負担が重くなる。
五、学級担任の事務負担が多くなり、学級運営に専念できかねる。

六、校地面積の関係から、体育指導面に支障ができ、教育費も細分化されるので設備などが不十分になる。
七、教員・生徒とも刺激に欠け、活気に欠けがちとなる。
などである。(4)

春野町発足時に県の勧告があったように、ここでも県教育委員会による指導が行われており、学校に在籍する児童の数が減ってくれれば、統廃合への圧力を受けることになったであろう。石切小学校小俣分校が昭和四十一（一九六六）年に本校へ統合になったのを皮切りに、勝坂小学校が昭和四十二年に、石切小学校が昭和四十四年に豊岡小学校に統合された。その豊岡小学校も昭和五十五（一九八〇）年に気田小学校に統合され、山村調査対象地区の小学校はすべて統合された。気田小学校は昭和四十七年に宮川小学校も統合しており、旧気多村域の小学校はわずか一五年の間に一つに統合されたのである。

児童数が減っている背景には、もちろん人口そのものの減少もある。昭和三十年代は木材の輸入自由化が段階的に進められ、昭和三十九年に完全自由化が実施された時期である。また、昭和三十年以降林業従事者数が減少を始めた時期でもある。すなわち、林業の衰退が始まった時期なのである。昭和三十五年の国勢調査の数字を見ると、勝坂、石切、小俣の各地区は、こうした産業構造の変化に弱い構造を持っていたのではないかと推定される。いずれも人口の男女比がアンバランスなのである。勝坂は三九三人と人口は多いものの、そのうち六六パーセントを男性が占めている。石切は二五九人のうち五四パーセントが男性、小俣京丸では七二・二パーセントが男性である。これに対し、この後の人口減少がこれらの地区より緩やかな植田では、男性の比率は四八・七パーセントと女性の方が多く、気田でも男性は四八・四パーセントで女性の方が多くなっている。この数字が、林業に従事する男性の単身者の数を反映したものとすれば、これらの人々は林業の衰退が見えてくると早い時期にムラを去っていったのではないだろうか。若い世代の流出を反映するように、この頃、各地区では青年団の活動ができなくなっていくという問題が起きている。

表１　春野町内林業従事者の推移

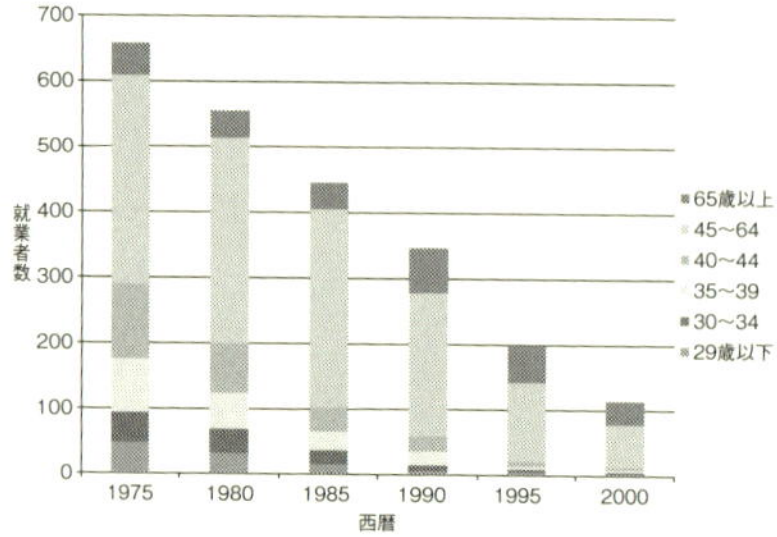

表３　勝坂の人口推移

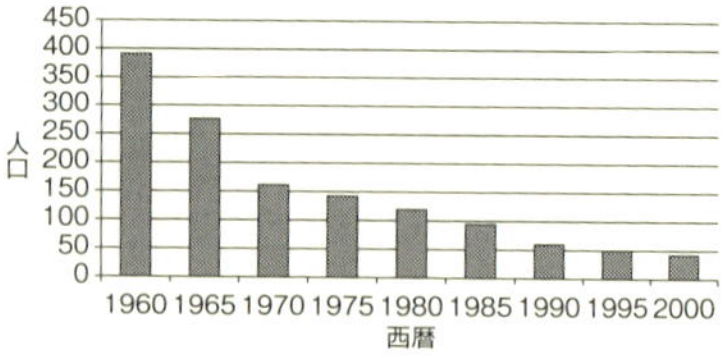

表４　植田の人口推移

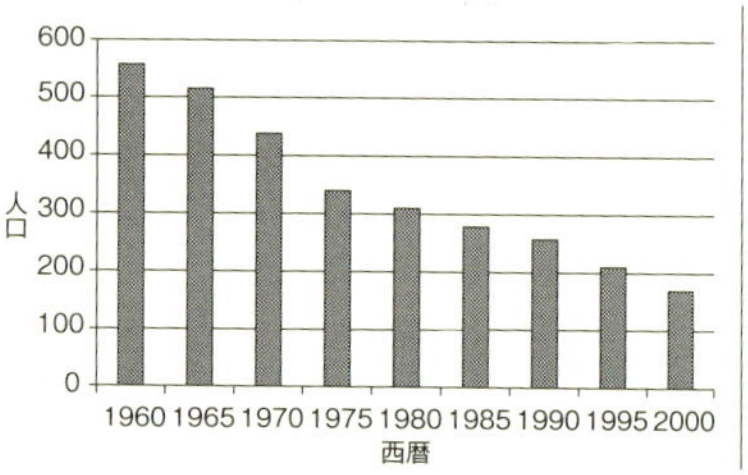

表２　気田地区の人口推移

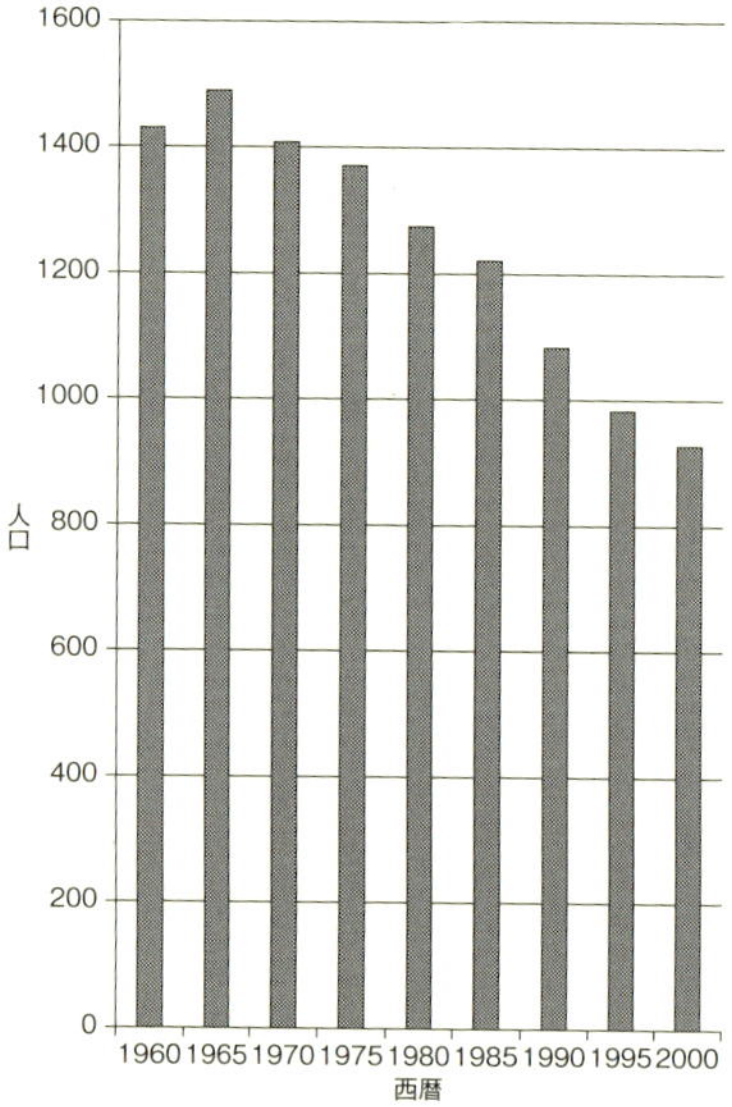

表５　石切の人口推移

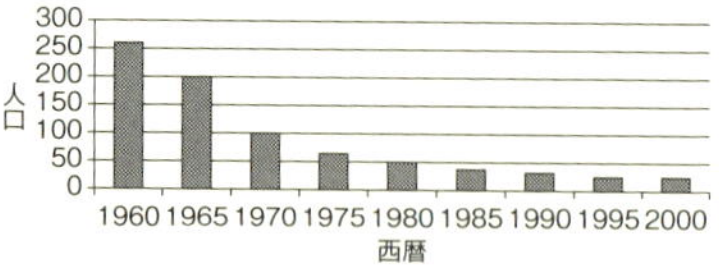

表６　小俣京丸の人口推移

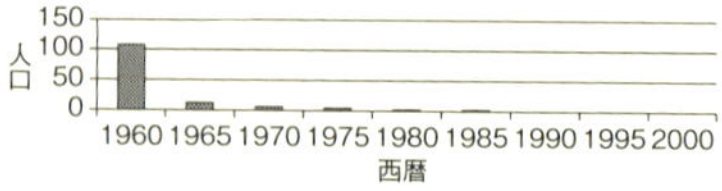

そしてそこに小学校の統廃合による子どもの通学の負担増加が重なり、子どものいる世帯の流出が始まったと考えると、主産業の衰退と学校統廃合が車の両輪となって同時に進行し、人口減少に大きな影響を与えたと仮定することができる。

小俣の場合は、分校の廃止までにすでに大幅に人口を減らしているので、異なる原因があったと考えねばならないが、石切はこの仮定のとおりの人口動態を示している。昭和三十五年の人口二五九人が昭和四十年には二〇〇人に減少（二二・八パーセント減）、さらに昭和四十四年の石切小学校廃校を経た昭和四十五年には九七人に減少（五年間で五一・五パーセント減）と小学校の廃校以降により急激な人口減少を経験している（表5）。勝坂の場合も似た傾向を示す。昭和三十五年から昭和四十年にかけて三九三人の人口が二七七人まで減少し（二九・五パーセント減）、勝坂小学校廃校後の昭和四十五年には一六一人まで減らしている（五年間で四一・九パーセント減）。半減には達していないものの、やはり小学校廃校を挟む昭和四十年から四十五年までの減り方が目立つ（表3）。この二集落の例では、林業の衰退により人口が減り始めたところに、小学校の統廃合が拍車をかけたという見方が可能であろう。すなわち、平成の大合併の背景となった、過疎高齢化の進行に伴う地方自治体の財政悪化の遠因として、昭和の大合併の時期以来推進されてきた学校統廃合の存在を想定しなければならないのである。

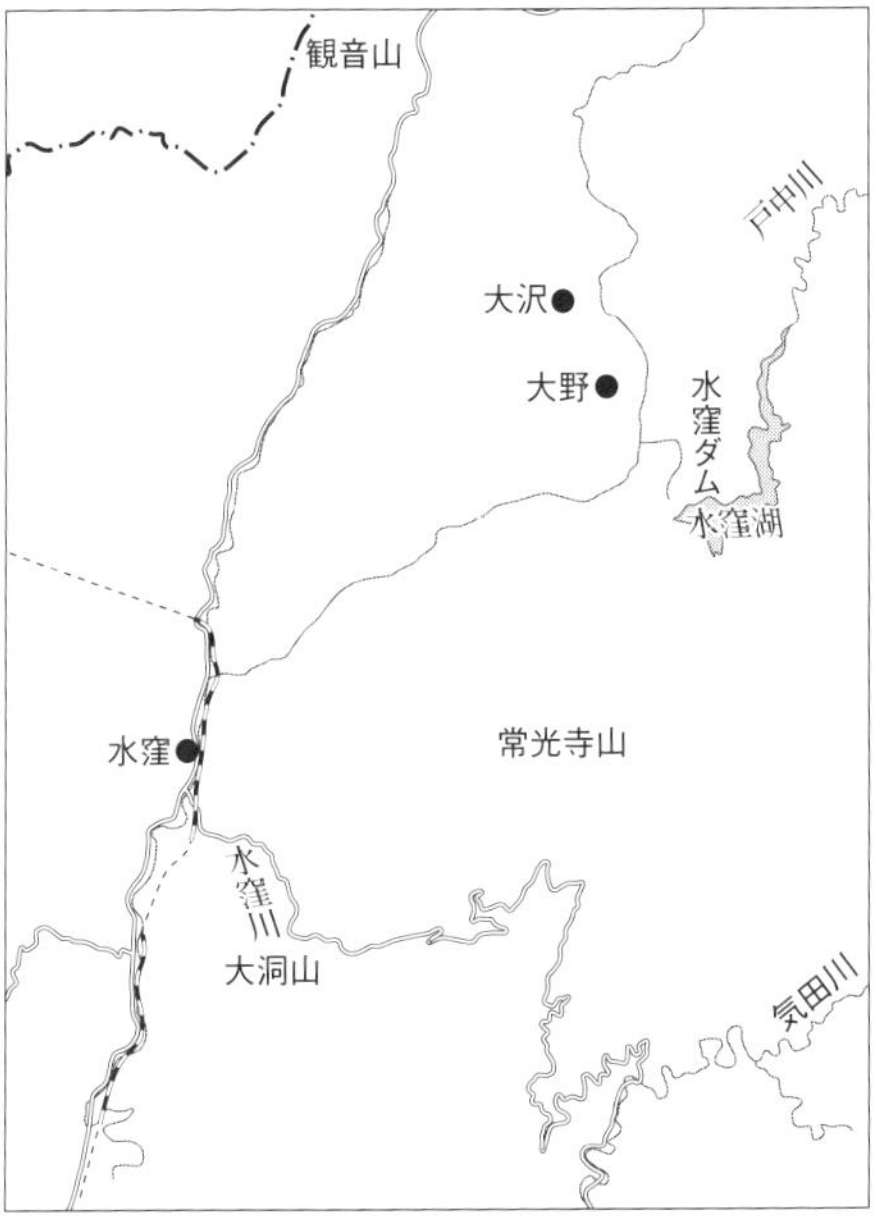

図2　水窪・大沢・大野地区の位置

その後も石切、勝坂の人口減少には歯止めがかからず、現在の限界集落の姿に達している。

3　山村と通学の問題

さて、旧気多村地区で、林業の最盛期にも戸数がほぼ増えなかった集落として、京丸が挙げられる。最も標高の高い山間部に位置する。旧気多村でただ一カ所平家落人伝承を持つ。折口信夫も北遠の旅で京丸の民家に宿泊している。それ以前には坪井正五郎もここを訪れている。ちなみに、折口の行程は、水窪町門桁から勝坂を通って植田に至るかつての森林鉄道のルートを通り、ここから前述した杉峰を通って石切に至る道をとり、石切から小俣、京丸、とまわるものであった。杉峰と京丸で宿泊している。まさに、当時のこの地域の物流の主ルートをとっているのである。

近世、近代を通じて三戸ないし四戸だけがここで暮らしてきた。近代に主に生計の手段としていたのは茶とシイタケの栽培である。ワサビの栽培も少し手がけていた。また、所有する山林から何年かに一度三千石から五千石の木を切り出して売り、収入にしていたという。気田や森（周智郡森町）から仲買いの人々が来て買い付けていった。木材は川で流して出荷し、茶やシイタケは小俣まで運んで馬力に引き渡すことになっていた。小俣は米などを買う場所でもあった。また、イノシシやシカの狩猟を行い、肉は自家用の食料にし、毛皮は販売して収入源にしていた。毛皮の買い付けは川根（榛原郡川根本町）の仲買いが来ていたという。数は少ないながら熊も獲り、熊の胆は自家用の薬にしていた。

このように、生活環境としての京丸地区は自給の手段だけでなく、現金収入の手段もしっかり確保していた。この点では、決して生活が成立しない場所ではなかった。しかし、一方で教育の場は遠く離れた場所にしかなかった。小俣と異なり、戸数が少なく分校も設けられなかった京丸の人が学校に通う手段は、下宿しかない。そこで、気田に家を借りて兄弟で住み、気田小学校に通ったのである。先述のように、一戸あたり七、八人の人が住んでいたというから、このように兄弟で共同生活を送らせるという方法は十分に成り立っていた。しかし、兄弟の数が減るとそうは行かない。現当主の子どもが小学校に通う年齢になった頃、かつてのように世話をしてくれる兄弟がいなかったため、父母は京丸に残し、子どもを連れて学校へ通える場所へ移住するという選択をした。そして、当主の父母が亡くなると、京丸の住人はいなくなったのである。

現在では、京丸で林業や茶、シイタケの栽培を手がけても収入にはならないため、教育の問題がなかったと仮定しても、京丸での生活を維持するのは難しかったかもしれないが、直接の経緯でいえば、京丸が廃村になった理由は学校教育であったのである。

このように小学校も存在しなかった京丸の廃村までの経緯を考えると、はじめから小学校より数が少なかった中学校の通学負担についても考えねばなるまい。ここまで述べてきた地区のうち、歩いて通える範囲に中学校があったのは気田だけである。その他の地区では中学校通学はどうしていたのだろうか。

小学校の統廃合が進むと、スクールバスの運行も始められたが、それまでの期間、すなわち教育基本法が施行され中学校までが義務教育とされた昭和二十二年から、学校の統廃合が行われた昭和四十年頃までの間が問題である。現在居住者がいる調査地区で、最も気田から離れた石切の場合で考えてみよう。石切では当初、気田の中学校まで歩いて通ったという。前述の杉峰経由のルートで、片道約二時間半である。物流の主なルートとはいえ、農産物の出荷や買い物は毎日するものではない。この道を毎日往復しなければならないというのは、石切の歴史でも初めてのことである。石切の子どもたちは、それまで誰もやったことのない、大変な負担をして中学校へ通うことになったのである。さすがにその後は自転車通学に変わったとはいうが、それでも時間のかかる大変な通学である。中学生たちが皆このような大変な思いをして通うということを、子どもや孫の代まで続けようと思うだろうか。学校統廃合のあとはスクールバスの運行が始まったとはいえ、中学校通学の負担がかかっていたところに、さらに小学校までなくなったことは、移住を決意させるには十分な要因だったように思える。

表７　水窪町の人口推移

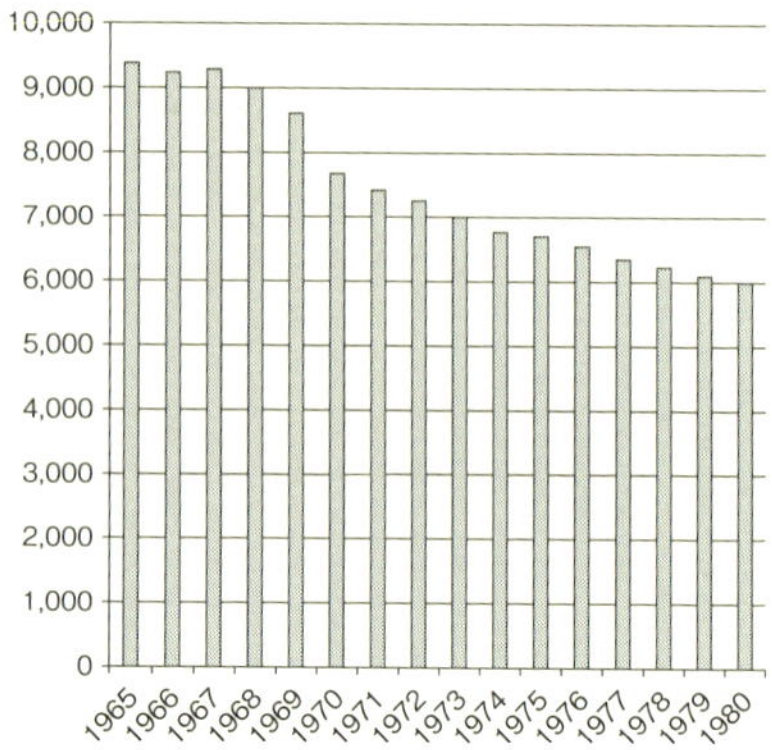

ここでもう一つの例を挙げてみよう。春野町と同じく浜松市天竜区に合併された水窪町の大沢地区である。統計としては、大野地区と合わせた大字大野の数字しかないが、聞き取り調査によると、現在の戸数は五戸である。多いときでも一〇戸程度だったという。したがって、京丸と同様、林業が盛んになって急激に戸数が増えるというようなことは経験しなかった場所であるといえる。NHK教育のシリーズ「ふるさとの伝承」で「急傾斜のハタを黙々と」という題で取りあげられており、ほぼ自給自足で暮らすムラとして紹介されている。そのコンセプトどおり、急斜面の畑で作ったジャガイモやソバ、トウモロコシ、大豆、小麦を活用した食生活と、年中行事の儀礼食が紹介されている。急斜面の定畑が作られるまでは、焼畑によってこれらの作物を作っていた。なお、「ふるさとの伝承」では触れられなかったが、狩猟をしている人も何人かいたという。

同番組の取材は平成七年から八年である。当時の戸数は七戸だった。先に述べてきた旧気多村の各地区より車道の開通は遅く、昭和五十三年にようやく完成している。それまで使われていた道は谷底を流れる川の近くまで降りていく道で、当然車道より距離は短いが、勾配はきつい。荷物を運ぶのに下から集落まで、普通は一時間ほど、慣れた人で四〇分かかったという。「ふるさとの伝承」では、この旧道を先祖が通る道としてお盆のときに草刈り、清掃を行う様子が放映され、かつて背負子を使ってこの道を通っていた頃の苦労が語られている。

「ふるさとの伝承」で紹介されたように、畑の作物で自給できるものも多かったが、現金収入は林業と茶の栽培によっていた。また、栃の実採りをして、正月に合わせてトチモチを作る様子も「ふるさとの伝承」で放映されたが、実は水窪の菓子屋が土産物としてトチモチを売り出してからしばらくは、現金収入の手段にもなっていた。ただ、栃の実を拾う場所が労力のかかる場所だったため、現在ではあまりやらなくなったという。

ともあれ、自給できる作物と、現金収入の手段の両方を持つことから、一〇戸程度の集落を維持していくには大沢の生活環境は不十分なものではない。しかし、ここでも学校に関しては事情は別である。小学校は隣の大野集落に水窪小学校大野分校が置かれ、歩いて通っていた。山道を三〇分ほどの道のりである。なお、その大野分校も昭和四十九年に休校となっている。実はこの時期、昭和四十四年から四十九年にかけて、門谷、河内浦、大地、有本、そして大野と、分校の閉校、休校が相次いでいる。この時期の水窪町の人口を住民登録の統計によって見ると、昭和三十年の一万六四人をピークに減少を始めた人口が、昭和四十年には九三七六人となっていた。分校の休校が始まる昭和四十四年には八六二〇人、それから昭和四十九年までの五年間で、六七九五人となる。昭和三十四年の九七二九人から一〇年間で約一一〇〇人の減少だった人口が、五年間で約一九〇〇人と半分の期間で一・七倍程度減らしている。その後昭和五十年から五十四年の五年間は約八〇〇人減にとどまる。分校がなくなっていく時期と人口減少の激しい時期が重なっているのである。水窪町の場合も、林業衰退の影響があるはずであるが、学校の統廃合も影響を与えた要素の一つであることは疑いあるまい。

大沢に話を戻そう。小学校以上に大変だったのはやはり中学校の通学である。中学校は水窪にしかない。水窪までは片道二時間半以上かかる。歩いて毎日通える距離ではない。そこで、多少経済的余裕のある家庭では水窪に子どもを下宿させていた。それがかなわなければ自転車通学しか方法はなかった。自転車通学といっても、先述のように水窪に車道ができたのは昭和五十三年である。徒歩を前提とした古い道は当然自転車の通行にも向かない。自転車は川の流れる谷底まで降りたところへ駐めておき、集落と谷底の道の間は徒歩で、そこから自転車に乗り換えて通学したのである。自転車で通う距離約一〇キロメートルに、谷底と集落の間の徒歩の道を加えて毎日往復するのだから、その負担は非常に大きいものであった。

こうした過疎地の学校統廃合と通学負担の問題はこれまでどのように捉えられてきただろうか。昭和四十八年の教育科学研究会の報告で、小島喜孝はそれまでの三年間の状況を「過疎問題を視点とした研究・交流の場が定着してきたともいえる」と述べている。この頃が、過疎と教育、なかでも学校統廃合の問題が討議され始めた時期であったことがうかがえる発言である。この小島の報告によると、分科会で討議されたのは、多数の小規模学校を抱えることはわが国の義務教育水準の向上を阻む大きな原因となっていると捉える文部省の小規模校統合論に対し、教育実践上の問題および地域と学校のつながりのなかに学校での教育の基盤をみるという問題をめぐって行われたとする[5]。

本稿との関わりでいうと、「秋田の先生から（中略）学校がなくなることは学校だけでなく地域の諸公的機関もなくなることで、しかも一回の統合でおわるのでなく、さらに大きな地域規模の統合にエスカレートしていくこともみておかねばならない[6]」と指摘があったと報告されている点が目を引く。平成の大合併とそれに付随して起きた学校統廃合の動きは、この頃から十分予想できたことであったといえる。それとともに、それをくいとめる動きは政府の側からは何も起こらず、むしろそうなるのを待っていたかのように平成の動きにつながっていったことになろう。

ところで、小島は「昨年の懇談会はそれ〔筆者註—分科会の基本課題〕について、明日の農村を破壊から守る生きた展望を子どものなかにどうしたら築くことができるか問うた[7]」としている。昭和四十七年から四十八年といえば、石切や勝坂、小俣京丸が小学校の廃校と激烈な人口減少を経験した後である。揚げ足取りかもしれないが、こうした山村の現実と、それよりあとの時期に「明日の農村を破壊から守る」というコンセプトの討議が教師たちによって交わされている事実を重ね合わせると、この討議は一体どのような現実認識に基づいて行われたのか、考えずにはいられない。「明日の農村」という言葉が持つイメージと、これらの山村の現実があまりにかけ離れているからである。最も通学の困難な山村の問題は、この時期省みられなかったのだろうか。

翌昭和四十九年の教育科学研究会全国大会では問題別懇談会のテーマとして「過疎と学校統廃合」が設定され、高橋正吾によるレポートが「学校統廃合と教師」の題で機関誌に掲載されている。高橋は学校統廃合は他にないほど急速に進められている過疎対策であると位置づける。そして、子どもに優れた教育を受けさせたいと考える父母に対して、充実した教育という説得は力があるため、紛争が起こりにくいか、起きても押さえやすい点、校舎がよくなることやいい先生が来るだろうという期待によって住民に優越感を抱かせることができる点、辺地を合併によって抱え込んだ自治体では、その切り捨てに役立つ点の三点がメリットだからだと指弾する。その上で、教師が子どもの教育権・学習権を守るために学校統廃合阻止運動に参加することを提案し、統廃合の促進に手を貸す教師がある原因は権力の司祭性、施主施与思想、出世主義と虚飾性であると糾弾する(8)。

短い報告であり、告発という側面が強いため、十分な分析がなされているとは言い難いが、新潟県小千谷市の中学校という現場に身を置いていた高橋が、「学校統廃合は過疎を押し進める引き金となり得ても、くいとめる力にはなり得ない」という認識を表明していることは注目に値しよう。ただ、これは現場のいわば「肌身の感覚」の表明ではあっても、その原因に迫るものではない。高橋の指摘に沿うなら、きれいな校舎で学べる、いい先生に習えるかもしれないという期待を住民に抱かせるはずの学校統廃合は、なぜ人口流出の引き金になるのか。高橋の報告では、学校統廃合が過疎の引き金を引くことは、学校統廃合を推進する「かれら」の思想から欠落するという指摘があるのみだが、期待を抱いたはずの住民がなぜ流出していくのかの分析はない。

昭和四十八年の報告を担当した小島は、同年に伊ヶ崎暁生との共著で過疎問題と学校統廃合についての論考を発表している(9)。ここでは、学校統廃合は昭和二十八年の町村合併促進法以来、国の施策となってきたが、昭和四十五年の過疎地域対策緊急措置法で学校統廃合に対する財政上の特別措置が講じられたことにより、従来より本格的な勢いで進められているとし、統廃合を促進する仕組みを分析する。なお、伊ヶ崎、小島は学校統廃合の背景・要因となった施策や法律について、先述の町村合併促進法と過疎地域対策緊急措置法のほか、高度成長政策、農業基本法、新産都市建設促進法、全国総合開発計画を挙げている。また、教育科学研究会の報告とは異なり、通学の問題にも触れている。それによると、戦後の学校建築関係の図書では、通学圏半径のマキシマムを小学校低学年一・五キロメートル、同高学年二・五キロメートル、中学校四キロメートルとされてきたのにたいし、昭和四十四年度に小学校四キロメートル、中学校六キロメートルを超える通学圏を持つ学校が小学校四一・八パーセント、中学校五五・九パーセントに及んでいる。そして、遠距離通学は生活時間構造の均衡を失い、在校時間を制限し、家庭学習の時間を圧迫し、学校と両親の関係を疎遠にすると問題点を挙げている。また一方で、寄宿舎にも親子関係に与える影響や生活環境などの問題があることを指摘する。そして父母の側からは、寄宿舎や通学バスによる経済的負担、子どもが寄宿舎に入ることで生じる小さい弟妹の世話などの生活環境の負担増など、やはり学校統廃合により負担が増加することを論じている。さらに、学校統廃合反対の住民運動に着目し、その背景として次のような指摘をする。

今日の統廃合問題は過疎問題の一環としてある。したがって統廃合の是非は地域の生活をどう展望するかの問題につきあたらざるをえない。そこには上から計画された地域・集落の再編「開発」計画が用意されており、住民がその実体をつかむなかで、おのれの地域に生き抜いていくみちはそれと対決する以外にないことをつかんでいく。[10]

一方で、学校統廃合促進の理由として現在も挙げられている学校適正規模論、すなわち、学校を適正な規模にすることによって施設・設備、教職員配置など教育条件を整備向上させ、子どもの学力を向上させるという論理について、統廃合による諸条件の改善は達成されていないことはこの論考で既にみてきた通りであるとし、教育条件向上、学力向上の道が学校統廃合以外にないかのようにいうところに現実的欺瞞性があると指摘する。

伊ヶ崎・小島はここで取りあげた報告・論考のなかで唯一通学の問題に触れているが、六キロメートル以上の通学圏を持つ中学校の割合を示すにとどまっている。しかし、こうした数字だけで考えていては、中学校の義務教育化以降、スクールバスの運行が普及するまで、先述した石切、勝坂、大沢のように徒歩や自転車で片道一時間をはるかに超える通学をしていた地域があったことを見落としてしまう。過疎化が始まる前に、こうした過酷な通学の負担を山村が抱え込んでいたことは、住民たちのその後の選択に、大きな影響を与えたのではないだろうか。昭和四十年代のこうした議論では、統廃合に目を向けながら、すでに過大な負担を二十年以上抱えてきた地域があることは問題意識から外れているように思える。一方で当時から学校統廃合が過疎化を進行させることへの危機感があったこと、それにもかかわらず、現在に至るまで「適正化」という大義のもと、実は人口の流出という危機を招きかねない学校統廃合が進められていることを問題として浮き彫りにするのが、これらの報告・論考の成果であろう。

4　鳥羽市離島の合併と学校統廃合

ここで比較のため、三重県鳥羽市答志を中心に、鳥羽市の離島と市町村合併、そして学校統廃合の影響についてみていこう。この事例を取りあげるのは、答志地区は先に述べた旧気多村地域と比して、過疎高齢化の度合いが緩く、今も旧答志村（答志及び答志和具）を学区とする小学校、中学校が存続している点で、非常に対照的であるためである。

まずは現在の答志地区の概要について述べてみよう。答志島は鳥羽港の東に位置する。地形的に菅島と相対する形になる。両島に挟まれた海を鳥羽と愛知県田原市伊良湖を結ぶ伊勢湾フェリーや鳥羽と離島を結ぶ鳥羽市営定期船が往来する。答志島には桃取、答志和具、答志の三地区がありそれぞれに市営定期船の発着所がある。鳥羽側の発着所は佐田浜と中之郷の二カ所である。中之郷は鳥羽市街地に近い。一方で佐田浜には広大な市営駐車場があり、離島の人々もここに車を駐車している。また、近畿日本鉄道とＪＲ参宮線の鳥羽駅も佐田浜から徒歩連絡となる。答志までの所要時間は三〇分から五七分程度である。所要時間が長い便は菅島も経由する船で、ほとんどの便は四〇分以内で佐田浜に着く。答志までの便数は八往復である。

産業の中心は漁業である。二〇〇八年度漁業センサスによると、営んだ漁業種類別経営体数はノリ類養殖一一、小

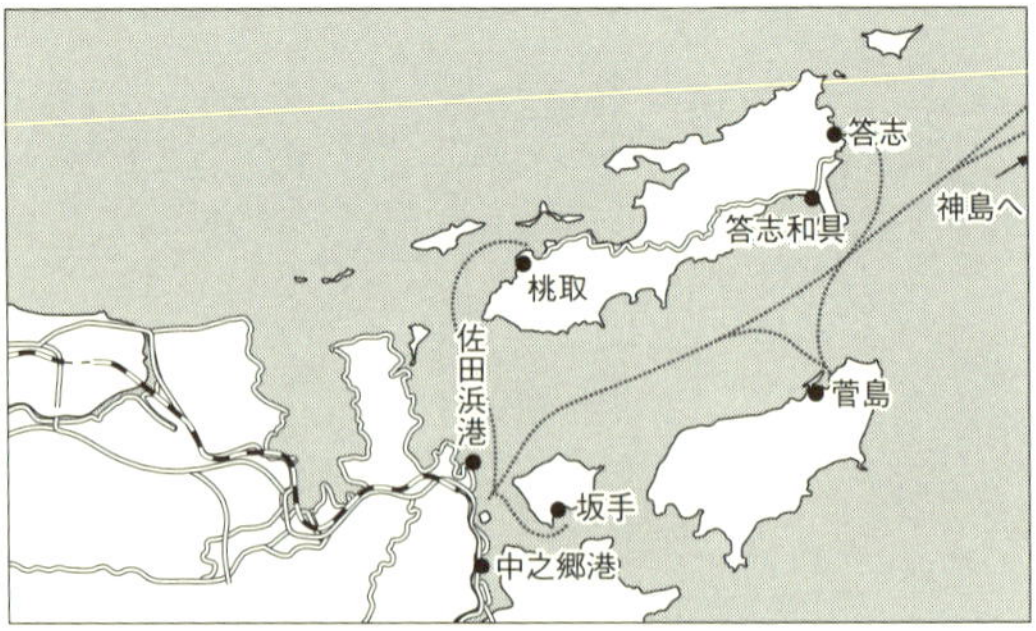

図３　鳥羽市の離島と市営船発着港

型底曳き網二五、船曳き網三七、刺網六四、延縄一九、釣り八〇、海女五五となる。網、釣り漁の主な種類を聞き取り調査の結果から補うと、伊勢エビ底刺し網、カサゴ延縄、サヨリ・コウナゴ曳き網、タコ壺漁、タイ・スズキ一本釣り、カタクチイワシ・シラス曳き網がある。養殖のノリ、海女漁業によるアワビ、サザエ、タコ壺、網漁の伊勢エビ、釣り漁のタイなど市場価値の高いものが多く、漁業の環境には恵まれているといえよう。

　また、中小規模の漁業を組み合わせて生計を維持するケースの多さも注目される。同じく二〇〇八年度漁業センサスの数字を引くと、漁業経営体数は一五四あり、個人経営体はそのうち一一四をしめる。また、一一三の経営体が二種類以上の漁を営んでいる。そして、一〇〇トン以上の船を所有する経営体はなく、三トンから二〇トンの動力漁船を使う経営体が一〇六を占める。このように二種類以上の中小規模漁業を組み合わせる経営体を中心にしながら、一二四の経営体は販売金額五〇〇万円以上、五五の経営体が一千万円以上を計上している。最も数が多いのは、販売金額八〇〇万円から一千万円の四一である。

　これらの統計からは中小規模の漁業が盛んに行われ、地域の維持に貢献している様子が読み取れる。この状況を民俗慣行の面から裏打ちするのが、漁師を育成する方法である。答志といえば、民俗学では寝屋子慣行の残るムラとして知られてきた。家の長男が一定の年齢になると寝屋子宿に集い、共同生活を送る社会制度である。興味深いことに、『離島振興三十年史』では答志島は鳥羽市の離島の中で長男の定着率が最も高いという指摘がある。寝屋子慣行が貢献した可能性は大いにあるといえよう。そして、学校を出た長男は親と共同で漁に出ることから漁業を習い始める。やがて結婚してある程度の年齢[11]になると、シンショウユズリワタシと称して船を相続させ、家計を渡す。つまり、外に出て大きな船に乗り組むのとは異なる、家族経営の漁業が前提となった民俗慣行が成立しているのである。こうした社会制度と、中小型船で取り組める漁業環境が答志地区の漁業を今も盛んなものにしているのである。

こうした環境を背景に、答志地区の平成二十六年三月末日時点の人口は三四六世帯一二〇七人となっている。高齢化率三一・二パーセントは鳥羽市の離島のなかで最も低い数値である。平成十五年三月末日の三四〇世帯一四九八人、高齢化率二六・二パーセントに対し、離島という条件下にもかかわらず過疎高齢化の進行は緩やかで、よく人口を保っていると評価できよう[12]。少子化により寝屋子の数は減っているが、現在まで寝屋子慣行は維持されている。

答志地区の場合、こうして人口を維持できている背景に、漁業を取り巻く環境に加え、鳥羽市との合併をあげることができる。答志を含む鳥羽市の離島が鳥羽市への合併を行ったのは「昭和の大合併」といわれる昭和二十九（一九五四）年のことである。その背景には、海上国道設置の要望があった。答志村、桃取村、菅島村、神島村の村長連名で提出した昭和二十八年七月一一日の「海上国道設置方陳情書」には「最近町村合併の問題はいよいよ具体化の段階に近ず《ママ》きつつあるやうに推察致すものでありますが、それにつけても私ども離島に関する限りその間の交通整備は絶対的基本条件でありまして、これを伴わない町村合併などは単なる形式的空文たるに過ぎません[13]」とまで述べている。答志にとっては交通路の確保が市町村合併に求める最大のメリットだったのである。

合併前には鳥羽港と離島の間を民間の航路が運行していた。答志村の場合、五トンと二〇トンの船が各一隻、速度は七ノットで定員は四二人と五〇人、一日に三航海（一・五往復）していた。これに対し、前記陳情書の要望内容は二〇トン船二隻、速度は一〇ノット、定員一〇〇人、一日三往復である。便数、定員の面で倍以上の利便性を求めたのである。ちなみに、神島村、菅島村、桃取村各線は五トン船一隻、一〇ノット、定員六五人、一日三往復を要望した。この各村にあった民間航路は、桃取五トン船一隻、七ノット、定員一五人、一日三航海、菅島五トンおよび六トン各一隻、定員各一五人、七ノット、一日二航海、神島一二トン一隻、定員四一人、八ノット、一日一航海であった[14]。

この要望には教育問題も関わっていた。陳情書には「教育の機会均等は憲法並びに教育基本法の規定するところでありますが、離島民の子弟は甚だしい差別的条件下に置かれています」[15]との一節がある。小中学校は各村に置かれていたわけだから、ここで問題になるのは高校である。この当時、高校通学者が答志に二一人、桃取に二九人、菅島に六人いたという。

こうして鳥羽市へ合併されたことが、現在まで航路が確保されていることにつながっている。海上国道は離島を経由せずに伊良湖（愛知県田原市）と鳥羽を直行で結ぶ伊勢湾フェリーとなっているが、各離島には鳥羽市の市営定期船が運航され、前述のように答志までは日帰りの通学も可能な所要時間で結ばれているのである。そしてそのことは、離島で若い人たちが暮らしていくことにも貢献している。鳥羽高校によると、平成二十六年現在船のみで通学している生徒が一人、船とバスで通学している生徒が一八人、船と自転車で通学している生徒が三人、合計二二人の生徒が船を利用して通っているのである[16]。さらに、船と乗り継ぎで通学ルートを形成するバス路線も、三重交通の一般路線バス廃止に伴い、平成十九年から鳥羽市による自主運行バス（運行は三重交通に委託）となっている。鳥羽市の一部となっていることが、交通路の確保に役立ち、また少子化の進むなかでも若い世代が島に残ることにもつながっているといえる。答志島、菅島からの航路がすべて内海を航行し、欠航がほぼないという地の利もあるが、市町村合併をうまく地域の存続につなげた例といえるのではないだろうか。

一方、小中学校に注目してみると、鳥羽市の離島集落の中で、小学校が統合されたのは平成二十四年度限りで廃校となった坂手小学校のみである。中学校は、菅島、桃取の中学校が昭和五十四年に加茂中学校区の安楽島地区とともに鳥羽東中学校へ統合され、坂手中学校は昭和二十三年に鳥羽東中学校の前身の一つである鳥羽中学校に統合されている。一方で、答志と答志和具を学区とする答志中学校は今も島に残っている。また、神島も小中学校ともに島に残っている。なお、坂手では保育所も平成二十年から休止となっているが、これは鳥羽市の離島中唯一である。

答志中学校と神島中学校では存続の理由が若干異なる。鳥羽東中学校区に組み込まれた、坂手、桃取、菅島への各航路はすべて内海のみを運行し、欠航の心配が少ないのに対し、伊勢湾口に位置する神島への航路は欠航になることが比較的多いため、義務教育を島内で完結させる必要があるのである。神島中学校の平成二十五年度の生徒数は五人に過ぎない。一方、答志中学校は先述の事情から若い世代が比較的残っていることを背景に、同年度に五九人が在籍している[17]。

ところで、小中学校ともに統合され、保育所も休止となっている坂手地区は、他地区と比べてどのような条件の違いがあったのだろうか。坂手島は人が住む鳥羽市の離島の中ではもっとも鳥羽市街地に近い。現在の市営船でいうと、佐田浜まで一〇分、中之郷まで八分と所要時間は最も短い。本数も佐田浜、中之郷合わせて一四・五往復と答志よりも多い。ところが、これがかえって仇となったのである。鳥羽には旧神鋼電機、現シンフォニアテクノロジーの工場がある。一九一七年に鳥羽造船所内に作られた電機部門をルーツとする。旧工場は中之郷の至近、現在の鳥羽水族館（一九五五年開館）の位置にあり、坂手からは目と鼻の先であった。船の所要時間の短さと工場の立地から、坂手では工場へ働きに行く人が多かったのである。このため、答志よりも漁業離れが進んだ。現在坂手の漁業経営体数は二八あり、そのうち販売金額が一〇〇万円未満の経営体が一九を占め、五〇〇万円以上を販売する経営体は一しかない[18]。一五四のうち一二四が五〇〇万円以上を販売する答志の漁業とは対照的である。

そして、漁業ではなく、島外の第二次、第三次産業に依存したことは、市営船の利便性にもかかわらず、島の人口維持に貢献しなかったのである。現在の坂手の人口は二三五世帯三九八人。高齢化率五六・五パーセントは港から距離の離れた神島より高く、鳥羽市の離島で最も高齢化が進んでいる。面積が狭く、もとの人口が少ないとはいえ、最も所要時間の短い離島が、最も過疎高齢化が進行しているという状況は注目に値する。

この状況を神島と比較してみよう。神島までの市営定期船は一日四往復、所要時間は佐田浜発着で三五分から四〇分である。便数は少ないが、高速船を使う便か、他の島に寄港せず直行する便のどちらかであるため、所要時間では答志と遜色ない。ただし、先述のように他島への便と比べ欠航になることが多い。なお、伊良湖との間は神島観光船が所要一五分で四往復運航されているが、冬季は便数が半分になる。また、運賃は鳥羽行きの市営船の方が安い。神島の人口は一七二世帯四〇四人で世帯数は坂手より少ないが、人口はわずかに上回る。高齢化率は四七・三パーセントで坂手に次いで鳥羽市の離島では高齢化率が高い[19]。つまり、一世帯当たりの人員では坂手を上回っているが、人口の規模ではよく似た状況にあるといえる。しかし、先述のように距離的、地形的条件から、保育所から中学校まで島内にそろい、高校進学までは外に出る必要はない。

また、産業面ではやはり漁業に際立った違いが見られる。神島では漁業経営体五四のうち、販売金額五〇〇万円以下が二五に対し、五〇〇万円以上が二九、そのうち一千万円以上が一〇ある[20]。自給的な漁業経営体も多いが、主たる生計の維持手段としての漁業も生きている、とみることができよう。また、坂手と比較すると、製造業の事業所の数が坂手の四に対して、神島は四〇と大きく開いている。神島の地勢からいって、ほとんどが水産加工業であるとみていいだろう。なお、宿泊・飲食業の数は坂手の一二に対し神島は一九と大きな差はない。また、卸売り・小売り業でみても坂手が九に対し神島が一四とこれも大きな差はない[21]。つまり、産業面では漁業と関連する製造業の状況が坂手と神島の差であるといえる。

こうした教育、産業面での違いが、坂手と神島の人口の動向にも反映していると考えられる。先述のように、現在の集落の規模は似通っている両地区だが、若い世代の動向に注目すると、大きな違いがある。平成十二年の国勢調査から、平成二十二年の国勢調査までの推移で検討してみよう。平成十二年、坂手の人口は六九八人で、一四歳以下は六八人である。一方、神島の人口は五三四人、一四歳以下は六三人である。この時点では、両地区に大きな差はなかったといってよいだろう。そして、平成二十二年、坂手の人口は四二三人で、一〇年間で四割近くの減少を見せている。子どもの減少はさらに深刻で、一四歳以下の人口は一六人、七六パーセントも減っている。一方の神島は、人口は四〇二人、約二五パーセント減、一四歳以下の人口は三四人、四六パーセント減と、少子高齢化は進行しているとはいえ、坂手と比較すれば、交通の不安定な離島という条件にも関わらず進行の度合いが緩やかである。さらに、若い就業世代の人口がどの程度流出しているかを見るため、平成十二年の二〇歳から三四歳の人口と、同じ世代の一〇年後である平成二二年の三〇歳から四四歳の人口を比較してみよう。坂手では、四六人から二一人と、一〇年間で半分近くになっている。男性は一九人から一一人、女性は二七人から一〇人と推移している。一方、神島は四二人から四一人と、一人減にとどまる。男女別では男性が二四人から二六人とむしろ増え、女性は一八人から一五人となり、女性が結婚して島外に出ても、その分島にやってくる人もいる状況が読み取れる。

このような数値から、高齢化率、人口で似た数字を示している坂手と神島ではあるが、坂手の方がより深刻な状況に置かれていることがわかる。そして、両地区の違いを考えたときに、漁業と関連産業の動向と、義務教育までが島内で完結できるか、の二点が際立った違いであることに留意すべきであろう。

なお、同じ学校統合の対象になった地区でも、桃取と菅島は坂手とは異なる様相を見せている。菅島の高齢化率は三二・六パーセントで答志とほぼ同等の数値である。やはり漁業が盛んで、販売金額五〇〇万円以上の経営体が過半数を占める。菅島ではとくに海藻の養殖で人数は少ないながらも安定して新規就労者がいるという。なお、菅島には砕石用の採石場もある。桃取は高齢化率四三パーセントで答志、和具、菅島よりは過疎高齢化が進んではいるが、漁業が盛んなことは他と変わらず、特にノリ・ワカメ養殖があわせて三六と、漁業経営体数八七の四割を占める。販売金額五〇〇万円以上の経営体が四七とやはり過半数を占めている[22]。つまり、この両地区は、漁業という基盤がしっかりしていることから学校統廃合の影響を最小限にとどめ、過疎化の進行を緩やかにしているとみることができる。鳥羽市の離島中、際立って少子高齢化の進む坂手の例は、産業も教育も島外に依存したとき、島への交通の利便性がどれだけ高くても、島は寂れるのだということを示しているといえよう。また、現在坂手で起こっていることが、昭和四〇年代に石切や勝坂で起きたことだとみることもできる。

ここまで述べてきたように、鳥羽市の離島部では場所により漁業を中心とした民俗にどのような変化が起きているか違いが生まれている。ただ、人口の維持に成功している答志、答志和具、桃取、菅島の各地区は昭和の大合併を、定期航路の確保というメリットに変えてうまく活用したといえる。また、中学校が統合された桃取と菅島は、安定した定期航路の存在により、学校統廃合の影響を最小限にとどめている。一方で、鳥羽市が定期航路が気候の影響を受けやすい神島に学校を残していることは、神島の過疎高齢化の緩和に貢献し、民俗の維持に役立っているといえる。

ところで、学校が地元にある、漁業と関連産業を中心とした生活を維持している、安定した定期航路があるという条件のそろった鳥羽市の離島の状況を見ると、廃村や限界集落となった山村との違いは何だったのか、考えさせられる。旧気多村地域と鳥羽市の離島部を比べてみると、海藻養殖や動力船の導入などで漁業は変化しながら継続されてきたのに対し、林業が木材の輸入自由化以後衰退に任せるのみだったことが大きな違いであったといえるのはもちろんである。

しかし一方で、中学校の存在が非常に大きな違いであることも確かであろう。中学校までが義務教育とされた昭和二十二年、答志（答志和具を含む）、桃取、菅島、神島はすべて別々の村であった。それゆえに、それぞれに中学校を構えることができ、子どもたちが通学に苦労することはなかった。現在は統合された中学校もあるとはいえ、今の定期船の性能あってのことであり、本数の少ない民間航路しかなかった昭和二十二年の段階で一つの中学校しか構えることができなかったらどうなっていただろうか。一方、明治の大合併で旧気多村になっていた各地域は、行政村の中心部である気田にしか中学校が置かれず、過大な通学負担を強いられた。そのことが人口の流出の一因となり、主たる生業の林業の衰退と相俟って、過疎高齢化を急速に進行させ、昭和の大合併で誕生した春野町は、平成の大合併を前に自らの手で町内の中学校を一つに統合した。特に過疎高齢化が緩やかな答志の状況と比べてみたとき、昭和二十二年の段階で中学校が置かれたか置かれなかったかの差は、生業の違いを差し引いても大きかったというべきであろう。学校の存在と生業の存立の両方が、山村や海村の盛衰を左右してきたことは明らかである。

おわりに

平成の大合併の一因には、地方自治体の財政危機があった。その財政危機の原因の一つは、過疎高齢化の進行により地方自治体の税収が減少していることである。では、その過疎高齢化はどのような原因で起きているのか。その一つは政策的にいえば雇用の問題であろう。それは民俗的に捉えれば生業の問題である。ゆえに、農業、林業、漁業の動向が農村、山村、漁村の存立を左右するのは当然である。一方で、学校統廃合が与える影響はどの程度視野に入れられてきただろうか。本稿で見てきたような地域の実情を考えれば、子どもが減ったから学校の統廃合をし、これによって教育上の効果が上がるはずという単純な論理だけで捉えることは許されない。旧気多村地域の例で振り返ってみよう。昭和二十二年、中学校の義務教育化の段階で、すでに過大な通学負担という問題が生じ、人口流出の原因の一つを作っていた。昭和三十年代には木材の輸入自由化とともに林業の衰退、人口の流出が始まり、四十年代には林業の衰退と小学校の統廃合が重なって、いよいよ人口減少が加速していく。それも、青年団の活動ができなくなっていくレベルの高齢化が進行する。そして将来の財政の見通しに危機感を持った春野町は、平成の大合併で浜松市への合併を選択し、そして浜松市になる前に自らの手で中学校の統合を行う。このように、市町村合併と学校統廃合、生業とそれに関わる政策は複合的に絡み合って現在の状況を作り出しているのである。このことがもっと意識されなければならないのではないか。

旧気多村地域の状況と裏返しに、生業として成り立たせることのできる漁業、昭和五十四年まで各地区に一つ維持されていた中学校、いまも各地区に置かれる小学校という条件を持つ鳥羽市離島部の各地区は、島外での労働に依存した坂手地区を除けば、過疎高齢化を緩やかにし今も地区の活気を保つことに成功している。ここでも、生業と学校の問題とは絡みあって作用している。同時に、この事例では、中学校義務教育化の段階では各地区が行政村として分かれていたことで、過大な通学負担の発生を防ぎ、昭和の大合併で鳥羽市の一部となったことは定期航路の確保という重要な面でうまく作用した。行政単位の変遷をうまく地域の存立に結びつけた事例であると評価することができる。この点でも、合併のメリットが特に表れていない、むしろ明治の大合併による行政区画に従って中学校を設置し、過疎化の遠因を作ってしまった旧気多村とは対照的であった。

市町村合併、学校統廃合、そして生業を基盤とした民俗は、別々に存在するのではなく、複合的に影響を与えあっている。しかし、市町村合併や学校統廃合を進める為政者、行政の側はそう認識しているだろうか。おそらく、一つ一つの政策は、多くの限界集落や廃村を生じさせるとは想定していないであろう。しかし、それらの政策が集まると、結局は複合的に作用して廃村に追い込まれる地域を作ってしまっている。日本創成会議が「消滅可能性都市」を発表して物議を醸し、政府は地方創成という看板を掲げて各自治体に総合戦略の作成を求めるとしたのと同じ年に、文部科学省は、伊ヶ崎・小島が早くも昭和四十四年の段階で小学校の四一パーセント、中学校の五五パーセントで守られていない実態を指摘した通学距離による統廃合の基準案の緩和を検討していた。その結果が平成二十七年一月に「公立小学校・中学校の適正規模・適正配置等に関する手引」として公表された。統廃合は各自治体の判断に任せるとはいいながら、この手引きを配布し、統廃合を促すという。

すでに守られていない基準を緩和して現状を追認し、さらに統廃合を求めれば、より過酷な通学環境を伴う統廃合が行われるケースも出てくる可能性は否定できないであろう。これは一体「消滅可能性都市」の発表をどのように受けとめ、政府の「地方創成」という看板をどのように解釈した結果の政策なのであろうか。本稿で取りあげた事例と、これから進められる学校統廃合策の結果がどの程度重なりあうかはわからない。しかし、これらの事例から学ぶことはないのであろうか。本稿で取りあげた事例は一部ではあるが、多くの限界集落、廃村の事例を分析して、市町村合併、学校統廃合がどのような結果を引き起こしているか多角的に評価していく必要があることを示しているといえる。

〔註〕

(1) 浜松市ホームページで平成二十四年三月五日閲覧。なお、現在当該ページは削除されている。

(2) 以下の旧気多村地域の統計数値は『春野町統計書』および国勢調査の統計による。

(3) 『春野町史　資料編三　近現代』七五四頁。

(4) 『春野町史』通史編下巻　一九九九年　春野町、八四六〜八四七頁。

(5) 小島喜孝「A分科会一六　過疎と学校統廃合問題　小規模校をどうみるか」『教育』二九六号、国土社、一九七三年、六八〜七一頁。

(6) 小島前掲書、七一頁。

(7) 小島前掲書、六九頁。

(8) 高橋正吾「問題別懇談会一四　過疎と学校統廃合　学校統廃合と教師」『教育』三一〇号、国土社、一九七四年、一六六〜一六七頁。

(9) 伊ヶ崎暁生・小島喜孝「過疎問題と学校統廃合」『日本の科学者』第八巻一号、日本科学者会議、一九七三年、一七〜二二頁。

(10) 伊ヶ崎・小島前掲書　二一頁。

(11) 家によって異なるが、三〇代が多いという。

(12) ここまで鳥羽市の人口統計は鳥羽市発表の数値をホームページで二〇一四年六月一二日閲覧［http://www.city.toba.mie.jp/kikaku/toukei/21tukibetuzinkou/15nen/documents/15nenn3gatu.pdf および http://www.city.toba.mie.jp/kikaku/toukei/21tukibetuzinkou/26nen/documents/h26nenn3gatu.pdf］。

(13) 浜口卯之助『離島の横顔　答志村長回顧録』私家版、一九五九年、一三頁。

(14) 浜口前掲書。

(15) 前掲註(13)。

(16) 鳥羽高校ホームページの生徒の通学状況実態［www.mie-c.ed.jp/htoba/html/schoolannai2.html］による。二〇一四年六月一二日閲覧。

(17) 鳥羽市ホームページ掲載の統計「幼稚園・小学校・中学校児童生徒数・学級数・教員数　平成26年5月1日現在」による。［http://www.city.toba.mie.jp/kikaku/toukei/5kyouiku/documents/4-6gakko.pdf］二〇一四年六月十二日閲覧。

(18) 二〇〇八年度漁業センサスによる。

(19) 前掲註(12)。

（20）前掲註（18）。
（21）ここまでの数値は平成二四年経済センサスによる。
（22）前掲註（12）および（18）。菅島の就労者の傾向については、漁協菅島支所での聞き取り（平成二十五年三月）による。

第Ⅲ部　合併に対する受容と対抗

第9章 合併する論理としない論理

——隠岐諸島、島前と島後の合併プロセスを考察する

山田直巳

はじめに

平成の大合併を考えていく場合、大変興味深いのは、その地域がもつ個別的な性格とともに、当該地域住民が自己をどう捉えているかという問題が、合併の成否に深く関わってくるという点である。つまり成否の核心となるのは、その地域住民の地域への愛着であり、住民各個がそこにどれだけ関与し、あるいは貢献していきたいと考えているか、ということと「質」の問題なのではないか。もちろんその他の外在的要因を無視することはできないが、中心はやはりそこにあるように思われる。

隠岐諸島（島前《どうぜん》・島後《どうご》）を合併というフィルターにかけてみると、非常にはっきりとした対比が見て取れる。島前は合併を「時期尚早」としてとどまり、島後は合併を成し遂げた。どちらがどうと簡単に判断することはむずかしいが、一面において地政学的なありようが非常に大きく響いていることは間違いない。それはある意味で当然ともいえ、合併を国が強く求めたのも、地方交付税交付金の年々の著しい増加をなんとか抑えようという施策の現れとしてこれが

模索されたという事情を背景にしているからである。小規模の市町村をそのままに、少子高齢化が進むなら、個別の個人に手厚い行政サービスなり補助は行き渡るかもしれないが、その効率の悪さから、予算が著しく増加することは避けられない。行政サイドからいえば、当然この予算のふくらみは耐え難いものとなるであろう。

この事態を何とか抑制しようというのが、平成の大合併の大きな始発動機であった。だから、市町村の再編が避けて通れず、大規模化し集約するという施策が求められるのである。たとえば二つの地域に病院がある場合、それぞれに院長がいて、一定数の医師・看護師その他がいて、当然建物も双方に存在する。効率を考えるなら、人口減少に伴い広域化し、患者が通院するに不便が生じようとも、一方に整理統合し、院長・建物を一つにし、医師・看護師の総数も抑制し、合理化する道をたどることとなるのである。

こうすることで、人口減・産業の衰退に伴う税収の減少その他、地域社会のさまざまな側面での脆弱化に対抗しようとしているのである。しかし、島後のように一町・三村が陸続きで、一島で成り立っていれば問題は少ないのであるが、西ノ島町、知夫村、海士町の二町・一村がそれぞれ単独の島で成り立っている島前の場合どうすればよいか。合併の処方箋は容易に探しえないのではないか。いずれの島に統合したとしても、確かに効率・能率はよくなるが、その役所なり病院がなくなった島の場合、隣の島に行くにしても交通アクセスをどう取るか。特に台風、冬の日本海の荒波、雨風などの自然条件が整わない日に病人が出たらどうするか。緊急ではない一般事務であっても、隣の島では不便さが伴い、統合することで事務が合理化されるより、機能停滞のほうが目立ってしまいかねない。やや高所からいえば、行政サービスの低下と著しい格差が生じてしまうのである。

島前・島後の地政学的な問題がまずあるが、経済、社会、人口問題さらには歴史・文化的経緯にまで思いをいたすとき、実に多様で複雑な様相が見て取れ、あるいは合併に抑制的になり、時に促進する方向へと向かう。いずれにしても動き出してしまうと、途中経過の要素は軽視され、やや一瀉千里的になる傾向があるが、そのそれぞれを点検することで、合併問題に当事者がどう対応したか、その過程はどうであったか等々を、明らかにしてみたいと思う。

1　知夫「郡」の独立性

西ノ島（町）、中ノ島（海士町）、知夫里島（知夫村）の三島とその周辺の島を総称して、隠岐島前という。島前で最も大きな島は西ノ島で、次いで中ノ島、知夫里島の順で小さくなる。

島前は、隠岐諸島全体が隠岐郡に統一されるまでは、知夫郡・海士郡であった。また島後は周吉郡・穏地郡で成り立っていた。実は文化的まとまりを考えるうえで、郡という区画の取り方、その地域的広がりの区切りは、興味深いものであるように思われる。そこには、郡ごとに一定の文化的まとまりがあり、人々の親密度、ある種の求心力が郡ごとに働いていると思われるからである。たとえば、祭りの参加エリアの広がり、盆踊りの参加エリアなどそこでの様々な交流が広がっていくとき、いくつもの輪ができて、その輪の数がこれ以上は広がらないといった限界点が郡なのではないか。その内部にはある種の文化の均質性が認められる、と思う。そこに内と外という境界があるのではないか、とも考えられるのである。

さて知夫郡は現在の知夫里島と西ノ島で成り立っていた。島の面積としては、西ノ島のほうが知夫里島よりはるかに広い。であるのに知夫里島を代表のように郡の名に冠しているのは、本土から船を向けるときまさにこの知夫里島に向かって、航行することになるからである。西ノ島町はさらに二つの地域に分割される。旧黒木村と旧浦郷町である。合併（昭和三十二年）して西ノ島町となるのであるが、黒木村は水田が多く、山を管理し、立ち木を伐採し（昭和二十五～三十年）、製材業を営む者があるなど、農村といった生業的環境があった。対して、浦郷町はその元の村名「浦之郷村」からもわかるように漁業の町であった。初期は沿岸漁業であるが、時とともに大規模となり、昭和初期には船団を組んで巻き網、巾着網など東シナ海にまで及ぶ漁業展開領域を持っていた。西風が強く、まともな木が育たないといわれ、水田も戦後の引揚者の多かった時代は別として、非常に少ない。戦後、引揚者によって西ノ島の人口は急激に増加し、昭和二十五年の七四六三人をピークに昭和四十年頃より急激に減少に転じ、平成に入ると四二八五人となる。ほぼ半減するわけである。旧黒木村と旧浦郷町の産業は、田畑、養蚕、畜産、漁業、林業といったもので共通するが、右に述べたように、田畑・林業に個性を発揮する旧黒木村に対し、旧浦郷町は養蚕・畜産、とりわけ漁業に個性を見せる。牧畑という輪転式農耕も旧浦郷町に強い特色で、今は多くが荒地となり、見る影もないが、昭和二十年頃は段々畑が「耕して天に登る」といった景観を呈していた。

昭和四十年代から離島ブームに乗って観光に光が当たる。昭和四十八年にはピークを迎え、旧国鉄のキャンペーン「ディスカバー・ジャパン」にものって、この年一年間で一七万人の観光客が西ノ島町にやってきた。この第三次産業の成功によって、大きく産業構造が変わり、安定するかに思われたが、この年の暮れのオイルショックにより、以後観光客は減少していく。その後も観光は厳しさを加え、離島ブームを支えた若者は、海外へと目を向けることになっていく。現状で知夫郡の経済収支を整理すると第一次産業の低下と、二次・三次産業の拡大という一般的状況が見て取れるのである。

ところで、平成二十六年現在、西ノ島の三度《みたべ》地区にいってみると、かつての小学校跡があり、畜産振興基金で作られたホールのような地区会議所があり、密集した住宅が川の両岸に建っている。しかし、ほとんどが空き家である。小さな商店を営んでいたことがその看板から推察できるが、これまた空き家である。暮れ方になると、わずかに灯の入る家があるに過ぎず、放牧の牛の鳴き声が妙に身に沁みる。牧畑の名残が全面的に畜産に受け継がれたからである。西ノ島町で最も早く上水道が入り、幼稚園が開設され、もちろん小学校があり、活気があった三度地区は、五〇年の歳月とはなはだしい人口減という社会構造の激変によって、いまや高齢のわずかの住民を残した忘れられた地区になりつつある。

旧浦郷町は、浦郷、赤《しゃく》ノ江、三度、珍崎の四地区に分かれるが、三度、珍崎はその存続がかなり厳しい。珍崎は三度ほどではないが、状況はあまり変わらない。人々は松江、大阪など本土に移住し、わずかであるが島に残った人々も浦郷、赤ノ江地区に移ってしまったのである。残った人は、高齢者が多いこともあり、日用品の買い物などで町のミニバスを出してもらえるが、不便であることに変わりはない。三度の村が見渡せる高台に上ってみると、狭い入り江に注ぐ川の両岸に住宅がひしめき、行き来に便利なように幾つも渡されたコンクリートの橋がある。それらを眺めていると、かつての賑わいの声がその空き家となった両岸から響いてくるような深い印象が残った。

さて知夫郡、とりわけ西ノ島町の状況は、旧黒木村と旧浦郷町との生業特色における違いが文化的あるいは住民の生活感覚のうえに大きな影を落としており、農村的な旧黒木村と漁村的旧浦郷町という形でお互い独立的な雰囲気を作り出していた。旧黒木村は「黒木御所」の所在地であり、後醍醐天皇が元弘の変（一三三二年）によって隠岐に御遷幸、約一年間滞在されたとする場所である。その因縁からか、雰囲気として自ら誇るところが黒木にはあるという。農村的で、安定的・継続的な村運営のあり方が好まれるという。対して浦郷は漁業的一攫千金的雰囲気があり、賭け事も好きな文化的様相があるという。先にも述べたが、昭和三十二年に合併した後も両者が自ら中心だと感じており、役場庁舎をどちらに作るか、中学校の設置場所をどこにするか、といった問題に関し、常に自分たちの地域にすべきだと主張し、役場統合までに二年半近くを要した。

以上、同じ「知夫郡」内にあっても、黒木村と浦郷町ではそれぞれ独立の雰囲気を保ち、「アイデンティティにおいて、統合された西ノ島町になっていかない」という事情を見て取ることができる。要するに田畑、養蚕、畜産、林業などその産業構造は第一次産業であり、どちらにも各業はあるのであって、あくまで傾向であるに過ぎないのであるが、農村的と漁村的という雰囲気の対立は、事あるごとに顕になるのであった。

2　西ノ島町の自己分析

次に西ノ島町でのインタビュー結果を整理しておこう。

ずばり合併に到らなかった点を尋ねた。

最大の理由は、地理的・自然的条件である、と。合併というのは、さまざまな意味での効率化が目的である。交付税の額の削減、行政の効率化が可能かどうか、に関わる。合併しても海があり、住民票と戸籍の届出を除けば、すべて一カ所に集約することは不可能である。ということは合併しても、保険、老人介護など残さねばならない行政サービスは多い。合併しても以前同様に支所が存在するなら、効率化ではない。単に首長の数が一人減るといったものにならざるを得ない。つまり効率化ができないのである。西ノ島、中ノ島、知夫利島に橋が架かっていれば話は別だが、交通、移動手段が船である限り、このテーマは残り続ける。冬場など何日も連絡船が来ない日が続く。野菜など生鮮食料品やその他食料にいたる逼迫さえある。そこでは常に我慢が求められる。このような中で重複する行政機関の統廃合など望むべくもない。要するに、船が交通アクセスの手段である限り、無理ではないか。

一方、島後が隠岐の島町としてまとまったのは、西郷町が全島の中で、社会経済的に圧倒的な優位に立っていたからである。しかも一つの島に布施・五箇・都万の三村、西郷一町があった。すべて陸続きなのである。さらに大型船の船着場、大スーパー、病院、高校など重要な施設がすべて西郷町にあった。布施・五箇・都万の各村とは対等合併といっても、力に差がありすぎて、争いになりようがない状況であった。したがって、合併という話になれば、比較的容易であったといえるだろう。

しかるに島前は、それらのいずれの条件も異なっていた。すべてにつき船というアクセス手段なしに、ことは運ばない。重複する行政機能といっても、陸続きでないので、重複とはならない。そのサービスは隣の島で受けてくださいと言っても、そこに行くには船が必要であり、自家用車でといったふうに自由にはできない。さらに季節によっては、船が何日も欠航するので、仮に重複があっても、効率化のためにそれをカットとはいかない。効率化できないなら、合併の意味はない。メリットなしという判定になってしまうのである。

むしろ、各町・村が自助努力すべきである。あるいは、アイデアをだして、つまり頭をつかって、新しい、成り立ちうるようなシステム、枠組みつくりに励むべきである。もちろん簡単な話ではないが、努力すべき、となる。

また、西ノ島町では、Ｕターン、Ｉターン者増加への期待を持っている。しかしこれとて、来島者に職を準備できなければ、結局去って行ってしまう。つまり産業の育成が、不可欠なのである。生活できる条件がなければ、家族を抱えた人々に島に来てほしいとはいえない。つまり人口を維持するとは、産業の維持、発展を期待しなければならないのである。来てくださった方々に、生活費をどう稼いでもらうか、それへの目途を持たなければ、とうてい無理だということになる。

産業の振興、子育て環境の充実、西ノ島町を活性化する基盤づくりが必要なのだ。西ノ島町では、漁業に活路を見出せると思う。漁業従事者用住宅を町が整備しており、そこに島外から来て住んでもらい、漁業従事もしてもらおうとの計画である。現在の西ノ島町の人口は三、一五〇人だが、漁業従事者募集で人口増加を期しているわけである。また、シルバーアルカディア政策もやった。これは年金生活のお年寄りに来てもらおうとの計画で、職探しは必要なかったが、病気の問題、健康不安、生活指導など別の問題に遭遇した。五〇人ほど集めて、これを交流人口として考えた。

また漁業振興策としては、従業員をネットで集め始めた。雑誌などの募集を含めれば、この方式を導入してから一〇年くらいになる。これはかなり成功したといえる。ただし、ここ数年漁獲高が低下しており、心配である。要するに山陰沖の魚群の顕著な減少が問題なのである。

島の生活コストが意外に高いことが問題だ。住居・交通費が安いくらいのもので、生鮮食料品、特に野菜は高価である。また、Uターン、Iターンで若者が戻ってきたとしても、生まれた子供は、高校まで、あるいは高校ですでに島外に。この人たちを戻す手段は、仕事を作る以外はないのである。

知夫・西ノ島・海士の各行政は、合併の結果を恐れている。自分の島に中心が来なかった場合だ。中心が来なければ、投資が減り、いつか廃れていくことは必定だからである。

3　民俗と地名・地域アィデンティティ

第一節で「郡」は文化・民俗の広がりの限界（境界線）であると述べた。逆に言えば、民俗・文化の一定のまとまりは、当該「郡」の中である種の均質を維持し、そこに求心力をも持っているということではないか。「郡」はそれが独立性を主張するとき、そこではその所以を説く必要があり、それはすなわち過去のある事蹟が今日につながる、というストーリー（物語）として説かれなければならないであろう。地域アィデンティティにおける地名起源譚の緊要性である。

ここで待場《まちば》神社に関わる「天照大神降臨伝説」をみてみたい。この神社は西ノ島町の三度《みたべ》港のすぐ近くにある。『隠岐　西ノ島の今昔』より該当部分を参照してみよう。

神代の昔、天鈿女命を従えた天照大神は三度の「鯛の鼻」の北にある「大神」という海の「立島」に降臨された。この島は細く天を突くような岩があたかも亀の背に乗っているような島である。ここにはこの時の「お腰掛けの石」もあるが、やがて天照大神は三度湾に船を入れて南の「長尾鼻」にある「生石島」に上陸された。（中略〕三度目には意を決してその先の集落まで行ったので、ここを「三度」というようになった。〔中略〕常に人影が見えたので、ここには「常人《じょうひと》」という地名がついた。またこの湾の「生石島」にも天照大神が腰を掛けたところから、地区の人は「お石様」と名付けて崇敬している。それに途中では水のある処を越したので、そこは「越水」という地名がついた。〔中略〕中谷正氏宅の裏にある石の上で休息された。そこでこれを「お腰掛けの岩」と言っているが、近年までこの石に注連縄を張って祀っていた。〔中略〕辺りの峰々を見回した。そこでこの山を「峰見山」と呼ぶようになった。〔中略〕あくまで仮の場所なので「仮床」という地名をつけた。〔中略〕筆に硯の水をひたして一滴落とした。するとたちまち小さな谷が一つできて、これを「硯水」といった。〔中略〕はるか東方に見える焼火山を目指して飛んでいった。鴉の飛び出した場所には「鴉床」という地名がついた。焼火山の神様は、この手紙を受け取って神勅とおぼしめし、早速聖なる大宮所を選定して報告した。それを受けて猿田彦命と天鈿女命は天照大神を焼火山の大宮所にお連れした。こうして焼火神社は天照大神をまつることになった。〔中略〕村人はこの二つの石を亡くなられた二柱の神の霊魂の寄代として崇め神社を建てて祭った。その場所は猿田彦命が天照大神を待っていたところであったので「待場《まちば》」と命名し社名も「待場神社」とした。一方、焼火山の神様は別名を「千箭《せんや》の神」といった。これは神功皇后が三韓に出征するとき、弓矢を携えて出現なされ、待場・峰美の二柱の神を引率して従軍されたからである。千の矢を放った場所は三度崎の「追矢床《おいやとこ》」であり、その矢が韓の国まで走っていったので「矢走《やばしり》」という地名もついた。軍馬を出された所は「御馬谷《みまだに》」といった。〔『隠岐　西ノ島今昔』三七三ページ、傍点は引用者〕

右の由来譚では、神話・伝承に関わる地名の全てに地名起源譚がついている。要するに神話・伝承の根拠〔起源譚〕を持たない地名は地名ではない。そういう論理に貫かれている。右に傍点を施した「三度」からはじめて、「常人」「越水」「お腰掛けの岩」「峰見山」「仮床」「硯水」「鴉床」「待場」「千箭の神」「追矢床」「矢走」「御馬谷」まで、これらは全て現在の地名である。その由来をこのように語り尽して、根拠づけているわけである。ただこの神話・伝承の起源が何時、何所にあるかは、明らかにしえない。三度の真東にある波止《はし》の焼火山、そこには焼火《たくひ》神社がある。朝日はこの方位から昇ることになるが、三度の東側は山であるのでこれに遮られ見ることはできない。伝承中にも「はるか東方に見える焼火山」とあるが、上空より俯瞰しないなら、この関係を把握することはできないはずである。しかし、記している事実は実に正確である。ここでは古風土記に見るが如き、伝承・起源譚によるアィデンティティが保たれているのである。

4　海士郡と独立自尊

海士町は後鳥羽院とともにあるといってよい。一二二一年、承久乱を経て、後鳥羽院は海士町に配流された。在島一七年、ついに帰還はならず生涯を終えた。配流の後も『隠岐本　新古今和歌集』の編纂に務め、文武両道の帝であった。西ノ島町が後醍醐天皇黒木御所をいうなら、海士町は後鳥羽院を讃えよう、というわけである。現在、隠岐神社として後鳥羽院を祀り、広大な神域と壮大な社殿に鎮まっている。そしてその前平安時代には、嵯峨天皇の怒りをかい一年少々配流となった小野篁があり、その開山と伝えられる金光寺がある。

さて、こうした歴史にもよるのであるが、海士町には開明的ともいえる気風がある。その開明性に関しては、『朝日新聞』（二〇一二年八月二八日付「島よ」欄）などで聊か情報を持っていた。そこでその確認も含めインタビューに努めたのであるが、海士町役場の方々は実に開明的であり、話は明快であった。聞き取りで合併問題を切り出すと、次のように非常に歯切れよく、論理的にかたられた。以下に、インタビューを整理しておこう。

〔合併強要は〕地方交付税交付金の切り崩しで、合併を迫るやり方であり、合併しないならどうなっても知らないぞといった、アプローチである。しかし、それを歎いていてもことは進まない。規則がないなら、合理性を前提に提案すればよい。その提案に説得力があるなら、県もこちらの提案に乗り、規則を新たに設けてくれる。積極的に社会に役立つ形で、住民第一で工夫すれば、必ず適えられると思う。

なるほどこういう行政の職員もいるのかと目が覚める思いで聴いた。
また次のようにもいう。

自立しようとする地方自治体を地方交付税交付金で縛って、自立させないようにしている。自分たちからはそのように見える。逆効果ではないかと思う。合併問題となれば、協議会が開かれるわけであるが、多くの場合、住民が聞きたくないようなこと、抵抗が予想されるようなことは伏せておく場合が多い。海士町は抜本的なことを提案した。つまり、合併の暁には、二町一村の何所に中心を持っていくのかと、最も基本的で重大な問題をきりだした。で、当時二町一村で最も新しい庁舎を持っていたのは、知夫村であった。そこで、本気で合併問題を考えるのであれば、一番小さい知夫村に合併後の中心を持っていくべきだ。そのくらい根本的な点から考える態度がないなら、とても合併問題など話題になりえない、と問題提起した。

結局、時期尚早ということで、合併問題は白紙に戻った。二町一村いずれにしても、自分の所に中心が来ないなら、何の利益もなかろう。むしろ重大なマイナスになる。仮に、それを提案するなら、どのような手段を講じても、住民に丁寧に完璧に説明し尽くして、本当に納得してくれるなら、それは提案してもよかろう、となる。行政側は、それを必ずしもやり尽していない。西ノ島町は自分の島が一番面積広く、人口が多いのだから、自分の所に中心を持ってくるのが当然、という印象であった。知夫村に中心をもって行く、くらいの覚悟がなければ、合併問題など話せないと提案すると、冗談を言っているのかと反問された。

しばしば広域処理という言葉が出てくるが、島それぞれのもっている性格は違う。補助金が削られれば、予算が少なくなるのだから、事業の規模や数が減るのは当然である。それでもよいかと、住民に向かい問いかける必要がある。住民はきちっと理解しているのか。ちゃんと説明したのか。三位一体改革で予算が減るのに、バラ色の未来といったことを語っていたのではだめだ。海士町では、合併協議会を設け、住民の皆さんによくよく理解してもらおうと努力した。当然痛みもありますと。地域としての危機感を持ってもらえたという点では、この度の合併協議会は意味があったと思う。危機感の共有、ということだ。

実は本気度が試されている。だいたい役場の職員は楽だ。それは努力しなくても指示されたことだけをやっていればよい、という考えになっているからだ。そこで自立促進プランを立て、まず役場職員の人件費の三割カットを打ち出した。つまり本気だと示す必要があった。管理職手当をカットし、それを積み立てる。身を削っていると示す。するとモチベーションが上がった。自力で海士町を助けよう。そのためにまず二割カット。最終的には三割カットへ。何度も何度も話し合い、——人によっては、そのようなことばかりいう連中とは付き合えないと、役場を辞めた人もいた。職員組合とも、自治労ともやりあった。そして、このカットは無駄ではなく、将来への投資なのだと話をもっていった。他人のためではなく、自分の息子や娘、子供たちへの——つまり未来への投資なのだと説得した。そして、ついに自分たちは、日本一安い公務員給与の体系を造ることとなった。島民と行政が相互に連携する、美しい循環モデルになればよいと思った。役場職員も自意識が高まったことで、積極的な、後ろ向きでない努力をしてくれるようになった。

町長もよく理解してくれ、制度がないなら造ればよいと。その努力をしようと。その一つが、過疎債権と辺地債権の発行であった。これは県を飛ばして、直接霞ヶ関に陳情した。県もあまり良いとは思わなかっただろうが、理に適ったものであったので、そしてまた、身を削っての訴えであったので、――つまり海士町への愛情、あるいは本気度のバロメーターであったのだ。本来上級官庁である県を飛ばして、国への陳情というのは、感心しないが、理に適い、犠牲の精神にも裏打ちされたものでもあったので、うまくいった。そこに必要なのは、意欲、努力、――モチベーション高く、皆で一丸となって、働きかければ可能だと思う。

やり方は、職員同士五～六人ずつで横のつながりを持って、リーダーシップをとり、常に考える職員であれと、……さすれば、制度も作れるし、人を動かすことができる。実はアイターンの制度も今までにないものをつくり、県をも動かしている。自助努力しないものは、受け入れられない。総務省も自助努力の上に立った、したがって、理に適ったものならば、対応してくれる。今までやってきて、それが答えだ。

意見の点検と検証について。諸準備が整ったら、訴えに訴える。制度も金もない。ではどうするか。で、子供議会を開き、子供の目を通して、という新しい意見表示のチャンネルを作った。そして、「制度を守る」から「制度を造る」と発想を転換する。でどうやったらできるか。提案型にする。つまり「楽しい」「遣る気」「遣り甲斐のある」ことが可能になったのは、仲間同士の協力があった。

次に引き継ぐには、どうしたらよいか。たとえば、高校の分校化に反対した。高校の二級化に反対した。単に海士町に高校があるかないかではなく、なくなるとしたら、そうなることで、町民の、人々の意識が変わってしまうことを心配したのだ。しかし、受験生がいないのでは話にならない。ではどうするか。いつもこれを考えている。高校生に魅力ある高校だと思ってもらえれば、志願してくれるのではないか。

・魅力をいかに造るか。
　部活をどうするか。
　勉強はどうしたらよいか。――勉強も社会に出たときに役に立つような。
　地域創造コース（町営）。

夢ゼミ――プレゼン活動――将来に向けて。

等といったことを考えた。

・「産業三課」の仕事について。

窓口は元日を除き出勤することとした。島民が何か提案をしたい、あるいは尋ねたいと考えたとき、役場側にこれを受け止める誰かが必ずいるという体制だ。人員も多めに配置した。それはここが役場の中でも最も重要で、島民のみならず常に世界に開かれた、情報の吸収と発信の窓としたかったからである。しかしこれを実現するには、結局少しずつ身を削らなくてはならない。つまり自助努力だ。公務員的ではないし、大変かも知れない。――ここでは、この重要性をきちっと説明できるか。責任を持ってもらえるか、が重要。確かに不平等だが、そうすることで、得るものが甚だ多いなら、それをやろうよ、という提案だ。

・新たな施策について。

職員の給与カットのことを右に言ったが、職員の給与カットによって、貯めた分の給与を早期退職した人に手当として出す、ということも考え、現実に実施している。月当たり相当額になるように、早期退職した人にプールした中から配分している。つまり規則でぎりぎりに縛って冷酷に放り出すのではなく、規則とは少し違うが仲間としての温情を示したい、というしなやかな思いがここにある。島という狭い環境の中で、改革の実を挙げるには、このようなきめ細かな、配慮が必要なのである。

・奉仕と投資について。

近視眼的損得勘定ではなく、この奉仕が将来に結びつくと感じてもらえるかどうか。それがキイポイント。今、犠牲の精神を発揮して奉仕しておいても、これは将来に対する投資なのだから、必ず還ってくるのだと感じられるかどうか。具体例として、次の施策を考えた。

給与カットして貯めたもの＝数億の財源がある。これを子育て支援に回す。

アイデア→子供が一人生まれたら　一〇万円支給
　　　　子供が二人生まれたら　二〇万円支給
　　　　子供が三人生まれたら　五〇万円支給
　　　　子供が四人生まれたら　一〇〇万円支給

仮に、四人生まれた人が、一〇〇万円もらって、翌年他地域に転出してしまってもよいではないか。それくらい、「暖かい行政」という視点も必要ではないか。もしこれが給与カットで浮いた分でなく、税金であったら、このような温情は通らない。そこが味噌だと。

以上、インタビューを終えて、具体的現実的な問題は、伺った言葉や思想を超えて、複雑で困難であるだろうと思うが、この精神でやるなら必ずや一定の成果が期待できるに違いないと確信を深めた。本稿の冒頭で、合併問題が良い意味で深まるには、地域住民の地域への愛着、住民各個が地域に対してどれだけ関与あるいは貢献したいと考えているかが重大だと記したが、海士町役場の方々の言葉は、まさにずばりそのことを指摘していて、深い感銘を受けた。

朝日新聞の記事から。

海士町の行財政改革、あるいは生き残り策をテーマに朝日新聞が追い続けたフォローアップ記事を次に紹介しよう。僅かに五本の記事であるが、右にインタビューで伺った内容の具体化が記されている。実感を深めたところである。

二〇一二年八月十二　日　「リレーおぴにおん」　あま環境ネットワーク事務局員
　　　　　　　　　　　　福岡県から移住。

二〇一二年十月二一日　「島留学　育む自立」　生徒減の高校、首都圏でPR。
　　　　　　　　　　　「オープンスクールには、島外から中学生や保護者らが集まった。（海士町隠岐、島前高校）」。

二〇一二年一二月十三日　「オピニオン」「留学のよそ者と島への愛着育むブーメランになれ」「高校が過疎を救

二〇一三年一月四日　　「島根県立隠岐島前高校　魅力化コーディネーター」。
二〇一四年九月二十一日　「上州フロントランナー」「「海なし県人隠岐で奮闘中」「食は命の根源」「ナマコ加工し輸出」。
「島留学」田舎こそ最先端」「高校が町の未来を作る。六年間減り続けた人口が増加に転じ、二年間で六二人増加」。

5　合併に至らなかった島前

島前は合併に至らなかったのであるが、そこにはどのような背景が考えられるだろうか。次に島前の「合併協議会最終案」（『任意合併協議会だより』第九号＜最終号＞平成十五年十二月二十四日）を点検してみたい。【海士町案】のポイントを挙げてみると、次のようになる。

まず住民の意向を最大限汲み取ろうとしたことがある。具体的には、町民との「合併問題座談会」を実施し、財政シミュレーション、行政サービスを軸に合併の是非を話し合った。さらに合併問題に詳しい専門家、過去に合併を経験した島嶼地域の事例を学ぶため「合併問題を考える町民集会」などを実施し、合併問題を検討した。最後には町民の合併に対する意識調査をするためにアンケートも実施した。

その結果、合併の方式、支所機能、議員定数・任期・選挙区などではほぼ折り合えるところまで来た。しかし、「合併本来の目的である自治能力の向上、行政（経費）の効率化及び財政基盤の強化といった点については、離島という地理的条件の下ではデメリットが先行し、メリット、特に行財政力の向上は期待できませんでした。更に今年四月からは島前内航船の充実化により三町村間の交通の利便性は向上致しましたが、まだまだ日常生活圏はそれぞれの島で完結しており、交流人口も限られ、住民の一体感は希薄なものがあります。」といっていた。つまり合併して大きな枠組みの中に位置付け、再構築するという作業ができにくいという側面を指摘していた。

つまり島という地理的条件が全てを握ってしまっていた。これを変えるには橋をかけるか、あるいは住民をどちらかの島に移住させるかしか方法がない。いずれかの島が完全に居住不可能になるなど特殊な事情が生じない限り、橋がない以上変えようがないということである。あるいは橋に近似する交通手段として、内航船を大いに増便するということも不可能ではないが、経営効率を思えば現実的ではない。

このような八方塞がりの中で、合併せず現状のままの町村で行きたいというならば、自ら成り立つような手立て（アイディア）を紡ぎ出すより他はないだろう。自助努力（紡ぎ出し）という論理である。海士町の「ないものはない」といった宣言や公務員らしからぬ公務員の登場、こよなく海士町を愛するという強い思い入れに基づく様々な施策、等々はそのような背景から生み出されていった。その結果、平成二十六年海士町は全国でも稀な人口増加地区となり、海士高校が二クラス（島留学）になり幼稚園児が待機となる（ＮＨＫ平成二十七年一月「クローズアップ現代」）など具体的成果をあげえたのである。

たとえば合併の拒否が可能となるには、システム化された自助努力が功を奏するか否か、ということではなかろうか。闇雲に努力すれば何でも可能になるなどということはないが、海士町にみられるように、一定の人々の深い思いと行政の組織化と人々の協力があれば、可能なのではないか。自分の島の個性豊かな文化を育み、長らく保持して行きたいと願うならば、この道が最も捷径であるように思われる。

もちろん、合併に至らなかったからよいとか悪いとか論評することはできない。合併の諾否には実に多様で複雑な要素が関わっているからである。島前は合併しないという旗を立てて、それに基づき合併しないで進むという論理を立てた。それにはどうすればよいか。西ノ島町も海士町ほどではないにしても、合併しないという論理を選択した。資料編でも述べたが、先を見通した優れた施策こそが人々を救うのである。手を打たなければじり貧となるのである。

その結果を修正し、自らの道を磨いてくところに島前・島後の今後があるということであろう。

合併した島後は、新生「隠岐の島町」となり、一町三村が再編成再構築され、一つの島が一つの行政単位となったのである。行政の枠組みを大きく取り直すことで、異なった姿を見せることとなるのである。そこには組み換えや再構築という論理によって、成立してくる行政単位があらわれてくるのである。

むすび

島後の一町三村は、平成十六年十月一日をもって合併し、隠岐の島町となった。すなわち「隠岐郡西郷町、同郡布施村、同郡五箇村及び同郡都万村の廃置分合に伴う経過措置に関する協議書」が発効し、議会処理された結果である。島前の二町一村は、平成十五年十二月十四日「合併は時期尚早である」として合併を止まった。

島後の布施・都万・五箇村の人口・年齢構成、産業構造などを考えるとき、西郷町と比較するのは難しい。空港港湾などの物流・交通手段などの諸インフラがあまりに西郷町に一極集中しているからである。とても比肩することはできないのである。つまり布施・都万・五箇村に再構築以外の論理を求めても、到底適うはずのものではない。対して、島前二町一村は自助努力の論理を可能としている。島前と島後はそこに大きな差があるのであった。

［参照文献］

海士町史編纂委員会編『海士町史』一九七四年
五箇村編纂委員会編『五箇村誌』一九八九年
西郷町誌編纂委員会編『西郷町誌（上・下）』一九七六年

田中宣一・小島孝夫編『海と島のくらし』雄山閣出版、一九九一年
知夫村史編纂委員会編『知夫村史』一九八〇年
都万村誌編纂委員会編『都万村誌』一九九〇年
西ノ島町史編纂委員会編『西ノ島町史』一九七七年
布施村誌編纂委員会編『布施村誌』一九八六年
『海士人――隠岐の島・海士町／人々に出合う旅』英治出版、二〇一二年
『浦郷漁業協同組合沿革史　由良の海から』浦郷漁業協同組合、二〇〇五年
『隠岐　西ノ島のアルバム　運河のある町』西ノ島町、一九七八年
『隠岐　西ノ島の今昔』西ノ島町、一九九五年
『復刻　浦郷町史』西ノ島町役場、一九九二年
『復刻　黒木村誌』一九九二年

第10章 合併拒否の選択肢とその背景
――長野県上伊那地方を事例として

八木橋伸浩

はじめに

平成の大合併は日本全体にうねりを生じさせた大きなムーブメントであり、全国各地でその功罪や賛否、現実として受容するにあたっての昂揚感や違和感など、さまざまな声を耳にすることとなった。埼玉県熊谷市出身の私も無縁ではなく、一〇万少々と思っていた郷里の人口が合併の影響で倍近くに増え、これまで隣接する村だった場所がいつの間にか郷里のなかに組み込まれていた。大里郡妻沼町の聖天様は熊谷市の聖天様となり、秩父方面に車を走らせれば、大里郡の川本町も花園町も深谷市に編入され、深谷市の隣に寄居町が接するという違和感に私は襲われた。

行財政の改革・スリム化を旗印にした流れは急激で、もはや抗うすべもないように感じざるを得なかった。自身の地元である熊谷市は隣接町村を合併して、なんだか身の丈が大きくなって懐も豊かになったようにも思われたが、組み込まれた側に住む友人からは、アイデンティティの喪失感を含めた「ふるさと」の喪失に対する無念の思いまで聞かされることになってしまった。

図１　上伊那地方略図

合併する側とされる側、そこにはさまざまな思惑が交錯し、一枚岩の意思など存在しないことはわかっている。だからこそ、そこに功罪は生じるし、癒されることのない傷が刻み込まれることもあるのだ。地域や社会という枠組みが可変性を許容しないのであれば、私たちは非常に古い地域社会の枠組みのなかで自己を認識し続けてきたはずだ。しかし、たとえば戦国時代に領地を奪い奪われ、領主が変われば、同じことは起こっただろう。ただ、ムラはムラとしてあったから、自身の拠り所が変質してしまったわけではない。経済性や合理性を優先して帰属先が組み替えられた平成の大合併は、その意味で個人の帰属意識に微妙な影を落としたといえるだろう。しかし、よく考えてみれば、明治期の町村制の施行に伴う合併、さらには昭和期の大合併など、これまで繰り返されてきた市町村合併によって、私たちは自身の立ち位置を常に問われてきたということができる。そして、その時代時代にあって、自分はどこで生まれた何者なのか、その答えは合併時と無縁であれば簡単に出たのである。また、自我が確立される以前の年齢層にとっては、合併を経験した年齢が低ければ低いほど、自身の出自や地元を意識する際の帰属先に大きな影響を及ぼすことはないだろう。

帰属意識の混乱は、合併される側の大きな根深い問題として存在する。こうした意識は、合併後の行政単位が新名称の組織体として成立することでしか解消されないように思われる。すべての人々がもともとの自己の帰属先を失い、新たな枠組みのなかに組み込まれたと意識すれば、それは「誕生」であって「剝奪」や「従属」ではないからだ。

本稿では、長野県上伊那地方で生じた平成の大合併の事例のなかでも、特に合併を志向しなかった土地の事例をとおして、社会の枠組みのありようとそこに住む人々の帰属意識のダイナミズムについて考察してみたい。

1　合併という選択——伊那市と合併した長谷村・高遠町

長谷村の場合

柳田國男が主導した昭和九（一九三四）年の山村調査対象地の一つに長野県上伊那郡美和村がある。美和村は明治二十二（一八八九）年の町村制実施により黒河内村・溝口村・非持村が合併して成立、これら旧三村は合併後は「区」となった。さらに昭和三十四（一九五九）年、美和村と伊那里村が合併して誕生したのが長谷村である(1)。そして今回の平成の大合併において隣接する高遠町とともに伊那市と合併し、現在は伊那市の一部となった。旧長谷村は長谷地区となり、旧村役場には伊那市の総合支所が置かれて旧長谷村は「地区」の扱いになったのである。

平成十八（二〇〇六）年三月三十一日付で実施された今回の合併は、上伊那地方における六市町村を対象にした広域の合併計画協議を経て、最終的に合併合意に至った伊那市・高遠町・長谷村の三市町村によって行われた。社会・経済基盤の中核をなす伊那市に、観光的な拠点としての高遠町、自然環境の拠点として長谷村が加わるかたちで新伊那市は誕生したのである。合併にあたっては三市町村の対等合併が前提であったが、上記のような地域特性からも実質的には伊那市による吸収合併という性格が強いことは否定できないだろう。

今回の合併が旧長谷村の文化や生活慣習に影響を与えたという意見はほとんど聞かれなかった。しかし、行政単位として大きくなったことで、これまでのように小回りの利いた行政運営ができなくなったと感じる人もいた。また、美和ダムの築造時に村のなかに賛成派と反対派ができたのと同様(2)、今回の合併に際しても意見対立の構図ができたことは事実で、合併を好ましく思っていない人間は少なくないという。財政面からは合併を否定しづらい状況に長谷村があったことも事実であるが、生まれ故郷の「わが」村を喪失するという危機意識は、合併による合理化がもたらす利点だけでは解消されなかったのである。

その一例として教育面からの問題を指摘しておきたい。

過疎・高齢化が進む長谷地区での子育て環境は良好とはいえず、たとえば長谷地区内の非持山区では平成二十三年現在、幼稚園児はゼロという状態であった。また、長谷小学校の生徒数は七〇人ほどで、学年一〇人程度である。これは中学校も同様で、幼稚園から中学校まで競争のない環境が継続されるため、子どもたちの競争力を向上させるためには高遠町と学校を統合すべきという意見も出ていた。

そして、高校のない長谷地区では、高校進学先のほとんどは旧高遠町か伊那市になる。高遠・伊那ともに、通学手段の多くは親が車で送り迎えするのが現状である。バス利用という手段はあるが、高遠まで車で送り、伊那市へは高遠からＪＲバスを利用して通学定期は月に一万六〇〇〇円。これは大きな負担だという。結局、それが経済的にも物理的にも大変となれば、伊那市へと転居するケースは少なくない。教育環境が住民の住環境に及ぼす影響は少なくなく、それが若い世代の流失へとつながっていることは否めず、合併がこうした状況に拍車をかける可能性もまた否定できないのである。

高遠町の場合

では、同じように伊那市と合併した高遠町の状況はどうであろうか。

旧役場で聞いたところでは、高遠町（合併後も伊那市高遠町）では合併による影響はほとんどなく、財政的な合理化としては致し方ない状況として住民は理解しているという。合併以前から戸籍や住民管理のシステムは広域の市町村が効率的に利用するための共通システムを共同で運用しており、合併に違和感はなかったとされる。

だが、旧長谷村と同じく教育面に注目してみると、同じような反応がみられる。

高遠町は漸次、人口減が続いているが、合併以後、減少傾向に拍車がかかった印象があるという。それは同じ市内での移動ということから、高遠を離れて伊那市の市街地近くに転居する若い世代が増えたことによる。伊那市には公立高校二校、私立高校一校があり、公立高校一校だけの高遠町よりも教育環境が充実している。このことが移動・移転の背景にあるという。合併以前は、こうした理由で地元を離れれば、裏切り者的な見方をされるため遠慮する意識が働いていたが、同じ市内になって、その点での躊躇がなくなったのである。高遠町はそうした意味で若い世代が減少していく傾向にあり、合併によって通過地点のような存在になってしまったという意見も聞かれた。

ただし、伊那市側の指摘では、高遠や長谷から合併後に若い世代が伊那市域に転居しているのではなく、そうした傾向はすでに合併以前からみられたものだという。子どもの教育環境や就労環境の確保がその最大の理由であり、伊那市も合併以前から人口減の状態にあったのは事実である。

メインストリートの家並も近世の家並をイメージし、歴史の町としての地域活性化を図ってきた高遠町。桜の名所として全国的にも知られている。旧長谷村も磁場ゼロや南アルプスの登山口などの観光的要素が多くあり、観光面でのアピールポイントのない伊那市は、合併によってまさに高遠と長谷という観光のポイントを手に入れると同時に、市域内での人口確保と経済的基盤の補強を果たしたのであった(3)。

2　合併を拒否した宮田村

上伊那郡宮田村は昭和二十九（一九五四）年、同村の南に位置する駒ケ根市と合併しているが、その際は宮田村ではなく宮田町としての合併で、村から町への昇格を果たした後のことであった。しかし同三十一年、合併はしたものの、その後反対意見が多く出たため、結局二年間で駒ケ根市から離脱することとなった。離脱時には国の「町」としての人口基準が引き上げられ、合併時には五〇〇〇人だったものが七〇〇〇人に変更されたため、宮田町としての復活はならず宮田村として「自律」したのである（宮田村の位置については図1を参照されたい）。

本稿では紙幅の関係からこの経緯の詳細は省略するが、宮田村は六〇年ほど前に南信地域の中核都市の一つである駒ケ根市と合併し、すぐにまた離脱した経験を持つ村である。

平成の大合併推進時の状況

平成の大合併に際しては、まず国から合併の対象地域として提示がなされた。合併のための協議会において当初検討された案は、上伊那地方全体の六市町村を合併の対象とし、駒ケ根市と伊那市の二市も統合して広域の上伊那市を立ち上げるプランであった。このプランが進められれば対象となった町村は合併に同意し、上伊那市を成立させるための意見集約は可能であったとされる。しかし結局、伊那市との合併案の対象として検討されることになったため、当時の商工会長（現村長）も反対の意思を強固に表明することとなった。

事前の住民アンケートでは、高齢者層は伊那市との合併は止む無しの気持ちが強かったが、予想に反して青壮年層の多くが合併に同意しない結果となり、最終的に合併協議から離脱したのである。この決断には、宮田村にとっての距離感覚として駒ケ根市と伊那市とでは差のあったことが、その背景として存在していたようである。

宮田村は元々、駒ケ根市との関係が深く、一度は合併した経験も持っている。現在も広域レベルの行政活動では駒ケ根市と結ばれており、伊那市との合併には違和感があったという。宮田村は駒ケ根市と伊那市とに接する位置にあり、両市に挟まれた天竜川沿いの国道の距離はわずか二キロメートル程度しかない。宮田村は駒ケ根市、伊那市の間に挟まれた「隣り」として至近距離の関係ではあるものの、生活上のつながりとしての距離感覚において基本的に駒ケ根市に近いという意識が住民たちの間には強いという。

写真１・２　宮田村の商店街（各種商店や学習塾などが並びマチの様相を呈している）

一方、宮田村には小学校一校、中学校一校しかなく、高校は駒ケ根市か伊那市のいずれかに進学する。そうした教育環境面では、駒ケ根市と伊那市への双方向性をもともと持っていたと考えられる。この点について、役場関係者に話を聞いたところ、旧長谷村も同様の教育環境にあったが、合併すれば伊那市との距離が遠い旧長谷村では高校進学などを契機に住民の伊那市への転出が促進されるものと宮田村では懸念していたという。そして、結果として案の定、そのとおりの状況が生じており、道が整備されれば住民が出ていく構造は予想されたとの指摘もあった。

高遠町については、町域に高校もあり、また観光面ではこのあたりでも傑出した地域特性を持っている土地柄で、合併には本来乗り気ではなかったと聞いているが、東京都新宿区との姉妹都市提携関係も近年は表立った行動をみせておらず、財政的に問題を抱える高遠町と長谷村だけが最終的に合併に至った、とみる向きが宮田村では多いようである。

合併協議に参加しながら合併から離脱したその他の村々は、それぞれの置かれた現状から合併推進の意識は弱く、結局、合併には至らなかったという。

表１　宮田村産業別就業者数

単位：人・％

年　次	総人口	15歳以降人口	就業者人口	第１次産業	構成比	第２次産業	構成比	第３次産業	構成比較	分類不能の産業	構成比
昭和60年	7,898	6,221	4,213	447	10.6	2,368	56.2	1,398	33.2	−	−
平成２年	7,894	6,483	4,350	397	9.1	2,368	54.4	1,585	36.5	−	−
平成７年	8,103	6,816	4,682	440	9.4	2,425	51.8	1,814	38.7	3	0.1
平成12年	8,692	7,273	4,782	393	8.2	2,349	49.1	2,040	42.7	−	−
平成17年	8,968	7,438	4,770	425	8.9	2,110	44.2	2,226	46.7	9	0.2
平成22年	8,974	7,480	4,570	304	6.7	1,971	43.1	2,198	48.1	97	2.1

出典：『宮田村村勢要覧』2012。

合併に同意しなかった背景

今回の合併に同意しなかった背景の一つに、宮田村は「村」ではあるが、産業構造的には第一次産業従事者が一割以下で、第二次・第三次産業従事者が各四割以上を占めることがある（表1参照）。経済的に独立している感覚が強く、合併を必要としない意識が村民にはあるという（写真1・2参照）。最近も「紫輝」と銘打ったワインの開発、紫輝彩丼（オリジナルの食文化としてのドンブリ）の開発などを商工会青年部が中心になり行っており、宮田村としての独自性を打ち出す企画が提示されている。

第一次産業は七割近くが第二種兼業農家で水田耕作が中心である。第二次産業としては精密機器関連企業、バネ製造関連企業、オフィス機器から電子部品・レーザー関連機器・建材・福祉事業などまで広く取り扱う企業、以上の三企業が村を支えており、関連の下請け会社も多数存在している。若者の就労先は村内だけでも確保できる状況にあるという。加えて、駒ケ根市・伊那市とわずかの距離関係に位置していることから、両市よりも地価が安く両市への通勤も便利という立地条件がプラスに作用し、若い世代が転入してくるケースも少なくなく、人口は微増状態が継続している。図2は平成二十四年十月現在の年齢別・男女別人口構成を示したデータであるが、生産年齢人口が占める割合が高く、高齢化が現状として問題となっていない。また、表2の人口・世帯数の推移にみるように、過疎化の進展とは無縁といってよい。

村の経済活性化に寄与している商工会青年部の活動の一端をもう少し詳しく記しておきたい。商工会青年部は人数は若干減ったものの、平成二十四年現在で四〇人以上が所属しており活動は盛んである。また、「総連」と称する農協青年部もある。現村長は元商工会長であり、

図２　宮田村の年齢別・男女別人口

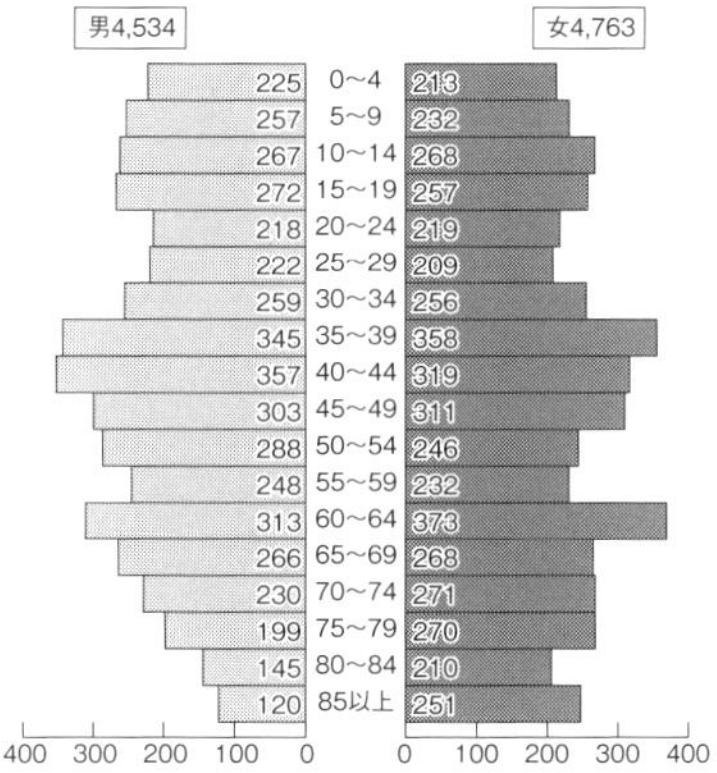

出典：『宮田村村勢概覧』2012。

表2　宮田村の人口・世帯数の推移　単位：人・世帯

年　次	世帯数	人口			一世帯当たり人口
		総数	男	女	
昭和10年	1,098	5,493	2,704	2,789	5.0
昭和15年	1,045	5,255	2,618	2,637	5.0
昭和22年	1,314	6,840	3,294	3,546	5.2
昭和25年	1,313	6,565	3,188	3,377	5.0
昭和30年	1,296	6,236	3,051	3,185	4.8
昭和35年	1,320	6,142	2,952	3,190	4.7
昭和40年	1,421	6,307	3,017	3,290	4.4
昭和45年	1,629	6,767	3,263	3,504	4.2
昭和50年	1,741	7,169	3,473	3,696	4.1
昭和55年	1,918	7,582	3,683	3,899	4.0
昭和60年	2,066	7,898	3,862	4,036	3.8
平成2年	2,153	7,894	3,817	4,077	3.7
平成7年	2,383	8,103	3,932	4,171	3.4
平成12年	2,641	8,692	4,242	4,450	3.3
平成17年	2,939	8,968	4,325	4,643	3.1
22年	3,092	8,974	4,357	4,617	2.9

出典：『宮田村村勢要覧』2012。

村の経済活性化を地元の意識を基盤に置いた政策に反映することが可能といえる。先述した「紫輝」と称するワイン開発は商工会青年部が中心になって進め、一〇年ほど前に鹿児島の焼酎メーカーが協力して開発するスタイルを採用したものである。ワイン用のブドウ栽培も同時に開始している。ワインは赤のみだが、現在はロゼの開発も行っており、五年ほど前からは特に質のよい畑のブドウを厳選して樽熟成させた「平沢ワイン」も生産販売している。さらに、開発した「紫輝彩丼」にちなんだキャラクター「丼レンジャー」も立ち上げた。テレビでも取り上げられ、着ぐるみで各種のイベントにも参加し、宮田村の知名度向上に貢献している。

また、駒ケ根市の早太郎温泉から引いてきた温泉を利用した宮田観光ホテルは客足の確保が難しいため平成二十四年でいったん営業中止となったが、継続営業に名乗りをあげる企業があり、再開の予定もあるという。旧長谷村にある公営宿泊施設である千流荘や市野瀬も今はみな温泉あるいはそれに匹敵するような大きな浴場施設として機能しており、周辺に類似の施設が多すぎることは温泉経営の難しさを示しているものと考えられ、しかもビジネスホテルに比べて、行政によるこうした第三セクター方式の施設の宿泊料金が決して安価ではないことも、上伊那地方での温泉利用率が高くならない理由の一つと思われる。

上記のような正負両側面を含めた状況が宮田村と伊那市とを合併という枠組みで結びつけることがなかった背景として存在しているのである。

宮田村の地域社会の活動と機能

宮田村の地域内は昔から一一区に区分され、今もこれが存続している。以前は区への住民加入（参加）率は一〇〇パーセントだったが、新住民が転入するようになった平成二十四年現在の加入率は約八五パーセントだという。

これら区単位での活動が宮田村では盛んで、スポーツ大会、運動会、各種文化大会や講座などが実施されている。村からの資金的な支援は区役員へのわずかな報酬程度のみで、区独自の自立した活動となっているのが特徴である。区ごとに祀る祭祀対象も有しており、春秋にはその祭りも実施している。さらに、村全体の祭りである七月の津島神社祭礼（祇園祭り）のクライマックスは、神輿を神社から道路に投げ落として完全に破壊する「あばれ神輿」で知られている（写真3・4参照）。この祭りには基本的に村の青年全員が参加しているが、近年は村外からの参加者も受け入れており、村という枠組みを超えたつながりも祭りを通して意識されかつ模索されているという。

宮田村はもともと、宿場町として栄え、現在もその面影は街道沿いに残る。村ではあるが農業によって支えられてきた「ムラ」ではなく、マチ場の雰囲気や状況を有していた土地柄である（写真5）。そのことは産業構造からも明らかであろう。同村は、若者が故郷から離れなくても生活できる産業構造・社会構造を維持しており、その社会構造は大きく変化することなく、しかもそのなかで育まれてきた文化的・民俗的要素が地域のアイデンティ

写真３　津島神社

写真４　祇園祭の様子を伝える説明板

写真５　マチ場の雰囲気を持つ宮田村の家

ティとして意識され維持されているのである。就労環境において村内で一応の完結性を有するこの土地は、「区」というムラ的な地域社会の結びつきに支えられながら、一つのまとまりある土地としての矜持すら漂わせているのだ。

ここに住む若者や青壮年層には「宮田」に対する強いアイデンティティが形成され、そのもとに「愛郷心」とも呼ぶべきものが明らかに存在していると考えられよう。ここに、宮田村が合併に対して後ろ向きである最大の理由をみることができるものと推察される。

3　合併を必要としなかった南箕輪村

上伊那郡南箕輪村の歴史的変遷をまず整理しておきたい。

この地は、明治九（一八七六）年から長野県に所属しているが、往時は諏訪郡美和郷、さらには伊那郡箕輪領であった。南箕輪村が成立したのは明治八年で、久保村、大泉村、北殿村、南殿村、田畑村、神子柴村の六か村が合併した結果であった。同十二年からは上伊那郡に所属。同二十二（一八八九）年には区政が施行され、旧六か村に加えて旧久保村から塩ノ井地区と沢尻地区が区に昇格、村内は全八区で構成されることとなった。その後、昭和二十一（一九四六）年には戦後の開拓により北原、大芝、南原の三区が新たに誕生、村内は計一一区に変化した。さらに昭和五十（一九七五）年、住宅団地造成により中込区が誕生し、計一二区の構成となり現在に至っている。

なお、昭和二十年代には地理的に近接した西箕輪村との合併論議が起こったが、この際にも南箕輪村は西箕輪村と一緒になることはなく、西箕輪村は結局、伊那市に合併されている（南箕輪村の位置については図1を参照されたい）。

合併話への対応

今回の合併話は、既述したように上伊那地方に属する六市町村で一つになる話が最初であった。その後、伊北、伊南など、いろいろな枠組みが検討され、合併協議会から合併研究会へと移行していく。この上伊那地方の特徴はマチ的な場所が多いこととされており、これはムラらしい風情のところが多い下伊那地方とは対照的である。ただし、上伊那地方にあっても旧長谷村はムラらしい村といえる場所とされている。

平成の大合併を模索するにあたり、平成十六（二〇〇四）年、村では住民投票を実施した。その結果は六割以上の村民が合併に反対であった。この村に生まれ今も居住し続ける住民は三割程度しかおらず、生まれて育った場所という愛着よりも、住みよい場所として転居してきた住民が多数を占めるのが住民構成上の特徴である。特に若い世代はその点を魅力に感じてこの村に来たため、合併には否定的な意見が多かったという。若い世代や転入者の多くが合併に反対し、逆に高齢者は賛成する意見が多数を占める結果となったのだった。

若い世代の転入者の事例としては、旧長谷村を含む伊那市はもちろん、上伊那郡内や諏訪市・岡谷市などから結婚を機に転入する者が最も多いという。さらに近年は村の西側で木曽方面と接する権兵衛峠のトンネルが完成し権兵衛街道が開通したため、木曽方面からそこを越えてくる転入者も増えたという。権兵衛街道に最も近い村内の南原区にはそうした人たちの立派な住宅が建っている。南箕輪村は子育て支援策が厚く、これに該当する世代が転入してくること、諏訪市や岡谷市は車で一時間以内の通勤圏であることも転入の大きな理由となっているようだ。

また、災害の起こりづらい平坦地が多く、村内の観光資源の目玉でもある大芝高原も平地林で、この地の住環境は豊かな自然に包まれた快適なものといえる。合併協議時にも大芝高原の扱いに関する問題が提起され、これをみすみす伊那市に渡すのかという問いかけが住民から強く出されたほどであった。こうした環境面における心配のタネが少ないことは人を集める大きな理由となっており、山に接していないため鳥獣被害がないことも大きいという。

結局、若い世代の転入者を含む六割以上の村民が合併反対の意思表明をし、南箕輪村への愛着心を示したことから、合併しない結論へと至ったのであった。

表３　南箕輪村の人口・世帯数の推移　　単位：人・世帯

年　次	世帯数（世帯）	人口（人）			一世帯当たり（人）	人口密度（人／㎢）
		総　数	男	女		
昭和15年	869	4,466	2,228	2,238	5.0	109.6
昭和20年	1,105	6,150	3,042	3,108	5.6	150.9
昭和25年	1,197	6,360	3,165	3,195	5.3	156.1
昭和30年	1,236	6,248	3,122	3,126	5.1	153.3
昭和35年	1,272	6,043	2,989	3,054	4.8	148.3
昭和40年	1,361	6,146	3,028	3,118	4.5	150.8
昭和45年	1,568	6,660	3,329	3,331	4.2	163.4
昭和50年	2,048	7,676	3,820	3,856	3.7	188.4
昭和55年	2,447	8,877	4,377	4,500	3.6	217.8
昭和60年	2,847	9,910	4,963	4,947	3.5	243.2
平成２年	3,290	10,666	5,339	5,327	3.2	260.8
平成７年	4,069	12,133	6,054	6,079	3.0	296.7
平成12年	4,835	13,404	6,672	6,730	2.8	327.7
平成17年	5,026	13,620	6,799	6,821	2.71	333.0
平成22年	5,560	14,543	7,267	7,276	2.62	355.6

出典：『南箕輪村村勢要覧』2013。

なお、南箕輪村の地方交付税交付金の額は約八億円。これは三位一体改革の結果であるが、合併協議会で試算された合併後の交付額は一二億円とされていた。現村長にお伺いしたところ、確かに現在の八億円では決して十分な額とはいえないが、もしも合併したら、これまでやってきたようなきめ細かな行政サービスはできなかったと考えているし、合併しないという選択肢は今でも正しかったと思っているとのことであった。

町制移行への模索

人口増が続く南箕輪村では、商工会からの希望も踏まえ、町制移行に関するアンケート調査も実施されている。すなわち、これは南箕輪村から南箕輪町への変更を問うものであった。結果は、どの世代からも村のままでよいとする意見が多数を占め、村のままで存続することになったのである。

いずれにしても、合併を受け入れず、村のままでよいとする意思表示を行った村民が多数存在しているという事実は、単純に「南箕輪村がよい」ということだけでなく、居住地としての愛着が多くの住民に共有されていることの証しといってよいだろう。

人口規模的には南箕輪村より小規模な町が少なくないことを考えると、特殊なケースといってもよい。ただ、町になるためには人口以外の条件として商店街の有無なども基準となるが、南箕輪村には国道沿いに各種商業店舗は展開するものの、商店街は存在しない。これも町にならなかった理由の一つとされている。また、住民のなかには、村であれば車庫証明が不要なので便利だというユニークな意見もあった。

長野県内で一番古い「村」

南箕輪村は長野県内で一番古い「村」といわれ、明治八年以来、さらなる合併をせずに今日に至っている村である。このことは、前述の町制への移行をよしとしなかった理由の一つにもなっているという。もちろん、新住民が増加し人口が増加傾向にあるなか、地域の連帯感が希薄になってきたきらいはあるようだ。このため村としてのアイデンティティを保持する意味からも二月十八日を「村の日」として制定し記念日とすることにした。この日は明治八年に久保村他計六カ村が合併して南箕輪村が誕生した日である。平成二十六（二〇一四）年で一三九年を迎えることから、この日には記念の式典が行われている。

図3　年齢（3区分）別人口の推移

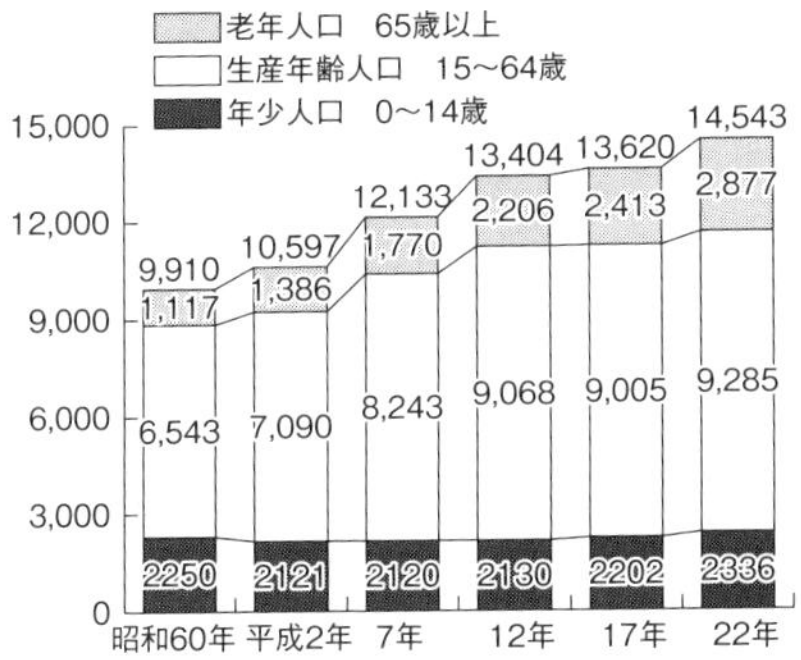

出典：『南箕輪村村勢要覧』2013。

村の人口増加について

昭和四十（一九六五）年に六〇〇〇人だった南箕輪村の人口は、平成二十五（二〇一三）年現在で一万五〇〇〇人弱に増加している（表3参照）。その背景として若い世代の転入者が多いことは既述したとおりであり、生産年齢人口が増加傾向にあるのが特徴的である（図3参照）。この点、宮田村とよく似た状態である。

南箕輪村は「子育て日本一の村」を掲げている伊那市のベッドタウンに位置づけられ、手厚い行政の保護政策で知られている。何よりも「住みやすい村」がこの村の売りなのである。たとえば、高齢者医療費や中学校までの学費などは無料である。

その結果、平成二十五年現在の人口増加率は軽井沢に次いで県内二位、高齢化率の低さは県内一位である。ちなみに同年八月二十九日付の『読売新聞』は、総務省が同月二十八日に発表した住民基本台帳に基づく同年三月三十一日現在の人口動向を掲載しており、全国人口は四年連続の減少、「一九九四年の調査開始以来初めて、一五～六四歳の生産年齢人口が八〇〇〇万人を割る一方、六五歳以上が三〇〇〇万人を突破」〔読売新聞：二〇一三〕したことを伝えている。向こう数年間、生産年齢人口は急激な減少が予想されるとともに、六五歳以上の老年人口が全体に占める割合が二四・四パーセントに達し、高齢化の進展が国全体で顕著になっているという。こうした全国的な動向からすれば、南箕輪村の人口増・低高齢化という状況には信じがたいものがあるが、若い世代を引き寄せるだけの魅力や利点が村に存在していることの証しがここにある。

写真６　瀟洒な南箕輪村役場

役場によれば、人口の推移を分析する国の研究機関の試算でも、二〇四〇年には南箕輪村は長野県内では飯山市よりも人口が多く、同年時点で人口が増えているとされた国内数カ所のうち唯一の「村」で、しかも長野県内でも唯一の場所とされている。この試算で人口が増えると予想されたのは、南箕輪村以外は大都市や企業城下町のような都市部のみであり、村として全国的にも異質な存在なのが南箕輪村だといってよいだろう。著名な経済誌から、こうした状況についての取材を受けたこともある。唐木一直村長によれば、県や上伊那広域連合の会議で各地の首長に会うと、南箕輪村はいつも羨ましがられる存在とのことであった（写真６）。

村を支える産業

こうした活気ある村を支えている大きな要因に村の産業構造がある。

写真７　南箕輪村の高原

図４　産業別就業人口の推移

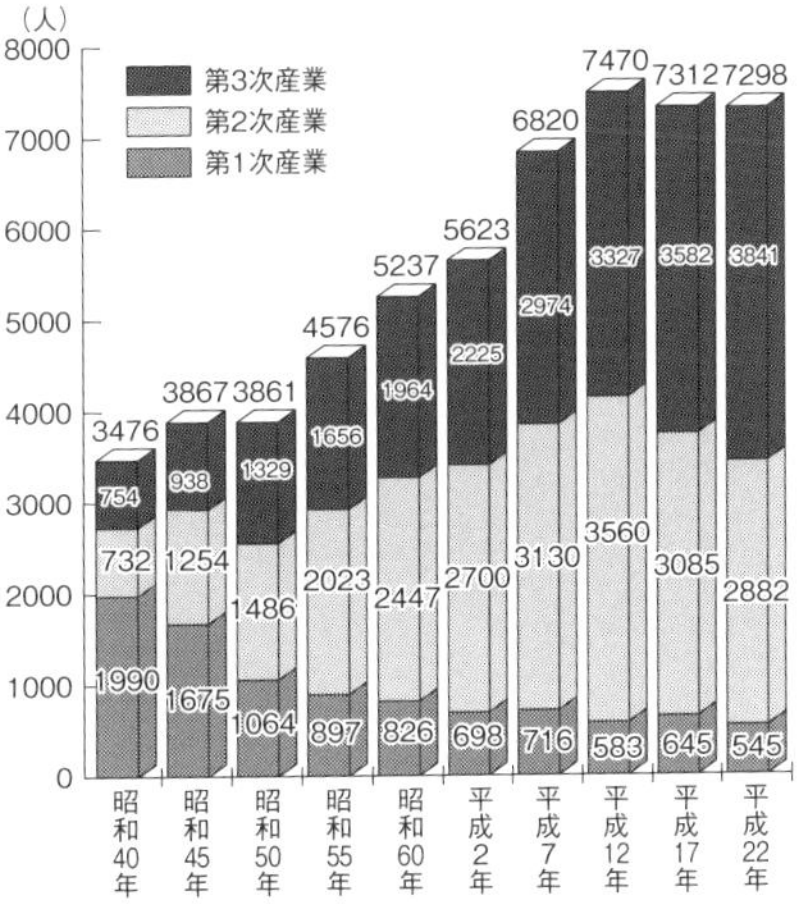

出典：『南箕輪村村勢要覧』2013。

図４でも明らかなように、村ではあっても第一次産業の占める割合は一割以下と低く、第二・三次産業が現在の村の産業基盤となっているのが現状だ。この点でも、宮田村と同様の状況といえる。

農業面は減退傾向にあるものの、農業組合法人が結成されており、圃場整備事業はすでに完了している。この整備された圃場と野菜栽培を中心にした高原農業の姿が現在の南箕輪村の農業環境である（写真７）。減少する農業人員（第一次産業人口）と大型機械による大規模農業への移行を考えると、圃場整備の時期が早すぎたきらいがあるとされている。現在ならさらに広い区画での圃場整備を行えたからだ。今からの対応は逆に難しい側面があるという。しかし、村の産業として農業は重要であり、将来は組合法人の人件費を村が負担する形態についても検討がなされている状況である。なお、林業面においては、南箕輪村は広大な飛地を有しているが、これは古くから南箕輪村に属していた土地で、近世には入会地の秣場であった。同所は昭和四十年代に生産森林組合管理となり、現在は全域が保安林となっている。

南箕輪村では昭和三十年代後半から企業誘致に力を注いでおり、同四十年代に高速道路である中央自動車道の伊那インターチェンジができてから誘致は加速し、同五十年代になると誘致に呼応してこの地に進出する企業がさらに増えていったという。当初は電子関係の企業が中心であったが、その後は精密機器関係へと移行し、現在はＩ

T関係企業も少なくない。その主たる企業の業種は、コンデンサー関連、空調・空気圧機器関連、ミョウバン水関連など多岐にわたり、村内には企業工場が多数存在する。新たに開発された工業団地には現在、規模の大きな五社が入っている。

大企業はないが業績のある中堅一部上場企業もあり、こうした企業が業績も順調で定着していることが南箕輪村の財政に大きく寄与しているのである。なかでも、誘致した企業のうちの一社は現在、村の税収入の三分の一を占めるほどの位置を占めるまでになっている。こうした状況からわかるように、若年層の就労の場は十分に確保されているといえる。しかし、基本的に理系の学生向きの仕事内容が多く、文系の学生の就職先としては営業職など限定的であることが若干の問題点として存在しているとのことであった。

なお、前述したように、基本的に南箕輪村内には商店街はなく、食堂やレストラン施設などの商業施設は少ない。だが、構造的には第三次産業がこうした企業就労者の数に応じて今後成長していく可能性は高く、役場によれば、税収的には商業からの税収も少なくないという。これはインターチェンジ近くに展開する商業施設と運輸業関係からのものと予想されているが、村の成長にあわせて商業面はさらなる成長が見込める分野でもあろう。

伊那地方の広域行政組合の構造と機能

南箕輪村が合併しなくともよいと考えた背景には、伊那地方に展開する広域行政組合の存在感の大きさがあるものと推察される。各種の広域行政組合が存在することによって、伊那地方では単独の行政単位ではカバーできないさまざまな生活上の諸側面を互いの協力関係によって補完するシステムがすでに機能しており、このシステムによる有機的関係の有効性が合併の是非に与えた影響は小さくないと考えられるからである。

一方、広域行政組合はさまざまな機能を担っているが、逆に何でも上伊那広域連合の名前で動いてしまうところがあり、それが問題になる場合もあるという。町村の考えが反映されないこともあり、八市町村が一枚岩になるのは難しいこともある。ちなみに、同広域連合の連合長は伊那市の市長が務めている。こうした背景には、県との結びつき方の違いが市と町村では異なっているという事情もある。市は県と直接やり取りするシステムだが、町村は県の出先機関（県合同庁舎や出張所など）が窓口となることが少なくないからである。

このような広域行政組合は長野県の特徴の一つとされ、現在ではさまざまな生活上の機能を広域組合で担うことが多くなっている。なお、こうした広域組織は既に平成十年以前から存在していた。それが一部の事務組合である。これは住民票の管理などを電算化する関係があったためで、一つの町や村で対応するにはコスト面で難しかったが、民間会社に委託する形態で始まり、上伊那地方はこれを事務組合へと移行するかたちで対応したのであった。これが広域行政組合の前身になったとされている。そして、この流れを県が主体となって一層推進したのである。

伊那地方に設置され南箕輪村と関連する主たる広域行政組合をまとめると表4のようである。このような事例以外にも、伊那地方では生活上のさまざまな局面に応じて広域連合の組合が組まれており特徴的である。

表４　伊那地方の広域行政組合の例

広域行政組合名	設置年	加盟市町村（組合本部）	機能
伊那中央行政組合	昭和38年	伊那市、箕輪町、南箕輪村（伊那中央病院内）	し尿処理、汲取運搬、焼却灰最終処分場管理、病院事業
伊那消防組合	昭和48年	伊那市、辰野町、箕輪町、南箕輪村（伊那市消防署）	消防事務（消防団事務、消防水利事務を除く）※南箕輪村に消防署なし
長野県上伊那広域水道用水企業団	昭和55年	長野県、伊那市、駒ケ根市、箕輪町、南箕輪村、宮田村（箕輪町）	水道用水供給
上伊那広域連合	平成11年	伊那市、駒ケ根市、上伊那郡全町村（伊那市）	ふるさと市町村圏事業、幹線道路網構想策定、など多くの機能
伊北環境行政組合	平成元年	辰野町、箕輪町、南箕輪村（箕輪町役場）	不燃ごみ・粗大ごみ処理

出典：『長野県市町村ハンドブック』平成24年版。

伊那地方は基本的に伊那市から北の「伊北」、宮田村から南の「伊南」に大きく分けられる。そうした大きなまとまりがまず前提となるなか、伊北の要は「伊那中央行政組合」だとされている。この組合は伊那市・箕輪町・南箕輪村の三市町村による広域行政組合で、昭和三十八（一九六三）年に成立した。現在、組合本部は伊那市の伊那中央病院内に置かれており、主な機能は、し尿処理、汲取運搬、焼却灰最終処分場管理、病院事業である。大きな総合病院を持たない南箕輪村にとって、伊那市の伊那中央病院を南箕輪村民が伊那市民同様に利用できる利点は大きく、新たに村内に総合病院を作り維持する高負担を考えれば合理的で経済的である。距離的にも近く、大きな問題はない。また、上伊那地方で消防署がないのは南箕輪村だけであるが、これは上伊那全体で一つの消防組織をという考え方を前提としたもので、これも広域連合の伊那消防組合でカバーできる。と同時に、村内には地域組織としての消防団が存在し機能している（詳細は後述する）。新たに消防署を作って新組織を村内に作り維持していく経済的負担を考えれば、組合への負担金は年二億円でありコスト減になるという。村の地理的環境を考えれば、災害時には隣接する伊那市や箕輪町などから出動してもらえば問題はない。その他、南箕輪村は伊那地方の東部でも中央でもなく、各行政単位といろいろなつながり方を持ちながら、すでに行政のスリム化が果たされているといってよい。

写真８　シシオドリで使用されるシシ頭
（南箕輪村郷土館の展示より）

　平成の大合併協議のときには、こうした広域単位が存在していたため、逆に合併を難しくした部分があるという。両者の同時進行は難しいとのことであった。

地域社会の構造と機能

　既述したように村内は一二の区に区分されるが区にはさらにそれぞれの規模に応じて三～四〇の組が存在し、地域生活上の単位となって機能している。たとえば、北殿区は四〇の組に分かれ、大芝区は三組といった具合である。

なかでも大泉区の大泉、福与、富田の三組（地区）は「ダイ・フク・トミ」のめでたい地名の組とされている。隣接する箕輪町の南宮神社で二年に一度行われる雨乞祭りは天竜川の左岸と右岸が交代で参加する慣わしになっているが、その際に舞われるシシオドリ（鹿踊り）にはこの三組から交代で子どもが出ることになっている。状況は現在も変わらずに継続されており、このシシオドリは南箕輪村の無形文化財に指定されている（写真8）。なお、大泉区は昔から水で苦労した場所とされているが、その理由は村内の大部分を扇状地として形成する大泉川の流れにある。大泉川は中央アルプスからの水系として清らかな水を供給してきた。このため村内に伏流水は多い。だが、この川は村内の大泉区で一旦涸れ、天竜川近くで湧き出すという不思議な川で、これにまつわる伝説も伝わっているほどだ。自らの地では川の水が一旦地下に潜ってしまうため、井戸は一〇〇メートルくらい掘らなければ水は出ないものの、興味深いことに、この川の水利権は昔から大泉区（旧大泉村）が持っている。川幅約二間が伊那市のなかにおいても大泉区の地籍になるという状況を今も保持しているとのことである。

写真９　田畑区で継承される習俗「盆正月」の様子（南箕輪村郷土館の展示より）

区単位では、ゲートボールや各種スポーツ大会などいくつもの行事が実施されている。また、村主催の二三・〇一キロメートル（一二区間）の駅伝大会が開催されており、参加チームは区単位で構成され、選手は区ごとに選ばれる。さらに、村全体では夏季・冬季の年二回、村民体育祭を開催しており、平成二十五年で二五回目を迎えた。冬季は屋内でソフトバレーの大会を開催している。この体育祭には若い世代も多数参加し活況を呈しているという。

なお、田畑区では全国的にも珍しいとされる若者たちによる正月・盆行事が継承されている。盆の八月十六日の未明から朝にかけて、若者たちは区長宅の前にモノを積み上げて置き、家から出られなくするというものだ。そして、もう一日休みをくれと要求するのが慣わしだという（写真9）。

写真10　合祀されたジルイごとの祝殿

既述したように村に消防署はないが、区ごとに消防団が存在する。この消防団の活動が若者のつながりの基盤になっているとされる。消防団は任意加入で、一八歳～三〇歳代なかばまでが加入年齢である。現在、加入者は減少気味だが、この消防団が消滅してしまった青年団に代わる集団として機能しているのである。

こうした社会集団に新住民が積極的に関わる事例も出てくるようになった。信州大学農学部出身のMさんは学生時代から区の行事に参加するなど、生活面におけるさまざまな局面での諸対応を地域に居住する住民として果たしてきた。広島県出身のMさんは、この地に対する愛着もわき、その結果、南箕輪村の公務員試験を受験して合格、役場の職員となった。現在は土木関係の部署にいるが、専門の農業だけにしばられないバイタリティーを持っていて、土地の人間になってくれているという。Uターン就職で役場に勤務する若者もいるが、そうした人間は地元の人間関係や家関係にしばられることもある。こうしたことにしばられない彼は使いやすく、動きがよいと役場では評価されているのである。彼の影響もあって、南箕輪村の地域社会と積極的に関わりあう信州大学の学生が現在も存在しており、なかには居住地区の消防団に入団する学生までいるほどだ。また、村出身でない保育士の女性の先生で同じように消防団に加入している方もいる。

ジルイと祝殿

上伊那地方にはジルイ（地類）と呼ばれる集合体があり、現在も認識され機能もしている。ジルイに関する報告は昭和九年に美和村（後に長谷村となり、現在は伊那市域）で行われた山村調査時の採集手帖にも記載が残っているが、基本的には同じ名字の者たちの集団で、分家したりすることで形成されたとされる。血縁集団でありかつ地縁集団でもある。南箕輪村でも古くから暮らす住民はみなジルイを持っている。

ジルイはそれぞれジルイごとに祝殿を有している。祝殿で祀られる信仰対象はさまざまで、稲荷をはじめいろいろな神仏が対象となる。原茂樹副村長が居住する南郷区では、朽ちそうな祝殿を旧村社の境内に集め、屋根をつけて保護している（写真10）。こうした対応は稀であるが、村内では今も各所に祝殿が散見する。

なお、原氏によれば、最も深い血族のつながりを示すものがジルイで、親戚は別の名字の者もいるが、ジルイは同姓のみで作られるという。その違いが現れるのは結婚式と葬式で、葬式にはジルイはみな参列するが、結婚式は親戚が単位となる。しかし、親戚すべてが参加するような結婚式も今はなくなっているとのことであった。また、この地域は庚申信仰が盛んだった土地で、村内各所には今も多数の石碑が建っているが、この庚申で集まる単位としてもジルイは今も重要だという。信仰的な集まりは年に一回となり、集まって飲む程度に簡略化されたが、葬式の際には相互扶助集団として穴掘り役などの分担を担っており、大切な機能を果たす単位として存続している。

屋号と家印

もともとこの地に暮らしてきた家にはみな屋号と家印があり、新たにこの地に移住してきた家とは明確に区別することができる。昔から居住してきた住民同士のふつうの呼称方法は「屋号＋名前」や「屋号＋親族関係（伯父さんなど）」「屋号＋その家における続柄（次男など）」といったかたちで、「＋」の部分は通例「の」となる。カジヤの次男、ジロベエんちのアツシといった具合だ。各区（旧村などの範囲）では名字の数は限られているし、しかもジルイは同姓のため、こうした呼称を使用しないと不都合だという。

しかし、新住民はこうはいかない。基本的に屋号も家印も持たないからである。ところが、最近はこうした昔ながらのシステムに変化が生じてきている。信州大学の教員でこの地に住むことになった人の家などに対して、新しい屋号をつけたとする事例が何件か生じている。たとえば、新潟出身の場合は越後屋といった具合だ。こうした提案を新旧住民が互いに行い、受け入れられればそれで機能している。伝統の生活文化を活用し新たにアレンジを加えた結果、これが地域のまとまり感になっているとされる。もちろん、新住民側に拒否されれば強要はしない。新住民が増え、人口増加にあるこの村において、ムラ的な閉鎖感を超えたこうしたつながり感が新たに形成されていること、そしてそれが民俗的な慣習にちょっとした工夫を加えたかたちで活用されていること、こうしたことは民俗の新たな展開事例として重要かつ興味深いばかりでなく、社会規模を拡大している南箕輪村ならではの姿として理解する必要があろう。合併を拒否した村の社会背景としても示唆的といえよう。

交通環境

道路環境では、幹線道路である国道一五三号が村の南北を縦断し、近接する伊那市や箕輪町などとを結ぶ大切な生活道路となっているほか、中央高速自動車道の伊那インターチェンジが村西部に接する場所にあって、遠隔地とのつながりを確保している。

鉄道面では、当地にはローカル線のＪＲ飯田線が国道一五三号と並行して走っているが、北殿駅と田畑駅が存在するのみで、もちろん特急列車などはない。運行本数も少ないことから利用形態はかなり限定的なもので、このため駅に接続する路線バスなどの公共交通機関もない。これは都市部以外の地域においては日本全国ほぼ共通した状況で、道路利用を中心とした自動車文化を促進するものの、高齢化社会にとって優しくない環境であることは間違いない。事実、現在の南箕輪村では一軒で平均して三～四台の車を保有しており、自動車所有は一人一台の感覚だとされるが、複数世代と同居せず運転ができない高齢者の場合、その多くは満たされない移動環境といえよう。南箕輪村としては、ダイヤ改正して鉄道環境が向上することを希望しているとされているが、容易なことではない。

実は、村内には基本的に路線バスが走っていない。つまり、村という生活圏内での交通上のネットワークは脆弱な環境にある。これまで記したように、商店街もないなかでのこうした状況は、生活上の不便さを高齢者に実感させることに直結する。このため村では巡回型のコミュニティバス「まっくんバス」二台を運行し、高齢者が買物や通院など不便を感じないよう配慮した交通環境の整備にも配慮している。コミュニティバスの維持費は年間一七〇〇万円かかるものの、それでも最低限の運行本数しか巡回していない不十分な状況で、病院への通院や買物などのために利用する高齢者にとっては不便さが解消されたとはいえず、買い物弱者を生んでいるのが現状といえよう。

ただ、唯一の例外として、南箕輪村に立地する信州大学農学部のため、駅から大学までの間は伊那交通によるバス路線が存在している。もちろん村民がこれを利用することは可能であるが、利用できるのは村内の限定的な地域に過ぎない。そして、こうした大学までのアクセス環境が良好でないことから、大学周辺には学生用のアパートが目立ち、公共交通機関を利用しなくても通学できる環境も整えられている。とにかく村の周辺地域から村中心部へ、あるいは周辺地域同士を結ぶバス路線はなく、交通環境においては南箕輪村は必要に応じてさらなる環境整備を実施する必要が出てくる可能性は高い。経済的に恵まれた環境にある同村にとって、若い世代が転入してくればくるほど、そうした対応に迫られてくるものと考えられる。

なお、長野県はリニア新幹線の開通に伴う路線の設置位置をめぐりさまざまな駆け引きが行われた場所でもある。リニア新幹線は諏訪市や伊那市は通らず、南アルプスの下を通って飯田市へと抜けるルートがほぼ確定している。このため、飯田市ではリニアを見据えたマチづくりをしている。一方、この計画の該当地から外れた南箕輪村では、開設されるリニア駅までの新たな道路敷設を要望している。

村内の教育環境

村役場によれば、保育園から大学まである村は日本唯一ではないかとのことであった。既に述べたように、南箕輪村には信州大学農学部がある。演習用の広い農地を有した立派なキャンパスが村内には展開しているのである。

そして、小中学校の学校施設は大変立派で、羨ましいほどふんだんに地元のケヤキやアカマツを利用して建てられた温かみのある木造校舎は素晴らしい。村内の小学校は南箕輪小学校（児童数約七七〇人）と南部小学校（同二〇〇人弱）の二校である。南部小学校は平成八（一九九六）年、人口増に対応して開校した小学校で、信州大学農学部近くに立地している。同小学校への通学地域は中心部から離れた地理的条件にあったため、以前は地理的に近い伊那市の小学校に通学していた地域であった。そこに村立の小学校を開校することにより、そうしたネジレ現象は解消されたのであった。なお、中学校は南箕輪中学校（生徒数約四七〇人）一校がある。

保育園については平成二十四年九月の調査時点では村内に六園が展開していた。しかし、同年十月にも新たに一園が開園している。これは子育て世代の増加に伴う園児数の増加を反映した結果で、調査時点では教室不足の状況が生じており、増築して対応している状況も確認された。

南箕輪中学校では伝統の学校行事が大切にされ、継続実施されている。その一つが「強歩大会《きょうほ》」である。六〇年以上続く伝統の大会で、春五月頃に実施されている。この大会は全校生徒が参加して開催されており、大芝高原をスタートして二時間弱を歩くというものである。大会実施日の二〜三週間前には、ＰＴＡが登山道の整備として草刈を行い、大会に備えているという。現在は区ごとに得点をつけ、区対抗で競う形態に変化した。

中学校では「落穂ひろい」という伝統行事もある。この行事も五〇年以上続くもので、秋十〜十一月頃に実施されている。内容は文字通り落穂ひろいで、その収益を昔は文化祭の費用の一部に充当していたが、その後はソマリアなどの外国に籾にして贈るようになり現在に至っている。ただし、平成二十三年は東日本大震災の被災地に贈っている。また、大芝高原内には南箕輪中学校の学校林が古くから継承されているが、この手入れも古くから続く伝統行事である。今も枝打ちや下草刈りなどの育林が生徒たちの手によって行われている。この学校林は明治二十八（一八九五）年に南箕輪尋常小学校の児童たちがこの地にヒノキやアカマツを植樹したのが起源で、以来、植林し続けてきた結果、美しい森林となって今に引き継がれているものである。もともとは村の秣場として存在していた草むらだった場所であったが、こうして緑溢れる空間へと変貌したのであった。

こうした行事体験は、村に生きてきたほぼ全員に共有される体験であり、南箕輪村村民にとってのアイデンティ

写真 11　癒しの森林として機能する大芝高原

写真 12　大芝高原内の散策路（チップが敷き詰められた道）

写真 13　大芝屋内運動場（通商産業省所管）

写真 14　高原内の大グランド

ティ形成につながる貴重な共通体験となってきたのである。

癒しの森・大芝高原

南箕輪村の観光的側面を支える重要な要素として大芝高原を挙げることができる。大芝高原はもともとは入会地だった場所を村有化した土地である。大芝高原には現在、さまざまな公共施設があり、広いグランドやプール、プロサッカーチームも利用するほどの屋内運動場などさまざまな運動施設に加え、公園施設、緑に包まれて自然の呼吸を満喫しながら散策が可能な癒しの森、昔のふるさと創生基金を活用して掘り当てた温泉施設、レストランや宿泊施設などが展開し、村民のみならず近隣市町村の人々にとっての憩いの場として機能している（写真11〜15）。さらには民間のゴルフ場も同所に設置されている。

雰囲気としては軽井沢や清里のイメージと重なる部分があるが、それは、こうした環境が標高八〇〇メートル近くのなだらかな斜面に展開しているためと考えられる。村民にとって非常に価値ある空間として認識されていることは既述したとおりであるが、この高原の存在と諸機能が持つ価値が、南箕輪村で人口増の状況を生じている理由の一つ

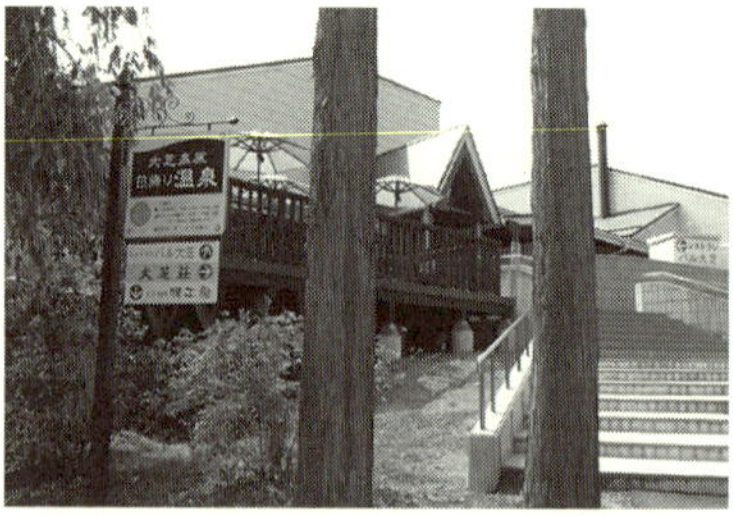
写真 15　レストラン、温泉、宿泊施設などが展開する大芝高原

写真 16　箕輪町役場

ともいわれている。

当該高原では「大芝高原まつり」が毎年八月に開催され、平成二十四年で二七回目を迎えた。ちなみに同年の来場者数はおよそ三万人である。行政主導による開催ではなく、二〇の委員会による手作りの祭りとして開催されているのも特徴で、上伊那の夏の締めくくりの祭りとして定着している。近隣市町村からも来場し、花火大会をはじめさまざまなイベントが実施される。また、この定期的な祭りとは別に、同二十五年十月にはイルミネーションを利用したイベントが高原内の公園で三週間実施され、来場者は数一〇万人という大規模なものとなった。まさに躍動する村の姿の一端がここにある。

おわりに――合併協議から離脱した箕輪町の事例も踏まえて

上伊那地方を舞台に紆余曲折を経て行われた平成の大合併。そこでみられた合併を「する」「しない」をめぐって浮かび上がった住民の感情は、等しく「郷里」をいかに考えるかの問題を孕むものであった。この二つの選択肢は、生殺与奪の瀬戸際の判断を求められるほどシビアなものではないだろう。しかし、その結果によっては、これまでの自己をめぐるアイデンティティの再考を求められる状況へと至る場合もあった。

改めてそうした問題や課題を整理し検討する前に、宮田村や南箕輪村と同様、平成の大合併協議から離脱した自治体の一つである箕輪町の事例を取り上げ、合併しないという選択肢を選んだ側の社会背景をさらに確認してみたい（箕輪町の位置については図1を参照されたい）。

箕輪町が離脱した状況は南箕輪村とほぼ同様で、住民投票の結果から合併しないという選択肢を選び取った。合併するとこれまで同様の細やかな住民サービスができなくなるというのも理由の一つである。また、農協はすでに上伊那郡全体で上伊那農業協同組合として町村単位の組織体は合併を果たしているのだが、その結果が芳しくないことも合併拒否の背景として存在すると考えられている。サービス面での低下が指摘されており、組織が大きくなると経済的な効率は上がるかもしれないが、サービス面は低下することがこれですでに実証されていたという。そのことが平成の合併協議に影響を与えたようである。

箕輪町は南箕輪村同様に財政状態のよい町だ（写真16）。同町に存在する最大の企業はプリンター機械の事業で世界にも知られる大企業で、税収面のみならず町民の就労環境についても大きな影響力を持っている。まさに企業城下町の趣きといってよい。その他、中小の優良企業も町内に多数誘致されている。余談だが、現在の町長（三期目）は地元出身で、しかも前述の企業の要職に就いていた人物だ。この町から同社を切り離しては考えられないのである。しかし、合併話があって協議会ができたときは反対意見が多くて独立の道を選択したものの、その後の経済状況の悪化などを考えると、現在は合併した方がよかったとする意見がないわけではない。当時の合併賛成派のなかには、こうした一企業に頼る構図が破綻したときも考慮しなければならなかったという意見もあった。結局、箕輪町では現在、人員削減などを行って財政の効率化を推進しており、各種の公共施設は立派な建物が揃っているものの、財政的には決して南箕輪村のようにうまくいっているわけではないという声も聞かれるという。

人口は平成二十四（二〇一二）年現在、約二万五〇〇〇人でここ数年は横ばい状態にある。町のなかには昭和五十年代に岡谷市から集団で移住してきた地区があり、町の住民は「岡谷村」と俗称している。この地区はもともと畑だった場所で、宅地へと変貌した。住人は基本的に岡谷市に通勤しており、岡谷市までは車で三〇～四〇分の距離。

岡谷市に比べて箕輪町は地価が安く、十分に通勤圏であるため、こうした変化が生じたという。このため同地区には保育園が新たにできたほどであった。また、リーマンショック以降、就労の場を求めて一五〇〇人ほどの外国人が来たため、町の人口が二万六〇〇〇人規模に膨らんだことがあった。これは大手の会社が人材派遣のかたちで送ってきたもので、その多くはブラジル人であった。しかし、現在は日本の経済状況が変化し外国人は少なくなっている。こうした外国人の子弟ために特別に学校などの教育施設を町が用意したことはなく、彼らは日本人の学校に通学している。

宮田村や南箕輪村と共通している点として、若者世代の積極的で活発な行動がある。箕輪町の消防団は消滅した青年団に代わるものとして存在しているが、加入年齢は一八～三五歳まで。町内でこの年齢枠に該当する者は基本的には全員加入が原則である。町内に現在六分団ある消防団は、町のなかで一番大きな若者のコミュニティーであり、地域における諸活動の基本的な枠組みとして機能している。もともとは男性のみの構成だったが、現在は女性も参加するようになり、ここ二年ほどで加入した女性が一〇人ほどいる。そして、団員は毎年増加傾向にあるという。

以前は町主導で行われていた「箕輪祭り」は現在、商工会主催で実行委員会形式となったが、運営の中核をなすのも消防団である。また、町内の南小河内区にはオサンヤリというお盆の旧八月十六日に行う疫病除けの行事があるが、この実施主体も若者である。この行事は、区内から伐り出したナラの木と笹で製作した全長八メートル、重さ六〇〇キログラムにもおよぶ「柴舟」（オフネとも称す）を白装束の男衆が担いで区内を巡行したのち、これを壊して各家に持ち帰り、注連飾りとして玄関先に飾っておくと疫病除けになるというものである。さらに、若者世代のなかでも商工会青年部が中心となって行っている活動の一つに「手筒花火」がある。始まったのは一〇年ほど前だが、愛知などの本場で勉強して身につけたものである。あちこちに招かれて実演するだけでなく、町制五〇周年記念のときのカウントダウンのイベントでも披露されるなど、大いに盛り上がっているという。

また、宮田村同様、地域活性化を念頭に置いたワイン造りが行われている。二〇年ほど前から町内の団体が山葡萄の一種を使用した「松ブサ」というワイン造りを行っており、癖があるものの味わい深いものに仕上がっているとのこと。また、別の団体も六年ほど前から「夢ワイン」というワインを製造販売している。こちらはたまたまブドウを研究していた人がいたのがきっかけで造られるようになったものだが、かなりの人気商品である。さらには、上伊那広域連合では所属する各市町村が独特の素材と製法を採用した焼酎を造って売り出しており、こちらも人気商品になっている。

教育面でも南箕輪村と同じく箕輪町は特徴的な側面を有している。それは「子供の運動遊び」の推進である。町には子供たちに全身運動をさせる運動保育士がおり、町内に九つある保育園を巡回しながら指導している。この事業は長野県松本市にある松本大学松商短期大学部に開設されている専門の育成コースで保育士資格を取得した運動保育士が担っており、運動遊びには怪我が減る、転びにくくなる（転び方を習う）など、反射神経を鍛える効果があるという。保育園ではさらに「英語遊び」も実施しており、これは外国人が直接指導するものだ。この二つの事業は「食育」「読育」（読み聞かせ）と併せて箕輪町の「子供育成事業」の四本柱をなすもので、町の目玉事業となっている。長谷村その他の部分でも記述したように、教育という要素は若い世代にとって住環境を選択する際の重要な要件であり、箕輪町も当該面の充実を模索している様子が理解できるだろう。

南箕輪村に大芝高原があるように、観光面では箕輪町にも萱山高原（現在、第三セクター方式で運営）がある。しかし、大芝高原のような新しい施設ではなく、旧態依然のままで運用されていて施設も古くなり、大芝高原のようにお金をかけられないのが現状だ。高原まで行く道路の状態も良好とはいえず、改めて整備するだけでも大変な出費になるという。各種の施設が整備されている大芝高原の入口付近では、メロンやイチゴの栽培・販売をして観光客にさらなるアピールをしていることに比べると、観光面や農業への支援は南箕輪村の方が箕輪町以上に充実しているといえるだろう。

なお、合併という視点からみたとき、箕輪町には今後も南箕輪村と一緒になるという発想はないという。筆者は、自立できる経済力を維持した隣接する行政単位が一体となることで、さらに豊かな地域社会を形成できるという選択肢もあるのではないかと考えたが、南箕輪村との合併という選択肢は話にのぼったこともないそうだ。南箕輪村は上伊那地方で最も潤っている場所でありバイパス沿いにも大型の商業店舗が存在するが、同じく経済的には財政上の大きな問題が生じていない箕輪町では商店街はもはやシャッター街の趣きすら感じさせるほどの違いがある。

以上、箕輪町での合併に対する対応と社会状況を宮田村や南箕輪村と較べつつ確認してきた。これらの事例も踏まえ、上伊那地方の合併をめぐる状況を整理・検討し、まとめにかえることにしたい。

南箕輪村は今回の合併話で伊那市が最も一緒になりたかったところとされている。それは、同村が持つ経済的な豊かさが最大の理由であろう。しかし、歴史的な経緯も含めて同村は独立性が高く、合併しなければ村が存続し続けられないという負の側面を有していない。こうしたことが、合併話を無効とし自信を持って拒否できた南箕輪村の対応スタンスに表れている。こうした経済的な豊かさという側面が合併を不要とした点は、基本的に宮田村・箕輪町にも共有されるものであった。

そして何よりも、経済的なゆとり状況を反映しながら南箕輪村という地には、旧住民・新住民ともに村民としての明確なアイデンティティが形成・保持されていることが確認できる。この村に伊那市を核とした広域の市町村合併を受け入れる理由はないのだ。教育面でも特に不利な側面はなく、むしろ行政からの支援は伊那市以上に充実している。生活環境も同様である。仮に不足面があったとしても、それは上伊那地方で形成される広域行政組合や各種の連合体などで対応が可能だ。合併を模索する理由そのものが見当たらないのである。もちろん財政状況に違いはあるが、こうした合併を無用とした側面は宮田村や箕輪町にも共通している。

教育環境の充実という側面も重要である。長谷村や高遠町が教育面での問題を抱えていたのに対し、南箕輪村や箕輪町では負の側面が語られることはなかった。これは大きな違いとして、合併を選択した側としなかった側との間に横たわっている。さらにいえば、合併を否定した三町村はいずれも過疎・高齢化という負の要素とも基本的に無縁であった。しかも、周辺各地から若い世代の流入も認められ、生産年齢人口が高い。こうした状況が教育環境の充実度とあいまって、相乗効果を生み出し、活力ある地域社会を作り出している印象がたいへん強い。このことが、合併という選択肢を拒否した大きな背景として存在していることは間違いないだろう。

本稿冒頭でも述べたように、自身の出自を生活環境のなかで確認するすべは、合併された側では微妙である。合併は中高年世代にとって、自己の喪失感を助長するものといってもよい。また、南箕輪村のような豊かな場所には、生まれ育った土地を離れても、さらに新たな自分を形成し意識できるほどの魅力があり、若い世代を中心とする新住民のアイデンティティ形成にとっての違和感はほとんど生じていないのである。要するに、若い世代がどれだけ居住しているか。いなければ合併、いれば合併は不要、というのも一つの結果として示されている。

日本は過去の長い歴史のなかで合併を繰り返してきた。その最大の理由は経済面での合理化や組織の効率化である。経済性を優先すれば地域社会の効率化は図れるだろう。しかし、効率化だけを求めるほど私たちは愚かではない。その判断に関わる正負の両側面、人間としての自己確認や帰属意識の機微を、市町村合併という事例は如実に映し出すのである。

［註］

（1）美和村ならびに旧長谷村の概要については、吉原健一郎・八木橋伸浩・森田晃一「ダムの築造と民俗の変化」（『山村生活五〇年・その文化変化の研究』成城大学民俗学研究所、一九八八年、所収）を参照されたい。

（2）美和ダム築造時の住民の反応についても、註1前掲書を参照されたい。

（3）本稿では伊那市との合併に至った長谷村と高遠町の状況の詳細については省略した。この点に関しては、本書所収の今野論文をご覧いただきたい。

【参考文献】
長野県総務部市町村課編『長野県市町村ハンドブック（平成二四年版）』（財）長野県市町村振興協会、二〇一二年
原正秋『南箕輪村に於ける入会山分割史』（私家版）、一九六三年
南箕輪村『大泉川の水』南箕輪村、一九九八年
南箕輪村『南箕輪村村勢要覧』南箕輪村（ｗｅｂ版）、二〇一三年
南箕輪村誌編纂委員会編『南箕輪村誌』（上巻）南箕輪村誌刊行委員会、一九八四年
箕輪町『箕輪町町勢要覧』箕輪町、二〇一二年
箕輪町教育委員会編『写真集みのわ』箕輪町、一九九五年
宮田村『宮田村村勢要覧』宮田村（ｗｅｂ版）、二〇一二年
吉原健一郎・八木橋伸浩・森田晃一「ダムの築造と民俗の変化」『山村生活五〇年・その文化変化の研究』成城大学民俗学研究所、一九八八年
『読売新聞』二〇一三年八月二十九日付「生産人口8000万人割れ　15〜64歳」

【附記】

拙稿作成にあたっては次の方々から本当に多大なご教示を頂戴した。このご教示をしっかりと反映できなかった筆者の力不足をお詫びするとともに、ここにお名前を記して厚く御礼申し上げます（順不同、敬称略、肩書きは二〇一一年九月から翌年九月にかけてのもの）。

中山晶計（伊那市長谷総合支所長／伊那市長谷地域自治区長）、池上直彦（伊那市長谷総合支所産業振興課長）、平沢正典（宮田村総務課長）、唐木一直（南箕輪村村長）、原茂樹（同村副村長／前産業課長）、加藤久樹（前同村副村長）、田中聡（同村教育委員会教育次長）、唐澤孝男（同村産業課長）、藤澤隆（同村総務課企画係長）、松澤英太郎（南箕輪村郷土館協力員／同村文化財専門委員）、薄田浩（南箕輪村大芝荘・料理長）、浅野幸利（箕輪町総務課長）、江取千夏（同町総務課総務広報係）、有賀一治（箕輪町郷土博物館学芸員主幹）、柿木淳一（伊那市総務部総務課庶務係長）、北原秀志氏（同市総務部企画情報課課長補佐／元長谷村役場勤務）、早川宏（同市教育委員会生涯学習課文化財係長）。

第Ⅳ部　地域社会の現状や課題

第11章

島をつないで、島を継ぐ

――笠岡諸島における島嶼連携による「島づくり」の実践と困難

俵木　悟

はじめに

「島は日本の縮図」だとよくいわれる。人口の漸減と少子高齢化、食糧や資源などの調達を外部に依存する経済の苦境、耕作放棄地や荒れた山林原野といった環境問題など、日本の島嶼部でしばしばみられる社会問題は、近い将来、日本全体を覆うことが予想されるものばかりである。島はこれからの私たちが直面する課題に、先駆けて対処を迫られているのであり、私たちはその経験に学ぶことが必要である。

同様に、「島は小宇宙」という言い回しもしばしば耳にする。確かに島は、限られた資源を効率的に分配しながら、穏やかで慎ましやかな共同生活を維持してきた、あるいは海で隔てられていることによって、現代の私たちの生活からは失われてしまった、根生いの個性的な文化を今も伝えているといったイメージをもたれやすい。しかし、少なくとも日本の近海の島の大半は、そのような独立した生活圏を形成して歴史的に存在したのではない。島の生活は、外部社会と人・モノ・情報などを介してつながることで成り立っていたというのが実態であろう。一時は栄えた島も、今は大半が現代社会のひずみを抱えている。その盛衰は、つながりの彼方と此方のバランス（アンバランス）に起因するところが大きく、いわゆる内発的な発展や持続可能性を考えるのには限界がある。むしろ時代の変化に合わせてつながる相手やつながりの質を更新していくことが求められることになるだろう。

本稿は、生活の場としての島の維持と振興のために苦闘する一つの例として、岡山県の笠岡諸島における「島づくり」の実践を検討し、とくにそれが直面する困難を乗り越える道をどのように見出すか、筆者なりの考察を行ったものである。その際とくに、笠岡諸島の有人七島をつないで一つの存在と見立てることによって存在感を高め、より上位の政治経済的な機構である笠岡市と対峙するという方法と、そこから広がる可能性に注目する。これは、本論集のテーマである市町村合併という問題において、小規模町村がより大きな規模の自治体との合併に際して直面する課題と通底するテーマであると考えられる。

1　諸島連携による島づくりの実践

はじめに、笠岡諸島における島づくりがこれまでたどってきた経緯を確認しておく[1]。なお本稿において「島づくり」という言葉は、厳密に定義して用いているわけではなく、端的にはその実践を進める「島づくり海社」の名称から取ったものである。「島おこし」という言い方も使われるが、おそらくその発想の出所は、行政が進める「まちづくり」であり、その島版というところにあると思われる。島が抱える社会問題に対処しながら、島民の力で持続可能な生活の実現を目指す活動といった意味である。

（1）はじまりは運動会から

一九九六（平成八）年に、笠岡市のゲンキ笠岡まちづくり支援事業が開始される。この事業は、市民のグループが考えて実施するまちづくり事業に対して、ソフト事業では五〇万円、ハード事業では一〇〇万円を上限に事業資金を支援するもので、事業期間は五年間であった(2)。この事業には笠岡市の地方《じかた》（本土側）と比較して多くの申請が、島方（島嶼部）から出されていた。これに気づいた市は、翌一九九七年の六月、前記事業の報告会となる「まちづくりフォーラム」を開催した際、その目玉企画として「島おこし討論会」を実施した。笠岡諸島の各島から同事業に応募した有志が集まって、島を維持していくために何が必要であり、自分たちに何ができるかを考える討論会であった。これがきっかけとなり、島民有志による「島をゲンキにする会」が発足した。

それ以前から、一部の島の若者たちはそれぞれの島で独自に島を盛り上げる活動をしていたが、そういった若者たちが集まって、何か笠岡諸島全体でできることはないかと、夜な夜な酒を飲みながら考えたという。そのなかから出てきたのが、全島合同の運動会の構想であった。その時点ではそれが必ずしも島の振興につながる大きなムーブメントになるという考えはなかったようである。まずは各島の枠を越えて集まり、皆で一つになって楽しもうと考えた結果だった

こうして一九九八年五月に、第一回島の大運動会が北木島小学校校庭で開催された。全島の大半の住民が参加したというこの催しは好評で、以後各島の持ち回りで継続的に開催されることになった。この運動会は今も続けられており、今や笠岡諸島最大のイベントの一つとなっている。二〇一四年には第一六回が高島で開催された（写真1）。

写真1　島の大運動会の様子（2012年・真鍋島）

この大運動会の開催は、以前から潜在していたであろう、島間で問題意識を共有するネットワーク的な組織が立ち上がるきっかけとなった。一九九九年に結成され

た笠岡諸島女性ネットワーク（翌年六月に笠岡諸島生き活き会に発展）などはその代表である。もとは運動会で実施するバザーの協議のために集まった女性たちが、女性の立場から島の現状と課題について意見を交換し、提言を行う組織にまで発展した。

二〇〇〇（平成十二）年五月、真鍋島で開催された第三回運動会の「島からの主張」コーナーでは、高島の代表が、訪れていた当時の高木直矢笠岡市長に「島の人たちのやる気を事務局的にサポートしてくれる職員を島に派遣して欲しい」と提言を行った。これが市を動かし、翌年四月には市長が特命部署として、島民の島づくり活動のサポートを行う「島おこし海援隊」（以下、海援隊）を設置した。志願したなかから市長の直接面接によって三名の「隊員」を選び、「市職員としてではなく、島の住民となって働いてくれ」の言葉をかけて配属した[3]。これによって、島が抱える課題をすくい上げ、政策的な課題として市政につなげる行政側のカウンターパートが生まれたことになる[4]。そしてこの島民と海援隊の協力は、やがて一つの成果を生む。

（2）「海社」の誕生

二〇〇三年四月に施行された改正離島振興法は、従来の同法が「国土の均衡ある発展」という観点から、後進性の除去を離島振興の目的としてきたのを転換し、「離島の地理的・自然的特性を生かした振興」「地域の創意工夫による自立的発展の促進」という新しい方向性を打ち出した。これにともなって、国が離島振興計画を定める従来の制度から、国が作成した離島振興基本方針に基づいて市町村が離島振興計画（案）を作成し、それをもとに都道府県が離島振興計画を定めるというボトムアップの計画立案の仕組みに改められた[5]。

笠岡市ではこの改正を先取りして、島民の意見を海援隊が集約するというかたちで、独自の「笠岡諸島振興計画（案）」を作成した[6]。二〇〇二年三月に公にされたその計画の前文で、笠岡市長は、この笠岡諸島振興計画（案）が島民と海援隊の協働の延長であると明言しており、これに関わった島民や市職員は、「住民が主体的に関わって策定した全国初の離島振興計画」であると誇っている。

同じ二〇〇二年の八月には、岡山県のフロンティア地域活力創造事業の助成を受けて、任意団体である電脳笠岡ふるさと島づくり海社（以下、電脳海社）が設立された。電脳海社の設立は、前述の振興計画（案）の策定と同時並行的にすすめられており、ある意味では計画を具体化する組織体という性格があらかじめ織り込まれていたといえるかもしれない。(7) こうして島民の島づくり活動にも、行政側の海援隊に対応する恒常的な組織が発足したことになる。「電脳」を名乗ったのはこの当時、海援隊の協力のもと、離島の地理的不利を解消する手段としてインターネットの利用による情報発信と交流促進に力を入れており、これを一つのアピールポイントと考えていたのだろう。(8)

電脳海社は北木島に本社事務所を置き、各島（笠岡諸島の有人七島のうち、大飛島・小飛島を一つと数えた六島）を支社と位置づける。社員は島民のすべてである。各島の支社は島ごとの特長を活かし、島民の発案による島づくり事業を企画し、実施する。そこに本社が補助金を出すという仕組みである。それと同時に、個々の活動の対外アピールなどで本社を通して連携、協力する。こうして、現在にまで続く島おこし事業の枠組みがこのときできあがったのである。補助金の原資は県と市からの助成金（初年度は九四〇万円）で、(9) 実質的な事務局機能を海援隊が果たすなど、行政とも密接な関係にあり、設立直後から、笠岡諸島フィルムコミッションを設立するなど、積極的な活動を行った。

なお笠岡市の海援隊は、二〇〇五年の機構改革により、市長直轄から、政策部協働のまちづくり課内の海援隊グループに再編された。

（3）NPO法人化

電脳海社は、設立後しばらくは支社事業のサポートに徹していたが、やがてNHKとタイアップした「しまべん」（各島の特徴を生かした弁当）プロジェクト（二〇〇五年）や、六島の保育所「あゆみ園」の運営受託（二〇〇六年）など、本社が引き受ける大型事業も積極的に展開するようになった。とくに、後述する空き家対策のための空き家巡りツアーを二〇〇六年一月に実施すると、その反響で移住希望者の問い合わせが多数寄せられた。こうして電脳海社の活動は、その事業規模を拡大させ、広い認知を獲得していった。

そして電脳海社は次のステップに乗り出す。その直接のきっかけは、北木島で高齢者が診療所に通うためとして、笠岡市の補助を受けて二〇〇〇年から走らせていたという島内バスである。二〇〇六年十月に道路運送法が改正され、自家用車による福祉目的の人の移送が、福祉有償運送（過疎地有償運送）として自家用有償運送の一つに位置づけられるようになった。ただしこれに登録できるのは、特定非営利活動法人（ＮＰＯ）等に限られる。これを受けて電脳海社は、二〇〇六年九月に「かさおか島づくり海社」（以下、海社）としてＮＰＯ法人格を取得した。

法人格を取得したことにより、海社は、行政との協働という基本線を引き継ぎながら、自立を目指すことになった。収益事業を行って人件費や事業費を確保する、あるいは新規の行政委託事業を開拓して、活動に必要な補助金を獲得するなど、自ら動いて独自の事業展開を行うことが求められるようになった。

そこで新しい事業展開として、かねてより島民の要望が高かった介護事業への本格参入を目指すことになった。島で最も必要とされるのは高齢者、要介護者のケアであるが、その地理的条件から民間介護事業者の参入はほとんど見込めない。そうとなれば、できるだけ島の人の力で介護事業を立ち上げなければならない。こうして島の空き家を利用し、島民がスタッフとなる通所介護施設が作られることになった。二〇〇七年に最初の施設「海社デイサービスほほえみ」が北木島に開所してからの展開は、後に述べる。

他にも、ＪＲ笠岡駅前の笠岡商店街に、笠岡諸島のアンテナショップ「ゆめポート」を開設したり、ＮＨＫ　ＢＳの番組内企画であった「しまべん」を継続的に製造・販売したり、島の玄関口ともいえる廻漕店を経営するなど、事業収益を獲得するための試みが今も続けられている。

これまで、この笠岡諸島の一連の島づくりの取り組みは、マスメディアなど各方面から注目を集め、多くの表彰を受けてきた。二〇〇二年に総務省の「地域づくり総務大臣賞表彰」（活力のあるまちづくり部門）を受賞、二〇〇七年には国土交通省の「地域づくり表彰」国土交通大臣賞を受賞、二〇一〇年には農林水産省の「農林水産祭」(むらづくり部門)農林水産大臣賞を受賞と、中央政府にとってもまちづくり、地域振興の理想的な事例として認められてきたといえる。しかし筆者が現地調査のなかで耳にしたのは、その取り組みの意志とは別に、実際の活動が必ずしも順風満帆に進んではいないという話であった。しかもその理由は多くの場合、海社や支社の事業運営の実務的な問題に求められるのではなく、その背景にある島の文化や島民の態度に求められていた。

2　島づくり海社の取り組み

(1)　支社事業

島づくり海社が取り組む事業の根幹をなすのは、前述のとおり、島ごとに置かれた支社が企画し実施する個々の事業である。各島にはそれぞれ個別の困難や課題があり、それを克服するために考慮しなければならない個別の事情をもつ。海社の活動が、島が現実に直面している問題を本土の行政に認知させ、克服することを目指すものである以上、島民の実生活に一番近い場で展開される支社事業こそが海社の本分と考えて良いだろう。

以下に、これまで各島の支社が実施してきた事業の例として筆者が聞いたものを挙げる。現在は事業が終了しているもの、開店休業状態のものもあるといい、島によっては海社の支社事業で行われているのか、他の枠組みで行われているのか曖昧なものもある(表1)。

ここで支社事業の性格をより明らかにするために、筆者が話を聞いた白石島支社の活動の例を考えてみたい。

海社の白石支社は「島づくり委員会」という名称である。この会は、一九九九年の第二回島の大運動会が白石島を会場に開催された際に、その準備や運営のために組織された。ただし新たに設立された組織というよりも、それ以前

表1　支社事業の例

高島支社	空き家対策事業（＊後に本社事業に）、竹炭製造（特産品開発）、婆ーちゃるショップ高島家（買い物代行）等
白石支社	綿花栽培・綿織物（特産品開発）、助っ人倶楽部（高齢者生活支援）、託老所、白石踊りツアー等
北木支社	島のお達者便（通信販売システム）、島内バス（過疎地有償運送）、レンタサイクル、廃校を利用した夏季研修の招致等
真鍋支社	幸せの黄色い旗（安否確認事業）、ゴーヤおよびゴーヤ製品づくり（特産品開発）、マナコッチハウス（食品製造販売、観光案内）等
飛島支社	椿油製造（特産品開発）等
六島支社	六島水仙ツアー（観光資源開発・環境整備）等

から活動していた島の各種の機能部会を束ねて連絡調整を行うものであり、環境部会、情報文化部会、産業部会、福祉部会などが設置されている。他にも漁協支所、観光協会、ＰＴＡ、踊り会（白石踊りの伝承団体）などの組織とも連携している。事務局は白石公民館に置かれており、実質的に公民館と不可分な組織である。

以上のことから分かるとおり、島づくり委員会は島の生活に関わる多方面の共同的な活動を担っている。海社の支社事業はあくまでその一部を構成しているに過ぎないのだが、そのことが、支社事業として何をしているのかをわかりにくくしている要因ともなっている。たとえば島づくり委員会は、二〇〇九年に内閣府の地方の元気再生事業の補助を受け「エコ島力で国際交流を目指す白石島の活性化」事業として、国際交流ヴィラの運営、体験型エコツーリズムプログラムの開発、エコ農産物（桑製品）の開発などを行っていた。ところがその補助金が、翌年の政府の事業仕分けによって打ち切られたため、その後の活動の位置づけが曖昧になってしまった。あるいは踊り会と連携して行っている白石踊り体験・鑑賞ツアーなども、海社の支社としての事業といえるかどうか、当事者にも明確な線引きは無いようであった。

しかし逆説的ではあるが、これこそが島づくり実践の草の根的性格を表しているとも考えられる。白石島における支社事業は、先に全体的な枠組みが設定されて行われているのではなく、島のなかに実践活動がまずあって、それを持続的に実現するために可能な資金や組織を利用しているのである。支社事業も、そのような諸活動のある部分を担うものとして存在していると考えられる。

ところで、これらの支社事業に通底する問題とされるのが、さまざまな事業が展開されながら、その多くが限られた一部の島民によって担われているということである。

前に挙げた各島の支社事業は、大きく、①島内の（とくに高齢者向けの）生活支援の事業と、②各島の文化や自然を生かした島おこしのための資源開発とにわけられる。島民の生活支援的な事業は細々とではあっても継続的に行われているものが多い。そのなかには、サービスの受け手として多くの島民が恩恵を受けている事業もある。しかし実際にその事業を企画し運営する側に立つ島民は、ほとんどの場合、一部特定の者であるという。さらに特産品や観光資源の新規開発については、それらがコストや労力に見合った事業になっているかをモニタリングし、より魅力ある商品として改良を加え、順応的に進めていかなければならないが、その過程で、日常の生活の余業として関わっている多くの島民は脱落していく。こうしてその継続性・安定性の面での課題を抱えているものが少なくない。必然的に各事業の効果や持続性も、特定の限られた人々の熱意や能力に依存することになっていった。

この支社事業は、島のために働くことが利益につながる仕組みを作るという意図をもっている。これは島づくりという活動それ自体を目的化することを避け、一定の収益を上げることを求めることで、実質性と持続性が得られるという考え方からである。すべての支社事業は、本社から補助された事業費のうち三割を、一年間据え置きのうえ、その後の五年間で返還することが求められる。もちろんそれ以上の収益を得られることが期待されているのであり、島の生産活動を活発化させるねらいがあることはいうまでもない。

それと同時にこの返還義務にはもう一つの狙いがある。それは返還を求めることで、しばしば行政的な地域おこしにみられる丸抱え方式とは異なる、島づくりの主体としての意識を島民に求めるという効果である。自ら企画し実践する島づくりの事業に、責任と結果を求めるのである。しかし実際には、この返還が難しいためになかなか新規事業が起こせないというジレンマにも陥っているという。

（2）高齢者福祉・介護事業

本社事業として実施されている高齢者福祉・介護事業は、現在の海社の実質的な基幹事業である。そもそも島が共通に抱える最大の問題は島民の高齢化であったから、介護事業への参入は、島づくり活動の初期から考えられていた。海社設立以前、島の大運動会が開催された翌年の一九九九年には、笠岡諸島ホームヘルパー二級養成講座が開講されていた。ただしその時点では養成したヘルパーの働き口がなく、思った効果をあげられなかった。しかし海社がNPO法人化したことで本格的に介護事業に乗り出すことが可能になり、結果的にこのヘルパー養成はその布石となった。

海社は二〇〇七（平成十九）年二月、北木島に最初の通所介護施設「海社デイサービスほほえみ」を開所した。その後、二〇〇九年一月に「海社デイサービスすみれ」（北木島）、同年四月に「海社デイサービスだんだんの家」（白石島）、さらに二〇一一年四月には「海社デイサービスうららの家」（真鍋島）を立て続けに開所した。白石島のように支社事業として託老所を開設するところもあり、電脳海社のNPO法人移行へのきっかけとなった北木島の過疎地有償運送も高齢者の移動手段の確保が発端であるなど、島の高齢者福祉の環境は大きく前進した。さらにこれらの施設で働く管理者、指導員、ヘルパー等の多くを島内で確保しており、雇用創出にも一役買っている（写真2）。

現在、海社の経営は、年間収入で一億円程度とのことだが[10]、収入の約八割が事業収入であり、さらにその事業収入の約八割を介護事業から得ているという。事業単独でみても、事業にかかる支出の二倍以上の収入を計上しており、介護事業に関しては、収益事業として十分に採算がとれている。

財務的な側面以上にこの介護事業が果たしている意義は、島内の異なる世代、異なる属性をもつ人々を適材適所に配することで、島内の課題の解決に寄与するシステムを構築したことである。島の比較的若い世代の女性たちは大半が専業主婦で、出稼ぎや漁で男性たちが不在の間も、他の家族や親族の世話を日常的にすることが多かった。その時間と労力を、ヘルパーとして有給の仕事に転換すると同時に、島で増えつつあった独居老人や高齢者のみ世帯を交流させ、健康管理や安否の確認までを定期的に行えるようになったのである。個別に存在していたニーズやポテンシャ

写真２　海社デイサービスだんだんの家（白石島）

ルを効果的につなぐことで、システムとして機能させ、それが経済的な利益にもつながるという良い循環を構築できたのが、成功の秘訣であった。

ただしその成功の裏で、島の高齢化の進展に伴って新たなヘルパーのなり手を島内で探すことが難しくなってきており、システムを持続的に維持することに若干の危惧ももたれている。しばらくは島間で人員を融通する見通しをもっているが、近い将来には老老介護的な状況が避けられなくなるだろう。現在のシステムは、島の人が島の人を助け、それが経済の循環を生み出しているという点でうまく機能しているが、ヘルパーを島外から集めざるを得なくなったとき、このシステムの価値は減じることになるだろう。

（3）空き家対策・移住促進事業

一方、海社が介護事業と並んで力を入れていた、各島の空き家対策・移住促進事業は岐路を迎えている。

島民、とくに中若年層の絶対的減少への対策と、島の環境保全も兼ねて、空き家に島外から住民を迎える目的で、高島支社の事業として始まった空き家対策は、二〇〇四（平成十六）年二月に最初の移住者を迎えた。この活動はメディアに取り上げられる機会も多く、[11]問い合わせも多かったため海社の本社に窓口を設けて対応することになった。そして本社事業とすることで、単なる空き家を埋めるだけではない、移住促進の新たなスキームが生まれた。それは、各島において優先されるニーズを考慮しながら、移住希望者をふさわしい島に紹介するという形をとることであった。たとえば、島の学校の存続問題に揺れていた真鍋島には、子どもがいる、もしくは子どもが見込まれる若い夫婦の移住者を、かつての石材加工場の空き工場が多く残る北木島には、それを利用して新たに起業できるアイデアをもった人を、という具合である。これは海社が島をつないだ組織であることが効果的に表れた事業展開の一つといってよい。この事業によって、二〇一一年までに三三世帯七四名の移住者を受け入れた。これまでの定着率は約六割という。

さらにこの事業のユニークなところは、空き家対策といっても、移住者を「お客さん」として迎えるのではないという点である。空き家対策は同時に島づくりに貢献してくれる人材発掘であるという立場を明確にしており、移住希望者に島でできる「何か」を求めるのである。

しかしながら、成功しているといえる事例もあるとはいえ、全体的には期待するほどの効果はあがっていないと考えられている。その理由はさまざまある。島民は移住者の島での生活のサポートはできても、新規事業の企画などを手伝うことはできない（できないからこそ、外からの力に期待したのである）。島内には限られた資源と市場しかなく、白石島を除いて、観光産業の基盤をほとんど持たない笠岡諸島では、向こうからやってくるお客さんを相手にするという事業は成り立たない。必然的に新規事業の開拓は島外の社会を見据え、それとの競争を視野に入れなければならない。しかし島への移住希望者の多くは、むしろそうした市場原理的な社会に馴染めなかった人たちである。いわば島側の思いと、移住希望者の思いがすれ違っている状態である。

そしてもう一つの問題は、島外からの移住者（島の人はＩターンの人などという）と元からの島民とが良好な関係を築けるかである。

近代以来、笠岡諸島の島々は石材採掘業者をはじめとして比較的多くの移入者を迎えてきた土地であり、また島の人も出稼ぎで他所に移住することが多かった。したがって必ずしも移住者を単純に排除するような社会ではない。しかしながら、かつての移住は出る場合も入ってくる場合も、ある程度それ以前からの縁を頼ることが多かった。

たとえば北木島・白石島への石屋（石材採掘業者）の出稼ぎ・移住を論じた松田睦彦[12]や、白石島民の阪神方面への艀乗りとしての出稼ぎ・移住を論じた藤原洋[13]は、ともに出稼ぎ・移住の背景に親族（とくに双系的親族関係としてのシンセキ）のつながりがあることを示唆している。島の社会組織としても、「村落共同体としての地縁的な結合は極めて薄い。〔中略〕それよりもむしろ血縁的な関係が優先しているように思われる」[14]と指摘されているように、親族の縁が強く働く。島の人ですら、この親族の縁に制約されることは多いという。北木島の漁業集落である金風呂では、同じ集落の漁師でも、シンセキが多い一団が良い漁場を独占してしまうという不満を聞いた。「シンセキをたどると島の者がすべてシンセキになる」[15]というほど親族の縁が張りめぐらされた島の社会関係に、一人か、せいぜい一家族で移住してくる者が馴染むのは容易なことではなく、場合によっては文字どおり「孤立無縁」の状態に置かれてしまうかもしれない。こうして空き家対策は、来る者は拒まずであった一時期に比べるとかなり慎重に対応するようになっているという。

(4) 再分配システムとしての島づくり海社の実践

本章の最後に、これまでみてきた海社の取り組みをまとめて、その全体的な特徴を抽出してみたい。

まず海社の機能の第一は、支社事業に代表されるように、それぞれ単独にはごく小さな事業を、「笠岡諸島の島づくり」という器を作ることで行政の支援に接続するということである。すなわちこれは、草の根の事業を諸島全体の規模でつなぐことで、存在意義を高めることである。同時に各島の独自の取り組みやそのノウハウを島間で共有するという性格も認められ、空き家対策や高齢者の買い物等の日常生活サポートなど、一つの島で始まった事業が別の島でも取り入れられる例がある。これらは海社の当初からの目的である、島をつないで一つに見立てることによって得られる効果が目に見える形で発揮されるところだといえよう。

第二に、より重要だと筆者が考えるのは、介護事業などの収益事業で得られた利益を、支社事業のようなそれ自体では事業として評価されにくいものに分配することで、草の根の地域振興の取り組みを実現する、いわば諸島全体での利益の再分配システムとして機能していることである。海社の活動を政治経済的な観点から分析した報告においても、その役割は「社会の構造変化によってもたらされた種々の不均衡に対応するための、分配の変更装置」として評価されている[16]。単に業種間での再分配だけでなく、比較的人口規模が大きく介護事業などの採算性が得られる島（北木島、白石島、真鍋島）などでの利益を、より人口規模の小さい島（高島、六島、飛島）へという地理的再分配も部分的に実現している[17]。

ただしここにみられる再分配は、税を集めて公的サービスとして還元するというような、行政的な再分配システムとは性格を異にする。広井良典は、現代社会の〈公〉〈共〉〈私〉という領域を経済的な機能で表した場合、それぞれ「公＝再分配（政府）」「共＝互酬性（コミュニティ）」「私＝市場（交換）」に相当するものとする[18]。この図式で考えると、再分配は国家レベルの領域で、社会福祉に代表されるように、政府―国民という垂直的な社会関係のもとになされる行為になる。しかし海社の再分配システムは、そのシステムを動かす当事者となるのが（潜在的な）受益者でもある島民であるという点で、水平的な社会関係であると考えられ、むしろ〈共〉の領域における互助的な再分配のあり方に近い、少なくともそのようなもの（を意識的に諸島全体に拡大したもの）を志向して作られた仕組みだといえるのではないだろうか。

恩田守雄は、〈共〉の領域における再分配的行為を、水平的社会関係における双方向の行為であり（広義の互助）、かつ、そのなかで主客の直接交換である互酬的行為（狭義の「互助」）に対して、中心に集めた「務め」から得た利益を分散的に配分する「共助」の行為としてとらえている[19]。このように〈共〉の領域でも再分配的行為は成立しているのであり、そのような「共助」の再分配行為を、とくに「モヤイ」に代表されるものとして民俗社会の慣行のなかに多様に見出している[20]。

さらに恩田は、現代社会において、国家の原理（公）でも市場の原理（私）でもない、NGOやNPOに代表される市民セクターの原理による「助」行為を、地域「住民」の互助行為から「市民」のそれへの変化として読み取る。そして市民と行政の協働は、市民の水平的な「自（私）助」ネットワークと行政の垂直的「公助」ネットワークを接合することで、全体としての「共（互）助」ネットワークをつくることであると論じている。恩田も、実際にそのような理想的な協働を実現させることの難しさを自身の体験を踏まえて指摘しているが、海社の実践がここで論じられている共助ネットワークを構築することを目指していることは間違いないであろう。

その一方で、だからこそ海社の活動は、従来の島民にも、また移住希望者のような潜在的な島民にも、サービスの受け手という受動的な態度ではなく、島の生活を作っていくための主体としての意識をはっきりともつことを求めている。しかしそのことが、そうした主体としての自覚を強くもたない島民や移住者とのあいだに意識の溝を存在させ、この事業が全島規模の理想的なかたちで実践できない要因にもなっているのである。

3　協働のまちづくり

ところで近年、この笠岡諸島における島嶼連携による島づくりの活動に、とくに行政との協働・連携という点において新たな課題がもたらされている。

笠岡市は二〇一〇（平成二十二）年一月に「笠岡市地縁組織との協働システム構築計画」を策定した。この計画に基づき、全市を二四の地区[21]に分けて、地区ごとに全住民が構成メンバーとなる「まちづくり協議会」（以下、協議会）を設立し、行政（協働のまちづくり課）との協働によって持続可能な地域づくりを行っていくことになった。各地区の協議会には会長と事務局員が置かれ、その活動をサポートするために市から地域担当職員が配属される。協議会にはそれぞれ事業の企画・実施を担ういくつかの部会が置かれ、地域の課題の解決や地域づくりに資する事業を、行政からの補助金を活動資金として主体的に行っていくこととされている。

笠岡諸島では、海社の支社と同じ六地区にそれぞれ協議会が設立されることとなった。二〇一二年までに各地区で協議会を設けることが推奨され、実際に笠岡諸島の六地区はすべて協議会を設立した。市からの補助金は二階建てとなっており、その一階部分は各地区共通に支給されることから、早期に協議会を立ち上げることには経済的なメリットがあったからである。

たしかに笠岡市は早くから市民との協働を標榜して市政を展開してきた自治体である。しかしこの「まちづくり協議会」や、その根拠となる二〇〇八年の笠岡市自治基本条例は、二〇〇〇年代に入って全国の自治体で作られてきた自治基本条例、まちづくり条例などと軌を一にするものであり、こうして全国的なブームに乗って作られる住民自治や協働に対しては、しばしば「上からの協働」「形骸化した市民参加」という批判が寄せられている。市民の代表を含む委員会の提言を受けて行政が素案を作り、パブリックコメントを募集して修正し…という、マニュアルどおりの市民参加型の意思決定プロセスによって作られた自治基本条例や「協働システム構築計画」は、海社の設立の経緯と比較したときに、いかにも官製という印象を拭いきれない。

このまちづくり協議会が、海社の事業とよく似た機能を期待されていることは容易に理解されよう。白石島では、まちづくり協議会＝島づくり委員会として組織化されているように、島民にもそう理解されているきらいがある。

そのことは、笠岡市が策定した離島振興計画にも表れている。前述したとおり、島民と市が協力して策定した最初の振興計画（第一次：平成十五年度～二十四年度）では、海社の前身である電脳海社の設立の経緯を引き合いに出して、島が連携して行う自主的・主体的な島おこしがその基本方針に述べられていた。ところがそれを更新した第二次の離島振興計画（平成二十五年度～三十四年度）の基本方針は、その第一に「協働による島づくり」を置いているが、「施策の方向」の項では「まちづくり協議会が中心となって」島づくりが行われるとされている。海社の存在はまちづくり協議会を中心とする協働を担う団体の一つとして、後景に退いているように読める。

また、協議会はそれまで行政の末端としての機能を果たしてきた町内会や公民館ともまた異なる組織として作られている。海社の活動に関わる人々をはじめ、その他の島民のなかにもこの状況に懸念を抱く者がある。たとえば北木島の場合、一つの島のなかに、四つの町内会、二つの公民館があり、島を超える活動をしている島づくり海社があったところに、さらに一つのまちづくり協議会が設立されたということになる。組織が複雑になって、生活の場からの要望をどこに、どのように伝えたら良いのかという戸惑いがある。また恒常的に付けられる補助金を受けとることが、何かをしなければならないという無言の圧力となって、住民の受け身の態度を形成するということもあり得る。

さらに、どちらも行政との協働を謳うまちづくり協議会と海社の活動であるが、両者は組織の編成がかなり異なる。そもそも海社は、島ごとに抱える課題や困難が、島単独では市の行政にアピールしにくいということから、「島をつなぐ」という発想でできた組織であった。それに対してまちづくり協議会は、それぞれ地区ごとに作られた協議会がダイレクトに市行政と結びつくかたちになっている。そのような協議会が全市的に作られることを考えたとき、人口規模も経済規模も小さい島の協議会は、そのなかではたしてどれほどの影響力を持ちうるか。そう考えると、まちづくり協議会は、組織のあり方としてはむしろ、島づくりの活動が立ち上がった当時に逆戻りしてしまったようにも思われるのである。

まちづくり協議会はまだできたばかりの組織であり、それを有効に活用できるか否かは、島民と市の行政の双方の今後の取り組み方にかかってくるであろう。海社の活動とも相補的につながりつつ、住民の主体的な活動を実現するために制度を使いこなすという考え方が今後は求められていくことになるだろう。

4　島を継ぐための可能性

次に、この島づくりの取り組みを、少し離れた視点からみてみたい。海社の取り組みは、すでに述べたとおり、必ずしもすべてがうまくいっているわけではない。ここではその要因を、島の現状や社会背景、さらに島が育んできた文化とからめて考察することで、今後の展望を開く可能性を示してみたい。

（1）社会構造の桎梏

島づくりの活動について聞き取りをするなかで、それを阻む要因として語られたものには、大きく二つあった。一つは島の社会構造の問題であり、もう一つは島民のやる気や主体意識の欠如という問題であった。

島の社会構造の問題としては、前に親族の縁による扶助関係を述べたが、それと並んで、島の生業によって形成された社会関係も考慮すべきだろう。近代以降の笠岡諸島に特徴的な生業には、北木島や白石島の採石業や、真鍋島のタイ縛り網、イワシ巾着網漁など、使用者と被使用者が明確に分かれる業種が多く、それが日常的な社会関係のうえでも庇護と奉仕の関係として表れていた。福島惣一郎による離島調査の成果報告や[22]、一九六五年十一月に白石島を再探訪し、その知見も加えて発表した報告にも[23]、漁業組織としてのムラグミ（イワシ漁の経営体で、アミモトもしくはオヤカタに率いられる）や、フデノオヤ／フデノコと呼ばれる親方子方慣行について触れられている。

とくにフデノオヤ／フデノコ（カナオヤ／カナコともいう）については、成人儀礼としての意味をもつ擬制的親子関係として、社会関係の拡大という面から注目されることが多いが、「フデの親（親方）については、「ハシと親方とは強い方がよい」という言葉が残っているように、親方には、経済的実力のある人、信望のある人などが依頼される場合が多い」という中山薫の指摘からもわかるように[24]、強い庇護を求める恩顧的関係でもある。この関係は、現代の社会状況に合わせて柔軟に変化しながら今も生きていることが、藤原洋の研究によって明らかにされている。そこでは、かつてはシンセキやキンジョ（近所）の者に頼むことが多かったフデノオヤを、近年はタニン（他人）であっても市議会議員のような社会的な実力者に頼むことが多いという傾向すら指摘されており、「フデノオヤ・フデノコ関係はさらに島民が抱える切実な生活上の諸問題を解決するため」の制度になっていると述べられている[25]。

このように、島の伝承文化としての組織や慣行に起因する関係性は、今も構造的に残っている[26]、あるいはそのなかで育まれた気質のようなものが根強くみられると認識されている。筆者の聞き取りでも「島には殿様と家来がいる」といった意見を聞くことがあった。そしてそれが島づくりの際に、あるいは島づくりに関わらずとも、何か新しいことをしようとする際に、見えない壁となって立ちはだかっている。このように形成された気質や性格が原因で、島の多くの人が、誰かに頼ってばかりで自ら行動しない、外の人が新しいアイデアをもって入ってきてもそれに付いていこうとしない、さらには自分が頼る庇護者以外の者には従わない／従えない、というように語られるのである。事実としてそのような影響があるか否かを確かめることはほとんど不可能に近いが、そう考えられているということが、島づくりの雰囲気を停滞的なものにしてしまっているとはいえるだろう。すると問題は、そのような潜在的な関係性をどうやって現在の状況に合わせて変えていくことができるのかである。

（2）つながりの結節点としての学校

第2節（3）で空き家対策・移住促進事業について述べた際、それがうまくいかない理由の一つに、移住者と元からの島の住民との関係構築の難しさについて指摘した。その際に、この関係構築が比較的うまくいっている例として聞いたのが、真鍋島の場合であった。

真鍋島の移住促進は、すでに述べたように学校の存続問題と関わっていた。現在、笠岡諸島には小学校四校（白石、北木、真鍋、六島の各小学校）と中学校三校（白石、北木、真鍋の各中学校）がある。大飛島には飛島小学校があるが、二〇一〇年度をもって休校となっている。真鍋小・中学校は同じ敷地内にあり、二〇一三年度時点で、全校生徒数が小学校六名、中学校五名であった。真鍋中学校の校舎は一九四九（昭和二十四）年建造の木造校舎で、一九八四（昭和五十九）年に映画『瀬戸内少年野球団』のロケ地に使用されたこともあり、島の名所となっている（写真3）。

この学校を維持するために、海社は、子どもをもつ家族、あるいは子どもが見込める移住希望者を重点的に真鍋島に紹介した。このことは、真鍋島で比較的移住者が良い社会関係を築くことができている要因となっていると考えられる。同じ学校に通う児童の保護者として、元からの島民と移住者は、子どもの成長と学校への適応という共通の関心をもって、必然的な関わりをもたなければならない。これが移住者と島民の関係構築のブレイクスルーになるので

写真３　真鍋中学校の外観

はないか。もしそのような関係が成立するとしたら、次の移住者は、先の移住者の経験をもとに、全くの新参としてではなく、移住者同士の縁をもってその関わりに参入することができる。そして移住者の縁と、元からの島民の縁が、学校という場を介してつながっていく。このように学校と子どもが、移住者と島民のつながりの結節点として機能し、それが新たに入ってくる移住者を受け入れる縁の端緒ともなるという、循環のモデルが形成されるのである。ここで重要なのは、縁をつなげるきっかけとして、立場や来歴の異なる者が全人格的に関わることができる共通の関心の場が存在することである。島の生活において、学校と子どもは、その貴重な場を提供してくれる数少ないものの一つである。

　それと同時に学校の存在は、地域に人をつなぎ止める錨としても重要な役割を果たしている。かつて笠岡市内で最も高齢化率の高い地区は、北木島の楠であった。[27]一九八二（昭和五十七）年に北木小学校楠分校が閉校となったことが直接の原因で、やがて楠では町内会を維持できなくなり、隣接する大浦町内会に吸収されることになった。そして二〇一一年に、その楠を抜いて飛島が笠岡市一の高齢化地区となった。これも二〇一〇年度をもって飛島小学校が休校となったことが直接の原因で、前年の六六・九パーセントから一気に七四パーセントの高齢化率となった。学校がなくなるということは、学校に通う子どものみならず、その親、教員、職員がすべて島からいなくなるということである。[28]そして学校がなくなったとき、島は社会の成員を再生産する環境として、不完全なものとなってしまう。幼少期にすら島での生活経験をほとんど持たなかった者は、大人になっても島に戻らないどころか、島を自分の故郷だと思うことすらなくなるだろう。そのような懸念は、決して遠い未来のことではない。

　笠岡市教育審議会は、二〇一三年十一月に「学校規模の適正化答申」を教育長に提出した。「笠岡市立小・中学校の学校規模は適正であるとは言い難く、学校教育を推進する上で危機的状況に近い」との認識のもと、学校の適正規模を、小学校は、少なくとも学級数は六学級（通常学級）以上で、一学級当たりの児童数は二〇名以上、中学校は、クラス替えが可能であるように一定規模を確保すべきであると答申した。そして島嶼部の学校については、スクールボート等による通学の負担を考慮して慎重に検討するという条件付きながら、神島外小学校及び神島外中学校へ統合することが望ましいと指摘された。これによって笠岡諸島の小・中学校の全廃の可能性が、眼前に迫ってきた[29]。前述の飛島の例から考えれば、これはほとんど島の生死に関わる問題といっても過言ではないように思われる。

しかしながらこの答申を、島の生活を破壊するものとして一方的に糾弾するのもまた筋違いであろう。本土の学校への統合を望む者も、とくに島の学齢期の子どもを抱える親にはいるはずである。子どもに少しでも良い教育を受けさせたいという願いは、どこに住んでいようと親として当然のことである。

かつての島の人々のライフコースは、壮年期に出稼ぎなどで島を離れたとしても、定年後には帰ってきて、退職金で家を普請し、墓守をしながら余生を過ごすというものであった。この話しを聞いた白石島では、そうした文化を反映して、大工の仕事が近年まで相応にあったという。しかし現在の、とくに比較的若い世代の島民にとって、そのような人生はあまり魅力のあるものとは映らないだろう。それは単に人口が減って寂しくなった島の状況のせいだけではない。より大きな変化は、人がさまざまな可能性のなかから自分の生き方を選択する際の判断基準として、自分が生まれ育ち、慣れ親しんだ生活環境や、先祖代々の家や土地や墓などといった過去の遺産よりも、子どもの将来という未来の方にずっと大きなウェイトが置かれるようになっているということである。

その意味で、学校が、島を生活の場として維持できるかどうかに果たす役割はたいへん大きい。学校の存続は、単純に公教育制度のなかでの学習の効果や社会性の涵養という点からだけ考えられてよいものではない。学校がコミュニティのなかで果たす役割を考え、子どもがコミュニティのなかでよりよく生きる能力を養う場としても評価するべきである。そして、学校がどれだけ多くの人やモノ・コトをつなぐ役割を果たしているか、さらには新しいつながりを創出する場として学校をもっと利用することができないかなどを、島民も含めて考えていくべきではないか。

(3)「島にいる」という選択

二〇〇九年度の笠岡市委託事業として、海社は、コミュニティデザインの第一人者で、前年に財政再建団体目前であった島根県海士町の総合振興計画を手がけた山崎亮を招いて、「子ども笠岡諸島振興計画」を作った。なぜこの計画が子どもを中心に作られたかを、山崎は次のように説明している。

将来は島の人口が一気に減少することが明らかだ。にも関わらず、大人たちは行動を起こそうとしない。危機感を持つ人もいるのだが、その人に協力する人としない人が明確に分かれているのである。隣の島の人と協力するのが嫌だという人もいる。７島で連携してプロジェクトを進めるのは不可能だという人も多い。

本当にこうした大人たちと一緒に総合振興計画を作るべきなのか。たとえ形だけできたとして、この人たちは自分たちが提案した事業を行政と協働して実行する主体になりえるだろうか。[31]

これまで述べてきたことからもわかるように、筆者も、島の将来を島民自身が考える意識が低いという嘆きを、笠岡諸島の複数の島で聞いてきた。それだけではない。何かしようとすると「一人で儲けるつもりか」といわれ、面倒なことはしてくれるなという圧力を感じて憤る者や、「島の基幹産業は年金だ」と諦め気味にいう者もいた。

しかし筆者はそうした島の人々の気質を、否定的なものとして見切ってしまうことには抵抗を感じる。彼らは本当に、それほど惰性的に島の生活を送っているのだろうか。

そうした島民にも彼らなりの島への愛着や、島の生活の魅力があるのだと思う。ただ、それをどのように表現するかが、島づくりに取り組む者たちと違っているにすぎない。

調査中に、何人かの島の人と、島の「良さ」について話をした。たとえば北木島の丸岩の、かつてミカン畑であったという傾斜地で一人で働いていた大正生まれの女性は、とくに何を作っているわけでもなく、天気が良い日に海が見えるその畑に上がるととても気分が良い、そうやって暇さえあれば山を登っているから長生きができたのだという話しをしてくれた。眼下の丸岩の港も、昔は石材運搬船が沖合に停泊し、その船に向かう伝馬船が何艘も漕ぎ出していった。同じ斜面からその姿を眺めて、大阪や神戸に出かけていく男たちを誇りに思ったという（写真4）。

写真４　丸岩の元ミカン畑（北木島）

あるいは真鍋島の岩坪の港で、もう漁には出ていないに様子にもかかわらず長い時間かけて船の整備をしている男性がいた。それをずっと座って見ていた彼の妻に話しを聞くと、自分の人生を振り返って、「なんでこんな島に来たんだろう」と何度も繰り返しながら、祭りの日に着る着物を買ったときのこと、子どもを大学に行くために送り出したこと、島に帰ってくることもほとんどなくなった子どもや孫たちに魚を送ってやる嬉しさなどを話してくれた。港で話を聞いたからだろうか、彼女の「良さ」は港を出入りするモノや人の記憶にまつわるものが多かった。

非常にささやかなことかもしれないが、こうして彼ら・彼女らは現在に至る島の生活に何かしらの喜びや楽しみを見出している。おそらく彼らにとって島を出ることは難しいことではないはずだ。本土にはたいてい自分の子どもや親族がいて、むしろ彼らに島を出て一緒に暮らして欲しいと願っているはずである。それにもかかわらず彼らが島にいるのは、彼らにとってそこが暮らしやすい場所であり、喜ばしい場所であるからではないだろうか。つまり、島に残っている人たちは、彼らなりに島の生活を選択した結果として、そこにいると考えるべきではないか。

それはなかなか外部の人々にアピールしにくい「良さ」である。島づくりの資源にはなりにくい魅力と言い換えてもよい。しかしたとえば、島づくりが目指すような、外部との交流も含めた島の特性を生かした活気ある島と、不便でも穏やかでのんびりとした現在のままの島は、どちらがより良いとかより魅力があるといえるものではないはずである。つまり島民にとっても、「良い」島のあり方は複数あって、一つのゴールが決められるわけではないということである。

そこで考えられる可能性は、島の人が感覚的にもち伝えてきた島の生活の多様な「良さ」や「楽しさ」の蓄積を、海社の島づくりの実践が取り扱うような資源化可能な島の「良さ」と別のものとして考えるのではなく、両者をつないでいく方法を考える、あるいは両者がつながっているという理解を作ることである[32]。資源化可能なものは、人と島の生活との関係において、生産・消費活動のなかから見出されたもの、あるいは需要と供給のバランスのなかに見出されたものが多い。一方で、日常生活の文脈に埋め込まれて、ふとした機会に湧き上がったり蘇ったりする、何か一つのものに代替されたり還元されたりすることのないような「良さ」や「楽しさ」がある。それらは、元は別のものであったわけではなく、生活の場で複雑につながりあって存在していたはずである。

前に挙げた例でいえば、丸岩の港の思い出は、単なる「美しい景色」ではなく、山の南面に開かれたミカン畑や、石材運搬船という生業に関わる場の記憶であり、その光景が今はどちらも失われてしまったことによって、美化された記憶として想起されるのだと考えてみることが可能だろう。岩坪の港の記憶も、綺麗な着物や大学という島では得られない「良いもの」と、島の魚という外では得られない「良いもの」の流通にまつわるものであり、それぞれに対する憧れと誇りが両面価値的に表れているように解釈できる。するとその先には、なぜミカンが作られなくなってしまったのか、そのミカン畑をこのまま放置するとどうなってしまうのか、といったこれからの課題につながるかもしれないし、魚以外に島のもので喜ばれるものは何だろうとか、島にこんなものがあれば良いのにといった発想につながったり、そのような魅力を島外に運び出してくれる／島内に運び込んでくれる航路はどうやって維持されているのかという気づきにつながったりするかもしれない。現在の彼らが享受している穏やかな暮らしは、実際にはさまざまなつながりの連鎖によって成立しているもので、そのつながりの連鎖は、どこかにほころびが出れば、たちどころにバランスを失って暮らしの全体にひずみが生じてしまう。そのようなシステムの全体性に対する想像力を養うことはできるはずである。

もちろん、だからといって彼ら・彼女らがすぐに耕作放棄地の対策に乗り出すとか、特産品開発に精を出すなどと考えなくてもよいだろう。そうではなく、自分たちの身近にある島の魅力を発掘して、それを生かして島を次代に継いでいこうとしている島づくりの活動に対して、共感が生まれればよいのである。この共感が実はたいへん重要なことだと思われる。なぜなら島づくりの実践が苦闘していることの根底には、島の人がついてきてくれていないかもしれないという不安があると考えられるからである。逆に島づくりに関わる人たちにとって一番の喜びは、自分たちがやっていることが島の人に喜ばれていると知ることであろう。

おわりに――〈継ぐ〉ことは〈つなぐ〉こと

笠岡諸島の島づくりの実践を、「ＮＰＯ法人かさおか島づくり海社」の活動を通して検討してきた。海社の活動は、それまで個別の存在であった七つの島を〈つなぐ〉ことで草の根の実践活動を実現可能なものとし、合わせて島民の水平的な自助ネットワークと、行政の垂直的な公助ネットワークを〈つなぐ〉ことによって、共助的な再分配のシステムを構築する試みとして理解することができた。そのような共助的な再分配の行為は、かつて民俗的な慣行のなかにも豊かにみられたもので、笠岡諸島の島々にも存在したものだった。だが、そのような共助のあり方は、現代社会における公と私の二領域の肥大化によって分断され、共の独自の領域が消失してしまうことで失われていった[33]。海社というＮＰＯを介した島民と行政の協働的取り組みは、その失われた共の領域を、現在の社会状況にあわせて、新たに創出するものと考えることができる。

しかし、新しい領域を社会のなかに切り開くために、それに参画するものには、単なる「住民」としてではなく、自分の生活の場を自ら維持し発展させていく「市民」としての主体性が求められた。それが島民の意識との間に隔りを生み、活動が停滞する要因ともなっていることがみえてきた。

とはいえ、実際に主体としての「市民」を作り出すことは難しい。島には文化的伝統によって培われた独特の社会構造が存在している。しかしそれをそのまま維持するだけでは、近い将来、人口流出と超高齢化によって島の生活は成り立たなくなる可能性が大きい。従来の社会構造によって培われた縁を、これまでにない新しい縁につないでいく必要がある。本稿では、そのような新たな〈つながり〉を創出するポテンシャルをもった場として学校の重要性を取り上げた。

また、島にいて島づくりの主体としての意識を強くもたない多くの生活者は、彼らなりに、島の「良さ」や「楽しさ」を伝えてきたのであり、今も島の生活に何らかの魅力を感じるからこそ、そこにいることを選んだ人たちであると考えた。彼らが感じ取っている島の「良さ」は、長期間かつ多様な経験の蓄積のなかで形成されてきたものであるだけに、何か一つのものに還元されない、生活の文脈に埋め込まれた「良さ」である。島づくりの資源にはなりにくいそのような島の「良さ」も、さまざまな社会的経済的な〈つながり〉と、文化的な〈つながり〉の存在を意識することで、現在の島が抱えている問題につながっていることに気づくことが可能になる。そうやって島づくりの実践を、自らと無関係なものとしてではなく、共感をもってみられるようになれば、島づくりの閉塞感も打破されるのではないか。

このように考えると、その発端が島を〈つなぐ〉という発想であった笠岡諸島の島づくりの実践が今後も進展していく可能性は、社会環境の変化に合わせて従来の〈つながり〉を更新していくと同時に、新たな〈つながり〉を構築することで、全体的な〈つながり〉の連鎖を支えていくことにあるのだといえる。そこには島民の多くを島づくりの実践に〈つなぐ〉という意味も含んでいる。そうすることが生活の場としての島を未来に〈つなぐ〉こと、すなわち島を〈継ぐ〉ことになるはずである。

［註］

（1）ここに描いた島づくりの経緯は、現地調査中に得られた資料類や、海社や笠岡市役所での聞き取り、インターネット上の情報などをもとに筆者なりに整理したものである。この経緯を当事者が書いたものとして、以下のものを参照した。鳴本浩二「離島人材育成基金助成事業で石都『北木島』の復興を」『しま』一七〇、一九九七年。鳴本浩二「『いつまでも輝きつづける島』を目指して」『しま』一九二、二〇〇二年。高木直矢「私の地域経営論　住民と行政との協働を―笠岡諸島海物語」『しま』二〇五、二〇〇六年。守屋基範「島に貢献する人を選んでこそ空き家活用――岡山県笠岡市NPO法人『かさおか島づくり海社』」『季刊地域』三、二〇一〇年。

（2）この事業の成果は、以下の実績報告書に収録されている。『夢が実現した5年間　ゲンキ笠岡まちづくり』笠岡市まちづくり推進委員会、二〇〇二年。

（3）高木、前掲（1）。

（4）実際にはこれ以前から、市の元気笠岡推進室という政策提言を専門に行う部署において、「これからの離島振興はお金ではなく人が重要になる」という提言がなされており、それを部分的に実現したものであったといえる。

（5）佐藤快信「離島振興からみた離島地域の自立」西川芳昭・吉田栄一編『地域振興の制度構築に関する予備的考察』アジア経済研究所、二〇〇七年。

（6）この計画案は、離島振興の第六次計画の期間（平成十五年～二十四年度）のものである。

（7）振興計画（案）の策定時点では設立前であったが、それが県に上げられ「笠岡諸島地域振興計画」にまとめられる時点では電脳海社は設立されており、実際に計画内の「振興の基本方針」及び「人材育成の推進」の項目で、島おこしを行う住民主体と位置づけられている。

（8）IT利用の情報発信のそもそものきっかけは、真鍋島の島民が一九九八年五月に開設したホームページ「電脳真鍋島新聞」が話題を呼んだことである。

（9）高木、前掲（1）。

(10) ある報告書に掲載されている、平成十九年度～二十四年度の海社の財務指標を参照すると、年度によってかなりの増減があるが、事業項目ごとの数値が載っている最新のデータである平成二十三年をとった場合、事業収入のうち介護事業を含むと思われる「子供の健全育成及び介護保険法に基づく事業」の収入は四〇二四万八九一〇円で、総事業収入五八三五万二七一三円の約七〇パーセントという割合である。またそれにかかる事業費支出は一八七一万三三四六円である。『内発的発展のための〝新・地域産業〟の創出に関する研究報告書』一般財団法人日本立地センター立地総合研究所関東地域政策研究センター、二〇〇六年、四九頁。

(11) 二〇〇七年に岡山放送が制作した「島に笑顔を～笠岡諸島再生への挑戦～」というドキュメンタリー番組は、フジテレビ系列のFNSドキュメンタリー大賞にノミネートされた。また二〇一〇年には『季刊地域』三号（農山漁村文化協会）で、笠岡諸島の空き家対策について特集記事が組まれている。

(12) 松田睦彦『人の移動の民俗学――タビ〈旅〉から見る生業と故郷』慶友社、二〇一〇年。

(13) 藤原洋「白石島の艀乗り――瀬戸内海域の島嶼社会における阪神方面の出稼ぎと『家』」『岡山民俗』二三〇、二〇一〇年。

(14) 岡山県教育委員会編『笠岡諸島の民俗』岡山県教育委員会、一九七四年、五頁。

(15) 藤原、前掲(13)、三頁。

(16) 前掲(10)、五一頁。

(17) ただし現実には、小さな島からは事業が上がってきにくいために、実質的な再分配が果たされていないという傾向について、海社の聞き取りでも課題とされていた。その対策は「リーダーシップのとれる人の養成」ということであった。

(18) 広井良典『コミュニティを問いなおす――つながり・都市・日本社会の未来』ちくま新書、二〇〇九年

(19) 恩田守雄『互助社会論――ユイ、モヤイ、テツダイの民俗社会学』世界思想社、二〇〇六年。

(20) かつて島にもそのような互助的な分配の慣行があったことを、福島惣一郎の離島調査の白石島の報告から拾い出してみると、島民のなかで「クイニクイ」家が出たときに、部落単位に年寄りが集まって協議し、麦を集めて救済した「ムギソロエ」の慣行や、「ヒダリヘマワッタ」人を救済するための「タノモシ」が大正末期ごろまで行われていたことなどが報告されている。福島惣一郎「岡山県笠岡市白石島」日本民俗学会編『離島生活の研究』集英社、一九六六年、三六四頁。

(21) この地区は、笠岡市行政協力委員規則（昭和四十二年四月一日制定）によって定められた行政協力委員長が置かれた範囲に準じている。

(22) 福島惣一郎『離島採集手帳第五冊〔岡山県白石島〕』（成城大学民俗学研究所所蔵）。

(23) 福島、前掲(20)。
(24) 中山薫「族制」岡山県教育委員会編『笠岡諸島の民俗』岡山県教育委員会、一九七四年、一四一一五頁。
(25) 藤原洋「擬制的親子の変容にみる現代の『家』の特性――岡山県笠岡市白石島のフデノオヤとフデノコに注目して―」『日本民俗学』二七二、二〇一二年。
(26) このような慣行も、かつては、そして今も部分的には、共助的な再分配を実現するものだということは指摘しておくべきだろう。ただしその制度は個人や家、あるいはごく限定的な仲間内を助けることにはなっても、島や諸島を助けることにはならない。
(27) 国勢調査の集計対象となる大字別にみた場合。
(28) 実際には、現在は教職員の大半は本土から毎日通ってきており、島に住むことは少ないという。
(29) 笠岡市教育委員会は、二〇一四年三月二十六日に「笠岡市立小・中学校の学校規模適正化計画書」を発表した。その結果、笠岡諸島の三中学校は、真鍋中学校は平成二十九年度、北木中学校は平成三十年度、白石中学校は平年三十一度を目途に神島外中学校へ統合されることになった。また白石・北木・真鍋・六島の各小学校については、スクールボート通学の心身への負担を考慮して、存続することになった。さらに白石・北木・真鍋小学校に導入している転入学特別制度（わくわくシーサイドスクール）の周知を一層図ることで、児童数確保に努めることとされた。
(30)『子ども笠岡諸島振興計画～一〇年後の笠岡諸島への手紙～』NPO法人かさおか島づくり海社、二〇一〇年。
(31) 山崎亮『コミュニティデザイン――人がつながるしくみをつくる』学芸出版社、二〇一一年、一四四―一四五頁。
(32) 筆者はこの文脈での資源化可能な島の「良さ」と、体験や実感に裏打ちされた島の「良さ」を、鬼頭秀一が自然保護問題を考える際に自然と人間の関係のなかに見出した「社会的・経済的リンク」と「文化的・宗教的リンク」になぞらえて理解できるのではないかと考えた。鬼頭秀一『自然保護を問いなおす――環境倫理とネットワーク』ちくま新書、一九九六年。
(33) 恩田、前掲(19)。

第12章 中山間地域における森林資源の活用と課題

小島孝夫

はじめに

平成の大合併の特徴の一つは、その主体となった自治体の多くが、中山間地域[1]に分布していたということである。これらの自治体は、概して、伝統的に農林業を基幹産業としてきた地域で、今次の合併に際しての決断の背景には、昭和の大合併以降の高度経済成長による産業構造の変化や、家業の継承を前提として維持されてきた地域社会の変容という事由があった。

とりわけ林業は、高度経済成長期のさなかである一九七〇年代に国際的な市場開放が進展したため、産業としての大転換を余儀なくされた。中山間地域の林業は、樹木生産を行うカワカミ[2]、樹木を用材に加工するカワナカ、用材を商品として流通させるカワシモという山間地の河川流域一帯をつなぐ産業構造として形成されていたが、カワカミでの木材生産が減少していくことに伴い、関連した製材業者や運送業者の減少を引き起こすことになった。

中山間地域では、自治体の合併に先がけて、各自治体規模で形成されていた森林組合の広域合併が模索された。このことは林業に限らず、農業や漁業においても同様で、第一次産業の衰退への対応であると同時に、自然界に働きかけることを前提とした産業の特徴として、資源の利用慣行等の調整や販売方法等の合理化を図ることが必要とされたのである。そのなかでも林業は、資源利用以上に、急峻な地形を有する国土の保全という点からも、さまざまな課題が顕在化していたのである。一方で、こうした第一次産業に関わる協同組合の合併が、その後に展開される広域合併の伏線ともなっていった。本章では、昭和の大合併後の林業の展開を確認しながら、今次の合併を契機として模索されている中山間地域における森林整備と森林資源の活用について、現状と課題を検討する。

1　日本における森林整備[3]

(1) 昭和十年代までの森林整備

林業は、官・公・民がさまざまな形で関わることで現在にいたっている。まず、その概要の確認から始めたい。

日本では、森林資源を建築用材や薪炭等の燃料、農業用の肥料や家畜の飼料などに利用してきた。その一方で、森林資源の利用は森林自体の整備を行うことにもなり、古来よりわが国の森林環境は巧まざる資源管理および環境整備を実現してきた。それが大きく転換したのが江戸時代である。江戸をはじめ大都市が各地に発達し、城郭や寺院をはじめとした建築用材の需要が増大する一方で、都市生活を維持するための用材や肥料や飼料などとして森林資源が商品化されていくことになった。各地で森林伐採が行われるようになり、森林資源の枯渇や災害の発生が深刻化する。

このため、幕府や各藩は「留山」[4]の制度により森林を保全するための規制を強化し、併せて、公益性や経済性を前提とした造林育成を推進していくことになった。寛文六（一六六六）年に幕府が発出した「諸国山川掟」でも、森林開発の抑制とともに、河川流域の造林が奨励された。また、この時代には多くの林政論[5]が論じられ、各藩の政策に取り入れられていく。治山治水の考えに基づく土砂流出防止や、水源涵養、防風、海岸防砂を目的とした森林整備事業が展開されたのである。大都市での需要に応じて木材生産を目的とする造林が行われ、消費地に近く河川での流送の便のよい地域では、造林を伴う集約的な民間林業が発達し、現在にいたる林業地域が形成されていった。造林の対象となったのは、スギとヒノキで、それらの育苗、植栽、保育等の技術開発や普及が進んでいった。一部の地域では、藩が主導的に木材生産と造林事業を推進し、販売に際しては、藩と造林従事者である地元農民等とが、立木の販売収益を分け合う分収林制度(6)を発達させた。

明治に入ると、近代化を進めるために、木材の利用は一層多様化した。近代産業の発展に伴い、建築用材をはじめとして各種装置や施設・原料など、さまざまな用途に木材が用いられるようになった。具体的には、鉄道の枕木、工事現場の足場や杭、鉱山の坑木、電柱、鉄道の枕木、造船材料、パルプの原料等にも利用され、国内各地で森林伐採が急激に行われたため、森林の荒廃は再び深刻化することになり、さまざまな災害が引き起こされることになった。

明治政府は、明治九（一八七六）年から林野の官民有区分を実施し、それまでの森林管理慣行に対して近代的所有権の導入を進めたが、この段階では、森林の保全対策については未着手の状態であった。その後、明治三十（一八九七）年に森林法が制定され、九種類の保安林の制定などによって、森林の伐採に公的な規制が加えられるようになった。森林整備については、明治三十二年から大正十一（一九二二）年までの国有林野特別経営事業により、国有林を払下げた費用により、国有林地のなかの無立木状態の荒廃地への植栽事業が積極的に行われた。その間、大正九年からは、公有林において公有林野官行造林事業が開始され、国が市町村との分収林契約に基づき森林整備が行われた。

一方、私有林においては、明治二十年代から先進林業地を模範とした林業技術の改良・導入が高まっていたが、日清・日露戦争後には、木材需要の増大を背景に各地で林業生産が盛んとなり新たな林業地も生まれ、天然林の伐採とともに木材の再生産を目的とした植栽が行われるようになった。同四十（一九〇七）年には政府により植樹奨励事業が開始され、植樹造林一般が奨励されたが、当時補助対象となったのはクスノキ他八種の特用樹種のみであった。同四十四年からは、第一期森林治水事業が開始され、荒廃地を復旧し再生するための取組みが計画的に行われるようになった。大正八（一九一九）年には樹苗育成奨励規則が制定され、府県及び民間の樹苗養成に補助金が支出されるようになった。さらに、昭和四（一九一一）年には造林奨励規則が制定され、民有の無立木地への植栽に補助金が支出されるようになった。昭和十年代には戦争の拡大に伴い、軍需物資としての木材が大量に必要となり、これに対応するために森林伐採が一層進められていった。

（2）戦後の森林整備

第二次世界大戦下の戦災と、戦後の食糧増産や復興事業などによる森林の大量伐採とにより、日本の森林の荒廃が急激に進むことになった。森林の荒廃により昭和二十年代から三十年代にかけて、各地で毎年のように台風等による大規模な山地災害や水害が発生したため、国土の保全や水源の涵養の面から、森林の造成の必要性が国民の間にも強く認識されるようになった。しかし、この時期に全国には民有林では約一二〇万ヘクタール、国有林では約三〇万ヘクタールの造林未済地が残されており、その解消が喫緊の課題となっていた。

昭和二十一年には、造林補助事業が治山事業や林道事業とともに公共事業に組み入れられ、造林未済地の解消を主眼として積極的に推進された。二十五年には造林臨時措置法が制定され、要造林地を指定するとともに、森林所有者が造林しない場合は第三者に造林を行わせることができることなどが明記された。さらに二十六年には農林漁業資金融通特別会計により長期低利融資制度が設けられ、造林等が制度金融の対象とされた。山間部の荒廃地等では、国土保全の観点から早急な復旧が求められたが、当時の状況下では森林所有者等による植栽は期待できない状況であったため、二十一年度・二十二年度に全国の山地を対象に荒廃地調査が行われ、二十三年度からの「第一次治山五か年計画」、二十九年度からの「治山事業十箇年計画」に基づき、治山事業が実施された。

また、終戦当時は深刻な食糧難であったため、造林のための苗畑は農業生産用に転用され、苗木の生産は低調になったが、二十五年頃に国有林が民苗養成事業を積極的に行ったことで、苗畑は急速に整備されることになり、これに伴い苗木の生産は増加していくことになった。併せて、二十五年には「荒れた国土に緑の晴れ着を」をスローガンに、第一回全国植樹祭が山梨県で開催され、国民的な国土緑化運動が展開されていくことになった。二十六年には森林法が改正され、国及び都道府県による森林計画制度が創設されるとともに、民有林の適正伐期齢未満の伐採を許可制にすることなどによって伐採規制が強化された。こうした一連の施策により、三十一年度には造林未済地への造林が完了することになった。その後、三十五年には民間等の苗畑面積は約七二〇〇ヘクタールにも達し、山行苗木《たまゆきなえぎ》の生産量は一三億本を超えた。

(3) 森林整備の展開と拡大造林

昭和二十五年頃には、戦後の混乱期を脱し、日本の経済はようやく復興の軌道に乗るようになった。これに伴い住宅建築等のための木材の需要が増大に転じることになった。建築用材をはじめとして、梱包用材、土木建設用材としてスギやマツの需要が増大していった。その一方で、三十年代以降は、石油やガスへの燃料転換や化学肥料の使用が一般化したことに伴い、広葉樹林が薪炭用林や入会林として利用されなくなっていった。用材となる木材の大幅な増産需要は、薪炭用林などとして利用されていた天然林を伐採して人工林化を進めていくことになった。

経済状況等により、政府は三十六年に木材価格安定緊急対策を決定し、国有林及び民有林における緊急増伐を、残廃材チップの積極的利用、輸入の拡大等とともに行った。パルプ用材については、主原料であったマツ類の原木調達が困難になっていたが、原料を広葉樹に転換するための設備投資が急速に進展し、三十八年には針葉樹を上回るようになった。このことが、広葉樹の伐採を本格化させていくことになった。三十五年の貿易・為替自由化計画大綱等に基づき、木材輸入の自由化が段階的に進められ、昭和三十年代を通じて丸太、製材、合単板等の輸入が自由化されていった。

一方、緊急増伐が行われた伐採跡地には、早期に森林を回復する観点から、建築用材等としての需要が見込まれるとともに、成長も早い針葉樹の植栽が進められた。木材増産の要請により広葉樹林伐採跡地へ針葉樹を植栽することは「拡大造林」と呼ばれ、この時期に主に森林所有者などによって、造林関係補助事業として行われた。また、森林所有者が自ら植栽できない箇所等については、森林開発公団や造林公社が当面の費用を負担する「分収造林方式」により森林整備が行われた。さらに、当時の木材価格の状況から、補助事業ではなく融資等による造林も行われた。この時期には、素材生産および造林の技術開発及び普及も進んだ。素材生産では、伐採にチェーンソー、木材輸送に林道とトラック等を利用する作業システムが全国的に導入された。広葉樹林の伐採跡地への造林を推進するための適地判定や林木育種及び林地肥培などの技術開発も行われた。こうした取組みにより、木材需要に対応するために伐採された跡地等において、昭和四十年代半ばまでに、毎年四〇万ヘクタール弱の造林事業が行われた。

人工造林面積の多くを占めた拡大造林は、四十六年度から急速に減少し、五十三年度にはピーク時（三十七年度）からほぼ半減の十五万ヘクタールとなった。その要因としては、造林対象地が少なくなったこと、残地の対象地は権利関係が複雑な場合があり造林事業が進めにくかったこと、折からの木材価格の低迷により伐採が行われなくなったこと、労賃や苗木代等の経費が増大したことなどがあった。

（4）森林整備の課題

高度経済成長期に入った昭和三十年代は、都市と農山村との格差が顕在化した時代でもあった。農山村から都市部への人口流出を抑えて、国土の均衡ある発展を図るため、山村の主要産業である林業振興が重要な課題とされた。このような状況下で、三十七年には森林法が改正され、これまでの伐採許可制は必要最小限度の規制にとどめるとともに、農林水産大臣は「全国森林計画」を、都道府県知事は「地域森林計画」を立て、森林資源の保続と森林生産力の増大を図ることとした。次いで、三十九年に林業振興法が制定され、当時の旺盛な木材需要に対応した国産材の供給を図ることができるよう、林業総生産を増大することなどが目標とされた。とくに、生産政策としては、拡大造林等により林業の対象として供される森林を拡大し、森林生産力の増強を図るとともに、機械化の推進、路網密度の向上、優良種苗の確保等により生産性の向上が図られた[7]。森林整備については、木材等の生産機能が重視され、森林整備は林業生産活動が行われることでおのずから進み、それに対応して、公益的機能の発揮も図られると考えられた。

また、四十一年に入会林野近代化法が制定され、森林について所有権の近代化と明確化を一層推進した。そのうえで、個々の森林所有者の自発的な意欲により森林施業が行われるよう、四十三年に森林施業計画制度が新設され、認定を受けた「森林施業計画」に従って実施する森林施業に、税制、補助等の優遇措置が講じられることとなった。事業の抜本的改革が行われ、従来の林産物の供給に重点を置いた国有林野の管理経営方針を、公益的機能の維持増進を旨とする方針に大きく転換した。

さらに、平成十三（二〇〇一）年には森林・林業基本法が制定され、森林の多面的機能の発揮のための政策が体系的に推進された。とくに、森林整備については、地域の特性に応じた造林、保林および伐採の計画的な推進、林道の整備、優良種苗の確保等を、森林所有者のみならず、国、地方自治体も含めた多様な主体により推進することとした。林業については、森林の多面的機能の発揮に果たす役割に鑑み、生産性の向上等によって健全な発展を図ることとした。また、同法に基づき策定された「森林・林業基本計画」では、森林の有する多面的機能のうち、特徴的に発揮することが期待される機能に応じて、全国の森林を「水土保全林」、「森林と人との共生林」、「資源の循環利用林」の三つに区分することとした。この三機能分類は平成二十三年に廃止され、地域主導により区域を設定できることとされたが、重視すべき機能に応じて森林を区分し、望ましい森林の姿と森林整備のあり方を示す政策は現在も続いている。

2　森林組合の合併と自治体の広域合併

望ましい森林の姿と森林整備のあり方を示す政策を実現するために、その主体となる森林所有者を統合することが模索されていくことになった。森林整備の展開と三次にわたる町村合併は、ほぼ同時に展開しているのである。

(1) 森林資源の現状

昭和四十年代の高度経済成長期には木材需要は増大を続けていたが、その需要は輸入が自由化された外材丸太で賄われ、国産材の供給は減少していった。この時期には、山村人口の減少に加えて、過疎化や高齢化も顕著になり始め、全国の林業生産活動は総じて低迷していく。一方、拡大造林によって造成された人工林が成長し、森林育成のための保育事業の実施が急務となっていった。このため、造林事業の補助対象に、四十八年には下刈りと雪起こしが、四十九年には除間伐が追加された。この年には森林法再改正により、一定規模を超える森林の開発を規制する林地開発許可制度が創設された。ゴルフ場や別荘等の用地として、価格が安く保安林としての利用規制のない森林が広範かつ急速に開発されたことにより、一部の地域で土砂の流出や斜面の崩落などの災害が生じたことへの対応であった。

この時期には、天然林の伐採を伴う拡大造林への批判が顕在化し、政府は、林業振興法に基づいて策定する「森林資源に関する基本計画」を数次にわたり改定し、多様な木材需要と、森林に対する国民の多様なニーズに対応するため、①伐採年齢の多様化、長期化、②複層林施業及び育成天然林施業の推進、③森林の総合的利用の推進、の三点に重点を置いた森林整備を図ることとした。具体的には、次のように展開された。国有林においては、四十八年に「国有林野における新たな森林施業について」を策定し、木材生産との調整を図りながら、貴重な動植物の保護、学術研究、国民の健康休養等に供すべき森林については、保護林の増設、レクリエーション利用のための森林の整備を行うことなどを基本方針とした。民有林においては、「森林資源に関する基本計画」の改定方向を踏まえ、六十二年に造林補助事業を、単層林整備、複層林整備、育成天然林整備の三事業区分に再編した。林野庁では、全国各地の篤林家による複層林施業事例について沿革や施業方法等の実態調査を行い、林業試験場においても、人工林の非皆伐施業に

写真　土砂崩落（那賀町）

関する研究等が実施されるなど、複層林施業の調査研究が活発に行われた。

昭和五十年代に入ってからは木材需要が頭打ちとなり、また、六十年代以降は円高への推移等により輸入材の価格が相対的に低下したことで、製品輸入が急激に増大し、さらに平成三（一九九一）年のバブル景気崩壊後の景気後退等による木材需要の減少が加わり、木材価格はその後長期的に低迷することになった。このような中で、林業生産活動は一層停滞していくことになり、間伐の行われない人工林や、植栽が行われないままの伐採跡地がみられるようになるなど、森林所有者等の主体的な努力だけでは、森林の管理や整備を行うことが困難な状況が各地に現出した。こうした地域の実情に即して、森林所有者等に対する指導や監督を進めるために市町村の役割を強化することとし、十年の森林法改正により、全ての市町村が「市町村森林整備計画」を策定することとなり、「森林施業計画」の認定、伐採届の受理等の森林整備に関する権限も、都道府県知事から市町村長に委譲された。

また、十三年の森林法改正により、森林施業計画制度が見直され、森林所有者以外でもその委託を受けた者であれば施業計画をすることができるようにする一方、計画の対象となる森林の規模を三〇ヘクタールとすることになった。

（2）森林資源の活用と管理のための試み

現在、人工林の面積は一千万ヘクタールに達しているが、九齢級[8]（四五年生）以下の人工林は平成二十四度末現在で五〇四万ヘクタールに上っており、引き続き保育や間伐等の手入れを適切に行うことが全国的な課題となっている。さらに、高齢級（一〇齢級以上）の人工林も五二三万ヘクタールに上っており、木材等生産機能等の観点からは、これらの成熟した森林資源を伐採し、利用した上で跡地に再造林を行うことが求められている。

ところが、日本の林業は依然として、小規模零細な森林所有構造のままであり、施業集約化、路網整備、機械化等の立ち遅れにより、生産性が低いまま推移している。木材価格が低迷するなかで、森林所有者の高齢化と後継者の不在などにより、森林所有者の林業に対する意欲や関心が低下していることに加えて、相続を経た世代交代後には、森林経営に対する意識が一層希薄になっていくことが危惧されている。さらに、野生鳥獣による被害も深刻化している。とくに、シカの被害は生息数の増加や生息域の拡大等に伴い増加し続けており[9]、植栽した苗木の食害、下層植生の流失や踏みつけによる土壌流出等が、森林の整備と森林の多面的機能に重大な影響を与えている。山地災害等については、短時間強雨の発生頻度が長期的に増加傾向にあることとの影響が懸念されている。その対応策として山地災害防止機能や土壌保全機能等の一層の強化が求められるが、植樹から五〇年ほど経過した人工林の植栽の主体がスギなどの針葉樹であることが、傾斜地の割合が高い中山間地では山地災害を引き起こす要因にもなっている[10]。

平成二十三年の森林法改正により、適切な森林施業を確保する観点から、無届伐採に対する伐採中止命令および造林命令、所有者不明森林における施業の代行、新たに森林所有者になった者の届け出制度が導入されるとともに、持続的な森林経営を確保する観点から、従来の「森林施業計画制度」を基に「森林経営計画制度」が創設された。国有林野についても平成二十五年度から、公益重視の管理経営を一層推進するなどの観点から、国有林野事業の組織および事業の全てが一般会計に移行した。現在、森林整備については、森林経営計画の作成の推進、森林所有者や境界の明確化等を通じて施業の集約化を推進するとともに、高性能林業機械と路網の整備等による低コストかつ高効率な作業システムの構築や、市町村の森林・林業行政を技術面で支援する森林総合監理士の育成等が進められている。さらに、NPOや企業等による森林整備・保全活動が広がり、地方公共団体による森林整備等のための独自課税が拡大する等、森林整備を社会全体で支えようとする動きもみられるようになってきた。木材利用についても、二十二年に「公共建築物等における木材の利用の促進に関する法律」が制定されるとともに、二十四年七月に「電気事業者による再生可能エネルギー電気の調達に関する特別措置法」に基づく再生可能エネルギーの固定価格買取制度が開始され、各地で木質バイオマスによる発電施設の整備が進められており、さらに、家庭用等燃料としてのペレットの製造や、中高層建築物での利用が期待できるＣＬＴ(11)など新たな製品及び技術の開発及び普及の取組も本格化しつつある。

(3) 市町村を核とした森林整備の推進と課題

現代の森林は、木材などの林産物の供給機能にとどまらず、水源の涵養、国土の保全、地球温暖化の防止などの多面的機能が求められる存在である。これらの機能が将来にわたって十分に発揮されるようにするためには、今後とも植栽、保育、間伐等の森林整備を適切に行うことによって、健全な森林を造成し、育成する必要がある。今後の森林整備は、森林が担う多面的機能とそれらが持続的に発揮されることとに留意していかなければならない。具体的には、それぞれの地域において、森林の現況、自然条件、消費地の需要等の関係性を踏まえた、将来の望ましい森林の姿をイメージし、森林の有する多面的機能の持続的発揮に向けて、必要な森林整備を計画的に推進していくことが求められている。

日本の森林面積の約四割（一〇〇〇万ヘクタール）を占める人工林は、第二次世界大戦中から戦後にかけての大量伐採地や高度経済成長期の緊急増伐の跡地に植栽されたものであり、それらは伐採の最適期であるキリシンを迎えているが、それらを育成してきた森林所有者の高齢化等により、適切な管理や活用が行われない状態である。このため、森林が有する公益的機能と木材等の生産機能とが適切に発揮されるよう、森林資源の適切な利用を進めながら、それに伴う間伐や主伐後の再造林作業を計画的に着実に行うことが全国的な課題となっているのである。

一方、立地条件に応じて公益的機能を高度に発揮させるためには、針葉樹一斉人工林を帯状や群状に択伐し、その跡地に人工更新等により複数の樹冠層を有する森林にする複層林化、従来の単層林施業が四〇～五〇年程度で主伐するのに対して、概ね二倍の林齢まで森林を育成してから主伐する長伐期化、針広混交林化や広葉樹林化を推進するなど、多様で健全な森林へと長期的に誘導していくことも必要となる。これらによって、伐採に伴う裸地発生の機会を減らし、併せて伐採後の植栽、保育等の費用を節減できることから、奥地水源地域や急傾斜地の森林のように、水源涵養や山地災害防止等の公益的機能が高度に求められる森林では積極的な森林整備の実施が求められている。

現代の森林には、これまで蓄積されてきた森林資源を適材適所で利用する木材等の生産機能の検討と、災害にも強い健全な森林を育成することにより、国土の保全などの森林の諸機能を満たすことが求められているのである。そして、その実現には、生産された木材等が商品として利用されることによって、林業生産活動にその販売収益が還元され、植栽→育成→伐採→植栽という循環的な森林整備が継続できるように、国産材の需要を確保していくことが急務な課題となっている。

（4）森林組合の合併と自治体の広域合併

写真　森林の皆伐（出水市）

この課題に対応していくためには、森林を管理する権限と責務とを有する所有者の現状についても理解しなければならない。森林所有者がその保有する森林の手入れを放棄したり、適切な整備・保全を怠ったりすれば、森林の公益的機能は大幅に低下し、地域社会や地域経済に大きな支障を生じさせるばかりでなく、国土保全という視点にたてば、国民生活や国民経済にも大きな影響を与えることになるからである。このため、森林所有者の責任で適切な整備及び保全が行われる必要がある。こうした責務を果たすためには、森林所有者が林業事業体などへの施業や経営の委託等を行うことによって、森林の多面的機能が発揮されるよう必要な整備及び保全に努めることも含まれる。

林業は森林の木材等の生産機能によって収入を得ながら、適切な生産活動を通じて森林整備を行うことによって、森林の有する多面的機能の発揮に大きな役割を果たしている。森林整備を推進し、森林の多面的機能が持続的に発揮されるようにするためには、林業自体の健全な発展が不可欠であり、そのためには施業の集約化、路網の整備、高性能林業機械の導入、造林及び保育の低コスト化等による林業関係者の体質強化等のための取組が必要となると考えられている。

森林整備の推進にあたっては、森林所有者やその他の木材産業関係者の役割が重要ではあるが、森林整備は複数世代にわたる長期間にわたる取組であることに加えて、木材価格等の低迷、概して小規模零細な所有構造など、林業関係者を取り巻く状況は依然として厳しく、これらの関係者の努力だけでそれぞれの課題に対処していくことは困難になっている。このため、国や地方自治体は、森林所有者や林業事業体等による森林整備が今後とも継続して行われるよう、森林整備の低コスト化を促進しつつ、引き続き公共事業等として支援し、併せて、林業の体質強化や木材産業を含む関係者による国産材の需要拡大等の課題への取組についても、さまざまな形で支援していくことが必要となった。こうした事由により、森林組合の広域合併が模索されていくことになった。

また、国や地方自治体等には、国有林、公有林等の所有者として、その適切な管理運営を推進する責務がある。さらに、私有林についても必要に応じて公的な関与を強化して森林整備を推進するほか、集中豪雨等による山地災害の発生を防ぐための治山事業の推進も求められている。これらの取組に併せて、適切な森林整備の推進に資するため、森林の伐採や開発行為の規則、病害虫防除対策や野生鳥獣被害対策の推進、森林所有者や林地の境界の明確化、優良種苗の安定供給等を含めた幅広い施策を展開するために、広域合併した森林組合の領域を想定した自治体の広域合併が模索されていくことにもなったのである。

3　森林資源活用の試み

平成の大合併の対象地となった中山間地域には、概して前述のような現状や課題があった。本節では、合併の対象地である二つの地域を事例に、森林資源の活用に対し、どのような模索が試みられているのかを検証したい。

対象とするのは徳島県那賀郡那賀町と秋田県北秋田市である。前者は町域の森林面積の約九三パーセントを民有林が占めているのに対して、後者の場合は約五八パーセントが国有林である。森林資源を管理・活用するにあたって、森林所有形態の違いによっても対応が異なることにも留意しなければならない。

(1) 森林整備の構造

森林を景観として眺めている限りでは、植栽の違い以外、さまざまな用途や区分があることには気づかない。とくに、森林の所有区分については山中の境界標記物などを見なければ知りえない。その一方で、森林整備の対象としての森林は、この所有区分によって施業の主体や手法が異なっている。

全国の森林は国有林と民有林とに大別され、それぞれの面積は『平成二十六度版　森林・林業白書』によれば、前者は七六七万ヘクタール、後者は一七四一万ヘクタールで、その比率は三一パーセントと六九パーセントである。民有林は公有林と私有林とに分けられる。公有林と私有林の面積は、二九二万ヘクタールと一四四九万ヘクタールで、全国的な比率は一二パーセントと五八パーセントになる。国有林は主に林野庁（森林管理局）が管理しており、施業は入札制度により森林組合や民間事業体等の林業事業体が行っている。公有林は都道府県・市町村・財産区等が管理している。財産区とは市区町村合併の祭に地区や旧市町村が所有していた林野などを新市町村に引き継がずに旧市町村の地域で管理、処分するために設置される行政組織で、土地は当該自治体の所有であるが、収益は地区に還元される。私有林は個人が管理している林野で、全国的には所有面積一〇ヘクタール以下の山主が約九割を占めている。なお、都道府県が国との分収契約により国有地に造林を行う場合は部分林、都道府県が土地所有者と契約して造林を行い、その収益を土地所有者と分け合う場合は分収林と呼ばれる。

施業を行う主体は、森林組合、民間事業体、自伐林家に大別される。森林組合は、森林組合法に基づいて設立された協同組合で、森林所有者が互いに共同して林業を発展させ、組合員の経済的社会的地位の向上を図るとともに、森林を守り育てて国民経済の発展に貢献することを目的としている。全国の森林組合数は平成二十六年三月現在、約六四〇あり、それらの系統組織は、市町村・郡を単位とするもの、都道府県を単位とするもの、全国森林組合連合会で構成されており、郡単位を目途とした広域合併が模索されている。森林組合は、民有林では山主から作業を受託し、国有林では入札に参加することで施業している。また、林業全般の補助金申請の窓口としての役割を担っており、市町村と連携していくことが多い。複数の山主と交渉して、計画対象面積をまとめ、森林経営計画の作成も行う。施業の効率化を図るために、高性能林業機械の導入を進めている。民間の事業体は一人親方と呼ばれる個人事業者や山師と呼ばれる立木売買専門業者などからなる。山主と直接交渉して伐採や搬出作業を行う。森林組合からの作業も受託する。大規模な事業体は国有林の入札にも参加している。自伐林家とは、自分の山を自身で管理する林業従事者をさす。五ヘクタール以上の集積かつ一ヘクタール当たり一〇立方メートルを搬出しないと、間伐しても森林経営計画の補助の条件に満たないが、小規模機械等の使用により木材生産を行うことで、経費を抑えて経営を安定させている。

平成二十四年度からの新たな市町村森林整備計画制度では、前年度までの、①水土保全林、②森林と人との共生林、③資源循環利用林という森林の三区分が、公益的機能別施業森林と木材生産機能維持増進森林とに大別されることになり、保全林には、水源涵養機能維持増進森林、山地災害防止／土壌保全機能維持増進森林、快適環境機能維持増進森林、保健文化機能維持増進森林（生物多様性保全を含む）という機能により、森林整備や管理が図られることになった。

従前では、「水土保全林」と「森林と人との共生林」の範囲外が「資源循環利用林」という木材生産を行う林業の対象地とされていたものが、資源循環利用林として木材生産を担ってきた森林にも公益的機能というゾーニングが加わることで、林業の対象地の見極めに公的な判断が必要となった。より長期的な市町村森林整備計画の策定と具体的な実施のためには、森林組合の広域合併と当該市町村の合併とは、不即不離の関係と捉えられたことになっていった。

（2）徳島県那賀郡那賀町の事例

徳島県那賀郡那賀町は、総面積六万九四八六ヘクタール、森林面積は六万六〇七五ヘクタールで、町域の九五・一パーセントを森林が占めている。そのうち民有林の面積は六万一六三〇ヘクタールで、全森林面積の九三・三パーセントを占めている。七二七林班[12]で構成される民有林のうち、人工林は四万七四五八ヘクタールで、七七・〇パーセントを占めている。

平成十七年三月に発足した那賀町では、膨大な森林資源を活用した町の活性化を図るため、平成二十三年七月に那賀町・徳島県・林業公社・森林組合・事業体・町議会から選出された構成員により、「那賀町林業活性化推進協議会」を設立し、①健全な森林の実現、②森林所有者の所得向上、③林業木材産業の活性化、④地域雇用の拡大を目標とした「那賀町林業マスタープラン」を策定した。重点目標を素材生産量の増大と林業雇用者数の増加とし、平成二十二年度の五万立方メートル、一三九名を、平成三十二年には二〇万立方メートル、二五〇名にする計画である。この計画は、前述の新たな市町村森林整備計画制度に対して木材生産機能維持増進を趣旨としたもので、民有林の割合が圧倒的に高い那賀町が選択した戦略といえる。

那賀町では、平成二十四年四月に林業振興課内に森林管理受託センター準備室を開設した。構成員は木頭森林組合から六名、徳島県林業公社から四名、那賀町役場から二名が参加している。目標達成のために掲げた、①「森づくり」のための体制づくり、②事業地確保対策、③機械化と路網整備の推進、④人材育成と林業事業体の支援、⑤原木流通体制の整備、⑥木材の利用促進という課題に対して、森林組合が有する森林施業に関する専門的知識や施業地履歴等の情報保有、市場等の流通事情の知識、林業公社が有する森林施業に関する専門的知識に加えて、各種設計積算

写真　境界標示（南房総市）

写真　土場（那賀町　木頭森林組合）

等に関する知識や県内外の木材流通事情の知識、役場が有する事業入札及び執行方法の知識、公平な事業発注制度、公的機関による信頼性、という各機関の特徴を統合するものである。

那賀町林業マスタープランの実行組織である森林管理受託センター準備室の業務は、森林管理受託の一元化を意図したもので、一元化された受託機関が町内の広範な木材生産事業地を取りまとめ、それらを効率的かつ効果的に町内林業事業体に発注し施工管理すれば、林業事業体にとっても年周期で作業日数が増加し、自ずと木材生産量の増大が見込めるのではないかと発想によるもので、町内の森林所有者と林業事業者や林業事業体との関係を前提として成り立っている。森林所有者からの森林施業相談、経営計画相談、事業見積依頼、森林管理委託に対して、森林施業提案、経営計画作成、事業見積提案等を行い、林業事業者や林業事業体には収入間伐事業、森林作業道開設事業、森林境界の明確化などの事業発注を行う。また、単独事業者からの雇用・事業体登録相談に対して、事業体登録支援や林業技術支援等を行う。こうした流れのなかで、林業事業体が市場等で販売する木材については、素材販売委託契約により、分担金と事業費の精算を行い、森林所有者に利益を還元するというものである。

高齢者の多い森林所有者にとって、森林境界明確化事業は彼らに対して皆伐等の森林施業の具体的な検討の機会を設けることになると同時に、林業事業体にとっては山林資産管理業務等の業務を得る機会にもなる。また、適切な管理が行われなくなっている森林等については、町有林化することで計画的な森林整備や民林の乱開発の防止、水資源の確保等に資することにもなる。那賀町林業技術者支援制度は新規に就業する若手林業従事者を増加させることに繋がっている。那賀町の事例は、行政側が主体となって展開している施策であるが、民有林の割合が圧倒的に高い那賀町における今後のこの制度の展開は、現行の森林所有者と関係を超えて、那賀町に居住していない後継者世代と新たな関係性を築いてけるかどうかが、大きな課題である。森林所有者の意識のあり方が問われているといってもよい。

（3）秋田県北秋田市の事例

秋田県北秋田市の総面積は一万一五二五七ヘクタール、森林面積は九万六二一一ヘクタールで、市域の約八三・四八パーセントを森林が占めている。その内訳は国有林五万六一四四ヘクタール、民有林四万〇〇六七ヘクタールで、その比率は五八・三六パーセントと四一・六四パーセントである。民有地のうち人工林は二万三一五三ヘクタールで、人工林の比率は約五七・八パーセントである。

平成十七年三月に発足した北秋田市もまた、豊富な森林資源を有する自治体である。那賀町と同様に藩政期からスギの産地として知られた地域であるが、市域における国有林の比率の高さが、森林整備事業においては那賀町とは異なる対応を生み出している。北秋田市域を含む大館北秋田森林組合は、北秋田市が発足した約一月後の平成十七年四月に設立されている。自治体の広域合併のあおりを受けて、鷹巣、大舘比内、阿仁森吉、田代、合川に分かれていた森林組合を統合して、広域森林組合として大館北秋田森林組合が設立されることになったのである。

北秋田市における林家数は二八八一戸で、森林所有規模別にみていくと、一～三ヘクタールを所有する家が一七〇八戸で全体の五九・三パーセントを占めている。次いで、三～五ヘクタールは四八九戸（一七・〇パーセント、以下略）、五～一〇ヘクタールが三九六戸（一三・七）、一〇～二〇ヘクタールが二〇七戸（七・二）、二〇～三〇ヘクタールが三五戸（一・二）、三〇～五〇ヘクタールが二九戸（一、〇）、五〇～一〇〇ヘクタールが一六戸（〇・五六）、一〇〇ヘクタール以上が一戸（〇・〇三）で、森林所有者の約六割が三ヘクタール未満の森林所有者なのである。

次に、北秋田市における人工林の樹齢を見ていくと、スギの植林が集中して行われたのは、一一齢級（林齢五五年）から七齢級（三五年）の間で、そのピークは九齢級（四五年）である。つまり、昭和四十五（一九七〇）年頃に植林されたスギの割合が最も高いのである。北秋田市では傾斜地以外にもまとまったスギ林がみられる。それらは一〇齢級前後に育っており、搬出の便もいいのに伐採されないでいる。それらの平野部のスギ林は水田跡や戦後の食糧難の時期に開墾した台地に植林したものであるとのことだった。九齢級の森林の割合が高いのは、減反政策が始まった折に永久転作という名目で水田に植林されたものだったのである。北秋田市における現在の森林所有者は、昭和四十五年頃にスギを植えた農家によって構成されているのである。

そして、これらのスギ林がなぜ伐採されないままでいるかというと、水田や台地で育ったスギは土中に養分が豊富に含まれていることから育ちが早く、その結果として木目が粗くなってしまう上に、成長の過程で風にあおられたりしたことで、カネツケギと呼ばれる用材としては不向きな木に育ってしまうのだという。秋田スギは、寒冷地で育つため成長が遅く、さらに冬期は雪に覆われるため早春から水分の補給が行われるために均質な木目の材になることが、市場では高く評価されてきたのである。また、傾斜地に密植することでスギは直立して育つのだという。つまり、水田の跡地や開墾地跡地で育ったスギは用材としては商品価値が低いために、伐採されることがないのだという。秋田で生産されたスギであっても、その育成方法の差異により、用材としての質は、必ずしも均質なものではないのである。

このような状況下で、行政はどのような林業振興策を講じているのであろうか。北秋田市では対象となる森林のうち国有林の割合が高いため、民有林の振興策を講じていくことになるが、その対象となるのが用材として不向きなスギ材であるため、森林所有者の意識には、山はお金を生まないという意識が定着していることから、森林所有者の意識を変えていくことが、北秋田市においても、最大の課題になっているのである。北秋田市では行政と森林組合とが中心になって、原木の低コスト安定供給と木質バイオマスの利用促進を前提とした、スギ材の質に応じた利用促進を模索しており、製材所に加えて、集成材や合板加工、チップやペレットへの加工などにも対応できる加工施設を整備している。

（4）森林整備と地域社会

行政側が森林資源活用のために選択した手法は異なるが、両者に共通しているのは、山元の木材をどのようにして動かすか、市場につなげるかということである。その反面、森林所有者の主体的な活動や自主的な対応については、根本的な対応はなされていない。林業は複数世代が継承することによって成立する循環的な生産活動であり、両地域ともに森林を育てた世代が次の世代に森林資源を引き継げないまま推移している状況である。家業としての林業が衰退したのではない。むしろ日本の社会全体が林業という生き方を捨ててしまったといってもよいのかもしれない。森林所有者の多くがそのことを理解し、諦観しているから山元の木は動かないのであろう。

その一方で、国土保全を前提とした公益的機能を高度に発揮させるための施策は国家的な課題として、対応を急がねばならない状況に達しており、その実現のためには森林を統合して、市町村単位で整備管理していくという選択をせざるを得なくなったのである。こうした構造は企業経営の論理に近いもので、自治体の合併の論理とよく似ていることに気づく。そして、両者に共通しているのは、森林整備や地域社会を担う個人の存在に対する視座の欠如である。

写真　昭和四十年代の植林地の現状（北秋田市阿仁根子）

滋賀県高島市朽木（旧高島郡朽木村）に一〇〇町歩の森林を一人で管理している林業家がいる。父親から引き継いだ森林を、今から二十年ほど前に、従来から行われていた皆伐方式の山林管理をやめて択伐方式に変えてみたところ、大きく成長した立木を択伐することでその空間に生えた苗が自然に成長していくことを知り、自然界の力を利用しながら林業を継続していくことにしたのだという。テンネンヤマと呼ぶ山林の生態から学んだという林業経営者の自信と自負によって森林がまもられていることを教えられた。この林業家は、一級建築士と連携して、自身の山の木でモデルハウスを建て、その住宅に興味を持った人を山に案内し、建築に用いる樹木を選択してもらっている。木の選択から家づくりをしてもらっているのである。

その結果として、広域な森林に対して巧まざる択伐が可能になり、人為的な植林をしなくても自然界の力で複層林を形成していくことができるのである。卑近な一例に過ぎないが、全国にはこのように、自身の経験と工夫とによって自伐による林業経営や森林整備を実現している人たちも存在する[13]のであるが、こうした個人の努力や自負というものは、林業に限らず存在する。日常生活から学ぼうとする人たちによって生活はまもられてきたのかもしれないのである。自律した個人の力こそが住民自治の基になるのである。

4　森林資源活用の可能性

前述の二地域の事例は、森林組合や自治体の合併を前提に展開されてきた施策である。合併による施業の展開は、それぞれ異なっているが、両者に共通しているのは合併による森林整備事業の展開に応じて、その多くが依託制度により施業されていることである。森林の多面的機能が持続的に発揮されるように森林整備を推進するため、所有と施業とを分離し、施業の集約化、路網の整備、高性能林業機械の導入、造林及び保育の低コスト化等によって林業関係者の体質強化等を図るための共益を前提として選択であったが、一方で、本来、森林所有者が有していた林業を成り立たせるための手法や意識を放棄させることになってしまうのではないかということが危惧されている。

請け負う事業体に施業を集約し、その請負事業体の生産性を高めることが林業の活性化であるという意識や手法が一般化していく過程で、主体的に林業に関わろうとする森林所有者の存在が希薄化しているのである。つまり、個々の森林所有者が有していた自負や自治という意識を希薄なものにしていくことになるのかもしれないのである。こうした林業政策の現状は、平成の大合併後の地域社会の現状とも重なるのである。

（1）森林法の改正の意味

森林所有者に、なぜ伐採の適期を迎えているスギを伐らないのかと尋ねると、林業は伐採して終わりではなく、伐採した後に植林をして一巡したことになるので、自分たちの代では植林をするところまではできないからスギは伐らないのだ、という答えがかえってくる。このように、現在、中山間地域で暮らす森林所有者のなかから、山仕事に対して何でも自分でやるという意識は失われつつある。中山間地域住民は、長年にわたって施策として続けられてきた委託型林業を受容していく過程で、自分自身で林業経営をするという気概を失っていってしまったのかもしれないのである。そして、その人たちの後継者となる人たちの多くは林業以外の職業に就いており、当該世代にとって山仕事は既に遠い存在になってしまっている。森林に対する思いが継承されていくかどうかも不明なのである。うがった見方をすると、数次にわたって改正された森林法の内容も、実はこうした視座の基に作成されたものではないかと考えられるのである。また、規模を拡大することが効率化や合理化を実現できるという企業経営的な発想が、いまだに行政側の基底に存在しているのではないだろうか。翻ってみれば、特定の個人や特殊な集団でしかできなかったことが一般化し、誰でもが対応できるようになるから、産業にまで発展したのではなかったか。林業に限らず、農林水産業はそうした一般化ができたから、本来は個人単位の生産活動であったものが重要な産業にまでなったのである。現在、森林法の改正による施策は、林業に対応できる人材を増やすどころか、特定の技術者や事業体に森林との関わり方を集約させる方向をめざしており、地域住民と森林や林業との関係性が切り離されていくことになってしまうのである。

強固で高度な組織を形成し、企業経営型とでもいうべき林業をめざす施策は、これまで等身大の力で林業経営や森林整備を担ってきた個人の存在を念頭にはおいていないのではないだろうか。この人たちこそが、自力で木を伐る人たちであり、地域社会をつないでいく人たちであることを忘れてはならないのである。中山間地域において、自らの手で山の木を伐ろうという人たちが出てこなければ、平成の大合併も、公益的森林整備を目途とした森林法の改正も、企業経営型社会を夢想しただけで、所期の目的を達成することが難しくなるであろう。両者の施策から看取されるのは、地域社会に生きる人たちや山林所有者の個人の力を施策の対象外においていることである。

（2）施策と地域社会

中山間地域の基幹産業であった林業が衰退したことで、中山間地域の人口は減少していくことになった。このことは、林業で生きていくことを、中山間地域で暮らす人々が放棄してしまったとも言い換えることができる。しかし、本当に林業では生きていくことができないのであろうか。林業という生き方を取り戻すことは、できないのであろうか。このことは、個人がいかに主体的に林業に関わるかという問いであると同時に、個人がいかに地域社会と関わるかという問いでもある。さらに言い換えると、効率化や合理化という名目の上に再編された集団や社会になかで、新たな関係性をどのように模索していくかという問いなのである。

現在、施策として進められている林業振興策は、所有と施業を分離することで、中山間地域の林業を他者依存型に転換していくことに向かっているようである。森林備蓄量が増大していることへの対応策と捉えることもできるが、林業作業を請け負う事業体を育成し、木を伐って搬出し販売する行為に特化したシステムを作り出そうとしているのである。しかし、所有と施業の分離政策は、請け負う側の事業体を企業経営化させるもので、生産性をあげることが林業の振興になるという発想によるものである。そのため、森林組合や木材生産業者は生産性や効率性を優先して高性能林業機械を導入し、生産性の高い作業に特化した施業を行うことになるが、このことは高投資、高コスト化を引き起こすことにもなる。これらの採算を合わせるためには、大量生産を念頭に置いた皆伐をも含めた施業計画を立てることにもなり、総じて、森林資源全体にも負荷をかけていくことになる。

また、大規模化した施業は、大量生産を引き起こし、原木販売よりも大量消費する集成材や合板等の規格品流通に乗せることを選択せざるを得なくなる。このことが同時多発的に全国の木材生産の現場で発生すると、結果的に原木価格や集成材や合板価格の暴落を引き起こすことにもなる。専業化した事業体による森林資源の活用は、市場に流通

写真　木材加工品（北秋田市　大館北秋田森林組合）

する商品の一様化を引き起こし、森林資源の多様な活用という新たな産業展開の可能性をもつぶしてしまうことになるのである。

施業の対象となっていく森林は、かつて家族単位で植林し育成してきたものである。森林そのものに個性や特徴があるはずなのに、現行の林業政策では、それらは全く考慮されず刹那的・無機的に処理されていくことになる。森林所有者や地域住民の意欲を萎えさせてしまうことになることは、想像に難くない。

こうした状況は、地域社会のあり方においても同様である。本来、地域社会は多様で豊かな社会であった。そこで暮らしてきた人々がさまざまな事象との間で創りあげてきた関係性によって支えられてきた世界であり、その関係を維持することで当該地域社会単位の安定した生活が継承されてきたのである。住民の自律性を理解しようとしない施策はこうした安定した状態に少なからず影響を与えていくことになるのである。

おわりに

平成の大合併の対象となった中山間地域の現状を、林業政策の展開と重ねて概観してみた。このことから理解できるのは、地域の生活や地域の自治の問題を行政の経営問題という視点だけで捉えてはならないということである。地域とは行政的に区分された空間ではあるが、そこで暮らしているのはさまざまな関係性によってつながった人々であり、地域はそれらの人々が営む暮らしによって成り立っている。その暮らしは、そこで暮らす人々が安定した生活を維持していくための原理によって成り立っている。そして、その原理の原則となっているのは、人々は当該地域内で担うべき役割を持っており、そのことが他者からも理解されているということである。

　中山間地域で展開されている所有と管理とを分断する森林整備施策は、地域社会形成のための紐帯ともいうべき関係性を分断しようとすることにもなる。行政の効率化を念頭に繰り返されてきた町村合併においては、地域を形成している関係性の実態が捉えられないまま「地域」という言葉だけが用いられていくということが続けられてきた。昭和の大合併以降、今次の合併までの間、当該地域では、人々が他者との関係を諒解できる関係を模索しながら日常生活を展開し、人々は新たな関係性を他者と結ぶことに腐心してきた。しかし、今次の合併においては行政単位としての地域は、人々の日常生活の関係性をはるかに超えた存在となってしまった。今次の合併では、こうした地域を形成している核となるものに対する議論がなされなかったためである。このことは、山や森林との関係を何世代にもわたってつくりあげてきた森林所有者の自負を無視するような形で展開しているようにみえる森林整備事業も同様である。

　しかし、こうした批判ばかりでは無為なことである。組織や集団が外部の人たちとの結びつきによって強化されていくことがあるように、他者の存在によって地域を形成する関係性はより強固なものになる場合がある。さまざまな施策のもとで生活していく以上、私たち自身が新たな関係性を見いだし、その関係性を協業関係と捉えられるようなより強固なものにしていくこと目指さなければならないであろう。そのためには、自分自身がどのような関係性のなかで生きるかという視座をもつことが必要であり、個人の視座が集団内で共有されることで新たな自治が創出されていくことになり、それがそこでともに生き続けるための住民自治となっていくのである。

［註］
（1）中山間地域は、農政上の用語である。農林統計のなかで、全国を都市的地域、平地農業地域、中間農業地域、山間農業地域に四分類したもののうち、中間農業地域と山間農業地域を合わせたものである。国土面積の約六九パーセント、耕地面積の四二パーセントを占めており、農政上重要な地域である。

（2）徳島県では、河川による木材の流送に例えて、林業の構造をカワカミ・カワナカ・カワシモと呼び分けている。他の地域では、カワカミを山元とも呼ぶ。
（3）本節および次節の記述内容は、林野庁編『平成二十六年版　森林・林業白書』農林統計協会、二〇一四年、第一章第二節「我が国の森林整備を巡る歴史」（二四～三八頁）に依拠している。
（4）近世の御林と呼ばれた藩主林においては、森林資源の枯渇を防ぐために入山や伐採を厳格に禁止する山域を設定していた。併せて治山治水政策を強化する目的もあった。
（5）一七世紀後半に、各地で森林資源の減少が問題になると、森林資源の保護や育成に関して造林や計画的な伐採を行うことで、治山治水や藩財政へ寄与することが論じられた。代表的な論者には山鹿素行や熊沢蕃山がいた。これらの林政論は領主層の間で醸成・共有されていくことになった。
（6）森林所有者、森林の造林・保育を行う者、森林の造林・保育のための費用負担を行う者の三者または、いずれかの二者で分収林契約を結び、所期の造林・保育をした後に伐採した収益を契約の比率に応じて分け合う制度である。
（7）スギやヒノキは生育する産地の自然環境により生育が異なり、産地ごとに樹種の特徴が異なっている。そのために、植林のための苗は、樹種が特定できる挿し木による生産が主流になった。
（8）用材となる樹木は、五年を一齢級として数える。
（9）針葉樹の植林は、天然の広葉樹の森林を伐採して行われた。広葉樹は落葉するため、下草や低木を育てるという森林の生育環境を保つことができた。また、広葉樹には実をつけるものが多く、それらはクマやシカなどの野生生物の餌にもなっていた。針葉樹主体の森林で餌を失った野生生物は人里近くにまで出没することになった。林相の変化が害獣となってしまう野生生物を生み出したことにもなる。
（10）前掲註（7）の内容とも関連するが、植林のための苗木生産には、種子から発芽させる実生によるものと、優良樹種の枝を挿して育てる挿し木によるものとがある。均質な苗を大量に育てるために、多くの地域では挿し木による苗木生産が行われた。挿し木の苗は、横方向にしか根を張り出すことができないため、主根となる直根がない状態で生育することになるため、実生で育ったスギに比べて土抱えの力が弱い。斜面崩落地のスギ林は挿し木苗の植林の可能性が高い。
（11）一九九五年頃からオーストリアを中心として発展してきた木質構造用材のことで、引き板を並べた層を、板の方向が層ごとに直交するように重ねて接着した集成材をいう。

（12）林業における森林区画の単位で、尾根筋や川沿いの流域などの自然地形に即して境界を設定し、施業計画等の便を図る。山林所有者の所有面積に応じて、内部は細分されることになる。

（13）自伐林業の可能性を論じたものとして、佐藤宣子・興梠克久・家中茂編著『林業新時代——「自伐」がひらく農林家の未来』（農山漁村文化協会、二〇一四年）がある。徳島県那賀町の自伐林家も紹介されており、本プロジェクトの調査において、林業経営の現状についてご教示を得た。

［参考文献］

興梠克久編著『日本林業の構造変化と林業経営体　二〇一〇年林業センサス分析』農林統計協会、二〇一三年。

志賀和人・藤掛一郎・興梠克久編著『地域森林管理の主体形成と林業労働問題』日本林業調査会、二〇一一年。

堤利夫編『森林生態学』朝倉書店、一九八九年。

中島建造「本当の林業再生と中山間地域再生のキー『自伐（型）林業』」竹内敬二・森本幸裕責任編集『森林環境　二〇一四』公益財団法人森林文化協会、二〇一四年。

家中茂「運動としての自伐林業——地域社会・森林生態系・過去と未来に対する『責任ある林業』へ」佐藤宣子・興梠克久・家中茂編『林業新時代——「自伐」がひらく農林業の未来』農山漁村文化協会、二〇一四年。

山田容三『森林管理の理念と技術——森林と人間の共生の道へ』昭和堂、二〇〇九年。

林野庁編『平成二十六年版　森林・林業白書』全国林業改良普及協会、二〇一四年、一二四〜一三八頁。

第13章

新市一体感の醸成

――長野県上伊那地域の市町村合併にみる期待と不安

今野大輔

はじめに

「平成の大合併」は、合併対象市町村に対する政府・都道府県からの圧力はあったものの、地方自治体法・合併特例法のもとではあくまで対象市町村の自主性に委ねられたものであった。そのため政府・都道府県が合併を推進することはあっても、市町村は強制的な上からの廃置分合を余儀なくされたとはいえず、合併を選択するか自立の道を進むのかは対象市町村間の協議に左右された。市町村によっては合併の是非を住民投票やアンケートという形で住民に諮るところもあり、それが合併の成否に影響を与える場合もあった(1)。

このように「平成の大合併」は制度上、対象市町村の自主性に委ねられたものであった。とはいえ行政の期待すること、対象市町村の期待すること、そこに住む人々の期待することが必ずしも一致するとはいえず、その乖離から結果的に自立を選択する市町村もあれば、差異を抱えながらも合併に向けて協議を進めたところもあった。合併を選択した市町村であっても、行政の側と住民の側の期待とが完全に一致していたとはいえないことは明らかである(2)。しかし、合併は行政と住民という単純な二極構造で捉えきれるものではない。行政の側であっても対象市町村間に温度差があり、住民の側も同様であったケースは少なくなかっただろう。

本稿では平成十八（二〇〇六）年に誕生した長野県伊那市を対象にし、最終的な合併対象となった伊那・高遠・長谷の三市町村において合併問題にかかわった人々に対する聞き取りと、各市町村の広報誌にみられる住民の意見を中心にして、合併に対する人々の期待と不安を分析する。そして合併の際の課題とされた「新市一体感の醸成」という言葉から、市町村合併において、行政対住民、行政対行政、住民対住民という多極的な差異の存在を共生へと収斂させることが求められたことを示したい。

1　「平成の大合併」と民俗学——学会誌の動向

具体的な事例への言及を前にして、ここではまず、日本民俗学会による『日本民俗学』第二四五号（二〇〇六年二月）の特集、「市町村合併と民俗」を概観する。それにより、合併の最終局面において当時の民俗学がいかにしてこの地域社会の変容に取り組もうとしてしたのかを考察し、本稿の参考としたい。

「市町村合併と民俗」特集号が『日本民俗学』の一巻として刊行された平成十八（二〇〇六）年二月は、「平成の大合併」の最終局面と一致している。「特集にあたって」によれば本特集号立案のきっかけは、民俗調査の際に合併問題が話題となることが多く、多くの地域社会が再編に直面していることにあるという。さらに、明治維新以後、日本はすでに二度の大規模な市町村合併を経験しており「日本の地域社会は市町村合併の歴史[3]」であるものの、民俗学がその市町村合併を研究対象としてきたことはなかったと指摘し、「平成の大合併」による地域社会の再編を前に、その現在を見つめなおす機会としてこの特集が組まれたとしている。

この特集号は民俗学に限らず、農業社会学や環境社会学の研究者にも寄稿を依頼しており、執筆陣七名のうち、この二名以外が民俗学の研究者で構成されている。特集号の通例としてテーマは共通であるものの執筆陣全員による共同研究の形式ではなく、各自が共通テーマに則った研究を寄稿するものであるため、本特集号にも全体としてまとまりのある解答を提示するような総括論文があるわけではない。のちに和田健は『日本民俗学』第二六二号の研究動向特集号において、「市町村合併と民俗」特集号の意義を次のように述べている。

当該号に掲載された各論考は、それに対しての同意と個々の事例においての微妙な差異を、読者それぞれの取材体験と関連させて読まれたものと推察され、意義深いものであったと思われる。市町村合併という広域的かつ可及的に行われてもなお、民俗として捉えうる生活者の判断や意志を研究していく姿勢は、今後ものぞまれるものである(4)。

和田がいうように「平成の大合併」は対象市町村の住民だけでなく、そこをフィールドとする民俗学研究者にとっても無関係ではない事象であり、それを特集号のテーマとして取り上げたことを肯定的に評価している。

次に本特集号で示された、民俗学が市町村合併を研究対象にする場合に参考となりうると思われる視点を三点挙げる。一つ目は、財産区など共有地の利用・所有関係が合併によってどのような影響を受けたのかという視点である。これは合併が対象市町村の行財政だけでなく、地域の財産および慣行の再編などに与える影響を把握することである。この視点は市町村合併を、行政が住民の側に混乱／変容を生じさせるものとして理解する研究の方向性を提示する。

二つ目には、合併によって対象地域住民が自治力・内発力を失うという指摘が挙げられる。これは合併に伴う行政サービスの拡充が、住民たちからさまざまな課題を解決する自発性を奪ってしまうという視点である。これは合併の目指すものがかえってマイナスの効果をもたらすという視点であり、行政の側と住民の側の二極構造からみるならば、一つ目と類似している視点であるといえよう。

三つ目は、合併の是非決定プロセスや新地名決定に至るまでの住民意識と参加のあり方に着目する視点である。この場合、重要なのは主として行政の側から発せられた合併という事象に対して、住民の側がどのようなリアクションを取ったのかを分析するものといってよいだろう。これは行政から住民への圧力であるか否かという力学よりも、対象市町村の行政と行政、そして住民と住民（同一市町村内における住民と住民の構造も含む）の間の差異・葛藤が分析の対象となる。

本稿において筆者はこの三つ目の視点を採りたい。市町村合併という事象はそれが行政の側から発せられてものだとしても、そこに住まう人々にとっても無関係のものではなく、また、今次の合併は前述したように強制的な廃置分合ではなく、対象市町村間の協議にその成否が左右された。さらにそのプロセスにおいては住民の意向に諮るところも少なくなく、市町村合併に対して対象地域の住民がどのような期待や不安を抱いているのかが可視化されやすい状態があったといえよう。筆者はこの可視化された住民の期待や不安を、対象市町村の広報誌に寄せられた住民意見と、合併協議に関係した人々への聞き取りを主な資料として分析していく。

2　合併と自立の選択――行政と行政の葛藤

南部四市町村の場合

本稿が対象とする伊那市を含む上伊那地域全体における合併協議には、大きく分けて二つの流れがあった。一つは伊南行政組合の構成市町村である駒ヶ根市、飯島町、中川村、宮田村の四市町村による合併研究であり、もう一つが、伊那消防組合の構成市町村である旧伊那市（本稿では合併前の伊那市を旧伊那市と記す）、高遠町、辰野町、箕輪町、南箕輪村、長谷村の六市町村によるものである。結果からいうと、現在までに合併を実施したのは旧伊那市、高遠町、長谷村の三市町村のみである。南部四市町村では駒ヶ根市以外の三町村がいずれも自立を志向し、そのための住民組織まで結成された結果、合併協議を解消するに至っている。

四市町村の中で最も早い平成十五（二〇〇三）年に任意合併協議会（任意協）からの離脱を表明した宮田村では、住民の間には駒ヶ根市に近い意識があり村境も駒ヶ根市と接しているものの、駒ヶ根市を含めて四市町村での合併には至らなかった。宮田村は「村」とはいえ経済的には独立しているという感覚が強く、合併を必要としない意識が住民の間にあったという[5]。

今次の合併の大きな目的は、「人口減少・少子高齢化等の社会経済情勢の変化と地方分権の担い手となる基礎自治体にふさわしい行財政基盤の確立[6]」であった。宮田村ではこの観点から自立が可能と判断して合併を選択せず、平成十六（二〇〇四）年以降、自立に向けてのさまざまな取組みを開始した[7]。これは駒ヶ根市との距離感に影響されることなく、今次の合併の要件を満たしうるとの判断であると考えられるが、山口通之は過去に宮田村が駒ヶ根市との合併（一九五四年）と分離（一九五六年）を短期間に経験したことも、住民の間に合併反対の意見がみられたことに影響を及ぼしたと論じた[8]。一方、四市町村の中心となる駒ヶ根市では平成十五年の住民意向調査の結果、合併賛成が反対を上回った唯一の地域であった。したがって四市町村の合併計画頓挫は、合併に賛成する行政と住民対反対する行政と住民といった構図をみせたことがわかる。

北部六市町村の場合

六市町村による合併協議は最終的に、旧伊那市、高遠町、長谷村の三市町村による合併に決着した。当初は辰野町、箕輪町、南箕輪村も任意協を構成していたが、三町村は合併協議の場から順次離脱していった。辰野町と箕輪町が任意協を離れた理由はすでに本書資料編において述べた。南箕輪村が自立を選択した経緯は本書八木橋論文に譲る

表１　上伊那地域における合併協議の変遷

<table>
<tr><td>辰野町</td><td rowspan="10">上伊那広域連合における合併問題研究会
2002</td><td rowspan="6">6 市町村任意合併協議会
2003.1 ～ 12.31</td><td rowspan="2">合併せず</td><td rowspan="2" colspan="2"></td></tr>
<tr><td>箕輪町</td></tr>
<tr><td>南箕輪村</td><td rowspan="4">4 市町村合併研究会
2004.4.1 ～ 7.21</td><td>合併せず</td><td></td></tr>
<tr><td>伊那市</td><td rowspan="3">伊那市・高遠町・長谷村合併協議会
2004.9.7 ～ 2006.3.30</td><td rowspan="3">伊那市</td></tr>
<tr><td>高遠町</td></tr>
<tr><td>長谷村</td></tr>
<tr><td>宮田村</td><td rowspan="4">4 市町村任意合併協議会
2003.3 ～ 12.31</td><td>合併せず</td><td colspan="2"></td></tr>
<tr><td>駒ヶ根市</td><td rowspan="3">3 市町村合併協議会
2004.3 ～ 2005.3</td><td rowspan="3">合併せず</td><td rowspan="3"></td></tr>
<tr><td>飯島町</td></tr>
<tr><td>中川村</td></tr>
</table>

が、その主な理由は宮田村の場合に近く、一村での自立が可能であると判断されたからである。加えて、同村は村でありながら長野県内で高齢化率が最も低い「いちばん若い村」であり、人口増加率も県内トップクラス、さらには明治八（一八七五）年の南箕輪村誕生以来一度も他市町村との合併を経験していないという自負も、自立への後押しをしたと考えられる(9)。

辰野町、箕輪町、南箕輪村の三町村に対して、旧伊那市、高遠町、長谷村の三市町村では賛成反対が伯仲していたものの、概して合併への賛成意見が多かった。特に行政の側は合併を推進していた伊那市のみならず、高遠町長の「高遠町と長谷村は運命共同体」との言葉からもわかるように(10)、三市町村での合併に前向きだったことがわかる。結果からみると、同じ行政の側であっても旧伊那市、高遠町、長谷村と南箕輪村の間には合併に対する意識に懸隔があったことがわかる。

上伊那地域の合併は一〇市町村を二自治体に統合することを企図したものであり、駒ヶ根市を中心とした四市町村、旧伊那市を中心とした六市町村の枠組みで合併研究がスタートした。しかし最終的に合併を果たしたのは三市町村であり、他の七市町村はいずれも自立を選択した。これら七市町村はいずれも当初から自立を目指していたというより、合併へ向けての協議を通して、各市町村間の期待の懸隔が明らかになったことから合併を選択しなかったといってよいだろう。繰り返すが、「平成の大合併」と呼ばれる今次の合併において政府・都道府県は市町村合併の最終的な強制力を有してはおらず、あくまで対象市町村の自主性に委ねていた。したがって合併対象と目された自治体でも合併に対するリアクションは多様であり、宮田村や南箕輪村のように自治体の持つ活力を理由に自立を選ぶところもあった。ちなみに、市町村の合併に関する研究会が平成十一（一九九九）年から平成十九（二〇〇七）年までの間に合併に至らなかった市町村一二五二団体に行った調査では、三三・七パーセントの団体が「合併について意見集約ができなかった」と回答して最多だったが、「合併せずに単独で運営していこうと考えた」と回答した団体はそれに次ぐ三〇・八パーセントにのぼった(11)。

3　合併をめぐって(1)——三市町村の葛藤

最終的に三市町村による合併に落ち着いた上伊那地域の合併計画であるが、合併を選択した旧伊那市、高遠町、長谷村のいずれもが合併に向けて同じ期待を抱いていたとは必ずしもいえない。本節では三市町村の合併に際して立ち現れた相互の期待と不安を、旧伊那市と長谷村において合併に関係した人々への聞き取りを主な資料として分析する。

合併問題に対する第一印象

まず、合併問題が持ち上がった際の第一印象だが、これは旧伊那市・長谷村双方で同じような意見を聞くことができた。旧伊那市で合併事務を取り扱った市職員の男性は、市の今後を考えると一定の財政規模がなければ立ち行かないと考えており、むしろ合併への議論がようやく始まったかという感想を持ったと語った。また、長谷村で合併協議委員を務めた男性は、同村の生活単位の小ささを理由に「（合併は）しなければならない」と思ったと語った。いずれも政府の求める地方自治体としての要件を満たすためには、合併を避けられないという見解で一致していた。一方、長谷村の他の男性は「行政の流れとして、最初からだめということはできな」かったと語り、行政主導という市町村合併の性格から、形式上は合併を是として動き出す必要があったことがわかる。

平成十二（二〇〇〇）年度の国勢調査によると旧伊那市、高遠町、長谷村における老齢人口比率はそれぞれ二三パーセント、三四パーセント、三八パーセントであった。また歳入に対する地方交付税等の割合は、旧伊那市で約二割、高遠町・長谷村で約四割を占めていた[12]。このような、三市町村の将来へ影を落とすような事実を前に、合併やむなしとの感想を抱いたとしても不思議ではない。

合併に対する期待と不安

前項のように、合併問題に深く関わった人々の認識では、市町村の実情に照らし合わせれば合併は避けがたいものだった。前出の旧伊那市職員の男性は、三市町村の合計人口のうち、旧伊那市が圧倒的多くの人口を抱えていたことから、合併しても特段不利になることはないと感じたと語る。だが、高遠・長谷両町村との合併は旧伊那市にとってメリットをもたらすと期待される向きもあった。具体的には、桜や旧藩時代以来の歴史を持つ高遠町、南アルプスの大自然を持つ長谷村と合併することにより、観光面にとっても新市に貴重な資源を共有することができるようになるとの期待もあったようである[13]。

「平成の大合併」の目指す自治体は、地方分権の担い手となりうる健全な市町村の作出にあったが、対象市町村にとっては行財政の健全化だけが合併に求めるものではなかった。この場合のように、市域拡大による観光面での資源の増加も、合併の結果として期待されるものだったのである。長谷村でも、合併によって旧伊那市・高遠町との間の垣根が取り払われることによって、人の往来が活発化することを期待したとの意見が聞かれた。三市町村とも行財政面において合併は不可避との認識を有しつつ、観光や移住における人の往来の活発化にも期待を寄せていたことがわかる。

反面、合併による行財政面での健全化を認めながらも、三市町村ではその際に現出するデメリットへの不安の声も聞かれた。この合併に対する不安は、大きく二つに分類することができる。一つ目は合併対象市町村間の格差によって生じる不安。二つ目は合併を共にする市町村の範囲についての懐疑と不安である。

一つ目は、三市町村間の格差、つまり旧伊那市と高遠町・長谷村は自治体としての規模に大きな開きがあることにより、合併によってかえって不利益を被るのではないかという不安である。旧伊那市の側には、高遠町と長谷村への投資が膨らむのではないかとの不安があったと、職員の男性は語る。三市町村の中では財政規模の大きい旧伊那市が、高遠町と長谷村の負担を背負い込む結果になりはしないかとの懸念である。

しかし長谷村で合併事務を取り扱った職員の男性は、旧伊那市とは反対の不安があったことを語る。

「平成の大合併」の終盤にあたる平成十六（二〇〇四）年度と平成十七（二〇〇五）年度には、前者で二一五件、後者で三二五件の合併がなされた(14)。平成十五（二〇〇三）年度の合併件数が三〇であったことを鑑みると、いかに多くの合併がこの二年間で実施されたかがわかる。これは「駆け込み合併」と呼ばれるもので、このような駆け込みが続出した背景には「合併特例法」の改正があった。平成十六年五月に旧来の合併特例法が改正され、それとともに「合併新法」が制定された(15)。これによって合併特例債は廃止され、合併に対する分厚い財政支援措置はなくなった。旧法の有効期限は平成十七年度末に設定されたが、合併新法への経過措置として、平成十七年三月三十一日までに合併申請を行い、翌年度末までに合併した場合は旧法が適用され、合併特例債の利用が可能となった(16)。これが「駆け込み合併」が多くみられた理由である。このように対象市町村にとって、合併特例債は合併の大きな「うま味」だったのである。

話を長谷村に戻す。長谷村では高遠町との二町村合併については賛成でも、旧伊那市を含めた三市町村の枠組みでの合併には懐疑的な意見があったという。これには三市町村の持つ歴史にも根差しているが、もう一つの要因はこの地方債であった。仮に高遠・長谷の二町村で合併した場合は過疎債と特例債の両方を利用することができたが、旧伊那市をも含めた三市町村の合併によって旧伊那市の下水道整備に特例債が利用されるのではないかと思ったと、前出の男性職員は語った(17)。これは合併協議委員を務めた別の男性が、合併前の長谷村は社会整備が進んでいて満足感があったが、旧伊那市は市域の広さから行政効率が悪く推進するべき事業を多く抱えていたと語ったように、両市村における インフラ整備の差が旧伊那市に対する疑念として浮かび上がったことをあらわしている。

以上は立場こそ違えど、いずれも合併（具体的には特例債をめぐって）によって、何らかの不利益を被るのではないかという不安の存在を、旧伊那市・長谷村双方で合併問題に深く関わった人々が感じ取っていたことがわかる。両市村とも合併は不可避との認識を持ち合わせながらも、互いに合併によるメリットをめぐって疑念を抱いていたのである。

こうした相互の不信感は、先に合併に対する期待として述べた、観光資源の拡大においてもみられた。旧伊那市にとって、高遠町の桜と歴史、長谷村の大自然を共有することは大きなメリットであったが、長谷村にとっては観光地とはいえない旧伊那市が高遠・長谷の両町村を抱え込んで観光地化を果たそうとしていると捉えられたのである。

第二の不安は、合併を共にする自治体の範囲に対する不安である。最終的に旧伊那市、高遠町、長谷村の三市町村による合併に落ち着いたが、当初は上伊那六市町村、後に南箕輪村を含めた四市町村による合併が目指されていたことはすでに述べた。いずれも各市町村は隣接しており、地図上で見れば妥当な合併範囲にみえる。三市町村での合併について旧伊那市職員の男性は、旧伊那市、高遠町、長谷村はいずれも三峰川沿いという要素が共通しており、さらに美和ダム建設による長谷村内の水没地域の人々が伊那市内に移住したため、三市町村による枠組みは自然な範囲だったと語った。また、結局は破談に終わったが、南箕輪村とは市境の複雑さにより、南箕輪村の八〇〇戸近くが伊那市営水道を利用しており、そのため南箕輪村が合併対象となったのも不思議のないことであった。

ところが長谷村の方では、合併には概ね前向きでありながら旧伊那市を合併対象として含むことには懐疑的な意見があった。当時、長谷村の村政にかかわった男性は、かつて共に高遠藩の藩域だった高遠町との合併はするべきだが、合併以前の旧伊那市とは交流もほとんどなかったため、さほど妥当性を感じなかったと語った[18]。三峰川沿いという共通要素に至っては、かつて旧伊那市の三峰川沿いが水害の被害が多かったため、そのリスクを抱えたくないという意見もあったようである。これは自治体間の対立というほどのものではないが、旧伊那市側の認識と長谷村のそれとの間に若干のズレがあったことを示している。その一方で、長谷村と高遠町との間には旧藩以来のつながりという一体性が存在したことも看取することができる。

前節では合併協議の推移から、行政の側における合併に対する意識の懸隔をみた。本節では旧伊那市、長谷村において合併に関係した人々の証言をみることによって、合併に際して立ち現れた相互の期待と不安が具体的に明らかとなった。次節では三市町村の広報誌に寄せられた住民の合併に対する意見をみることによって、住民の側における期待と不安の実態をみていく。

4　合併をめぐって⑵――住民の葛藤

長谷村では平成十三（二〇〇一）年四月、高遠町では平成十五（二〇〇三）年二月、そして旧伊那市では平成十六（二〇〇四）年六月から、各市町村の広報誌において市町村合併問題を扱った特集の連載を始めた。三市町村でその開始期は異なっているが、いずれも合併の意義を解説するとともに、住民の抱いている期待や不安を紹介していることでは共通している。本節では三市町村の広報誌を資料として、合併に対する住民の側の期待と不安を分析する。なお、旧伊那市の住民の意見は「I－①」、高遠町の意見は「T－①」、長谷村の意見は「H－①」という通し番号を附す。

合併の是非に対する意見

本節で紹介する広報誌の記述は、住民の投書ではなく、いずれも各自治体が行った合併に対する説明会や懇談会の席上で交わされたやり取りや意見を採録したものである。まずはそれらの中から、合併の是非に対する意見を取り上げる。

I－①「高遠の歴史・桜、長谷の大自然が共有できれば、素晴らしい市が誕生すると思う」
I－②「合併に賛成。市民が選出した議員が判断するのだから。意向調査の必要はない」
I－③「合併は将来のために推進すべき。住民懇談会では一部の意見が強く、限界を感じる。市報等による積極的な情報提供と議会の判断でよい」
I－④「合併は避けられない状況であるから、現状と将来についての比較検討が大切。利点を伸ばし、不利な点をカバーしていく努力が必要」
I－⑤「上伊那は一つという考えから、核となるように進めてもらいたい」
I－⑥「合併のメリット、デメリットが示されなければ、合併についての判断はできない」
I－⑦「合併に反対。説明会を行ってから意向調査を行うべき」（以上、『市報 いな』の二〇〇四年十二月号より）
T－①「行政エリアが広くなれば住民のエゴが出る。サービスの低下は困る。すべてが対等の上で合併してほしい」
T－②「合併した場合、中心部の交通はよくなると思う。周辺部の交通についても条件などをしっかり考えてほしい」
T－③「合併をしないでいて、自治権を奪われてしまい、その後で合併することになれば屈辱的なことになる。期限内に合併することを考えて」
T－④「今から合併を推進していった方が、対等合併にできると思う」
T－⑤「合併してもよくならないし、しなくてもよくならないと思う。周辺部が寂れないようにしていってほしい」
T－⑥「合併しても先行き不安なら合併しない方がよい」
T－⑦「住民投票だけはやらない方がよいと思う」

T―⑧「住民投票を行うべきである」
T―⑨「できれば住民アンケートを考えてみてはどうか」（以上、『広報 たかとお』二〇〇二年十二月号より）
H―①「合併した場合、周りの町村は周辺部となり、どうしても寂しくなってしまうので、地域内分権のことをしっかり協議して、対等の主張をしてほしい」（以上、『広報 はせ』二〇〇四年四月号より）

I―⑥は合併の是非について保留しているものの、I―⑦は住民に対するじゅうぶんな説明とそれを受けての意向調査がなされない段階での合併には反対している。住民にとって、合併の効果を容易に把握することは困難だったようである。旧伊那市職員の男性も「合併することによってどうなるか聞きたい」という意見が住民から寄せられたと語っている。

I―⑦は、I―②が不要と語った説明会と意向調査の必要性を主張している。これは十月から行われた住民懇談会に先立ち、議員から意向調査実施を求める声が上がったものの、旧伊那市長がその予定はないと表明したことが背景にある。今次の合併はあくまで合併対象市町村の自主性に委ねられており、市町村によっては条例に基づく住民投票やアンケートという形式を通じて、合併に対する住民の意向を調査した。平成十一（一九九九）年四月から平成十八（二〇〇六）年三月までに、合併の是非についての住民投票が三五二件あり、一六八五の市町村が住民アンケートを実施した[19]。当時の伊那市長がなぜ意向調査に消極的であったかはわからないが、すでに平成十五（二〇〇三）年になされた意向調査の結果、旧伊那市では合併賛成が反対を上回ったことと関係していると考えられる。I―②および「市報等による積極的な情報提供と議会の判断でよい」と語ったI―③の賛成理由がやや受動的であることも、すでに旧伊那市では合併賛成の形勢が明らかにされたからであろう。民意を反映する意向調査の是非について、住民の側にもへだたりが存在したのである。

このへだたりは高遠町においてもみられ、T―⑧、T―⑨が住民投票、住民アンケートの実施を望んでいるのに対し、T－⑦は住民投票に対して強い反対意見を抱いている。ちなみに、高遠町の住民の意見は平成十四（二〇〇二）年八月から開催された集落単位の懇談会（出前講座）の席上で出たものであるが、この後高遠町において住民意向調査が実施された結果、五〇人の差で合併反対が賛成を上回っている[20]。

平成十五（二〇〇三）年七月に長谷村内各所で行われた住民説明会の席でも「住民投票は行わないのか」という質問がなされているが、住民説明会実施側の総務課政策調整係は「住民投票は賛成反対の二つの選択肢しか伺えないから考えていない。意向調査では性別、地区等の項目を追加できる[21]」と答えており、住民投票に対する行政の側の慎重な姿勢が表れているといえる。

次は積極的な賛成意見である。Ｉ－①の意見の背景にあるものは、前節でもみられた、高遠町と長谷村の持つ観光の目玉を取り込むことによって、新市の観光面に期待を寄せる意見と共通している。今次の合併の大目的は地方分権を支える自治体としての行財政の健全化であったが、観光資源の獲得という副次的な成果も合併のもたらすものとして大きく期待されていたことがわかるだろう。『市報　いな』二〇〇五年一月号にも合併について「長谷の大自然・山林、高遠の観光、伊那の農商工業などの特徴を合わせると素晴らしい市になる」との住民の意見が掲載されており、三市町村の特性を合わせて活かすという方針が、旧伊那市における合併賛成理由の代表的なものであったといえる。

Ｉ－②～Ｉ－④はいずれも合併への賛成意見であるが、その理由は「市民が選出した議員が判断するのだから」「合併は将来のために推進すべき」と必ずしも具体的ではない。Ｉ－⑤の賛成理由も、「上伊那は一つ」という抽象的なものにとどまっており、合併の効果を分析した結果のものとは言い難い。『市報　いな』二〇〇五年一月号の「伊那、高遠、長谷は一体の文化圏。三市町村とも三峰川に生活の基盤がある」という意見も同様に、三市町村の地域性に合併の妥当性を求めたものである。ただしこのような住民のリアクションは特別なものではなく、旧伊那市職員の男性は合併に対する市内の雰囲気は、「どちらでもよい」というのが支配的だったと証言している。住民にとっては行財政面等の専門的なメリットよりも、目にみえやすい観光資源や地域性といった要素の方が合併に対する自身の意見に反映しやすいものであったと考えられよう。

一方、高遠町と長谷村の場合、T－①～T－⑤、H－①はいずれも比較的肯定的でありながら、条件を付けている。その条件のひとつは、あくまで「対等合併」であるべきだということである。合併の方式には新設合併と編入合併があるが、前者が対等合併、後者が吸収合併であると理解されたため、今次の合併では七割強の合併市町村が新設合併（対等合併）を選択している。[22]旧伊那市の意見では合併方式への拘泥はみられなかったが、ここでは対等合併志向がみられたことに特徴がある。『広報　たかとお』二〇〇四年二月号には町議会における「町長は対等合併というが、伊那市の十分の一しか人口がないのに果たして対等なのか」という質疑が掲載されている。

もうひとつは、高遠町と長谷村自体、またはその一部地域が周辺化することへの懸念である。『広報　たかとお』二〇〇三年十月号では住民説明会における質疑応答の模様が掲載されており、そこにも「合併すれば僻地はさびれてしまう。最も重要な足の確保、定住対策に配慮してほしい」と、合併よる町自体の周辺化、さらには町内における周辺化地域の発生を危惧する意見がみられた。同様に、『広報　はせ』二〇〇三年九月号に掲載された、住民説明会における質疑応答にも、「合併した場合、中心部に比べ周辺部がさびれるように思うが」との質問が出ており、実施側もそれを「長谷村にとって最も懸念される問題」であると答えている。

このふたつの条件は相互に無関係なものではない。対等合併の希求と周辺化への懸念はどちらも、住民が高遠町・長谷村は合併において地域の中心にはならないことを自覚しており、そのうえで市域の拡大による周辺化ときめ細かな行政サービスの不徹底を懸念していたことを示している。平成十八（二〇〇三）年六月時点における三市町村の人口は、旧伊那市が約六万五〇〇〇人だったのに対し、高遠町と長谷村はそれぞれ約二〇〇〇人、約七〇〇〇人と大きな開きがある。合併協議から離脱した辰野町、箕輪町、南箕輪村の三町村も旧伊那市に人口の上では匹敵せず、かつて上伊那郡役所が置かれた経緯もあり、旧伊那市が合併の中心地になることは明白であったといえる。市町村の規模からみれば、三市町村の合併は旧伊那市による二町村の編入合併であったが、手続き上は新設合併が選択され、伊那市という新市の名称も形式上は新たに附されたものとなっている。とはいえこの新設合併（対等合併）という方式に対して、高遠町では特に懐疑的であり、中には旧伊那市は仕方なく高遠町・長谷村と合併してやると言っている、との意見もみられたほどである。

合併対象市町村に対する意見

どの自治体と合併すべきか／すべきでないかという住民の認識、換言すれば合併の相手に対する評価は、必ずしも予想される合併効果に左右されるものではないことが彼らの発言から看取することができる。

T―⑩「伊那、高遠、長谷の三市町村単位の合併がよいのでは」
T―⑪「合併するなら辰野を除く五市町村がよいと思う」
T―⑫「東部地域はお荷物ではないか。伊那市に吸収されてしまいはしないか」
T―⑬「仮に高遠と長谷が合併しても何も変わらないと思う」（以上、『広報 たかとお』二〇〇二年十二月号より）
H―②「高遠町との小規模合併は考えられないか」（以上、『広報 はせ』二〇〇三年九月号より）

T―⑩からT―⑬は合併議論の最初期になされた集落懇談会の席上で出た意見のため、三市町村による合併の枠組みはこの時点においてはまだ存在しない。T―⑪は六市町村から最北部の辰野町を除いた枠組みを志向しているが、この記述からのみでは辰野町を除外しようとした理由をうかがい知ることはできない。T―⑩は三市町村の枠組みを主張しているのに対し、T―⑬とH―②は高遠町と長谷村の二町村による合併を念頭においたうえでの発言とみられる。

旧伊那市の住民は高遠町・長谷村との合併に対して、I―⑤のように三峰川文化圏という地域性に合併対象の妥当性を認めていたが、同市と二町村、特に高遠町においては旧伊那市を敬遠するような意見がみえる。T―⑫の「東部地域はお荷物ではないか」という発言における東部地域とは、高遠町内におけるそれではなく、六市町村の範囲からみた東部地域、つまり三峰川上流域にあたる高遠町と長谷村を指していよう。旧伊那市を中心とした合併をすることによって、高遠町も長谷村もともに吸収されてしまうことを懸念している。

将来の合併の相手については、前節で紹介した長谷村における意見も、この高遠町住民の意見も、いずれも二町村での枠組みは妥当なものであるとしている一方、隣接する旧伊那市を含むことに懐疑的な点で共通している。『広報たかとお』二〇〇四年二月号の「長谷村との合併はいいが、伊那市には飲み込まれたくないという人が多い」との町会議員の報告がまさにその傾向を示している。ここでは三峰川文化圏という地域性が、合併相手としての妥当性を担保していないのである。

地名と「郷土愛」

高遠町において合併を懐疑的にみた意見に、次のようなものがある。

T―⑭「高遠という名前を消してほしくない」

T―⑮「合併すると地域性というものが失われてしまうと思う」（以上、『広報 たかとお』二〇〇二年十二月号より）

旧伊那市において、合併によって三市町村の特徴が合わさり素晴らしい市が誕生するとの期待がみられたのとは対照的に、ここでは合併による地名や地域性といったアイデンティティの喪失を悲観する意見がみられる。住民の地名に対する愛着は高遠町において顕著だったようで、合併に懐疑的な理由のひとつとして地名の問題が挙げられるのは、旧伊那市にも長谷村においても管見の限りはなかった。

市町村合併において、合併後の地名をどうするかは、対象市町村の住民にとって無視できないほど大きな問題である。今次の合併においても、愛知県知多郡の南知多町・美浜町の合併協議で「南セントレア市」が新市名称の候補として挙がり、それに対する住民の批判や全国からの注目が合併協議の頓挫の一因となった[23]。他にも岩手県の「両磐地区合併協議会」（平泉市）、滋賀県の「安土町・五個荘町・能登川町合併協議会」（安土市）、埼玉県の「川口市・蕨市・鳩ヶ谷市法定合併協議会」（武南市）など、新市の名称への反発が直接的な原因となって合併協議が頓挫した事例は多い[24]。松田香代子は「たとえ符丁に過ぎない新しい市町村名でも、またそれにともなって新たに変更を余儀なくされた地名や自治体名でも、まったく無関係無秩序に一過性でつけられた名称は住民ばかりでなく多くの人たちに馴染まないものとなってしまう」と述べ、地名の問題を「平成の大合併」における最も重要な問題であると指摘している[25]。

高遠町は明治二十二（一八八九）年以来、周辺町村との合併を繰り返しながらも三市町村での合併に至るまで同一の町名を維持し続けていた。さらにいえば、高遠の名称自体は戦国時代にまでさかのぼれるものである。いわゆる「昭和の合併」において美和村と伊那里村の合併によって誕生した長谷村や、近代以降成長した旧伊那市と比較すると、高遠という地名の持つ歴史は他の二者を圧倒しているといえる。高遠町の行政や住民が抱いていた旧伊那市に対する反発めいた敬遠は、この歴史性に一因を求められるだろう。

三市町村合併によって誕生した伊那市という市名は、形式上は旧伊那市のそれとは同一のものではなく、あくまで三市町村の新設合併による新地名ということになっている。平成十六（二〇〇四）年に設置された「新市名称検討委員会」は、「伊那は古代に設置された『伊那郡』以来の長い歴史を持つ広域的な名称であること」「伊那は明治初期設置の『上伊那郡』の中心に位置する地方自治体の名称であり続けたこと」「伊那は現在多くの施設や組織等に冠せられる名称として幅広く使用されていること」などを理由に、「伊那市」を新市の名称にふさわしいものであると判断した。公益財団法人五島・安田記念東京都市研究所研究室による『平成の市町村合併――その影響に関する総合的研究』では、合併市町村の七割強が新設（対等）合併方式を選択したが、それは合併を円滑に行うための選択であったと述べた。そしてその傍証として、新旧合併特例法期間の新設合併四六一件のうち、二二三件が合併市町村のいずれかの地名を新市町村名としていることを挙げている[26]。伊那市の地名決定プロセスにも、このような側面があったと推測することができる。

『広報 たかとお』二〇〇三年十月号には「高遠という名称は歴史的に大きい存在である。郷土を大切に思う郷土愛は非常に重要であるので、仮に合併するにしてもこの点はぜひ考えてほしい」との住民の意見が掲載されており、地名に対する住民の愛着――地名からさらに広い郷土愛――がうかがえる。長谷村の村政にかかわった男性は、合併をするにあたって、伊那市という名称ならば高遠市の方がよいとの意見が有識者や高齢者からあがったと語っている。また、高遠町の町外に移住した人々から高遠の名を残すべきだとの投書が多く寄せられており、地名に表象される郷土愛は実際に町内に居住していた住民に限られたものではなく、むしろ町を出た人の間接的反対行動においてさらに強く表れているとさえいえるのである。地名や郷土愛などは、今次の合併が重視したものではなかったが、合併対象市町村の住民にとっては、実際の合併効果以上に大きな問題であり、なおかつ合併の成否を左右する力をも持つものだったのである。新生なった伊那市において、旧長谷村地域は「伊那市長谷」、旧高遠町地域は「伊那市高遠町」となった。合併は避けられなかったが、高遠町という地名は残されたのである。

5 「新市一体感の醸成」

三市町村の合併に落ち着いた上伊那地域の合併問題であるが、合併を行った三市町村の行政や住民の間でも、その是非に対する葛藤があった。新たな伊那市となった三市町村に求められたものは合併の大目的であった行財政の健全化だけでなく、新市としての一体感の醸成も求められた。

三市町村は互いに隣接していたが、各自治体の住民間の交流は必ずしも密なものではなかった。そこで、合併を控えた平成十六（二〇〇四）年の五月から十一月にかけて、合併協議会と企画対策室は全一〇回にわたって旧伊那市、高遠町、長谷村の住民を対象にしたタウンウォッチング（地域の魅力探訪ツアー）を企画した。これは各地域をまわることにより、地域の良さや魅力に触れて地域間交流を深めるとともに、合併後の新市の一体感の醸成をねらったものであった。合併協議会事務局による『合併協議会だより』第十二号（二〇〇五年十二月）には参加者アンケートの結果が抜粋されている。「他市町村の住民と知り合いになることができた」「新市にたくさんの名所があることを知った」といった感想とともに、「三市町村が一体感を持てるようになれば、素晴らしい市をつくることができる」「皆で力を合わせて住みよい市にしたい」「合併後も旧三市町村の住民交流を図ってほしい」というような、自治体の合併だけでない、住民も包含した全市的な一体感の醸成を求める声も掲載されている。

合併後には、「春の高校伊那駅伝」「伊澤修二先生記念音楽祭」の充実、「南アルプス世界自然遺産登録」や「保科正之公NHK大河ドラマ化」の推進が、効果を上げた全市的な取組みとして挙げられており、高遠町、長谷村の持つ特徴の強化が一体感の醸成の手段として活用されていることがわかるだろう。前出の旧伊那市職員の男性は市域の拡大によって、市としての活動の幅が広がり、旧伊那市域の住民における高遠、長谷への関心も深まったと、一体感醸成のための諸活動の効果を評価している。合併前、長谷村役場において合併事務を取り扱った男性職員は、旧長谷村の教育委員会（現在は長谷公民館）の実施する「入野谷講座」という、歴史研究や自然探索などの文化活動に、合併後は伊那、高遠、長谷の住民が同数程度参加するようになったと語る。これは三市町村の相互理解の進行と、合併による人的交流の活性化がある程度の効果をみた結果といえるだろう。

合併に対する住民の不安に、行政サービスの低下や周辺部の孤立があった。今次の合併では広大な面積を持つ自治体が多く誕生したこともあり、このような行政サービスの低下を不安視する声が聞かれたのは当然である。こうした行政サービス低下を防ぐ目的として、役場機能を部課単位で分割する「分庁」方式や、旧役場に事業実施部局を残す「総合支所」方式を採用する市町村があった。(27) 伊那市は旧高遠町および旧長谷村を合併特例法による地域自治区とし、両町村役場に後者の総合支所を置くことによって、従来の住民サービス提供の維持を図った。(28)『広報　たかとお』

二〇〇二年十二月号には「支所機能は必ず残してほしい。支所がないと大変である」との高遠町住民の声が寄せられている。合併に伴う自治体面積の拡大は、行政機能の合併における中心地への集中を生じさせうるものであった。総合支所の設置はこうした中心と周辺の差異を平準化させるための試みであったといえる。なお、この支所の職員は自身の出身地と関係なく異動するようになっており、それも一体感の醸成のための施策であったのである。

ただし、総合支所が置かれたから従前の役場機能がそのまま残されたと単純に理解することはできない。支所と住民の関係には、合併によって変化をきたした側面もある。長谷村において四市町村当時の合併協議委員を務めた男性は、かつては役場への要望は「野良着姿」でも行くことができたが、合併することによって、道路や水道などの問題が「今日いえば明日解決するようではなくなった」と語った。同じく長谷村で村政にかかわった男性も「生活上の困ったことは役場にいえばよかったが、いま（合併後）はそうではない」と語っており、旧村役場であった総合支所と住民の間の距離感が離れていることがわかる。出身地にとらわれない異動により、総合支所の職員が村の住民たちと顔見知りでない場合もあり、住民が職員と心安く接することが困難にもなったという。

タウンウォッチングの実施や文化的事業の実施、また市役所および各支所間における職員の異動のあり方は、いずれも新市一体感の醸成を企図したものであった。合併問題の顕在化によって、行政や住民の間に、合併対象市町村に対する複雑な感情や、自身の所属する自治体に対する郷土愛を再認識する機会が到来した。こうした感情や郷土愛は各市町村内でも同一のものではなく、住民の間にも合併を主題とした葛藤が生じた。この葛藤は合併を推進した三市町村の行政にあっても、合併に対する期待や不安の差異として表れている。新市の一体感は、今次の合併において国が各市町村に求めたものではなく、あくまで対象市町村が、合併協議の過程で表出した行政同士および住民間のさまざまな差異・葛藤を、新市として超克することが必要であるとみなしてその醸成を目指したのである。

おわりに

本稿は長野県伊那市の合併を対象にして、合併に際して表出した行政対住民、行政対行政、住民対住民といった、差異の多極的なあり方を、合併問題関係者への聞き取りと広報誌における住民意見から分析した。各市町村の将来的な見通しから、合併協議を離れて自立を選択した自治体もあった。最終的に合併に至った市町村同士であっても、合併対象市町村や合併効果に対する期待と不安には差異が存在していたことが、関係者への聞き取りから明らかとなった。また、広報誌からは、住民間にも合併の是非や対象市町村に対する認識のうえで差異が存在していたことを看取できた。市町村合併を分析するにあたっては、行政から住民へという圧力をかけるもの／かけられるものといった単純な二極構造から把握しようとするのではなく、合併を行おうとする行政同士、そして各市町村の住民同士の中にもそれに対する認識の差異が存在することを見逃してはならない。

また、合併の是非を判断するうえでは合併の大目的がその基準になるとは限らず、むしろ合併対象市町村に対する感情や、自身の所属する自治体への郷土愛といった、数値化できない要素が判断の基準として合併の成否を左右する場合がある。合併を推進する側がどれだけ合併後のメリットを主張したとしても、新地名が大きな要因となって合併協議が頓挫に追い込まれた例さえあり、こうした住民感情は合併問題に際して無視できるものではない。伊那市では旧高遠町において特に地名や郷土愛に対する愛着が強かったが、中でも村外への移住者から地名の維持や合併反対の意見が多く寄せられており、出郷者の故郷に抱く愛着が、合併問題の発生によって現住者のそれ以上に強く働いたことは、郷土愛や愛郷心とはなにかを考えるうえで参考になるのではないか。市町村合併は、対象市町村の人々に自と他を強烈に意識させる機会であるといえる。

このように、市町村合併とは官対民という単純な二極構造ではなく、住民の間にもさまざまな差異・葛藤を浮かび上がらせて多極的な構造を示す。伊那市において用いられた「新市一体感の醸成」という語は、その言葉も実施された各種事業も含めて、確かに行政の側から発せられたものである。それは今後の市政運営を円滑化するために必要でもあったろうが、さらには合併問題の発生によって表出した住民相互――特に旧市町村間――のさまざまな差異・葛藤を可能な限り解消させ、行政と住民、住民と住民の共生を目指す姿勢を示した言葉であると理解することができる。合併に至った市町村であっても、住民すべてがそれへの賛成を表明したわけではない。「新市一体感の醸成」が求められたのも、合併問題が行政や住民の間にさまざまな差異・葛藤を生じさせるものであるからに他ならない。そしてこの一体感は、将来さらに他の自治体との合併が議論されるような際に、あるいは各住民が出郷する際に、最終的な達成をみるのではないだろうか。こういった心意の変化は、合併の効果と同様に合併後すぐに影響を示すわけではなく、長期的な観察が必要となるだろう。

本研究プロジェクトは、市町村合併を契機とした社会・文化の再編の民俗学的研究を目指すものであった。したがって研究対象となる市町村合併は、地域社会に変容をもたらすもの――さらにいえば、壊すものあるいは混乱させるもの――という理解が暗黙裡に存在していたといってよい。それは、あくまで合併が官の側から発せられたものであり、民の側はその決定に従わざるをえず、ためにその地域社会は変容を強いられるという二極構造的な合併認識である。しかし今次の合併では、合併を推奨された自治体であっても、住民や行政の判断で合併を見送るところが少なくなかった。それは住民の反対が原因であったところもあるが、合併対象市町村の行政間における期待と不安の差異から、合併協議がその過程で頓挫した例もあったのである。つまり、一言に「官」といっても、合併を推進する政府と、その下部に位置する自治体の思惑は同一ではなく、「官」の間でも合併に対する認識に差異が存在したことを意味する。したがって、市町村合併を「官」と「民」「圧力をかける側」と「かけられる側」と単純に理解することは妥当とはいえないのである。

また、関係者への聞き取りや広報誌の住民意見からは、合併後の将来に対する前向きな意見を見出すこともできた。旧伊那市職員の男性は、「伊那市の合併には一長一短あるが、合併をどのように活かすのかが課題」であると、合併によって生じた変化をいかにして活用するかに視線を向けており、長谷村で合併協議会委員を務めた男性も、「良いも悪いもしようがない。良い方に動いてきたと考えるほかはない」と語っている。市町村合併を「官」から「民」への圧力の発生とみるのではなく、その合併問題に直面した際に、対象となる市町村や住民から、合併相手に対する感情の表面化や、郷土愛の強化といったさまざまなリアクションが生じる契機ととらえる方が、地域社会の再編に際して人々が抱いた期待や不安といった心意の解明に利するのではないだろうか。

最後に市町村合併の民俗学的研究の課題を述べて、本稿を閉じることにしたい。市町村合併は地域社会の再編をもたらすものであるため、その社会の民俗なども合併の影響を避けられずに変容を余儀なくされると理解されやすい。筆者の調査でも、長谷村では隣組や祭りなどの組織維持ができなくなり、「地域崩壊」が起こるのではないかという不安の声が聞かれた。これは、主に若年層の流出――それは少子高齢化と不可分である――によって引き起こされるものであり、旧長谷村に限らず全国の至る自治体で現実に起こっている問題である。

しかし、この若年層流出を単純に市町村合併と結びつけて理解することはできない。伊那市では合併の必要性として「住民の日常生活圏の拡大」「少子・高齢化社会への対応」「地方分権の推進」「国・地方における財政の改善」「住民要望の多様化への対応」が挙げられている[29]。「住民の日常生活圏の拡大」「少子・高齢化社会への対応」が合併事由として挙がられているのは、すでに合併以前から、人の移動範囲拡大や、それに伴う人口の流出が起こっており、地域社会の流動化が進んでいたことを示している。流動化の実態は買い物目的もあれば、通勤通学やそのための移住もあり多様だが、いずれにしても合併が行われる前から、地域社会における人々のつながりは、自身の所属する自治体を超えて拡大していたのである。

人口流出に対して、長谷村で合併協議委員を務めた男性は、「合併前は伊那市へ出ていってしまったといえるが、今（合併後）は市内での移動であり、知らぬ間に若い人がいなくなる」と語り、人口流出の性質が合併を境に変化したことを指摘した。今後はこのような、新自治体内における人の移動による、一地区の人口流出と地域社会の機能不全のあり方をとらえる視点も求められよう。そして地域社会における民俗変化を市町村合併に求めるとすれば、それがはたして合併を契機として進行したものであるのか、あるいは、それとは関係なくすでに変化していたのかを的確に見極め、合併を民俗変化の主因とみることの妥当性を検証することが欠かせない。

〔註〕

（1）一九九九年度から二〇〇六年度までに、市町村合併について全国で二〇〇〇件を超える住民投票とアンケートが実施された。（公益財団法人 五島・安田記念東京都市研究所研究室『平成の市町村合併――その影響に関する総合的研究』公益財団法人 五島・安田記念東京都市研究所、二〇一三年）。

（2）この場合、行政を「官」、住民を「民」とした方が適当かもしれないが、今次の合併においては対象市町村における協議や民意が合併の成否を左右した。したがって対象市町村の行政が必ずしも合併推進の政府とその思惑を一致させていたとはいえないため、「官」という語を「民（住民）」に対置するものとして用いることはしない。

（3）岩田重則「特集にあたって」『日本民俗学』第二四五号、二〇〇六年。

（4）和田健「民俗学は社会から何を見るのか？――場と個人をめぐる方法的態度」『日本民俗学』第二六二号、二〇一〇年

（5）本書八木橋論文を参照。

（6）総務省報道資料「『平成の合併』についての公表」総務省、二〇一〇年。

（7）二〇〇四年中に住民との協働を具体化するための「村づくり協議会」、村長と職員による自立推進委員会が発足するとともに、村独自の地域づくり団体支援事業が開始し、行財政計画「自立のステップ1」がまとめられた。

（8）山口通之「上伊那地域の平成の大合併の動向（一）――住民意向調査結果の分析を中心に」『伊那路』第四八巻第四号、二〇〇四年。

（9）小池隆「自立に向かった経緯と今後に向けた取り組み」『伊那路』第五〇巻第七号、二〇〇六年。
（10）高遠町と長谷村は風土・人間関係との絆が強く行事も事業も似ており、ＪＡも一体だったことから、両町村を運命共同体と考えているとの発言である。『広報たかとお』四二二号、二〇〇四年。
（11）市町村の合併に関する研究会『「平成の合併」の評価・検証・分析』市町村の合併に関する研究会、二〇〇八年。
（12）伊那市・高遠町・長谷村合併協議会『新市まちづくり計画』伊那市・高遠町・長谷村合併協議会、二〇〇五年。
（13）酒井茂「伊那市における合併について――合併協議の経過と今後のまちづくり」『伊那路』第五〇巻第七号、二〇〇六年。
（14）総務省報道資料、前掲註（6）。
（15）旧法、新法ともに「市町村の合併の特例に関する法律」が正式名称であり、「合併特例法」は通称。
（16）公益財団法人 五島・安田記念東京都市研究所研究室『平成の市町村合併――その影響に関する総合的研究』公益財団法人 五島・安田記念東京都市研究所、二〇一三年、一七頁。
（17）実際に筆者が調査した二〇一三年三月の時点では、特例債によってなされた事業は旧長谷村内の中学校の耐震工事くらいであったという。
（18）ただし『市報いな』二〇〇四年七月号では、旧伊那市から南箕輪村を含めた三町村までは道路の整備などにより三十分以内で移動できるようになったため、通勤・通学、通院、買い物等で住民の行き来が盛んであり、住民の転入転居により四市町村の住民のつながりが密接であると説明されている。
（19）市町村の合併に関する研究会、前掲註（11）。
（20）この住民意向調査の結果は「賛成・どちらかといえば賛成」が二四六六人、「反対・どちらかといえば反対」が二五一七人であったが、「わからない」という回答も九一五人分あり拮抗していたため、当時の町長は「高遠町の将来を見据え、今後の住民福祉を考えると合併研究は必要」であるとして、合併研究の継続を表明している。
（21）『広報 はせ』二〇〇三年九月号。
（22）公益財団法人 五島・安田記念東京都市研究所研究室、前掲註（16）、四二頁。
（23）「南セントレア市」はあくまで候補のひとつであった。ただし市名の由来である中部国際空港の所在地は美浜町・南知多町ではなく常滑市である。
（24）公益財団法人 五島・安田記念東京都市研究所研究室、前掲註（16）、四二頁

(25) 松田香代子「「伊豆の国市」とはどこか――大合併と民俗の本質」『日本民俗学』第二四五号、二〇〇六年、六五頁。
(26) 公益財団法人 五島・安田記念東京都市研究所研究室、前掲註(16)、四二頁。
(27) 公益財団法人 五島・安田記念東京都市研究所研究室、前掲註(16)、四二頁。
(28) 旧伊那市の旧町村単位には支所が置かれ、高遠および長谷の総合支所との整合性への配慮が図られた。
(29) 伊那市・高遠町・長谷村合併協議会、前掲註(12)。

終　章

町村合併と地域社会のくらし

――新たな「関係性」の模索

小島孝夫

はじめに

平成の大合併とは何だったのか。平成の合併により、地域社会のくらしはどのように推移しているのか。本書が提起した論点を整理し、今後の研究の課題と方向性を提示しておきたい。

配置分合によって政府が実現しようとした社会像と、その単位となる当該地域住民間の意識との関係は階層が異なっており、地域住民組織が有機的に連なるための日常生活レベルでの必然性とそれが共有されるための時間が求められ、合意にいたる過程を経ることによって新たな自治体として再構築されてきたのである。単位となる集団によって異なる公益や公共という概念を共有するため試行が行われてきたのである。こうした試行は、広域合併の嚆矢となった昭和の大合併を経験した自治体においては既に経験されてきたことで、今次の合併に際して当該自治体間で協議の対象となった事象のなかには、昭和の大合併後に当該地域内で共有された新たな共同性を基点とする意識や価値観を背景とするものもあったのである。「山村調査」と「海村調査」が実施された後の当該地域社会は、こうした政治的変動を経験してきたことになるのである。

1　町村合併と地域

日本における三次の大合併は、資本主義社会における地域政策の展開として捉えることができる。、資本主義の展開に一番適切な地表区分を設定することが行われてきたのである。そして、それらが遂行されていく過程で、当該地域の生活者自身の生活空間は、生活者自身の判断や選択により、その単位を変えずにその関係性を変えていくことで維持されてきた。生活者の生活空間については政策の下では基本的に考慮されないため、施策に対する生活者の自主的な対応がなければ、行政的には周縁化し、生活環境は劣悪化していくことになる。

広域合併を経験した旧町に関する質問紙調査を行った石田光規は、当該町民がもっとも不安に思っていることは「集落の将来」（五四・二パーセント）で、次いで、「仕事・収入」（三七・四）、「身のまわりの世話をしてくれる人の確保」（三五・九）、「救急医療体制」（三四・三）、「家のあとつぎ」（三〇・六）、「交通手段」（二九・三）、「環境破壊」（二六・七）、「介護」（二二・二）、「教育」（一三・九）、「その他」（三・一）であるとしている。[1] 山間地で実施された調査であることから、被調査者が高齢者であったはずで、「教育」に関する不安が低位なのはそのためであろう。この調査が示しているのは、広域合併により都市部の周縁に位置づけられた地域における福利厚生に関する環境が大きく変化している様子である。平成の大合併による生活環境の変化は、歴史事象を「生存」という視点から捉えなおそうとしている大門正克の試み[2]の蓋然性を示している。

一方、合併を推進した自治体側には次のような事情がある。

平成十七年に七町村が合併して誕生した南房総市では、平成二十四年十一月号の『広報みなみぼうそう』で「財政赤字を防ぐために―普通交付税二五億円の減少―」という記事を掲載している[3]。記事の概要は次のとおりである。

南房総市の平成二十五年度の一般会計決算をみると、歳入総額二五二億円に対し、普通交付税は一〇一億円で歳入全体の約四〇パーセントを占めており、地方税（市税）、国庫支出金、県支出金、地方債、その他に比して、普通交付税に大きく依存している。本来、市町村などの地方自治体が提供するさまざまな行政サービスは、住民が納める税金によって賄われるべきものであるが、地方税収入は、企業立地や都市化の程度などの差異により、自治体の税収には格差が生じている。この税収の格差を是正し、全国どこに住んでいても、一定の行政サービスを受けられることを保証するものが普通交付税で、税収の乏しい自治体ほど、普通交付税は多く配分されることになる。

通常、市町村合併が行われると職員数や施設数の削減が進み、行政経費の削減につながるとされ、普通交付税は減額となる。ただし、行政改革を一度に進めてしまうと、住民サービスの提供に悪影響がでることが危惧されるため、合併翌年度から一五年間（平成十八年度～三十二年度まで）は、旧町村がそのまま存続したと仮定して、普通交付税の額が減らないようにする「合併算定替」という特例が設けられており、南房総市の合併算定替の金額は三七億円で、前述の普通交付税にこの加算額が含まれている。

ところが、合併算定替による加算は、平成二十八年度から段階的に削減され、平成三十三年度には全く加算されなくなり、普通交付税は七六億円になる見込みで、二五億円の減額が予想されている。このまま何も対策を講じないで合併算定替終了を迎え、今後の普通交付税の減少に見合った歳出の削減が進まず、市が予期しない支出や収入の減少に備えるために積み立てている「財政調整基金」七〇億円で補填しようとすると、基金を使い果たしてしまい、南房総市は赤字に転落してしまうことになる。そうなると、公共施設の最低限の維持管理費用の支払いや各種行政サービスの提供にも支障をきたすうえに、使用料や手数料なども大幅に増額せざるを得なくなる。近い将来の大幅な収入減に備えた支出構造に転換していくために、より一層の経費の削減に努める必要がある。職員数の削減をはじめ、必要経費の削減に努めるなど、これまで行ってきた行財政改革の取組みを一層加速させなければならないうえに、市が支出している各種補助金や交付金の見直し、スポーツや観光イベントの見直し、公共施設の統廃合、使用料・手数料の適正化や減免基準の見直しなどにも本格的に取り組まなければならない状況が予測されているというのである。

一事例であるが、広域合併した自治体には財政面でこのような事情がある。合併年から一定の年限を過ぎてからの合併算定替の減少にともなう収入減に対応するため、自治体側の努力に加えて、住民サービスの縮小が想定されている。広域合併後の周縁部には、このような変更や負担が一層、付与されていくことになるのである。

地域社会における住民の生活のあり方は、政治との関係に規定されている。近世においては、幕藩体制下における家と村とのあり方として、そして、近現代においては国民国家と地方自治との関係として規定されている。南房総市の広報誌の記述内容は、基礎自治体である地方自治体が国と住民との間でどのような団体自治を果たしているのかをよく示している。地方自治は、行政を通じて国家による支配の統合単位になる側面を持ちながら、不断に団体自治の側面をもち、団体自治の展開が住民の生活や生存の仕組みに大きな影響をおよぼしているのである。

2　地域と自治

平成の大合併の意味や影響を考えていく際に、まず考えなければならないのは、地域とは何かということである。地域の本義は土地の区画であるが、住民の視座に立てば、地域という概念には生命維持のための経済的な自立や社会的な自立を前提とした、所与の環境を含めた関係性という要素が重層的に存在している。

一般に地域というと、地方自治体の行政区画である都道府県や市町村を単位とし、行政機関が統括する表層的な行政的空間を前提にしている。ところが、当該地域の内部から地域を捉え直すと、生活者自身が互いに力を合わせ、自分たちに必要な社会的空間や関係を地域として認識している生活空間としての重層的な地域が併存している。昭和の大合併から約五〇年間をかけて　前者と後者との間の行政的統合と地域自治との軋轢は調整されていったが、平成の大合併に際しては、後者に対しての理解や調整が充分に行われないまま、合併計画が推進された場合が多くみられた。

それでは、生活空間としての地域はどのように創られてきたのであろうか。住民にとっての地域とは、ともに生きたいと願う人たちによる集団であり社会である。地域は、空間や数量で捉えられるものではなく、そこに暮らす人たちが創りだした関係性を前提にしている。その関係性とは、ともに暮らしていきたい、ともに生きていきたいという願いであり、それは互いの生存を保証しあうものである。そして、その前提となるのは、当該地域において所与の自然環境のなかから長い時間をかけて見出された資源の存在であり、それを利用した産業であり、それらが創りだした歴史と文化の存在である。これらの関係性のなかに当該地域の仕事や労働が発生し、それに根ざした生活が形成されてきたのである。この関係性が循環的に維持されれば、そこには家業と呼ばれる世襲の生産活動が定着していくことになる。こうした関係性が共有されることで、生活集団や生産集団が形成され、自治的な生活空間である地域が存立しているのである。この関係性は地域社会にとっての公共性と言い換えてもよい。

地方自治について再度確認しておこう。地方自治は団体自治と住民自治とによって支えられているが、地方自治の本旨は住民自治を基礎にして団体自治を支えるということであろう。陳情請願を主要な手法とする地方自治体の予算獲得手法が定着していく過程で、地方自治の本旨は忘れられていくことになった。ところが、陳情請願による地域自治が実現できなくなったことで、住民自治の存在が注目されていくことになったのである。南房総市の例のように、団体自治により社会的な保障制度は維持されているが、地域社会において日常生活を送る人びとは、当該集団構成員による住民自治を行っており、互助的な保障制度を維持している。団体自治と住民自治とは公共性の性質がまったく異なる。被災を例にあげれば、団体自治の対象は被災地であり、被災地の人びとである。それは範囲なり人数や数量として表記される。それに対して住民自治の対象は、被災した具体的な個人であり、誰々の家ということになる。住民自治における被災者は、当該住民自治構成員にとってかけがえのない個人なのである。団体自治の手法は対象地や対象者に対する総体的な対応をとるのに対して、住民自治は被災した住民を救済することで当該集団がともに生きようとする形をとるのである。住民自治による被災者への救済は、地域の維持のための救済でもあるのである。

団体自治と住民自治とでは、目途とする公共性の質が異なるのである。さらに、今次のような広域合併が行われれば、自ずと基礎自治体の規模が広域化し、対象となる集団も多くなる。基礎自治体として果たすべき責務は、当該地域の住民の生存を維持することであり、最低限の福利厚生のニーズに応えなければならない。広域の対象者に対して、その責務を果たすためには、開かれた形でその住民サービスを提供するということが団体自治の前提となり、そのサービスを利用するかしないか、利用できるかできないかは、住民側の選択となる。そこに、住民側の居住条件等に起因する条件の差異が発生することになる。換言すると、サービスは平等であっても、機会は平等ではなくなっていくのである。こういう状況下で、住民側が自律的な住民自治をどのように構築していくかが、今後の大きな課題となっているのである。

市制・町村制施行直後の時期に、行政村として新たな基礎自治体として位置付けられた藩政村が有していた公法性を奪われ、公的に無力化された際に、生活共同体としての村落が村規約を作ることで従前の共同性を保全し、合併による新町村行政に対応していたという竹内利美の指摘(4)は、住民自治のあり方を考えていくうえで、現在においても示唆に富むものである。自分が生きていくうえで本当に大切なものというのは、個人では占有できないものなのではないか。共有することでしか、維持できないものなのではないか。地域とは、そうした存在であり、地域は主体となる集団とさまざまな事象との関係性によって成り立っているのである。

3　新たな「関係性」の模索

資本主義、国民国家、市民社会が三位一体となって日本の近代化と高度経済成長は実現された。しかし、現在は、資本主義の目標とされた経済発展が行き詰まり、それに呼応するように国民国家や市民生活が劣化してきている。経済の劣化は国民国家や市民生活を維持することを困難にしつつある。経済活動の衰退が、個人の生活だけでなく、国家や自治体の経営を困難にしてきているのである。このことは、日本だけではなく、経済先進国とされる国々が共通して直面している課題でもある。そして、この課題を解決するための手法は、現在においても主体の規模拡大を図ることが中心となっている。換言すれは、地球規模で政治的・行政的統合による解決が模索されているのである。しかし、こうした規模の拡大を前提とした発展には限界があることは、これまでの日本などにおける経済活動の推移が示しているとおりである。

一方、日本における経済活動の展開は、日常生活を形成していたさまざまなものを商品化していった。互助的な行為でさえもサービス産業の一環として商品化されていくことになった。さらに、近年では、商品の生産者や購入者自身も労働力という商品として扱われているのである。一人の人間のできることは限られているが、さまざまなサービスを購入できる生活が定着していくと、協力を前提とした地域社会の生活は個人の意思に基づく生活へと方向をかえていくことになった。ともに生きていくための他者との協働という関係性は希薄なものへと変化していくことになった。この過程で、本来は自主的な自治活動として行われてきた住民自治も、行政サービスに依存する形へと変化していったのである。ともに生きていくことが前提であった公共性が分別されていったのである。

また、この間には決定的となったのは、家業として当該社会の中で継承されてきた生産活動が消失していったことである。ある生産活動が世襲で継続できる背景には、それらの生産活動を支える他者の存在があり、その他者の存在もまた世代を越えて継承されていくことで、家業という経済活動を核とした社会が存立することができたのである。家業が社会のなかから消失することで、家業を支え合う関係性も消失し、支え合っていた人びとは他の雇用機会を求めて、当該社会を離れていくことになったのである。山村調査・海村調査時からの現在にいたるまでの民俗変化の経緯と特徴はこのように捉えることができるのである。そして、平成の大合併は、地域社会におけるこのような背景の下で推進されたのである。

合併の選択に際して、支え合う関係が強固であった地域は、その関係性を維持することを前提に、さらなる関係性のあり方を模索していくことで、社会としての存続を図っていくことになったが、後継者世代が流出した社会では、地域や家の将来像を描けぬまま、ある種の諦観によって合併の合意形成がなされていくことになった。日常生活の核となる生産活動の継承が断念された形で広域合併が行われていくことになったのである。その判断をした主体は、昭和時代初期に生まれ、高度経済成長期のなかで生産活動を行った人たちであり、現在では、その多くが年金受給者である。年金受給を前提に当該地域で生きることを選択した人たちにより、合併の是非が検討されたのである。合併に際して検討された事項には、合併後のさまざまな振興計画が謳われていたが、当該地域の人びとにしてみれば、行政側の振興策を検討する以上に、自分自身の生き方を決めることの方が重要であったのである。

日本における地域社会は、単に、個人が集合して成りたったものではない。内山節が指摘しているように、「村は個人が集合している場所ではなく、共有された世界に個人が参加している場所(5)」なのである。言い換えると、村という地域社会は、価値観を共有する人びとが共存することによって成り立つ関係なのである。合併の是非を判断した際のことを、多くの人たちが仕方なかった、という言葉で説明することが多かったが、「共有された世界」には、矛盾をも共有していくことが含まれているのである。矛盾を矛盾として認識できる関係性があるからこそ、当該社会や集団を内部から支えていくことが可能になっているのである。

私たちが直面している課題は、こうした関係を再検証し続けようとする意識をどのようにして次世代に伝えていくかということである。現代社会において、民俗学が果たさなければならない責務である。

おわりに

何時を境に、現代を区分するかについては、さまざまな指標が存在するはずである。一昔前までならば、第二次世界大戦後の民主国家としての出発を起点とすることに大きな異議はなかったはずである。現在は、その基点から七〇年近くが過ぎようとしており、その間の日本における急速な変化を体験してきた世代も少しずつ減少している。

こうした変化の要因の一つとして平成の大合併を事例にして、地域社会における新たな関係性の模索と可能性について考えてきたが、現在にいたる日本の行方を左右した転換期として平成七（一九九五）年の阪神・淡路大震災とオウム真理教による地下鉄サリン事件の存在について述べておきたい。この二つの事件は、日本という国を支えてきた人々の意識を完全に変容させるものであった。日本の経済活動を支えてきた高度な技術力への信頼が必ずしも完全なものではないということを顕在化し、後者の同時多発テロは、日本国民は一致団結して行動するという国民性が幻想であったことを露呈させた。この事件によって日本人が経験したことは、信じるもの（こと）を失うという喪失感であり、「日本の姿がここまで変わってしまった」という、日本人がそれまで共有していると諒解されていた意識の喪失感であった(6)。さらに、この二つの事件に対する当時の政府の初動対応の経緯は、日常生活を行政に依存することで経済活動に専心していた国民の意識を大きく変えていくことになった。それまで政府や行政機関に依存していた自分自身の生活の維持を、自分自身の力で維持していくという意識や覚悟に変えていくことになった。この二つの事件をとおして、国民の多くが、日本というシステムが多様化する現状に対応できるものではなくなっていることに気づいてしまったのである。この二つの事件を境にして、国民の政府に対する視座は大きく変わっていったのである。

これらの事件を経験した後に実施された平成の大合併は、行政側の執着に対して、住民側の対応は非常に冷静なものになった。既に、高齢者世代によって維持されている中山間地域の生活をどのように維持していくか、人々は、予想される日常生活の改変に対して、それぞれが自助努力として引き受けなければならなくなる事象への諦観と、それらに対してできることをやるという覚悟とを持っていたのである。彼らは、現在、互いを必要としている人たちと生きることを選択しているが、合併協議の過程で、信じあえる存在を確認するという内発的な作業が行われており、当事者間での新たな関係性の模索が行われたのである。平成の大合併は、地域社会における新たな関係性を模索させることになったが、こうした流れは、平成七年に起きた二つの事件とも通底しているのである。

[註]

（1）石田光規『孤立の社会学―無縁社会の処方箋』勁草書房　二〇一一年　一五四～一六七頁。
（2）大門正克「『生存』の歴史―その可能性と意義」大門正克編『『生存』の東北史』大月書店　二〇一三年　二八一～二九六頁。大門は「生存」の歴史の仕組みを「人間と自然」「労働と生活」「国家と社会」の三つの関係として整理しており、この関係がどの時代にも共通する「生存」の仕組みであるとしている。
（3）南房総市秘書広報課『広報みなみぼうそう　十一月号』平成二十六年十一月十三日発行
（4）竹内利美「部落機構の再編と村落生活」開国百年記念文化事業会編『明治文化史第一二巻　生活編』洋々社、一九五五年、六三八～六七一頁。
（5）内山　節「地域・自治概念の再検討」宮崎益輝・幸田雅治編『市町村合併による防災力空洞化―東日本大震災で露呈した弊害』ミネルヴァ書房　二〇一三年　一八七頁。
（6）一九九五年に起きた二つの事件の意味を、最も早い段階で指摘した一人として、田中義久がいる。田中は編著『関係の社会学』（弘文堂、一九九六年）の序において、二つの事件を、「高度情報化、消費社会化、管理化の社会変動のさなかでの日本社会の『豊かさの自明性』がほころび、そこに内包されているわたしたちの、日々に構築し、再生産している社会諸関係の《生地》が露呈し、むき出しにされた年である」としている。

資料編

追跡調査地一覧
❶秋田県北秋田市阿仁荒瀬（旧北秋田郡荒瀬村）
❷新潟県東蒲原郡阿賀町（旧東蒲原郡上川村）
❸長野県伊那市（旧上伊那郡美和村）
❹静岡県浜松市天竜区（旧周智郡気多村）
❺和歌山県田辺市龍神村（旧日高郡上山路村）
❻兵庫県佐用郡佐用町海内（旧佐用郡石井村海内）
❼岡山県笠岡市 笠岡諸島（旧小田郡白石島村）
❽島根県 隠岐諸島（旧穏地郡都万村）
❾徳島県那賀郡那賀町木頭（旧海部郡木頭村）
❿佐賀県唐津市厳木町天川（旧東松浦郡厳木町天川）
⓫鹿児島県出水市（旧出水郡大川内村）
⓬鹿児島県鹿屋市輝北町百引（旧肝属郡百引村）

秋田県北秋田市阿仁荒瀬（旧北秋田郡荒瀬村）

一　地域概況

本稿は、昭和九年の山村調査において杉浦健一が担当した旧北秋田郡荒瀬村の『採集手帖』を題材としたものである。『採集手帖』内では、主として荒瀬村の打当、根子地域が対象となっているが、資料編においては明治、昭和の合併を視野に入れながら荒瀬村の行政区域に言及し、平成の大合併を前提とした旧阿仁町についてまとめる。

地　理　秋田県北秋田市は、北秋田郡の鷹巣町・合川町・森吉町・阿仁町の旧四町が合併したことで誕生した（図1）。北秋田市は、県北部中央に位置し、面積は一一五二・五平方キロメートルと、県全体の約一〇パーセントをも占める。

旧阿仁町は、面積三七一・九二平方キロメートル、豊かな水源と山に囲まれた地域である。東経およそ一四〇度二一分二〇秒〜三九分十七秒、北緯およそ三九度四七分三二秒〜四〇度五〇秒。北緯四〇度線が通る街として知られ、秋田県の中央山岳部にあり、東方には、森吉山、南方には大仏岳、大覚野、南西には白子森、西方には、根烈岳、姫ケ嶽と大山岳がそびえ立つ。

森吉地区と阿仁地区の境界にある森吉山は、標高一四五四メートルの那須火山帯に属する楯状火山であり、頂上に直径約三キロメートルのカルデラがある。

旧阿仁町の林野面積は、約九四パーセントとほとんどが山地であり、町の中央を南北に流れる阿仁川沿いに集落が点在している。

阿仁川は、もとは大阿仁川と呼ばれ、北秋田郡南部を北流する幹川流路延長七〇・六キロメートル、全流域面積一〇八一・八平方キロメートルの米代川最大の支流である。

秋田県北秋田市南部の仙北市との境に位置する楜森（標高一〇一六メートル）に源を発した打当川が、北秋田市阿仁長畑で比立内川を合わせて阿仁川となり、秋田内陸縦貫鉄道秋田内

図１　北秋田市概念図

陸線、国道一〇五号と並行して北へ流れる。小又川、小阿仁川などの支流を合わせた後、鷹巣盆地の西部で本流の米代川に合流する。

気　候　秋田県は積雪寒冷地帯の特色を持ち、なかでも旧阿仁町は、冬季は秋田県下でも屈指の豪雪地帯であり、特別豪雪地帯に指定されている。

夏は、高温多湿な南東の風が吹き雨を降らせるため、降水量が多い。冬は、大陸からの北西の寒気団が流れ込むため、十一月下旬から四月下旬までの五カ月もの間は雪が降り、積雪は、五月中頃まで残る。

荒瀬景観

気温は、平成二年の統計によると、最高気温が八月の三五・二度、最低気温が一月のマイナス一四・四度であり、夏の気温はけっして低くはない。季節区分は、四月が冷涼期間D、五・六月が温暖期間、七・八月が暑熱期間、九〜十一月が温暖期間、十二〜三月が寒冷期間となり、冬が長く、夏が短く、春が来るのが遅いということになる。また、秋田県の気候の特色のひとつに、他の東北地方とは異なり「ヤマセ」がないことがあげられる。「ヤマセ」は三陸沖からの内陸へ北東から吹く気流であるが、出羽山地が壁となり、秋田県にはその影響がない。このような気候や豊富な水源は、秋田県における稲作を大いに発展させた。

世帯数・人口の推移　北秋田市発行『平成二十四年度版北秋田市の統計』によると、阿仁地区の人口は、平成二十二年の統計で三三二二人、世帯数は一三一三世帯となっている。阿仁地区の人口と世帯は北秋田市旧四町内で最も少なく、鷹巣地区の約五分の一となっている（表１）。

旧阿仁町の人口の推移は、昭和三十年より年次ごとの急激な減少は見られないが鉱山事業が活況を呈していた昭和三十五年の人口が一万一三三九人であったのに対し、平成二十二年には、三分の一に減少している（表２）。

表１　北秋田市人口・世帯

	人口	男性	女性	世帯数	1㎢当たりの人口密度	世帯当たり	面　積
北秋田市	36,387	16,940	19,447	12,837	31.6	2.83	1,152.57
鷹巣地区	19,474	9,072	10,402	7,068	59.7	2.76	325.97
川地区	6,953	3,258	3,695	2,176	61.6	3.2	112.8
森吉地区	6,638	3,084	3,554	2,280	19.4	2.91	341.88
阿仁地区	3,322	1,526	1,796	1,313	8.9	2.53	371.92

出典：北秋田市総務部総合政策課　2012『平成二十四年度版　北秋田市の統計』より作成。

表2　旧阿仁町人口推移

	昭和30年		昭和35年		昭和40年		昭和45年		昭和50年		昭和55年	
阿仁地区	世帯数	人口	世帯数	人口	世帯数	人口	世帯数	人口	世帯数	人口	世帯数	人口
	1,847	11,004	2,100	11,339	2,036	9,859	1,894	8,224	1,799	7,132	1,752	6,276
	昭和60年		平成2年		平成7年		平成12		平成17年		平成22年	
	世帯数	人口	世帯数	人口	世帯数	人口	世帯数	人口	世帯数	人口	世帯数	人口
	1,666	5,596	1,602	5,112	1,567	4,855	1,520	4,443	1,410	3,893	1,313	3,322

出典：北秋田市総務部総合政策課 2012『平成二十四年度版北秋田市の統計』及び阿仁町史編纂委員会 1992『阿仁町史』より作成。

表3　阿仁町年齢別人口推移（単位：人）

年齢・総数	平成12年			平成17年			平成22年		
	総数	男性	女性	総数	男性	女性	総数	男性	女性
	4,443	2,078	2,365	3,893	1,799	2,094	3,322	1,526	1,796
0～4歳	126	60	66	69	33	36	38	25	13
5～9歳	159	79	80	123	58	65	70	34	36
10～14歳	184	89	95	151	76	75	115	54	61
15～19歳	163	92	71	118	61	57	78	35	43
20～24歳	108	57	51	69	47	22	37	19	18
25～29歳	125	72	53	87	50	37	64	46	18
30～34歳	159	95	64	115	67	48	81	45	36
35～39歳	187	98	89	154	86	68	102	60	42
40～44歳	241	128	113	179	92	87	143	82	61
45～49歳	302	169	133	235	125	110	177	97	80
50～54歳	311	148	163	297	166	131	233	124	109
55～59歳	304	138	166	313	149	164	284	159	125
60～64歳	405	175	230	276	121	155	297	132	165
65～69歳	434	192	242	374	154	220	268	115	153
70～74歳	476	204	272	416	179	237	345	140	205
75～79歳	339	141	198	426	170	256	356	144	212
80～84歳	234	79	155	263	105	158	344	123	221
85～89歳	141	52	89	160	42	118	195	73	122
90～94歳	31	9	22	52	14	38	778	16	62
95～99歳	10	1	9	12	3	9	15	3	12
100歳以上	4	-	4	4	1	3	2	-	2

出典：北秋田市総務部総合政策課 2012『平成二十四年度版北秋田市の統計』より作成。

現在この人口減少が阿仁地区の内包する問題の一つとなっている。

年齢別にみていくと、平成二十二年の時点で五十代から八十代に人口が集中、七十代の人口は二〇代の人口の約七倍。平成十二年、十七年と比較しても、二〇代の人口減少は著しく、働き手の流出が問題視されている（表3）。

歴史・産業

まず、旧阿仁町にいたる行政区域の変遷についてまとめる。

明治四（一八七一）年四月に戸籍制度が公布された。戸籍区画として区が設置され、郡単位の大区、数町村を包括した小区が設けられた。秋田県公文書館企画展資料と『阿仁町史』によれば、このような大小区制によって、旧秋田県（旧秋田藩域）は明治四年八月に九大区一六〇小区に分画され、阿仁地区は第五大区となり、阿仁合は第一四から第一九小区、荒瀬村を含む一二村が第十一小区として編成された。

翌年明治五年二月の第二次再編で、二〇大区一〇四小区となり、阿仁地区第五大区の第二小区として、荒瀬村、水無村、吉田村、小淵村、小様村、五味堀村、第三小区として、三枚鉱山、真木沢鉱山、小沢鉱山、萱草鉱山、銀山町が編成された。さらに、明治六年三月には、七大区四五小区に整理され、同年九月には、院内銀山町、阿仁六か山、尾去沢鉱山が小区として独立となり、七大区四八小区となった。

阿仁地区は、第四小区として、荒瀬村、小淵村、吉田村、大又村、小又村、桂瀬村、浦田村、銀山村、水無村、小森村、五味堀村、根森田村、第五小区として、小沢鉱山、真木沢鉱山、一ノ又鉱山、三枚鉱山、萱草鉱山、二ノ又鉱山に編成された。各大区には区長、小区には戸長が置かれ、戸長の多くは近世以来の肝煎、名主、庄屋が任命され、各町村の政務を行った。

大区小区制は、明治十一年七月の郡区町村編制法で廃止となり、旧来からの郡区町村が行政単位として復活した。

その後、明治二十一年四月の市制・町村制の公布（翌二十二年四月施行）により、各町村三〇〇～五〇〇戸を基準とした町村合併の動きが高まり、秋田県域では明治二十一年末には三〇五町九三四村であったが、明治二十三年末には一市一四町二二三村となった。

阿仁地区では、小沢鉱山、真木沢鉱山、一ノ又鉱山、三枚鉱山、萱草鉱山、二ノ又鉱山に加え、銀山村、水無村、吉田村、小淵村、小様村が合併となり阿仁銅山村に、萱草、佐山、笑内、根子など荒瀬以南郡境までの一八集落が合併し、荒瀬村が発足した。

明治二十九年、荒瀬村の一部である荒瀬川、櫃畑が阿仁銅山村に編入、明治三十年の町制施行により、阿仁銅山村が阿仁合町と改称した。

昭和十二年四月、荒瀬村から荒瀬本村が阿仁合町へ編入となり、荒瀬村は大阿仁村と改称、所属集落は、萱草、根子、伏影、笑内、鳥坂、幸屋、幸屋渡、比立内、岩ノ目沢、羽立、小倉、野尻、鳥越、戸鳥内、中村、打当内、打当、前山、長畑、大平、萱生栩木沢、大和淵、佐山である。

昭和二十八（一九五三）年の町村合併促進法に基づき、一町村あたり人口八〇〇〇人を基準に再編成が行われ、大阿仁村、阿仁合町、前田村の一町三村での合併の話が挙がったが、前田村は米内沢町と合併となり、昭和三十年四月に大阿仁村と阿仁合町が合併し、阿仁町が誕生した（図2）。

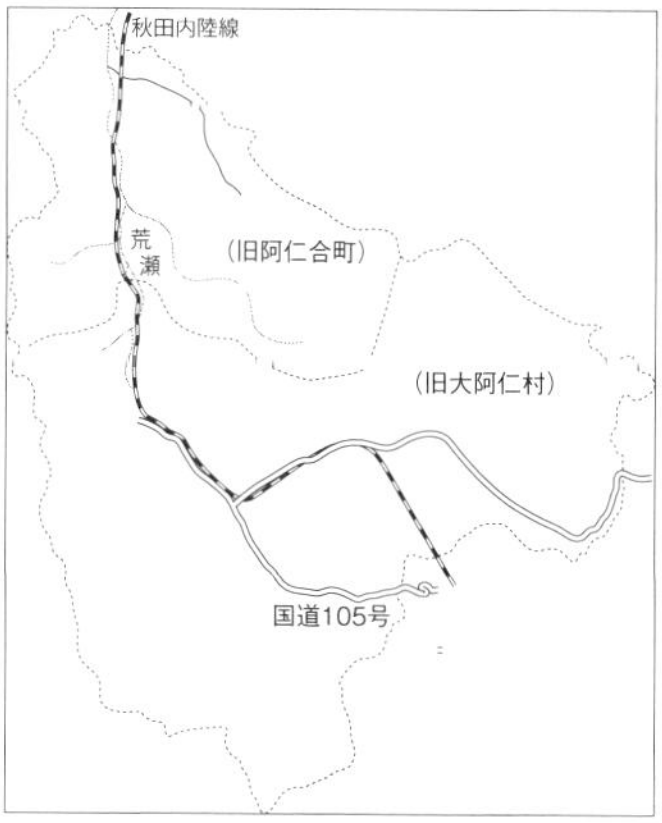

図２　旧阿仁町概念図

鉱山用の飯米の専売、鉱山従業者用の酒・味噌・醤油・その他食品・日用品・雑貨類などの莫大な消費が周辺地域の商業を発展させた。またこれらの商品の交易ルートとして、五城目街道や阿仁川の船便も発展した。

しかし、相次ぐ鉱山閉山により昭和四十五年頃から人口が減少し、旧阿仁町における商業は衰退傾向がみられるようになった。

交通

明治三十八（一九〇五）年の奥羽本線開通まで、県内の物資輸送の主役は、米代川、雄物川、子吉川である。米代川流域には、物資輸送のための河港が発達し、舟場集落が形成され賑わいをみせた。

阿仁地区では、明治時代に入っても陸路は整備が不完全であり、馬車なども普及していなかった。阿仁鉱山発展期、米代川の支流である阿仁川の川舟を主とした交易航路は、生命線ともいえる輸送経路であった。

阿仁の鉱山でとれる鉱産物は、米代川の流れを下り、河口の能代に向け運ばれ、他方で能代から米代川、阿仁川をさかのぼって阿仁地区に運ばれたのは、下り物の他、塩、魚類、干物、綿、砂糖などの生活物資であった。

現在の阿仁地区の交通は、角館から鷹巣を南北につなぐ秋田内陸縦貫鉄道と国道一〇五号が主流となっている。

舟運に依存していた阿仁の物資輸送は、鉄道の出現によって大きく変貌を遂げた。東北本線（明治二十四年）、奥羽本線（明治二十六〜三十八年）が開通すると河川交通は陰りをみせ、また、秋田県下の各町村では、その路線経路の誘致運動が活発化した。

阿仁地区においては、昭和十一年に阿仁合線（鷹巣〜阿仁合）が全線開通したが、昭和四十三年に赤字ローカル線の廃止対象となり、昭和六十年廃線が決定する。その後、第三セクターによる経営転換となり、昭和五十九年に秋田内陸縦貫鉄道株式会社が設立した。

秋田内陸縦貫鉄道は、昭和六十一（一九八六）年十一月に秋田内陸北線として鷹巣から比立内間、秋田内陸南線として角館から松葉間で旅客運輸が始まり、平成元年四月に秋田内陸線として全線九四・二キロメートルが開業した。駅数は二十九駅であり、うち有人駅三駅、委託駅三駅、無人駅二十三駅となっている。沿線人口が少ないことから平成二十（二〇〇八）年には、秋田県庁で秋田内陸線の存廃問題が評議される事態となったが、平成二十四（二〇一二）年度まで存続が決定し、平成二十四（二〇一二）年の協議では存続の延長がされた。

二 「北秋田市」誕生までの経緯

合併の経緯

秋田県北秋田市は、平成十七年三月二二日、北秋田郡の鷹巣町・合川町・森吉町・阿仁町の旧四町が合併し、誕生した。合併が成立するまでに、準備会も含め三度の協議会が発足し、合併について討議された。

①鷹巣阿仁地域合併検討準備会　平成十五年五月、鷹巣町、森吉町、合川町、阿仁町、上小阿仁村の五町村に鷹巣阿仁地域合併検討準備会への参加呼びかけがなされた。同年六月九日に、総務企画担当課長会議が行われ、準備会立ち上げにむけた担当課長会議（五町村の合併主管課長）、準備会要綱案について協議された。

そして、同年六月二十三日には、任意協議会設置について検討する「第一回鷹巣阿仁地域合併検討準備会」が開催、その後、同年七月に一回、八月に三回、九月に一回と第一回から第六回まで、四カ月にわたって鷹巣阿仁地域合併検討準備会会議は行われた。

荒瀬神社の祭礼

鷹巣阿仁地域合併検討準備会では、鷹巣阿仁地域任意合併協議会開催に向けて、準備会の要綱や予算に始まり、任意合併協議会の規約やスケジュールなどについて話し合いがなされた。

②鷹巣阿仁地域任意合併協議会（任意協議会）　鷹巣阿仁地域合併検討準備会を受けて、平成十五年九月三十日「第一回鷹巣阿仁地域任意合併検討協議会」が開催された。任意合併協議会事務局は鷹巣町に設置され、また同日、秋田県の合併重点支援地域の指定を受けた。

「鷹巣阿仁地域任意合併検討協議会」では、五回にわたる協議会に加え、全四回にわたる「新市将来構想検討委員会」で新市将来構想案についての協議や、「合併に関する住民座談会」、住民アンケート調査の実施、協議会だよりの発行が行われ、合併に関する住民の意向について把握作業が行われた。

平成十六年一月二十二日に任意合併協議会で、法定合併協議会の設置が承認され、同年一月二十六日に鷹巣町、阿仁町、森吉町の三町の議会で、また一月二十九日には合川町の議会で法定合併協議会設置の決議が行われた。

③鷹巣阿仁地域合併協議会（決定協議会）　平成十六年二月九日に法定合併協議会協議書調印式が行われ、同日「第一回鷹巣阿仁地域合併協議会」が開催された。「鷹巣阿仁地域合併協議会」は、同年二月一回、三月に一回、四月に二回、五月に一回、六月に一回、七月に二回、八月に二回、九月に二回、十月に二回、全十四回開催され、合併に伴う町名・字名の取り扱い、公的事業の統合や保険料・手数料の統一、議会定数、回線関係などの具体的な確認作業が行われた。特に新市名決定は、第二回協議会の議題になって以降、最後まで難航した内容であった。

協議会の実態は、ほとんどが「お持ち帰り議論」であったという。協議会で出た議案は、財政課長など四町の役場職員が中心となる幹事会で議論され、その内容を協議会で承認を取るという形式であった。幹事会が協議会に決議の内容を報告する他、協議会が幹事会に決議内容に検討を加え提案することもあったという。

合併の背景　①四町一村の合併から四町合併へ　秋田県が主導となって行われた北秋田市の合併の背景には、財政難の問題があげられる。

当初、北秋田市の合併は、鷹巣阿仁地域合併検討準備会の時点で、鷹巣町、森吉町、合川町、阿仁町の四町に、上小阿仁村を加えた四町一村で討議がされる予定であった。

北秋田市の中で、鷹巣町を除く三町一村は、アニブ（阿仁部）と呼ばれ、地理的・歴史的に結びつきがある地域であり、また、鷹巣とアニブは行政的に結びつきがあった。その結びつきを背景に、当初四町一村の合併が想定された。しかし、アニブの一地域である上小阿仁村は合併に参加することなく、自立の道を選択した。なぜ上小阿仁村は合併に賛同しなかったのか。

この四町一村の中で森吉町と阿仁町の財政が極端に悪く、比較して上小阿仁村の財政は良好であったという。上小阿仁村は広大な村有林を保有しており、その山林を活用することで一定的な財源を確保してきた。当時の村長は、合併により上小阿仁村が持つ村有林という財産を他地区に使用されることを恐れたのである。上小阿仁村は、年間収入を計算した上で、自立計画を設定し合併に踏み出さない決断をした。

しかし、北秋田市の合併に参加しなかった上小阿仁村であるが、完全な自立態勢をとっているわけではなく、ほかの四町と現在も行政的なつながりがある。その一つが消防費である。

四町一村では五町村広域組合があり、各町村が財源と人員を負担していた。消防組合も四町一村で組織されていたが、合併は上小阿仁村をのぞく四町であったため、一度組合が解消されることになり、上小阿仁村の常時消防をどうするか議論になった。協議の結果、現在も人口割りで負担金を支払うことで、北秋田市の消防を上小阿仁村に設置している現状がある。

②合併に揺れる阿仁町　阿仁町は明治時代、昭和時代と合併を経験しており、合併のメリット・デメリットを理解していたが、それでも今次の合併に踏み出した。その背景には、人口減少がもたらす財政難がある。

阿仁町は鉱山事業により一万人もの人が居住し、それらの人々の生活を支えるために阿仁町に物資が集まることで栄えた町であった。その興隆は、町から市になる検討もされたほどであったという。

しかし、昭和四十五年の生産操業中止後の人口減少により商店街が衰退し、経済活動・社会生活に支障をきたしている。「五～六年前、乳児のミルクとオムツ（老人用はある）を購入するのに鷹巣町まで行かなくてはいけなかった」という話もある。また高齢化が進む中で、屋根の雪下ろしや道路の除雪などが困難となり、離れる人も少なくない。

若年層に限らない人口流出は、阿仁町の財政にも影響を及ぼし、合併をしないという選択はできなかったのである。合併をしなければ、平成十七年の財政計画が出せない状況であったという話もあり、財政難であることは住民に伏せられていたが、行政側としては住民の生活を保障することが第一であり、合併に参加することになった。

経済的な問題で合併に踏み切った阿仁町であるが、心情的には阿仁町として自立したいと思いがあったことが次の新聞記事から分かる。

平成十五年に「鷹巣阿仁地域合併検討準備会」が発足する前、阿仁町では「市町村合併にかかる町民協議会」が平成十五年一月十七日に開かれた。この町民会議は、自治会長会会長や婦人会長などの各種団体の代表と議員が二十一人で構成され、合併に関する意見交換が行われた。秋田県の議員が参加するなど、積極的な合併が推し進められていた。

その中で、町長「自立をするなら相当の痛みを覚悟しなければならない。合併する場合でも、現在策定中の特色ある町づくりの案を通じて阿仁町が埋没しないよう、存在価値のある町づくりを進めたい」（二〇〇三　秋田魁新報社）、婦人会長「心情的には合併したくないが、今後生き延びていくために合併はやむを得ない。人を増やすことができないなら、人を他から連れてくることが今必要」（二〇〇三　秋田魁新報社）、自治会長会会長「合併すれば不便になるといった不安があるようだが、旧町村の自治組織を大事に、権限を本庁に集中しない地域分権を法定協議会で話しあえば済む問題。あまり落ち込まず、前向きに議論したい」（二〇〇三　秋田魁新報社）と述べられている。合併が前提とされ、メリット・デメリットを踏まえた上で、「阿仁」としてどう生きていくのか揺れる様子がうかがえる。

結果、阿仁町の要望は、合併後の字に阿仁をつけることであった。当初は却下されたものの二度の再提案を行い、最終的には阿仁という名称が字名に付す形で残ることになった。

阿仁町にとって、「阿仁」という地名を残すことは、「阿仁」のアイデンティティの維持であり、当該地域の人々の生き方の選択である。

③**鷹巣町・森吉町・合川町と合併**　鷹巣町は合併の話が出た当初は合併に消極的だったという。合併に反対していた町長が選挙により変わったことで積極的に進められるようになった。新町長は、合併の際に「阿仁部（アニブ）に光を」というスローガンを掲げている。合併後には町の経済規模から鷹巣町が核になることは明らかであり、その上で、不平等にならないよう、阿仁町などに気を使い、他三町の意見を積極的に取り入れようとした。

鷹巣町同様、合川町も合併の話が出た当初難色を示していたが、町長が変わったことで合併の話がすすんだ。

合併後の課題　今次の合併に期待がされていた人口減少であるが、阿仁地区の住民の期待をよそに、合併後も人口減少は歯止めがかかっていないのが現状である。

その原因のひとつに、合併時における行政側と住民側の意識の違いについて指摘することができる。住民側は人口減少を問題視している一方で、行政側は財政難に視点をむけていた。そもそも今次の合併に関する住民への説明では、行政側から財政難についての言及はなく、「公的なシステムが便利になる」と利便性のみであったという。

しかし結果としては、財政的な問題が重視され、公共料金など住民に直接関係のある内容が先送りとなり、合併後に検討された。水道料金は合併後、四年後にようやく統一されたという。

また、合併後、旧町単位の役所に割り当てられる人数が減ったため、選挙の際の投票所が設置できないという問題も出ている。この問題は、議会の方でも問題となり、選挙の際に投票所の管理を民間委託にする話もあがったが、実現されてはいない。行政手続きに関しても、各地区に窓口センターはあるが、多くの手続きは本庁でしかできないという。

合併後に行われた住民アンケートによると、「合併はすべきだったか」という質問に対し、「合併しない方がよかった」「合併後は不便になった」という意見も見られる。しかし、職員側の意見としては、「やるべきだった」「そういう流れだった」という意識があり、合併後も行政側と住民側で意識の違いが出ている。

三　合併後の生活変化

市民病院構想　合併後、特例債で旧三町が交わる場所に北秋田市民病院が建設された。合併以前、秋田県には県立の病院がなく、秋田厚生農業協同組合連合会（JA）が八カ所の公的な総合病院をまとめていた。

北秋田郡には、もともと公立米内沢病院と阿仁町立病院があり、老朽化に伴い中核市民病院がとりまとめをする予定だったが、医療関係者の人員不足により、公立・町立病院の維持が難しく、診療所になってしまった。公立米内沢病院は、上小阿仁村との組合で運営していたが、合併による上小阿仁村の組合脱退の影響が大きく、診療所に改組し、入院病棟は新設となった北秋田市民病院に移管された。

合併により、旧三町が交わる場所に病院ができたことで、これらの診療がやがて閉鎖されてしまうのではないかという懸念を住民は感じている。

保育所　保育所は合併後、一人の保育士も就職できていないのが現状である。

都市部に出ていた若年層が保育士の資格を持って帰ってきても、就職先がなく他地域に行ってしまうという。

保育所の利用者は現在、十人ほどで、〇歳、一歳児は、保育士の資格を持っている人が職員にいないので、隣町まで預けに行かなくてはならないという。

協議会の中では、合併後の解散時期について検討がなされた。合併後すぐの改選予定であったが、旧阿仁町から一カ月でも良いので現状を維持したいという要望があり、残任特例として、一年間は合併前の状況が維持された。

議会選挙

人口の少ない旧阿仁町にとって、改選で阿仁町出身者が選出されるとは限らず、合併後、まだ討議内容が多くある中、阿仁町出身者が議会にいないことは地域の発言権の懸念につながると考えたのである。

一年後、選挙が行われ、合併前は議長含む七一名であったのが二六人構成となった。当選した二六人は、一名の新人を除く七一名の中から当選し、旧阿仁町の心配をよそにバランス良く選出がなされた。なお、現在は約半数が新人である。

地域の人が出馬するかどうかは地域に影響が大きく、現在は旧阿仁町から三人選出されている。

常任会は各旧町村で会議を行うこととなり、地域の人が参加可能になったが、実際にはあまりなされてない。

また、役場職員であるが、合併当時は、旧森吉町、旧合川町、旧阿仁町の総合支所に合併前と同様の四〇人ほどの職員が勤めていた。現在（二〇一三年）は、七~八人である。旧森吉町は本庁から分庁しているので、人数が多いという。

四町の財産区管理

合併後も旧四町の財産区は各地域の財産区管理委員会によって管理されている。

これは、昭和三十一年の合併時の状況が引き継がれており、昭和の合併時には、墓地・神社をのぞき、旧村直営地を管理する目的で財産区管理委員会が発足すれば、旧町村で管理することが可能であった。財産区の利益を、地域の福祉と振興のためにつかうこと、処分の際には議会を通すことを条件に財産区の権限は議会が持つことなく地域に任されたのである。ただし、敬老会、婦人会などの費用を財産区から捻出するのは認められていなかった。平成十七年の合併時でも、財産区管理委員会は引き継がれ、北秋田市の特別会計になっている。

民俗変化

阿仁地区は、農業に適さない山間の豪雪地域であるものの、根幹産業は田畑の耕作であり、また、狩猟を行う「阿仁マタギ」や、阿仁鉱山の存在が阿仁地区の生活文化を構成していた。

杉浦健一の『採集手帖』では、「阿仁マタギ」として、独自の文化と生活を継承してきたマタギ集落である打当、根子地区が調査対象となっている。

旧阿仁町におけるマタギ集落は、比立内、打当、根子となっており、高い山々に囲まれた谷間に集落が形成されている。道路が整備される以前、他集落に向かうには、険しい山道、峠を越えなくてならず、『採集手帖』八項「買物には通例どこへ出かけましたか」という質問には、市へ行くために「一番奥の打当から阿仁合まで六里半ある。従って男子が朝六時頃家を出て、急いで買物をして帰っても家は着くのは七時頃となると云う」と記されている。しかし、マタギ集落は、他地域と隔絶した生活をしていたわけではない。『阿仁町史』には、打当、根子、比立内は、阿仁鉱山との交易関係が生計の比重を占めていたとあり、江戸時代には、鉱山用のコメ、薪木炭の生産に従事、また、後には鉱山勤めや、山作業への出稼ぎもあったと記述されている。

特に、比立内は、鉱山の食糧庫を持ち、仙北平野から鉱山への食糧輸送の中継地であった（『阿仁町史』七八五―七八六頁）。

もとより、マタギ集落は稲作に適さない地域ゆえに、クマやカモシカなどの動物を狩る習俗が盛んとなったが、平成四年発行の『阿仁町史』、昭和九年の山村調査から兼業としてのマタギ業であることがうかがえる。マタギ業は農閑期の副業的なものであり、コメの品種改良により稲作が盛んとなると、女性は農業、男性は農閑期を利用した売薬行商など複合的な生業形態が形成された。

打当、根子地区への流入者はほとんど見られなかったようだが、旧阿仁合町で開かれる市へ出掛けること、売薬や農作物の行商で当該地域の人々が外へ出ることは多く、またそれらの人々によって物資や文化が取り入れられていった。

『阿仁町史』が発行された平成四年の時には、マタギに従事する人は僅かであり、現在では生業としてのマタギはみられない。

一方の、阿仁鉱山を主体とする地域においては、農業のほか、鉱山従事者を対象とした商業、生業が盛んであり、また、採掘された鉱石を金槌で砕き、ザルに揚げて水洗いし、異物を取り除き、大きさによって選別する「カラメ」という女性も多く鉱山業に従事していた。

水無、畑町、小沢、向台地区には、鉱山従事者用の長屋があり、鉱山で集まった「アツマリモン」で人口が構成され、鉱山従事者同士の「友子」による互助組織がみられた。

鉱山閉山後には、「友子」による互助組織は解体され、他地域から流入した鉱山事業者が去ったことで人口が減少し高齢化が進むも、鉱山興隆期、またはそれ以前よりつながる地域内での、冠婚葬祭や組合などのつながりは現在でもうかがうことができる。

小括

旧阿仁町における生活変化の現状は、昭和・平成の合併からの直接的な変化ではなく、基幹産業であった鉱山事業の興隆と衰退による影響が大きいことがうかがえる。鉱山事業興隆期に膨れた人口は、昭和四十五年前後より、徐々に減少していった。

鉱山事業衰退後も地域に残った人々の地域へのこだわり、そしてつながりとはどのようなものであったのだろうか。

本稿では、鉱山事業の興隆と衰退に触れながら、市町村合併という官の動きに対するマクロな地域社会の変化に言及したが、論考編では、ミクロ単位の地域社会における「つながり」に注目する。今次の合併は、財政難を背景としていたが、合併協議の過程より旧阿仁町の町民の関心は、「わたし」の生活と所属する集落における「わたしたち」の生活圏に起こりうる具体的な問題であった。

高齢化や人口流出によって人口が減少する中で、当該地域を構成してきたつながりがどのように継承され、また再構築されているのか。北秋田市阿仁荒瀬地区、阿仁水無地区を対象に現状の検証を行う。

［参考文献］

秋田魁新報社「合併の場合でも『特色ある町』に」『秋田さきがけ』秋田魁新報社　二〇〇三年一月十八日

阿仁町史編纂委員会編『阿仁町史』阿仁町　一九九二年

北秋田市役所総務部総合政策課編『平成二十四年度版　北秋田市の統計』北秋田市役所総務部総合政策課　二〇一二年

福嶋吉五郎『荒瀬の昔と今』一九八八年

参考ウェブサイト

『北秋田市』http://www.city.kitaakita.akita.jp/（最終閲覧日：二〇一三年十月一日）

『美の国あきたネット』http://www.pref.akita.lg.jp/

市町村合併項「秋田県における市町村合併の記録」http://www.pref.akita.lg.jp/www/contents/1198539040067/index.html

公文書館項「平成十六年度～二十五年度の企画展」http://www.pref.akita.lg.jp/www/contents/1303273163715/index.html（最終閲覧日：二〇一四年十一月二十二日）

（玄蕃　充子）

新潟県東蒲原郡阿賀町（旧東蒲原郡上川村）

一　地域の概況

地理

新潟県東蒲原郡阿賀町は新潟県南東部にあり、北は新発田市、西は阿賀野市および五泉市、東は福島県との県境に位置する町である。町の中央には会津方面と新潟方面をむすぶ阿賀野川が貫流する。

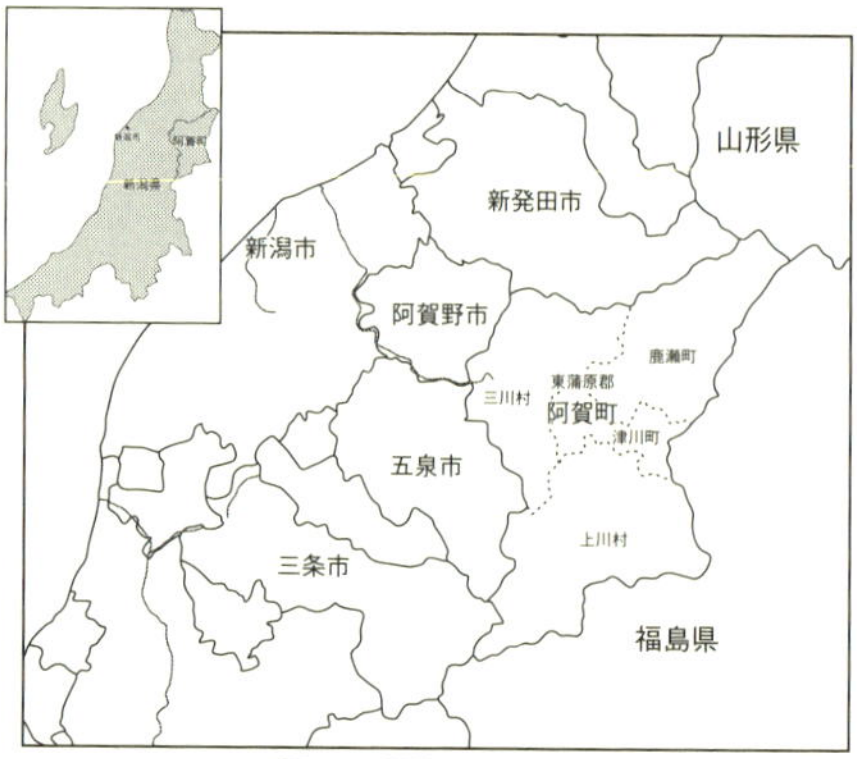

図1　阿賀町の位置

旧上川村は阿賀町の中心から南東に位置する。その東南は福島県境に接し、東は福島県耶麻郡西会津町、南は福島県大沼郡金山町、同県南会津郡只見町に接する。福島県との県境には東は大倉山、南東部は越後山脈に属する鍋倉山・笠倉山・御神楽岳といった標高一〇〇〇メートル前後の山があり、その山懐および麓に散開する集落により構成される。

冬期の降雪量は、多い地区では三メートル近くに及ぶ。

歴史・産業

東蒲原郡は、明治十九年に新潟県に属するまで会津（福島県）に帰属していた。旧上川村域では、明治十九年時点で一四カ村であったものが、明治二十二年の市町村制施行により合併して上条村・西川村・東川村の三村となった。三カ村は昭和二十九年に合併し、上川村となる。

平成十七年には東蒲原郡の他の三カ町村（津川町・鹿瀬町、三川村）と合併し、阿賀町となる。

世帯数・人口の推移

表1は昭和三十年から平成十四年までの旧上川村の人口と世帯数の推移を表したものである。昭和二十九年の合併直後の三十年をピークに、年々人口の減少していく様子がわかる。とはいえ、東蒲原郡町村合併協議会（任意）が設立される平成十四年三月での一世帯あたり人数は、津山町が二・七九人、鹿瀬町が二・六七人、三川村が三・一三人に対し上川村三・四六人と四カ町村内では最も多い。

旧上川村は三六一・一三平方キロメートルと、郡内一の面積を誇る。しかし旧上川村域の八〇パーセント近くは山林が占めている。田畑の耕作規模は五反未満が六割以上を占め、昭和十年当時でも田畑からの各家の収入は三割程度の小規模経営で、木材や薪炭といった山林に依拠する収入に頼ってい

表1　旧上川村の人口と世帯数の推移

年	世帯数	人口	一世帯平均
	1,078	7,135	6.62
昭和35	1,094	6,643	6.07
昭和40	1,086	5,879	5.41
昭和45	1,077	5,165	4.80
昭和50	1,058	4,535	4.29
昭和55	1,070	4,133	3.86
昭和60	—	3,873	—
平成7	—	3,706	—
平成12	—	3,383	—
平成14	1,028	3,553	3.46

出典：山田直巳、喜山朝彦、八木橋伸浩「磐越国境山村の変容と再生」『山村生活50年その文化変化の研究』および『東蒲原郡町村合併協議会だより』より作成。

た。林業が衰退した後は山菜加工や自家消費中心の農業となる。

交通・交易

古くは町を貫流する阿賀野川の水運が会津地方と新潟とを結んでいた。今日では阿賀野川に沿ってJR磐越西線が通り、対岸を並行して国道四九号が走る。平成九年に磐越自動車道が開通したことにより、新潟市まで車で四十分で結ばれ、新潟市の通勤圏内となった。

旧上川村域には津川へ通じる道に津川—柴倉線、津川—東山線、津川—室谷線の三本の幹線道路がある。これらは昭和三十年代後半以降に道路の拡張・舗装等の整備事業が実施された。整備事業の結果、津川への便はよくなったが、人口流出の契機となった。一方、会津方面へと抜ける道は拡張・舗装が地形的に困難であり、必要性が低いことから整備されることもなく旧態依然のまま、現在では自家用の山菜採りやハイキングを楽しむ人たちが利用する程度で、両地域をつなぐ交通路としての役目は果たされていない。

二　合併にいたるまでの経緯と課題

阿賀町合併の経緯

①東蒲原郡四カ町村による東蒲原郡町村合併協議会（任意）の設立と経緯　平成十四年四月一日、東蒲原郡町村合併協議会が設立された。これは東蒲原郡四カ町村の合併の是非を含む合併問題について協議を行うための任意機関として設立されたものである。

この合併協議会（以下任意協議会とする）の設立に先行する動きとして、平成十二年四月には新潟県市町村合併懇談会が開催され、それをうけて東蒲原郡内の四カ町村では合併に関する特別委員会が各町村に設置された。各町村で合併に関する検討を重ねた結果、平成十四年三月二十五日の郡町村会・議長会合同会議で協議会規約　委員選出方法などが協議され、任意の東蒲原郡町村合併協議会設立にいたった。任意協議会では地域住民と行政が将来の町づくりと行政機関のあり方などを見直すよい機会ととらえ、地域住民の意見を取り入れながらこの課題に向き合うこととなった。

平成十四年五月から随時発行された『合併協議会だより』では、合併までの任意協議会や法定協議会の活動内容を情報提供している。

『合併協議会だより』では平成七年に設置された国の地方分権推進委員会での議論により「県や市町村が国の下部機関

ではなく対等の立場であること」が法律に明記されたこと、市町村の合併を推進する勧告がだされたことなどに触れ、郡内四カ町村の合併が急がれる理由として次の五点を挙げている。

(1)地方分権の推進　今後地方分権が進んでいくと事業を行うことが基本的に自己決定、自己責任で行うことになり、業務の専門化と高度化が現在よりも必要となる。

(2)広がる住民の日常生活の生活圏　自家用車の普及と道路網の整備などにより、日常生活の行動範囲は町村の範囲を越えて広がっている。このため町村にはより広域的な観点からの効率的で魅力的なまちづくりの必要が求められている。

(3)少子・高齢化の進行と人口の減少　四カ町村の人口は減少状況にある。人口の減少は地域の担い手の減少につながり、地域全体の活力低下とともに福祉等の財政需要の増加や税収の減少といった地方行政の財政悪化が深刻な問題となりうる。

(4)多様化する住民ニーズ　介護保険やダイオキシン問題、生涯学習、女性政策などの新しい問題に対応するための財政基盤の強化や専門の知識をもった職員の確保・養成の必要性。

(5)悪化する自治体の財政事情　県内の町村は財政力が弱いため、地方交付税や補助金に頼る傾向がある。しかし今後は交付税の見直しや補助金の減額が予想され、財政事情がいっそう厳しさを増すことが予想される。

任意協議会は平成十五年二月までに六回開催され、その間に住民アンケートの実施、「合併後の新町将来構想」の策定、「合併調整シート」ダイジェスト版の全戸配布を行い、『合併協議会だより』1から5号において情報提供を行った。

合併に対する住民の意識

任意協議会内の東蒲原郡将来構想検討小委員会が行った住民アンケートをもとに、四カ町村の合併に対する地域住民の意識をまとめておく。このアンケート調査は、仮に四カ町村が合併することになった場合、新しい町をどのような方向に進めていくのが望ましいか、を一八歳以上の住民を対象に行ったものである（図2）。

・住んでいる町村の現状評価について　「おおむね満足」「少し不満があるがこんなものだろう」を合わせた肯定的意見は、全体では約九割は現状に肯定的な意見をもっていることがわかる（ちなみに、上川村が最高の九三・一パーセントで、最低は津川町の八七パーセント）。

・合併問題への関心度　「強い関心がある」「ある程度関心がある」が全体の八七パーセントを占め、関心の高さがうかがわれる。

・合併についての心配の有無　「心配あり」と回答した人は、全体では六八パーセントの人が心配を感じている（ちなみに、津川町と鹿瀬町がほぼ同じ六三パーセント付近。上川村と三川村では七〇パーセントを超えている）。

・「心配あり」と回答した人の内訳　「住民の声が届きにくくなる」の回答が三五パーセントと最も多く、次いで「一部の地域だけが良くなるのでは」という地域格差に関する回答が二一パーセントと、合併する際の配慮の問いとの関連性がうかがわれる。

・合併する場合に配慮すべきことについて　「地域によって格差が出ないように」の回答が全町村で最も多い。全体の四四パーセントの人が地域差の無いよう配慮を求めていることがわかる。津川町ではこの回答は三〇パーセント台だが、他の町村では四五パーセントを超えている。現状に肯定的な意見が高い地域では、合併によって生じる可能性のある地域間格差に関心が寄せられているようである。

なお、男女別集計による特色として、住んでいる町村の現状評価に「大変不満」と回答した人の率は男性八パーセントに対し、女性一九パーセントと女性がやや高い。合併問題へ「強い関心がある」と回答した人は男性三八・〇パーセントに対し、女性一八・六パーセントと倍の開きがある。

年代別集計からは、年齢が高いほど現状に満足している人の割合が高く、合併問題への関心の有無は中高年層が最も高く、青年層や老年層には無関心な人の割合がやや高い傾向にあるが、合併に対しては年齢が高くなるほど合併は心配ないと考える割合が高い。郡内四カ町村は昭和二十九年（上川村）、三十年（津川町、三川村、鹿瀬町）に合併の過去があり、その経験がそのように思わせるのだろうか。

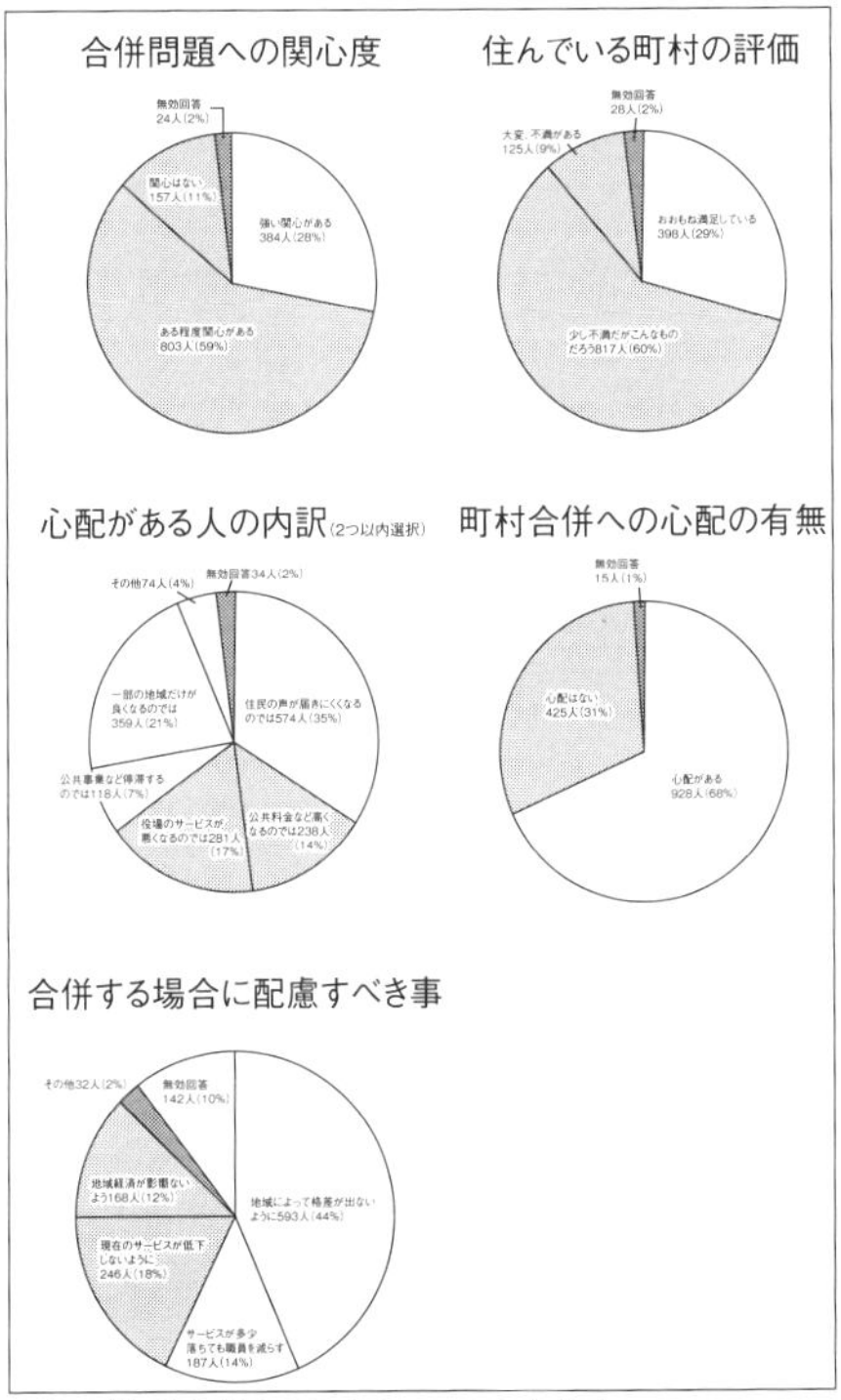

出典：『合併協議会だより』No. 3より作成。

図2　アンケート結果

合併後の町のあり方への期待についても、世代間によって求めるものか異なる結果となった。青年層は「働く場」を求めるのに対し、中高年層は「安心できる福祉の町」を挙げるなど、年代別で顕著な傾向がみられる。

以上のような住民アンケートや住民説明会の実施、合併によるメリット、デメリットの検討、各町村議会の検討を経て、第六回任意協議会（平成十五年二月五日）では各町村の意見として合併はやむを得ないとの結論に達し、四カ町村の議会の議決を経たあと合併が決定した。

阿賀町に合併した津川町、鹿瀬町、上川村、三川村の四カ町村は江戸時代にはともに会津領に属していたこともあり、歴史的にも結びつきの強い地域である。合併以前からも東蒲原郡域で広域行政が展開されていた。一例としてＮＰＯにいがた奥阿賀ネットワークをあげる。

ＮＰＯにいがた奥阿賀ネットワークは平成元年に東蒲原郡の旧四カ町村（津川町、鹿瀬町、上川村、三川村）が奥阿賀地域の活性化を目的に広域で組織、設立された「奥阿賀地域振興協議会」の設立を前身とする。当時の郡内では農家の後継者不足、農家所得の減少、少子・高齢化に伴う過疎化が進行していた。そこで奥阿賀地域の自然や人、歴史、文化といった地域のもつ潜在力を活かし、村外からの人の流入を図る意図で設立されたものだった。

奥阿賀地域振興協議会では東蒲原郡内の各町村から一名の職員が出向し、行政主導による広域的な観光事業を目指した。振興事業は郡内のイベント、観光宣伝、物販、活性化計画等におよび、単発的に八年間実施された。

平成九年になると従来の事業に加えて新潟県の補助事業「里創プラン」を導入し、村外の人を迎え入れるための体験メニューの開発や受け入れ態勢作り、民泊等の地域説明会を開始し、平成十三年には四カ町村の町村長、各課長、旅館組合、観光協会、学校長等で組織する「奥阿賀山村体験学習圏構想」を立ち上げ、教育旅行受入システムを開始し、首都圏の旅行会社への営業を展開するようになる。この事業の対象となる学校関係者にとっては、平成十一年の学習指導要領に組み込まれた「総合の時間」の学習内容を模索する過程にあり、農家での民泊（農家民宿の開業）、生活体験学習が組み込まれたこのプランは好意的に受け入れられたという。

平成十五年になると、行政主導で行われていた奥阿賀体験教育旅行の活動の中心が官から民へと移行され、「ＮＰＯにいがた奥阿賀ネットワーク」が設立される。以降、子供たちの体験教育の郷として、また大人のためのグリーン・ツーリズムの企画、実施を行っている。

この活動により、農業所得の減少に悩まされていた郡内の農家では、年平均五〇万から六〇万円、多い人では年間一〇〇万円の副収入の途が開かれたという。また、体験旅行で子供たちを受け入れる農家民宿の経営者たちの年一回の研修会では特に女性たちからの活発な意見が交わされ、町村の枠に縛られない地域活性化への積極的な動きがみられるようになっているという（ＮＰＯにいがた奥阿賀ネットワーク主任、大堀洋三氏提供の資料と談による）。

三　旧上川村東川地区における社会と民俗の変容

この節は『山村生活五〇年　その文化変容の研究――昭和五九年度調査報告』に載せられた旧上川村東川地区の報告

をもとに、昭和十年に行われた山村調査から昭和五十九年の調査時における社会と民俗の変容とその後の調査で得られたことについてまとめる。この間に起きた全国的な社会変動として第二次世界大戦や昭和三十年以降の高度経済成長期があげられる。東川地区でもこれらふたつの大きな社会変動を要因とする地域社会、民俗の変容は大きい。

社会生活　東川地区を含む旧上川村では昭和三十年以降の高度経済成長期の動きに連動するかのように人口減少がみられ、過疎化が進行した。表1の人口と世帯数の推移にみるように、過疎化現象は三十五年前後から始まっている。これは東川地区内の主要道路の整備事業との連動も指摘される。

人口減少はムラの統合性を弱めさせることにもなった。昭和初期の山村調査時では継続されていたムラの講組織は消滅し、個人の信仰へと転化した。

平成の合併のために東蒲原郡町村合併協議会（任意）が設立された平成十四年三月末になると人口減少はさらに進み、上川村の世帯数は一〇二八世帯、人口三五五三人、一戸あたり人数は三・四六人であった。

経済生活　昭和十年時では生業の中心は山、田、畑であったが、五十九年時では林業は衰退した。これは昭和二十九年の町村合併により旧村所有山林の使用が有料化されたことも変容の大きな一因となる。また、漆かき、楮の皮むき、東蒲炭といった特産物の需要を失い、田畑も自家消費程度の生産量となった。

生産構造の変化は労働の機会をムラの外に求める動きを強めた。昭和三十六年から始まる主要道路の整備事業、四十七年以降のさらなる拡幅・舗装事業はムラ内の交通の便を向上させたが、一方で村外労働者を増加させる結果となった。

信仰生活　人生儀礼のうち産育・婚礼といった〝生〟に関わる習俗については変容もしくは断絶が指摘されている。一方〝死〟に関わる習俗には土葬から火葬への変更、葬儀業者の介入といった外部の変化はありつつも、大かたの流れは五十九年調査時では変更はなかった。

しかしながら今回の調査では、野辺送りの習俗が消滅したことが指摘される。土葬から火葬への変化は野辺送りの順番を火葬→告別式→野辺送りとすることでかろうじて習俗の継続がなされた。だが、「四十九日まで死者の魂は家の中にいる」という葬儀業者や寺の指導が浸透するにしたがい、四十九日まで納骨をしない風が浸透した。四十九

上川地区小手茂

日法要を終えてからの野辺送りとなると、人数がそろわない等の理由から今日では野辺送りは消滅した。旧上川在住の遠藤家の平成十一年の葬儀では野辺送りは行われていた。しかし、平成十八年、旧上川の高清水という屋号の家の葬儀では死者の遺言があったためあえて野辺送りをしたが、その当時ですでに野辺送りをする家は珍しいことになっていた（阿賀町教育委員会、遠藤佐氏談）

俗信や神まつり等については五十九年調査時において「雨乞い」の消滅以外は変容、継続して伝承されていることが特色としてあげられている。俗信のうちのいくつかは今回の調査時でも聞かれた。小手茂では村人に気味悪がられ、近寄ることを避けられているオデ（小手）沼がある。ここにはかつて主がいたが、沼が狭くなったので、他所へ移っていったという、蹴裂伝説の系統に通じるかと思われる伝承がある（亀井一〇一三）。伝承によれば、沼の主は他所へ移ったが、沼は今でも残っており、現在も積極的に立ち入ろうとする者はいないという。この伝承は昭和五十九年の調査でも同様の伝承が確かめられている。当地の信仰生活は、人口減少に伴いムラとしての機能が衰えるなか、講組織の消滅や人生儀礼の簡略・消滅がみられるが、伝説等の口承伝承は意識レベルでの伝達性の強靭さがうかがわれる。

なお、神まつりについては簡略化の傾向にあるとはいえ、たとえば武須沢入のショウキサマ（鍾馗様）祭りのように、地域内での伝承を超え外の社会に向けて「郷土の民俗」として発信されるようになった習俗もある。伝承される民俗の流用のあり方として興味深く、この点については論考編を参照されたい。

過疎化が進行し、経済生活も村外労働に頼らざるを得なくなった上川村が向かったひとつの流れとして、村外（関東地方）に住む村出身者と村との関係を持続させ、村の活性化を図る動きを紹介する。

東京上川会は平成十年六月に設立された。関東地方に在住する旧上川村出身者同士の親睦をはかる目的もあるが、同会発行の広報誌の事務局が旧上川村役場内にあることからも知れるように、旧上川村や在村者とのつながりを強めることもその目的のひとつであった。

会の設立趣意書には「役員相互の親睦」とともに「上川の地域振興のため」の記載もある。この趣意書を村内の区長から在村の家族を通して関東地方に在住する出身者に連絡をとり、賛同者を集めたという。

平成十年は米の生産調整が始まった年である。農家は新しい商品作物、特産品を考えなくてはいけない時期にあった。そこで上川の特産品の情報を発信する先として東京上川会を設立し、協力を求めたのではないかといわれている（上川支所、伊藤忠史氏談）。

同様の動きは同時期に津川町、鹿瀬町、三川村でもあり、「津川東京会」「鹿瀬東京会」「三川東京会」が設立されていることからも、東蒲原郡内の農林水産業界が当時置かれていた状況と打開策のひとつの動きとみなすことができる。

なお、当会は合併後も名称をそのままで活動が継続されている。設立一五周年だった平成二十四年には「ふるさと交流親睦旅行」が企画され、関東在住の会員は故郷に観光旅行する機会を得た。

小括

東蒲原郡二町二村の町村合併は、平成十四年の任意合併協議会の発足とその後の各町村議会の検討を経て、大きな反対の動きはなく進んだように思われる。しかしながらその間に実施された合併に対する住民の意識アンケートをみると旧町村での生活に満足意識も高く、合併することでのデメリットへの心配意識も高い。旧上川村では合併前の生活に対する満足度が他の町村に比べ高く、よって合併後の生活変化への心配も高いという結果であった。住民アンケートによる合併のデメリット意識の多くは、「住民の声が行政に届きにくくなるのではないか」といったものであった。

しかしながらそれらの声は大きな反対意見に発展していかなかった。その背景には、昭和三十九年の旧上川村の合併を経験した住民側に、合併から五〇年を経て自治体の再編と自らの生活の変化を結果的に「満足」いくものと肯定的にとらえる意識が優先したためであろう。

合併から一〇年が経った。合併を推進する理由のひとつとして挙げられた人口減少は、阿賀町となっても歯止めはかかっていない。

旧上川村東川地区では昭和五十九年時の調査以降も、民俗の継続の基盤となる社会生活が、人口減少を主な理由として継続不可能となったり変容を余儀なくされたりしている。しかしながら、先にあげたショウキサマ祭りのように地域の外部から注目されるようになった民俗もある。また、都会の子どもたちの体験教育、大人のためのグリーン・ツーリズムの場として阿賀町の自然や民俗は一定の評価を得ている。

外部の評価に接することで自らの民俗の再評価がどのように行われているかを論考編では考察したい。

［参考文献］

『合併協議会だより』No. 3

亀井好恵「カドに立つ人」『神・人・自然』第三号、「神・人・自然」研究会、二〇一三年

成城大学民俗学研究所編『山村生活五〇年――その文化変容の研究』成城大学民俗学研究所、一九八六年

八木橋伸浩「都鄙連続論再考」『論叢』第四六号、玉川大学文学部、二〇〇六年

（亀井好恵）

長野県伊那市（旧上伊那郡美和村）

一　地域の概況

地理

伊那《いな》市は長野県南部、市域中心部が長野市の南方約九五キロメートルの地点にある都市である。平成十八（二〇〇六）年三月に旧伊那市、高遠《たかとお》町、長谷《はせ》村の合併によって新設された市であり、東西三七・二キロメートル、南北四四・七キロメートル、総面積は六六七・八一平方キロメートルに達する。これは長野県の総面積の五パーセントにあたり、松本市、長野市に次いで県内第三位の面積を誇る。市域は上伊那郡箕輪《みのわ》町、同南箕輪村、同宮田《みやだ》村、下伊那郡大鹿《おおしか》村、木曽郡木曽町、諏訪郡富士見町、駒ケ根《こまがね》市、塩尻市、諏訪市、茅《ち》野《の》市、そして静岡県静岡市ならびに山梨県南アルプス市および北杜《ほくと》市に隣接している。そして「二つのアルプスに抱かれた自然共生都市」の標語が示すように、東は南アルプス、西は中央アルプスに文字通り抱かれており、最低地点でも海抜六〇〇メートルに近く、最高地点は三〇〇〇メートルに達する。そのため年間平均気温が一一・〇度と冷涼であり、年間降水量は平均一三九七ミリである。

図1　伊那市地図

旧伊那市にあたる市の西部には伊那盆地が開けており、市内を南下する天竜川と三峰《みぶ》川や、両河川の支流による扇状地・河岸段丘からなる。他方かつての高遠町および長谷村域にあたる東部は山がちな地形であり、特に旧長谷村の村域は地区総面積三二〇・八一平方キロメートルの中で全適住地および耕地は三パーセントにすぎない。三峰川流域のわずかな平坦地と、比較的ゆるやかな扇状地に耕地が開かれ、人家が点在するといった様相を呈している。

三市町村沿革

現在の南信濃一帯は応仁の乱後武田氏の支配下におかれたが、天正十二（一五八二）年に同氏が滅ぼされてからは織田氏の勢力下に入った。江戸幕府成立後には高遠藩に属し、手良《てら》、福島、西箕輪などは天領であった。明治に入り、明治二十七（一八九四）年に上伊那郡役所が設置されると、伊那は上伊那地方の政治経済および産業の中心地となったのである。

旧伊那市　現在の伊那市はいわゆる平成の大合併における、伊那市（本稿では旧伊那市）、高遠町、長谷村の三市町村の合併によって新設された。旧伊那市は明治三十（一八九七）年町制施行の伊那町を中心に、昭和二十九（一九五四）年には富県《とみがた》村、美篶《みすず》村、手良村、東春近《はるちか》村、西箕輪村の一町五カ村を合併し、さらに箕輪町二軒家、西春近村を編入合併して昭和四十（一九六五）年四月一日に誕生した。

高遠町　旧伊那市が明治以降に成長した市であったのに対し、要害の地として知られた高遠は長い歴史を持ち、戦国時代以来七〇〇年にわたって高遠城が築かれていた。高遠の名も戦国時代にこの地を治めていた高遠氏にちなむものである。江戸幕府成立後、保科、鳥居両氏の移封、改易を経て一時的に天領となっていたが、元禄四（一六九一）年には内藤氏が移封されて明治維新に至った。

旧長谷村溝口地区の中心部

城郭こそ明治に入って撤廃されたが伊那地方の重要な中心地として、旧伊那市よりも早い明治八（一八七五）年に西高遠町、東高遠町として町制が施行された。これは県下で最も早いものである。両町は戦後の昭和二十二（一九四七）年に合併し、高遠町が発足した。その後も昭和三十一（一九五六）年に長藤《おさふじ》村、三義《みよし》村、昭和三十三（一九五八）年に藤沢村、昭和三十九（一九六四）年には河南《かなみ》村というように、周辺村との編入合併を繰り返した。

長谷村　長谷村の沿革は前の二市町よりも複雑な経過を経ている。明治八年、浦村、市野瀬村、黒河内《くろごうち》村の三カ村からなる長谷村が設置されたが、明治十四（一八八一）年に浦村、杉島村、中尾村、市野瀬村、黒河内村、溝口《みぞくち》村の六ヶ村に分離する。明治二十二（一八八九）年にはその内の浦村、杉島村、中尾村、市野瀬村が伊那里《いなさと》村へ、黒河内村、溝口村は河合村が分離してできた非持《ひじ》村と合併して美和《みわ》村となった。そして伊那里、美和両村は昭和三十四（一九五九）年の昭和の大合併によって長谷村となり、そのまま平成の大合併を迎えることになるのである。

産業および人口・世帯数

旧伊那市　旧伊那市の成長は近代以降のものと位置づけることができる。特に電気、精密、機械といった製造業が発展し、国内有数の電子産業エリアを目指す「伊那テクノバレー」圏域の中心地として、五カ所の工業団地を形成する田園工業都市として成長してきた。

平成十七（二〇〇五）年度国勢調査による就業者数は三万二四七九人である。産業別従事者数は表1（次頁）の通りで

表１　三市町村の産業および人口・世帯数

地域	年度	就業者数(人)	第一次産業就業者(人)	第二次産業就業者(人)	第三次産業就業者(人)	第一次産業就業者(%)	第二次産業就業者(%)	第三次産業就業者(%)	一般世帯数(世帯)	核家族世帯数(世帯)	単独世帯数(世帯)	人口総数(人)	年少人口(人)	生産年齢人口(人)	老年人口(人)	人口増減数(人)	人口増減率(%)
伊那市	2005	32,479	3,358	11,617	17,410	10.3	35.8	53.6	22,043	12,357	5,139	62,869	9,838	38,842	14,185	585	0.9
高遠町	2005	3,409	511	1,057	1,839	15.0	31.0	53.9	2,318	1,277	415	6,820	805	3,574	2,441	-220	-3.1
長谷村	2005	993	127	315	550	12.8	31.7	55.4	650	332	119	2,099	224	1,052	823	-129	-5.8

注　：就業者数には「不詳」も含まれているので、内訳を合計しても総数に一致しない。
出典：2005年度国勢調査より作成。

あり、第三次産業従事者が最も多い。二〇〇五年度国勢調査時点での一般世帯数は二万二〇四三世帯であり、その内核家族世帯が一万二三五七世帯、単独世帯が五一三九世帯であった。人口総数は六万二八六九人であり、二〇〇〇年から五八五人微増している。人口構成をみると生産年齢人口が三万八八四二人の六一・八パーセントであり、二町村に比べると高い割合を見せた。

高遠町　旧伊那市よりも長い歴史を持ち、伊那地方の政治経済、交通、文化等の中心地として繁栄していた高遠町だが、高度経済成長期における都市圏への人の大量移動に伴い、急激な人口減少を経験した。こうした状況下、「ネットワークによる地域の元気おこし」を基本とした「助け合い」の地域づくりを目指して農林業の基盤強化など、産業基盤の整備を始めた。また、高遠藩の中心として長い歴史を持った同町は数多くの文化財や名所旧跡を有するとともに桜の名所としても知られており、観光や教育、文化などの充実を企図したまちづくりが進められてきた。

二〇〇五年度国勢調査による就業者数は三四〇九人である。産業別従事者数は表1の通りであり、第三次産業従事者が最も多く、全体の半数を占めている。

二〇〇五年度国勢調査当時の一般世帯数二三一八人中、核家族世帯が一二七七世帯、単独世帯が四一五世帯であった。人口総数は六八二〇人であり、過去五年間で二二〇人減少している。人口構成は老年人口が二四四一人で全体の三五・八パーセントにものぼっていた。

長谷村　伊那盆地の東部に位置し、四方を山に囲まれた長谷村は林野面積が地区総面積の八八パーセント（二八二・九三平方キロメートル）を占めている。一九五八年の美和ダム建設に伴う水没地における耕地の消失と住民の移転、また三六災害として知られる昭和三十六（一九六一）年の豪雨被害による住民の集団離村により人口の激減を経験した。二〇〇五年度国勢調査における就業者数は九九三人であり、産業別従事者数をみると旧伊那市、高遠町と同じく第三次産業従事者の割合が最も高い五五〇人であり、全体の半数以上を占める。

長谷村では「生涯学習村構想」を基調とした過疎対策を推進し、南アルプス生涯学習センターや道の駅「南アルプスむら長谷」の施設整備をするとともに、ケーブルテレビ局の設置や村営住宅の建設といったインフラ整備にも力を注いだ。

二〇〇五年度国勢調査当時、長谷村の一般世帯数六五〇で

あった。その内核家族世帯が三三二世帯、そして単独世帯が一一九世帯あった。人口総数は二〇九九人で三市町村中最も少なく、二〇〇〇年から五年間で一二九人減と、三市町村の中で最も減少率が高い。人口構成を見ても老年人口が八二三人で全体の四割に届こうとするほどであった。

交通

旧伊那市の西部を中央自動車道が縦貫し、市内へは伊那インターからアクセスできる。また南北の幹線道路としては、旧伊那市域に国道一五三号線が通るほか、高遠町と長谷村を結び美和湖に沿う国道一五二号線がある。後者は杖突《つえつき》峠を経て茅野市へ、そして分杭《ぶんぐい》峠を経て下伊那郡大鹿村へと抜けることができる。

平成十八年には市内を東西に走る国道三六一号線に権兵衛トンネルが開通し、塩尻市との交通が容易になった。

二　合併にいたるまでの経緯と背景

長野県における市町村合併の動向

三市町村の合併の前提として、まずは明治以降の長野県における合併の動向を、山口通之「上伊那地域の平成の大合併の動向（一）」をもとにみていこう。明治二十一（一八八八）年のいわゆる明治の大合併によって、それまで長野県に存在した八九一の市町村は三九一へと大きく減少し、現在の伊那市を含む上伊那地域も、二町五五村から一町三〇村となった。昭和二十八（一九五三）年十月一日から昭和三十六（一九六一）年六月二十九日までの昭和の大合併においては、県内三七八の市町村が一四〇となった。上伊那地域の五町二六村は伊那と駒ヶ根に市制が施行され、二市四町六村となった。そしてさらに二市四町四村となり、平成の大合併を迎えることになるのである。

さて、平成十一（一九九九）年から顕著になった平成の大合併は、平成十八（二〇〇六）年四月一日をもって一段落するまでに、三二三二市町村を一八一〇市町村にまで減少させた。特に町村の減少が顕著で、市が六七〇から七七九へと増加したのに対し、町は一九九四が八四四へ、村は五六八が一九七へと大きく変化した。

このような全国的な動向と比較すると、長野県内の合併は緩やかな進捗をみせたといわれている。平成十五（二〇〇三）年九月に更埴《こうしょく》市、埴科《はにしな》郡戸倉《とぐら》町、更級郡上山田町の三市町の合併により発足した千曲市から平成十八年三月の伊那市の誕生までに、一八組の合併が実現し、一二〇市町村が八一へと再編成された。

「平成の合併の概況と感じたこと」において山口通之は、長野県の合併について二つの特徴を指摘している。第一は、村の残存が目立ったこと。平成の大合併後の全国における村数一九七の内、長野県の村は約一九パーセントにあたる三七村を数える。これは人口が少なく財政的に乏しい自治体が多く残ったことを示し、県内における人口一万人未満の自治体は四三で、全国四八八の約九パーセントを占めている。また、人口一〇〇〇人以下の自治体が四村あり、自治体間の人口、面積、財政力などの格差が拡大したという。

第二の特徴は、合併における地域差が顕著であったこと。長野県には北信、長野、上田地域、佐久、松本、北アルプス、木曽、諏訪、上伊那、南信州の一〇の広域連合があるが、この中でも圏域の市部を中心としたエリアで比較的合併が進み、その周辺部に自立市町村が多くなったという。

上伊那郡における合併計画の経緯

次に、伊那市を含む上伊那郡における合併計画について触れる。

平成十三（二〇〇一）年六月、旧伊那市は庁内研究チームを発足させ市町村合併の研究を開始した。次いで翌平成十四年、上伊那広域連合でも各市町村の企画担当課長による合併問題研究会が発足された。しかしながら合併に対する各市町村の取組みには温度差があったため、当初は合併に関する基本的な事項の研究が中心であった。

その後、伊南行政組合を組織する駒ヶ根市、飯島町、中川村、宮田村の四市町村が一歩進んだ研究組織を立ち上げたことを受け、伊那消防組合の構成市町村である旧伊那市、高遠町、辰野町、箕輪町、南箕輪村、長谷村からなる上伊那六市町村による合併研究が始まった。この背景には、このままでは中途半端な研究に終始してしまうとの懸念と、より現実的な合併研究を行うことが適当であるとの判断があったという。平成十四年十一月には、六市町村からの派遣職員八名による合併問題研究調査室が旧伊那市役所内に設置された。そして同月二十二日、上伊那広域連合正副連合長会において、小坂伊那市長が、伊南行政組合組織四市町村と伊那消防組合構成六市町村との、二つの枠組みで合併協議を進めていくことが現実的であると提案し、確認される。これをもって新伊那市誕生につながる上伊那六市町村の合併計画が始まったとみることができよう。

合併問題研究調査室は任意合併協議会（任意協）の設置を想定しており、その前段階における調査研究を目的としていた。同研究室は翌平成十五年一月二十三日、伊那市内の旧南信農業共済組合事務所に六市町村任意合併協議会を設置した。

二町の脱退と任意合併協議会の解散

六市町村任意合併協議会は、各市町村が住民に合併の是非を判断してもらうための資料作成を大きな目的としていた。任意協では合併がなった場合の事務事業等のあり方の協議、財政推計、新市将来構想の作成などが行われ、第一六回まで協議が重ねられたのである。

合併の是非判断のための資料がまとまると、平成十五年六月から八月にかけて、各市町村では合併についての住民説明会が開催された。その住民説明会が終わると、九月から十一月にかけて各市町村において、合併の是非を問う住民意向調査が実施されることになる。

住民意向調査は任意協での検討もあったため、北部六市町村、南部四市町村はそれぞれほぼ同じ時期と項目で実施された。主に郵便か、各区の自治体職員により配布・回収されたという。対象は、基本的には一八歳以上が多かったが、辰野町では一六歳を対象に二回実施し、箕輪町は町長選の公約として住民投票を実施し、その対象外であった高校生（一五〜一七歳）には独自に意向調査を実施するという手段を講じた。

住民意向調査の結果、辰野町（回答率九〇・二パーセント中四五・六パーセント）と箕輪町（回答率七四・九パーセント中六五・四パーセント）で特に合併反対の意見が目立った。また、箕輪町が独自に実施した高校生への意向調査では回答率が三二・四パーセントと低かったとはいえ、反対が七六・八パーセントにのぼったことは注目すべきである。一方、賛成が反対を上回ったのは伊那市（回答率五九・六パーセント中四五・七パーセント）と長谷村（回答率九四・七パーセント中四七・一パーセント）であった。この結果をうけて、平成十五（二〇〇三）年十一月十八日、合併反対の意見を多くみた辰野町、箕輪町は任意協からの脱退を表明し、十二月三十一日に六市町村任意合併協議会は解散するに至ったのである。

表２　上伊那10市町村概要

市町村	人口		高齢者比率		財政力指数		財政にしめる市町村税（％）	
	1970	2003	1970	2002	1970	2002	1990	2002
辰野町	22,351	23,307	14.9	24.5	0.35	0.45	32.9	25.4
箕輪町	16,744	25,952	14.6	19.6	0.32	0.65	36.2	36.2
南箕輪村	6,660	13,919	14.0	16.7	0.22	0.57	33.6	29.0
伊那市	51,922	64,226	14.1	21.7	0.45	0.58	38.9	31.5
高遠町	10,119	7,254	19.9	34.9	0.22	0.21	15.1	10.1
長谷村	3,306	2,243	20.1	37.6	0.29	0.19	9.1	7.3
宮田村	6,767	8,943	14.5	21.1	0.41	0.45	31.1	29.0
駒ヶ根市	28,913	34,303	13.7	22.0	0.41	0.58	32.5	26.5
飯島町	10,466	10,565	15.7	26.3	0.28	0.42	22.0	22.8
中川村	5,816	5,397	18.8	26.4	0.23	0.22	13.4	12.6
備考		2003.6	65歳以上（％）		2002年度決算			

出典：山口通之「上伊那地域の平成の大合併の動向（1）── 住民意向調査結果の分析を中心に」『伊那路』第48巻第4号 2004年より作成。

　辰野町では合併後新市の北端に位置することに対する住民の不安、同町の通勤通学圏が岡谷・諏訪、塩尻・松本方面に多いといった生活圏の不一致などが、合併に対する消極的意見として表出した。このような実生活に即した反対意見もある一方、箕輪町の高校生の中に郷土愛から合併に反対するという意見がみられたように、住民自身が帰属する市町村に対する「愛」が、自立を志向させる要素として機能したことも見逃せないだろう。

　一方、南部四市町村では合併の中心となる駒ヶ根市で賛成が反対を上回ったのみで、宮田村、飯島町、中川村の三町村ではいずれも反対が多い結果となった。この結果、宮田村は任意協を離脱することになる。また、この三町村では自立を求める住民組織が結成され、自立のための「情報新聞」を発行するという動きもみられた。そして南部四市町村の任意協もまた、宮田村の脱退をうけて平成十五年末をもって解散することとなったのである。

合併研究会の再編

　旧伊那市を中心とした六市町村による合併の枠組みは破綻したが、明けて平成十六（二〇〇四）年二月十日、高遠町、長谷村の両町村長が伊那市長に、三市町村という枠組みでの合併研究を申し入れた。前年の住民意向調査では、高遠町では賛成と反対が拮抗していたが、長谷村では賛成が反対を上回る結果を出している。旧伊那市も同年一月の市長選で現職市長が再選されたため、合併を目指す方針に変わりはなかった。こうして、上伊那北部の合併は、新たな段階に入ることとなったのである。

高遠町長、長谷村長は旧伊那市を含んだ三市町村の枠組みでの合併が理想的で、合併研究を早期に再開することが必要であるとの方針から伊那市長に合併研究を申し入れたわけであるが、最終的には伊那市長の検討を受け、南箕輪村にも合併研究を依頼するに至った。南箕輪村は前年の住民意向調査で、反対が多数を占めたことから、村と村民との協働で自立を模索する「村づくり委員会」を条例で設置する意向であったが、その設置を見送り、合併研究への参加を議員協議会で承認した。こうした方針の転換に伴い、南箕輪村は改めて住民説明会を催し、七月に住民投票を実施することとなった。

四市町村による合併研究会は平成十六年四月一日に発足する。同研究会は四月二十日から七月二十一日までに計六回開催され、合併の方式や時期、新市の名称、議員定数や任期、財産区の取り扱い、各種事務事業や財政推計などが議論された。また、研究会での協議に基づいて、六月二十日から七月九日にかけて四市町村で住民説明会が開催され、合併した場合と自立を選択した場合を比較した資料が提示された。

表３　上伊那１０市町村意向調査結果

市町村	意向調査の概要				
	実施時期（2003 年）	対象（定住外国人を含む）	回答率（%）	賛成（%）	反対（%）
辰野町	4/14~4/21 9/12~9/30	16 歳以上	90.2 67.7	45.5 24.3	30.4 45.6
箕輪町	11/9 11/9	18 歳以上 15~17 歳	74.9 32.4	33.7 58.3	65.4 76.8
南箕輪村	9/1~9/30	18 歳以上	81.5	28.6	55.3
伊那市	8/25~9/16	18 歳以上	59.6	45.7	38.7
高遠町	9/12~9/30	18 歳以上	95.7	41.8	42.7
長谷村	9/12~9/30	18 歳以上	94.7	47.2	32.7
宮田村	11/20~12/1	18 歳以上	87.4	18.7	69.7
駒ヶ根市	11/20~12/1	18 歳以上	76.6	43.7	36.9
飯島町	11/20~12/1	18 歳以上	90.9	33.7	55.0
中川村	11/20~12/1	18 歳以上	88.2	34.7	55.1

出典：山口通之「上伊那地域の平成の大合併の動向（一）――住民意向調査結果の分析を中心に」『伊那路』第四八巻第四号 二〇〇四年より作成。

その後、前回の住民意向調査で反対派の多かった南箕輪村および高遠町は、七月に改めて住民意向調査を実施することとなる。一方、旧伊那市と長谷村は、四市町村での合併研究については住民の理解が得られているとの判断から、意向調査は行わないことになった。両町村の意向調査は、高遠町で賛成が約七割だった一方、南箕輪村では合併反対が六割を占める結果を出した。これを受け、南箕輪村は三市町村に合併研究会離脱の旨を申し出、合併研究会は七月二十一日に南箕輪村の脱会を承認するとともに、研究会自体もまた解散したのである。

三市町村による合併協議の再開

辰野町、箕輪町、そして南箕輪村の離脱を受け、上伊那北部の合併協議は旧伊那市、高遠町、長谷村の三市町村に縮小しながらも継続されることになった。旧伊那市では同市によって分断されたような村域をもつ南箕輪村も含めた四市町村での合併を理想的としていたが、三峰川が結ぶ高遠町、長谷村との合併もメリットが大きいため、三市町村での合併を推進すべきとの判断を下す。同市は平成十六年七月から八月にかけて伊那市議会全員協議会や、市民代表から成る合併住民懇話会などを開催し、三市町村という枠組みでの合併の是非を問うた。これらの諸協議では、三市町村での合併を推進すべきとの意見が大半であった。

一方、高遠町では八月三日、長谷村でも八月五日に議会全員協議会を開き、さらに後者は十二日に住民懇話会、前者は八月十九日から二十八日まで計六回にわたり住民説明会を開催した結果、そこでも合併推進の声が多く聞かれた。

同年、「市町村の合併の特例に関する法律」が改正された。その結果、それまでは合併によって国の財政支援を受けられる期限が、平成十七年三月三十一日までに合併する団体に適用されていたが、平成十七年三月三十一日までに市町村議会の議決を経て都道府県知事に合併の申請を行い、平成十八年三月三十一日までに合併する団体にまで拡大されることになったのである。これは、三市町村にとって合併協議会におけるじゅうぶんな協議と合併準備を行う期間が保障されることを意味した。

三市町村はさらにそれぞれ議会全員協議会を開催し、旧伊那市と長谷村は八月二十七日、高遠町は三十日の臨時議会において、合併協議会設置を賛成多数で可決した。この議決を経て、九月七日に伊那市・高遠町・長谷村合併協議会設置調印式が執り行われ、同日に第一回の協議会が開催される。

合併にむけての諸活動

合併協議会での主な協議項目は合併の方式と期日、新市の名称、議員の定数・任期、地域内分権や各種事務事業の取扱いなど約八〇項目あり、調整を要する事務事業数は約一七〇〇に及んだ。

右のような合併協議会における協議の進捗状態をいかにして住民に周知するか、そしていかにして合併に対する住民の意見を把握するかは合併にむけての課題のひとつであった。協議の進捗や各種手続き変更の情報提供のためのメディアである、機関紙『合併協議会だより』の発行はその手段のひとつであった。同紙は平成十六年九月から平成十八年三月までの計一三回にわたって三市町村の全戸に配布され、合併協議会における協議内容や市町村合併Q&A、後述のタウンウォッチングの募集などを掲載し、住民への情報提供を行った。他にも『新しい「伊那市」くらしのガイド』、『伊那市エリアガイド 新・伊那市の魅力を再発見』、小中学生向けの『おしえて！ みんなの新しいまち・いな』といった印刷物も配布され、協議の進捗状況や行政サービスに関する情報提供だけでなく、新市の自然や歴史など多方面にわたる情報の紹介を行った。これら紙媒体とは別に、ホームページも開設され、協議会の資料や議事録など各種の情報を提供していた。

このような一方的な情報発信だけでなく、双方向的な情報共有の場も設けられた。そのひとつが各市町村単位による住民説明会である。この住民説明会は、各市町村の公民館や集会所などを利用して平成十八（二〇〇六）年二月まで各地で頻繁に開かれ、合併協議の進捗の説明や意見聴取などが行われた。この住民説明会とは別に、旧伊那市の合併対策室では六市町村の任意協当時から、週末を利用した「お出かけ講座」を実施し、合併した場合のメリット等を住民や市内の企業に説明した。

また、合併に対する住民の関心を高め、新市まちづくりへの意向などを把握するため、平成十六年九月の後半に、「新しいまちづくり住民意識調査」が実施された。同調査は三市町村に居住する一八歳以上の住民計七〇〇〇人を対象にした一般住民向け調査と、三市町村の六中学校の三年生全員である七八七人を対象にした中学生向け調査の二種類であった。一般住民向け調査は回収率が五〇パーセントに満たなかったものの、統計上必要な回答数は満たしたため、同調査の有効性は確認された。中学校向け調査では六四四票を回収し、回収率は八一・八パーセントにのぼったのとは対照的である。

住民参加型の理解促進企画としては、新市建設計画小委員会が「新市まちづくり計画」を策定する上での参考とするために実施した「まちづくりフォーラム」がある。同フォーラムは地域の課題や問題点、新市まちづくりに対する住民ニーズの把握を目的とし、平成十六年十一月六日、合併協議会と新市建設計画小委員会が主体となって行われた。

同様の企画としては、市町村合併シンポジウム「未来のまちづくりを語ろう」がある。これは平成十七年一月二十二日および二十三日に三市町村の各会場で開催されたものであり、三市町村の首長と合併協議会委員をパネリストに迎え、合併の必要性およびその効果、広域観光や福祉など将来のまちづくりについて各自の意見が述べられた。その他の取組みとして、平成十七年の秋には全国合併市町村「夢フェスタ二〇〇五」や第五七回伊那総合物産展示会・商工祭に出展し、合併と新市の誕生などを来場者にアピールした。そして合併を間近に控えた平成十八年三月二十六日、合併記念イベント「日本一の桜のまちづくり記念植樹」が実施された。

以上のような情報提供や理解促進・意見聴取もさることながら、合併にむけては、新市の一体感醸成が大きな課題であった。三市町村はいずれも三峰川の恩恵を受けているとはいえ、住民相互間における各市町村に対する認識は必ずしもじゅうぶんではなかった。

そこで旧伊那市の企画課合併対策室は、合併協議会と高遠町、長谷村の職員との協力のもと、「タウンウォッチング」と名付けられた地域探訪ツアーを実施し、各市町村住民の相互理解や交流の促進をはかった。タウンウォッチングは平成十六年五月から十一月にかけて全一〇回（うち一回は台風のため中止）開催された。南アルプスの自然に触れるものや、史跡を探訪するもの、また夏休みを利用して子どもの交流をはかるものなど様々な企画が実施され、好評を得たという。

三　新伊那市の誕生と現在

新市の名称

新市の名称策定については平成十六年十月、学識経験者の委員五名によって構成される第三者機関、「新市名称検討委員会」が設置された。同委員会は「歴史的所産である地名を失わないように配慮する」「名称案は一つにまとめる」「ひらがな・カタカナ・横文字表記の名称や合成地名は避ける」「歴史的・広域的・将来的の三つの見地から検討する」といった基本方針にのっとって二回の検討を行った。その結果、「伊那は古代に設置された「伊那郡」以来の長い歴史を持つ広域的な名称であること」「伊那は明治初期設置の「上伊那郡」の中心に位置する地方自治体の名称であり続けたこと」「伊那は現在多くの施設や組織等に冠せられる名称として幅広く使用されていること」等の理由から「伊那市」が新市の名称として最もふさわしいとの合意に達した。そしてこの案は合併協議会への報告を経て、第五回合併協議会において承認されたのである。

合併申請と新市への移行

平成十七年二月二十五日、三市町村によって合併協定調印式が開催され、三市町村長による合併協定書への調印が行われた。これを受けて三月一日には三市町村議会が開会し、合併関連の五議案が提出された。その審議の結果、旧伊那市では賛成一六・反対七、高遠町で賛成一四・反対一、長谷村で賛成八・反対二と、いずれも賛成多数で可決されたのである。

続く三月二十三日、三市町村長は長野県庁にて県知事あてに合併申請書を提出する。そして県議会での可決と県知事決定を経て、七月十二日、総務大臣の届け出が行われた。これにより、八月十二日、総務大臣による告示により、翌平成十八年三月三十一日の合併が正式に決定したのである。

合併と新市への移行を控えた平成十八年三月、各市町村議会は協議会廃止議案を可決する。二十日には最後となる第一八回の合併協議会が開かれ、二十五日は高遠町閉町記念式典、翌日には長谷村閉村記念式典が続けざまに開催され、三十日には旧伊那市でも閉市式が開催されるとともに、合併協議会の廃止と事務局の閉鎖が行われた。

平成十八年三月三十一日、新しい「伊那市」が誕生する。新市の名称は旧伊那市を引き継いでいるものの、合併の形態としては編入合併（吸収合併）ではなく新設合併（対等合併）であるとされている。

現在の伊那市

高遠町、長谷村と合併することによって、伊那市は県内第三位の面積を誇る市となった。また、国道三六一号線に開通した権兵衛トンネルや、国道一五二、一五三号線によって東京圏と名古屋圏を結ぶ新たな交通・物流ルートとして期待されている。文化面では、歴史的に名高い高遠の桜や城下町としての歴史、中央構造線の溝口露頭を含む南アルプスジオパークといった自然を包摂することになり、様々な顔を持つ市になったといえよう。

伊那市と合併した形となった高遠町と長谷村では、新市発足後の平成十八年四月三十日に実施された市議会議員選挙後の臨時会において、合併前の町長および村長がそれぞれ高遠町地域自治区長、長谷地域自治区長として選任された。そして高遠と長谷はそれぞれ高遠町地域自治区、長谷地域自治区となり、各自治区には総合支所が置かれることとなった。なお、このふたつは合併特例法による地域自治区だが、旧伊那市の区域にもまた地域自治法による地域自治区が置かれており、伊那市役所のほか、六の支所が設置されている。

平成十八年九月一日時点の総人口は七万三五〇人であり、世帯数は二万六六九五であった。ちなみに旧高遠町域の人口は六一一九人で世帯数は二三三七。旧長谷村域の人口は一九五九人で、世帯数は八三一となっている。なお、かつての上伊那一〇市町村では、結局この三市町村が合併したにとどまり、他の七市町村は合併ではなく自立を選択したのである。

民俗変化

合併から今年で九年になるとはいえ、まだ九年である。新伊那市域における民俗変化を把捉することは容易ではない。また、仮に民俗に変化が生じたとしても、それが合併の影響によるものであることを証明することは難しいだろう。さらに、高遠町には合併前から歴史博物館があったが、旧伊那市には郷土博物館のような施設はない。合併後も新市全体を包括するような歴史資料館は今のところ建設されてはいないのである。

民俗変化として強いて特徴的なものを挙げるとすれば、合併前後から盛んになった、分杭峠に対する信仰めいた人気であろう。分杭峠は旧長谷村と下伊那郡大鹿村の境となる、標高一四二四メートルの峠であるが、近年にわかに「氣場」「ゼロ磁場」と呼ばれて観光客を集めるようになっている。

平成七年、民間団体「二一世紀の伊那谷を考える会」が招聘した中国の著名な気功師により、分杭峠にゼロ磁場が発見された。伊那市観光協会作成の案内文によると、断層の両側から正と負の二方向の力が押し合うことによってゼロ場（相殺零場、ゼロ磁場）が形成され、その周辺には未知のエネルギーが集積するという。分杭峠はこのようなゼロ磁場として一時的に話題となったが、来訪者は減少していた。しかし平成二十二年にメディアに取り上げられたことによって再び来訪者が増加し、毎年一〇万人近くの人が訪れるまでになったという。来訪者はゼロ磁場で癒されるということだけでなく、そこの湧水を汲むことも目的としており、そのために三時間も待つことすらあった。

分杭峠はいわゆるパワースポットであり、ゼロ磁場のもたらす効果の真偽のほどは定かではない。しかしここの湧水が汲まれるようになった契機として、老衰状態の犬が湧水を飲んだところ元気になった、それを信じない人がペットの病気の犬に飲ませたらやはり元気になったなどという話があり、それが口コミによって人びとに広まっている。分杭峠の現状は、疑似科学的なお墨付きを得たパワースポットが口承によって人びとに知られるようになっているというものであるが、今後は市による観光へのそれのさらなる利用や、市を代表する新たな信仰対象地への「昇格」といった現象を見ることがあるかもしれない。

小括

旧伊那市、高遠町、長谷村を含む上伊那地域全体における合併協議は、最終的にはこの三市町村のみの合併に落ち着いた。他の市町村では自立を志向する住民組織が結成されれた、合併協議を解消するに至ったところもあったことを考え合わせると、三市町村は合併に成功したとみることができよう。とはいえ、三市町村の行政・住民いずれもが合併に積極的であったわけではないことは、本稿で紹介した意向調査結果からもその一端をうかがい知ることができる。今次の合併は、原則的には「上から」の強制的な廃置分合ではなく、対象市町村間の協議にその成否が委ねられていた。そのため合併へのプロセスにおいて住民の意向を調査する自治体も少なくなく、合併に対して住民が抱く期待や不安が可視化されやすかったといえる。

対象市町村の行政間においても、また住民の側においても、合併に対する温度差は存在した。合併協議における各種住民参加型の理解促進企画やタウンウォッチング、そして合併後にも課題とされた「新市一体感の醸成」という言葉は、合併問題が行政や住民の間にさまざまな差異・葛藤を生じさせたことを示しているといえる。今後市に求められることのひとつは、この「新市一体感」をいかにして醸成させ、伊那市としての独自性を創造することではないだろうか。

［参考文献］

伊那市総務部企画統計課編『伊那市統計書 平成二四年版』伊那市、二〇一三年
伊那市総務部まちづくり対策室編『新「伊那市」誕生までのあゆみ伊那市・高遠町・長谷村合併の記録』伊那市、二〇〇六年
酒井茂「伊那市における合併について――合併協議の経過と今後のまちづくり」『伊那路』第五〇巻第七号、二〇〇六年
山口通之「上伊那地域の平成の大合併の動向（一）――住民意向調査結果の分析を中心に」『伊那路』第四八巻第四号、二〇〇四年
山口通之「上伊那地域の平成の大合併の動向（二）――住民意向調査と最近の動向について」『伊那路』第四八巻第七号、二〇〇四年
山口通之「平成の大合併の概況と感じたこと」『伊那路』第五〇巻第七号、二〇〇六年

（今野大輔）

静岡県浜松市天竜区（旧周智郡気多村）

一　地域の概況

地理

旧周智郡気多村《けた》は、赤石山脈南端の山間地にある。中心部の気田《けた》や、植田《うえった》、勝坂《かっさか》、石切《いしきり》などが気田川やその支流沿いに集落を形成している。太平洋から北上する湿った空気が高地へと上がっていくため、旧気多村を含む旧春野町の年平均気温は一五・四度、年間の降水量は二一九二ミリ、一日最大降水量は二五九ミリと温暖で雨の多い地域でもある。

図１　浜松市に合併された市町村と旧気多村

現在旧気多村が属する浜松市天竜区は、旧天竜市、旧周智郡春野町、旧磐田郡佐久間町、同水窪《みさくぼ》町、同龍山《たつやま》村から成り立っている。面積は浜松市の六〇・六パーセントを占めるが、人口は四・四パーセントにすぎない。旧春野町域の面積二五二・一七平方キロメートルは浜松市の一六・二パーセントにあたり、人口五五〇三人は浜松市の〇・七パーセントとなる。

歴史

古代遺跡の調査では、植田の植田Ⅰ遺跡について、公的な施設であった可能性が示されており、気田の仇山遺跡から出土する遺物の分析からも、一〇世紀後半以降人が活発に活動していた地域があったことが推測される。また、勝坂地内森山の熊野神社には平安時代末の和鏡二面が伝えられている。

中世になると天野氏が気多、犬居、熊切の犬居三カ村を支配する在地領主となる。天野氏ははじめ今川氏に、のちに武田氏に従った。その後、徳川家康が犬居城を攻め、気多は家康の支配下に入った。このときの戦場の一つに、勝坂砦の名がある。この頃、天正十六（一五八八）年に、気多の篠原村から年貢として茶一梱を納めた記録があり、茶の栽培が重要な産業であったことが分かる。

幕藩体制が成立すると北遠地方は全域が天領とされた。その後、徳川頼宣領の時代を経て再び天領とされるが、宝暦十三（一七六三）年に犬居領のうち、気田、植田など七カ村は掛川藩に編入された。寛文十三（一六六三）年の検地では、小《お》俣京丸《またきょうまる》村約一四石、石切村約五五石、勝坂村約三九石、植田村約一四〇石、気田村約一七七石の石高が記録されている。

一方で、この時期石切村の天野家が在村商人として活発な活動をしていた記録もある。天野家が金子を貸し付けた範囲は、大井川流域まで及び、活発な往来が裏付けられる。さらに、葉成茶によって返済する旨を記したケースが多く、茶が重要な換金作物として機能していたことも窺える。

また、慶長八（一六〇三）年に建立された秋葉社が多くの参詣者を集めるようになったのも、近世のこの地域の特徴である。気田は参詣のメインルートである「秋葉山道」からは外れているが、秋葉山から川根、静岡方面への交通路にあたっている。

なお、気田では和田政光という人物が灌漑用水を引いて水田を開墾した。その時期は山村調査の段階で五～六代前とされているが、『春野町史』にはこれについて記述がない。その功績により「田の神」と呼ばれ、「和田政光碑」の前で昭和十年ごろまで田の神祭りが行われていた。

明治維新後、浜松県周智郡に属することになったこの地域では、明治二十二（一八八九）年に宮川村、気田村、豊岡村、石切村、小俣京丸村が合併し、気多村が成立した。重要な産品であった茶葉は、生糸とともに最重要輸出品という位置付けとなり、行政主導で生産改良が図られるようになった。明治後期には静岡県の林業に多大な功績を残した金原明善《きんぱらめいぜん》が小俣京丸地区の人工林造成に着手し、石切や小俣では林業の重要性が高まった。

一方、気田には王子製紙が進出した。のちに初代気多村長となる中村和三郎はじめ一五名が、地所購入の便宜を図ることなどを約した盟約書を王子製紙に提出し、誘致した。工場の建設が始まると、多くの職工のために商店が建って気田の商業が発展した。明治二十二年の年末に操業が開始されると、パルプの原料となる木材の伐り出しのため、石切や勝坂など周辺の山村も賑わった。しかし、明治四十三年の苫小牧工場稼働などから気多工場の重要性は低下し、ついに大正十（一九二一）年に閉鎖が決まった。二年後の工場閉鎖により主力産業を失った気田地区は経済的に苦境を迎えることになった。山村調査が行われたのはこの時期である。

その後、森林鉄道

植田地区の景観

の開通などを契機に林業が活況を呈するようになる。ちょうどその時期に当たる昭和二十八（一九四八）年、町村合併促進法が施行され、犬居町、気多村、熊切村により合併の協議が進められた。しかし、気多村では合併は時期尚早の意見が強く、結局犬居町、熊切村の合併によって昭和三十一年に（旧）春野町が発足した。しかし、静岡県が昭和三十二年三月三十一日付で県の計画に基づき合併するよう勧告書を出し、気多村も一年遅れて合併することとなり、同年八月一日に（新）春野町が誕生することとなった。このときのことは、気田地区の年配者には、町役場の位置は県知事が地図を見て決めたというエピソードとともに記憶されている。「地図を見て」ということは誇張されたエピソードになっているかもしれないが、旧三か町村の激しい誘致の結果なかなか場所が決まらず、県知事の裁定によって解決したことは事実である（「春野町史　通史編下巻」八二四頁）。（旧）春野町と気多村は対等合併であったという意識と、当時は合併を要さない活況にあったという意識があることがうかがえる。

石切地区の景観

世帯数・人口の推移

現在の旧気多村域には一〇九・四四平方キロメートルに二三二七人が暮らしている。この人口は、昭和三十二（一九五七）年に旧気多村が（旧）春野町と合併した際の人口五八四三人の四〇パーセントと既に半数を割っている。世帯数の変遷を見ると、平成十二年国勢調査時に六一三戸で、これは昭和三十二年合併時の五九パーセントである。この数字から分かるように、世帯当たりの人員も減少している。なかでも深刻なのは勝坂、石切の両集落である。勝坂は昭和四十年の六五戸二七七人から、平成二十二年国勢調査で一七戸二六人、石切は同じく四〇戸二〇〇人から、七戸一三人にまで人口を減らしている。もともと戸数、人口ともに少なかった小俣、京丸の両集落は平成二年の国勢調査から居住者なしとなっている。

なお、合併前の平成十二（二〇〇〇）年度の統計で見ると、一年間の他市町村への人口流出は、就業のため浜松、天竜への流出がそれぞれ一〇〇人以上あり、人口減の大きな要因となっている。就業理由での流出入は二四六人の流出超過となっている。通学は流入超過となるため、全体では超過数が減り、二一二人の流出超過である。

産　業　旧春野町の総面積二五二・一七平方キロメートルのうち、山林が八五・五平方キロメートル、利用されていない非課税地が一五六・五七平方キロメートルと、この二つの地目で九六パーセントを占めている。しかし、林業従事者は昭和四十五年の一〇四一人に対し平成十二年は一一四人と約一〇分の一に過ぎない。

農業従事者も昭和四十五年の一七六一人から平成十二年には六〇六人と大きく減らしているが、分野別では製造業、サービス業に次ぐ数字である。主力は茶の栽培で、生葉六億五〇〇〇万円、荒茶九〇〇〇万円は総生産額の約四三パーセントを占める。また、「その他」の項目の生産額が三億五〇〇〇万円で生茶葉に次ぐ数字であるが、これにはしいたけの生産が寄与している。平地の少ない地形を反映して米の生産額は二〇〇〇万円に過ぎない。

工業に目を向けると、四人以上の従業員を要する事業所の数は二五あり、従業者数は四二三人となっている。また、商業では商店数七九、従業者数二〇九人である。

交　通　基幹となる道路は、静岡市から川根本町を通り、春野町を縦貫して天竜に至る国道三六二号である。気田から川根までは狭隘で急曲線も多く、交通量は多くない。一方で、気田から天竜へは十分な幅員が確保されている。平成二（一九九〇）年の同国道の日中一二時間の交通量は、気田から川根本町に向かう杉地区で五五四台、天竜・浜松方面に向かう堀之内地区で二三六八台と大きな差があり、浜松方面の流れの太さが分かる。

一方、同国道から分岐して、森、袋井方面へ向かう県道袋井・春野線も主要ルートである。森には新東名高速道路の森掛川インターチェンジがあり、袋井・春野線を経由して同インターチェンジを利用するのが、静岡・東京方面への最速ルートとなっている。

バス交通は、天竜、袋井両方向から通じる遠州鉄道西鹿島駅から宮川にある春野協働センター（旧春野町役場）へは遠州鉄道バスが運行している。一〇往復のうち下り六本、上り五本は旧犬居村域の春野車庫の終着・始発である。旧気多村中心部まで入るのは静岡鉄道系の秋葉バスサービスで、袋井から森を経由して気多まで八往復運行している。この二本の路線は春野高校への通学路線にもなっている。

一方、山間部へは平成十五年九月から春野町自主運行バスが、平成二十三年からは「春野ふれあいバス」が運行している。この改変時に午後の便が予約制になっている。

二　合併の経緯と背景

合併議論の進行　春野町議会で合併が取りざたされたのは、平成十四年三月定例会の一般質問が最初である。町長は「川の流れ」に沿った流域型合併が自然体であることを答弁した。そして、同年六月議会後の六月十八日に合併検討会が設置された。

一方、浜松市は政令指定都市を目指して浜松市、浜北市、湖西市、天竜市、引佐町、細江町、三ケ日町、舞阪町、新居町の四市六町による環浜名湖政令指定都市構想研究会を発足させた。この際、浜松市は袋井市以西の全市町村に対し研究会の立ち上げを説明、四市六町以外の受け入れの可能性を示した。

これを受けて、八月十五日発行の『広報　はるの』（以下、広報）では「市町村合併をめぐる動き」と題した特集が組まれた。この中で春野町の現状を「行政面積は広く、集落は点在し、行政効率は極めて低く、過疎化と高齢化は著しく進み、農林業を中心とした基幹産業の低迷」と述べている。地方交付税減額の話と合わせ、全体としては合併の意思をにじませた特集といってもよかろう。

十一月二十日には静岡県市町村行政室の担当者を講師として講演会を開催、さらに地区毎に十一月から十二月にかけて意見交換会を開催した。また、十二月には各家庭にアンケートを配布して、意見を集めた。平成十五年に入ると、二月十七日の広報で意見交換会の質疑の抜粋が掲載され、三月十七日の広報ではアンケート結果が公表された。一六歳以上の町民五七〇三人すべてを対象とし、四三八八人の回答を得る大掛かりなものである。アンケートの結果は、賛成四二パーセント、反対七パーセントと、明確な意見を表明した層では賛成が多数を占めた一方、どちらともいえないとした回答が四九パーセントと約半数を占めるというものだった。合併についてどう捉えていいか分からない人が多かったことが窺える。

一方、賛成の理由は「子どもの減少、高齢化《ママ》の増加、介護保険制度、ごみ処理問題など、多くの課題に対応して行くには、合併が必要だと思うから」の一〇一六人、ついで「合併しないと町の予算が少なくなり、今までのような春野町が維持できなくなると思うから」の九八〇人が楽観的な意見を圧倒しており、合併により明るい未来を期待するというよりも、現実の課題に対する危機感が合併を後押しした様子が表れている。あわせて、この広報では静岡大学教授小櫻義明による第二回市町村合併講演会の様子が掲載された。

ところで、これらの動きと合わせ、春野町では十年後には町内の小中学生が半減するというデータを踏まえ、効果的な教育のありかたを検討する「春野町教育課題検討委員会」を発足させた。そして、意見交換会の様子を伝える広報で「合併により教育問題はどうなるのか」という質問に対し、町長が「小学校はともかく中学校については競争意識を持たせる方がよいという意見もあり、『教育問《ママ》題検討会』により統合問題として検討している」と回答したことが示され、学校の統廃合を検討していることが明らかにされた。

五月十三日、浜松市長が北遠五市町村長と面談、さらに十九日に春野町で町長と会談して合併準備会への参加を呼びかけた。合併準備会は六月十日にスタート。この時点で湖西市が離脱、準備会に参加しなかった。

これを受けて各地区での合併問題説明会を六月二十三日か

ら七月七日にかけて開催し、そこでの主な質疑を八月一日の広報で掲載した。掲載された意見は合併後の問題に対する意見が多く、この広報では「町民の皆さんからは合併に対し前向きの意見が多く出され、合併準備会や法定協議会への参加は、町民の皆さんの意向であることを改めて認識いたしました」とまとめた。一方で、合併に対する不安は「合併後年数が経過すれば、春野町は忘れ去られるのではないか？」「合併した場合、浜松市の中に埋没しないように」と、合併後の春野の存在感の低下に向けられてもいた。

浜松市への合併

春野町は八月二十一日に第三回の準備会で「天竜川・浜名湖地域合併協議会」への参加意思を他の一一市町村とともに表明、九月三日の町議会で合併協議会設置議案を可決して正式に合併への参加を決めた。九月二十一日には浜松市長を講師とする講演会を開催して、合併への理解を求めた。あわせて、九月から十月にかけ二度目のアンケート調査を行った。今度のアンケートは、一五歳以上の町民から無作為抽出の八〇〇票を配布する方式となり、合併問題だけでなく、町政の現状や生活環境への満足度も調査するものとなった。回収数は五〇一票である。「新市建設計画に描きたいことは？」という質問では「交通基盤の整備を推進」が二四七人で二位以下を大きく引き離して一位となっている。また、「市町村合併に期待することは？」に対し「春野のイメージ向上と地域経済の活性化、人の往来の活発化」が、「市町村合併で不安に感じることは？」に対し「中心部が良くなり、春野のようなまわりの町村は取り残される」が回答の過半数を超える意見であった。協議会が終盤にさしかかった平成十六年五月、春野町は再度合併説明会を開催した。さらに、十一月にも合併住民説明会を開催した。これが最後の住民の意見聴取の場となり、十二月十日の合併協定書調印式を迎えた。

平成十七年四月一日、合併を三カ月後に控えたこの日に中学校の統廃合が行われ、それまで町内に三校あった中学校が春野中学校一校に統合された。遠距離の通学に備え、スクールバスの運行が始まる一方、気多中学校にあった寄宿舎は廃止となった。そして七月一日の新浜松市発足を迎えたのである。

こうして経過を見ると、当初は合併について分からないという意見が多数を占め、積極的な賛成があったとは言い難い合併ではあるが、過疎化を背景にする将来の春野に対する不安が、合併による存在感低下などの不安を上回って、合併賛成の機運が作られた様子が窺える。一方、町としては国の施策や浜松市の方針といった外部から作られた流れのなかで、合併が避けられないという認識のもと、住民の意見醸成に腐心したことがわかる。

周辺市町村の対応

なお、合併して天竜区となった他の市町村の対応、なかでも住民の意見醸成についてここで見ておくことにする。旧天竜市では平成十四年十一月一日の『広報　てんりゅう』で特集を組み、市民から意見を寄せるよう呼びかけ、翌年一月の広報で市民から寄せられた質問と、それに対する回答が掲載された。また、浜松市長による講演会の開催も春野町同様の取り組みである。アンケートは平成十五年四月に実施された。また、天竜市でも合併に先立って平成十七年からの中学校の統合（六校→二校）を決めている。

水窪町では平成十三年九月に早くも佐久間町との間で「佐久間町・水窪町合併調査研究連絡会」を任意参加の団体ながら組織し、平成十四年三月の『広報みさくぼ』からその報告書の内容を九回にわたり連載した。あわせて、各地区での説明会を開催、公共施設には意見箱を設置した。この連載の途中で、浜松市による研究会の立ち上げがあり、『広報みさくぼ』の内容もこれを受けて十一月から、「政令指定都市構想」と「環浜名湖政令指定都市構想研究会協議内容報告」が加えられた。また、同広報では説明会での住民の意見も五ページにわたり紹介されている。佐久間町との合併には少数ながら「旧町村単位のしこり」「旧町村の間柄」という意見が紹介されていることも注目される。次いで平成十五年一月の『広報みさくぼ』では意見箱に寄せられた町民の声を紹介した。五月には公募の町民四名を含む二一名からなる「水窪町合併問題町民会議」を設置し、七月に町長へ意見書を提出、協議会への参加を希望した。意見書の内容・会議の内容とも七月の『広報みさくぼ』に掲載された。八月二十三日には浜松市長による講演会を開催している。

佐久間町は先述の水窪町との連絡会について平成十三年十月の広報で詳報、やはり九回の連載で町民に説明した。また、地区毎に報告会を開催して報告書の説明と意見交換を行った。七月には早くも報告会で出た意見が紹介されている。佐久間町の場合、こうして報告会の意見を町民に紹介したあとで、浜松市から研究会参加の呼びかけがあった。そして、平成十五（二〇〇三）年四月に『広報さくま　合併問題特集号』が発行された。特に「合併問題の判断材料」と題した項では、項目ごとに「合併せず単独」「水窪町と二町」「北遠五市町村」「政令指定都市」の各選択肢の評価を四段階で示している。そして、地区毎に開催する地域座談会にこの広報を持って参加するように呼びかけた。六月には座談会の結果が報告されている。なお、水窪町での説明会では、静岡市に合併された井川地区の現状はどうかという質問が、佐久間町では「静岡市の井川地区のようにならないよう」という意見が見られ、都市に飲まれた山村の典型例として井川地区が認識されているようで興味深い。その後、浜松市長による講演会も行われている。合併の期日が決まると、『市町村合併を考える』を発行、地区毎の合併協議説明会を開催した。調印式を前に十一月にも市町村合併報告会を開催した。

龍山村では平成十四年八月の『広報たつやま』に、浜松市の企画部長が政令指定都市構想の説明に龍山を訪れ提示した浜松市の案がそのまま掲載され、平成十五年二月から三月にかけて村民対象の合併問題意見交換会が五地区にわけて開催された。この時期に、春野町、天竜市と同様に学校の統合を龍山村でも決めている。平成十六年から小学校、幼稚園が各一校廃止されることになったのである。こうして北遠の五市町村は平成十七年七月から浜松市となり、浜松市が平成十九年に政令指定都市となったことで、天竜区として一つの行政区となった。

市政の変化

合併時に策定された『第一次浜松市総合計画はままつやらまいか創造プラン二〇〇七―二〇一四』では天竜区に関して、「豊かな自然と地域特性」（二七頁）、「地産地消による木材需要の拡大」「豊かな水産資源やバイオマスなど、天竜川、浜名湖地域の特性を活かした産業の育成」「天竜川・浜名湖周遊ツーリズムの展開」（九四―九五頁）が謳われ、こうした大まかな方針は現在まで引き継がれている。

一方、平成十九年の市長選挙では、「一市多制度で地域の特徴を生かしたクラスター型都市」を標榜して市町村合併を推進した北脇保之が、「ひとつの浜松による一体感のあるまちづくり」を掲げた鈴木康友に敗れ、市長が交代、「一市一制度」に方針が転換された。この方針により、旧市町村役場を引き継いだ地域自治センターは平成二十四年に地域振興課、地域生活課を廃止して協働センターへと改組された。また、天竜区内では旧市町村ごとに置かれていた地域協議会が廃止されて天竜区協議会に一本化され、春野町で見ると委員の数が一四人から六人に減らされている。

こうした動きの中、出先機関整理の一環として春野森林文化伝承館の平成二十三年度いっぱいでの廃止が決定された。宮川小学校跡の一画に置かれた小さな施設であった。地域協議会では廃止を認めたが、「天竜区にとって森林林業の再生及び森林文化の伝承は必要不可欠なものであると共に、市の基本政策である環境と共生した社会の実現にも重要な項目であることを認識し取り組みをすること」など二つの意見を付記した。

地域振興の取り組み

一方で、山村調査の対象地域に視点を絞ると、地域活性化のための事業は勝坂で行われている。勝坂では、春野町時代に勝坂神楽が町指定無形民俗文化財に指定された。これを軸に村おこしを進めるべく、平成五年に農林水産省の美しいむらづくり特別対策モデル地区選定を受けて、売店、食堂、コテージなどからなる勝坂神楽の里が整備された。平成六年にはさっそく第七回静岡県景観賞優秀賞を受賞するなどすぐれた取り組みと認められている。

浜松市では春野町指定の文化財はそのまま文化財指定を維持し、またこの事業も平成十八年から浜松市春野美しい森林むらづくりモデル施設と位置づける一方、同年に公共施設の指定管理者制度への移行対象に勝坂神楽の里を加え、静岡市の民間企業二社の共同運営としている。平成二十四年度の利用者はコテージ宿泊が二九五人、売店の食事物販が四〇七人、イベント参加者五五人となっている。また、勝坂小学校の校舎は原状をとどめたまま残されており、映画等のロケ地として使用されることがある。その謝礼が支払われた場合は、自治会費に加えられている。また、コンサートなどのイベント会場としても活用されている。

このように、勝坂には地域活性化の動きはあるが、施設は指定管理者の運営で、コテージへの宿泊者があっても勝坂の人の暮らしと関わるわけではなく、限界集落の状況は改善していない。神楽自体も祭礼に合わせて帰ってくる長男をはじめとした家族が頼みの綱であり、予断を許さない状況である。

地域活性化への道筋が見えないなか、合併後に表れた「ひとつの浜松」の方針のもと、行政の効率化は進行している。浜松市は平成二十二年に策定した浜松市行政経営計画で、「選択と集中」による経営資源の有効活用を掲げる一方、都市経営計画の重点戦略には、「中山間地域の住民が愛着と誇りを持って、今後も、いきいきと生活していくことができるように、地域の魅力を高め、住民生活の維持・向上を図ります」としている。都市部から限界集落まで抱える巨大都市が、選択と集中を掲げながら中山間地域の活性化を図れるのか、今後の取り組みが注目されるところである。

三　民俗の変化

山村調査時の気多村

山村調査が行われた昭和九（一九三四）年は、気田地区にとってはちょうど王子製紙撤退後の過渡期といえる時期であり、その生活の苦しさが端々に記録されている。橋浦泰雄による採集手帖には「全村民が破産状態」という記述すらある。新しく始まった職業の項目には気田、植田、勝坂の三地区で旅館、商店が挙げられている。これらは王子製紙進出後にできたものと推測することができる。それゆえ、特に工場への依存度が高かった気田では窮乏が目立つ状態になったと思われる。しかも、王子製紙操業期に米を常食とするようになっていたが、水田の少ない気多村では米は外から買ってくる商品であったため、撤退後の生活が余計に苦しくなったのであった。このため、男なら大井川の流木、女なら豊橋、浜松の紡績・製糸工業への出稼ぎも行われた。

一方、気田ではアユ、あめの魚（ヤマメ）、ウナギがよく獲れ、移出するほどであったため食べ物はやや上等であったと記録されている。ヤナ漁が行われたのは気田より下流部であった。それに対し、小俣、植田、石切、勝坂では販売できる産品が茶と椎茸のみであったため、食事は概して下等であったとされている。主食としては、ときに粟や稗も混ぜた麦飯、トウモロコシ、カチ芋が用いられていた。ヤブヤキと呼ばれた焼畑はこの頃少なくなったとされており、これらの雑穀類は主に定畑で栽培されたと考えられる。また、春先にイノシシやシカを獲物とする総狩があった。

経済生活

山村調査後の気田の転機は発電所が造られたこと、森林鉄道の開通である。発電所の存在も林業に影響を与えている。気多には昭和四（一九二九）年稼働の気田発電所と昭和十三年稼働の豊岡発電所の二つがあるが、これらはともに水路式の発電所である。昭和十三年から、天竜川材木商同業組合と東邦電力との契約により、この水路を木材搬出にも使えるようになった。一方、気多森林鉄道は豊岡発電所の工事も一つの契機として整備が進められ、昭和十年から十五年までかけて気田対岸の金川から水窪町門桁《かどけた》倉柱の御料林まで開通し、木材輸送や沿線への日用物資を運んだ。この二つの運搬路ができたことで、勝坂や石切でも林業が盛んになり、新たな生活の基盤が確立した。

豊岡発電所

戦争による統制の時代を経て、戦後の林業はこの地域の基幹産業であった。気多森林鉄道が昭和三十四年に姿を消した一方で、林道の整備が進められ、昭和三十九年までに石切、小俣、京丸への林道が開通し、森林鉄道の跡も道路に転換された。

昭和四十年代からは徐々に人口減の傾向が見え始める。最初に影響が出てきたのは小学校である。（新）春野町域における小学校在学児童は昭和三十五年をピークとして減少が続いている。もともと児童数の少なかった石切小学校小俣分校が昭和四十一年に本校へ統合になると、勝坂小学校は昭和四二年に、石切小学校が昭和四十四年に、ともに豊岡小学校に統合された。その豊岡小学校も昭和五十五年に気田小学校に統合され、山村調査対象地区の小学校はすべて統合された。気田小学校は昭和四十七年に宮川小学校も統合しており、旧気多村域の小学校は一つに統合されたのである。

産業面で見ても、林業の衰退が徐々に目立つようになり、天竜森林管理署気田事務所は平成十三年に廃止された。また、二つの水力発電所は無人化され地元の雇用とは関わりの無い施設になっている。かつての林業のような経済を支える大規模な産業がないなか過疎化が進行し、現在では小俣、京丸は廃村となり、勝坂、石切は限界集落となっている。

信仰生活　現在の信仰生活で特筆すべき点として、水田耕作を行い、イセギ（井堰）山の権利を持つ「田持ちの衆」によって、市町村合併の直前に新たに和田政光報恩碑と水神社が建立されたことが挙げられる。先述の「田の神」和田政光碑の歴史を意識した取り組みである。田の神祭りが行われなくなった後、和田政光碑は仇山《あだやま》の共同墓地に移され、気田地区の水田耕作の歴史を伝える存在にはなりえていなかった。そこで、古文書に名前の残る農家を中心に寄付を募り、水神社を建立することになったのである。新たに「田持ちの衆」の歴史とつながりを象徴する存在が現れたという意義を持つ点で特徴的である。

　また、勝坂では先述したように神楽が文化財指定されていることから、限界集落ながら熊野神社の祭礼が維持されている点が注目される。急速な過疎化が進むなか、青年団の活動も昭和四十年代には停止するなど、社会生活が衰退してきた環境下で、年に一度であれ帰省する家族をはじめ、多くの人が集まる機会となっていることは信仰・社会生活両面で重要な意義を持っている。

小括

　近代の旧気多村地区は、林業の変遷と地区の盛衰が軌を一にしていた。王子製紙工場の進出がパルプ用木材の伐り出しと新しい商売の出現で状況を一変させ、撤退により一転して困窮に陥った。

　次いで、森林鉄道の開通などを契機とする再びの林業の隆盛が、繁栄をもたらした。このことが、昭和の大合併では一度は合併を拒否し、県の指導により一年遅れて加わるということにつながった。春野町誕生時にはそれだけ旧気多村の自立心と地域への誇りが強かったと見ることができる。

　しかし、林業の衰退以降続く急激な過疎高齢化の進行は、平成の大合併では、合併しないことによる不安が、合併されて忘れ去られることへの不安を上回るという状況を惹起し、自ら浜松市への合併を選ぶこととなった。

　その肝心の浜松市の方針は、人口比からいえば旧春野町の住民の意向を反映させるのは極めて難しい市長選挙により切り替わり、現在は市議会に占める天竜区の定員は三と合併前の市町村数を下回り、さらに旧自治体ごとに置かれた地区協議会も天竜区で一つに縮小されるなど、忘れ去られるという不安は的中しつつある。政令指定都市となった浜松市が今後どのような中山間地域政策を立てていくのか予断を許さない状況である。

　一方で、天竜区となった五市町村のうち、春野町を含む三市町村で合併直前に学校統廃合が行われたことも見過ごせない。いずれも、市町村合併の議論と並行して学校統廃合の議論も進められ、浜松市になる前に統廃合を実行しているのである。学校統廃合も市町村合併と付随して起こる動きであることは、地域社会の変化を考える上で重要な要素であろう。

［参考文献］

『はるの・生命の鼓動　町制施行四五周年記念要覧』春野町、二〇〇二年
『春野町史　通史編　上』春野町史編さん委員会編、春野町、一九九六年
『議会だより　はるの』春野町

（髙木大祐）

和歌山県田辺市龍神村（旧日高郡上山路村）

一　地域の概況

地理

龍神村は和歌山県の中央東部に位置する。村の面積は二五五・一三平方キロメートルあり、その九五パーセントが森林である。また面積の七〇パーセントが標高五〇〇メートル以上の山地である。標高一三七二メートル余の護摩壇山を筆頭に、急峻な山々が連なる。その護摩壇山を水源とする日高川が村内を流れ、集落は主に同川に沿って展開している。平成二十四年の『和歌山県の気象（年報）』（和歌山地方気象台）によれば、日平均気温は一二・八度あり、年間降水量は三一六九ミリメートルである。

歴史

龍神村地域は、高野山から熊野方面へ通じる道が通り、古くより修験者たちに利用されていた。「続風土記」にも、現在龍神村の湯本にある温泉寺についての記載がある。中世には、竜神氏が殿垣内《とのがいと》を本拠として活躍した。その後、応永年間には広井原の小川氏や山路《さんじ》郷の玉置氏らが威勢をふるった。玉置氏は、後に在地の名である山路氏を名乗り山路郷武士団を束ねるようになる。この山路氏の本城は鶴ヶ城と呼ばれ、現在も本丸・付曲輪などの跡が遺されている。

図1　合併市町村位置図

江戸時代に入ると、当地域は浅野幸長の所領となり、寒川谷村組・山路組・山路谷組の三組・一四カ村が存在した。その後、紀州藩の支配下に入ると、一組に編成され、村数も一九に増えている。龍神温泉が発達したのも、この江戸期のことであった。紀州藩の初代藩主徳川頼宣以来、温泉は代々保護を受け、また代々藩主の遊興の地ともなっていた。

明治四（一八七一）年に和歌山県の所属となり、同十二年に日高郡となる。同二十二年には市制・町村制の施行によって、龍神村・上山路村・中山路村・下山路の四カ村が成立した。この四カ村が、昭和三十（一九五五）年に合併し、龍神村となった。

世帯数・人口の推移

昭和三十年以降、平成二十二（二〇一〇）年までの人口の変化を示したのが表1になる。これを見ると、人口が大きく減ってきていることが明らかであり、現在の人口は、昭和三十年の半分にも満たない。

一方で世帯数については、昭和六十年までは漸減傾向にあったものの、近年はやや持ち直してきている。そのため、一世帯あたりの人口は昭和三十年の四・九人に対して、平成二十二年は二・三人となっており、大きく数を減らしてきている。また人口構成については、昭和三十年には年少人口（〇～一四歳）が三六パーセント、生産年齢人口（十五～六四歳）が五七パーセント、老年人口（六五歳以上）が七パーセントであったのに対し、平成二十二年では年少人口が一三パーセント、生産年齢人口が六〇パーセント、老年人口が二七パーセントとなっている。これを見ると、年少人口が減少して老年人口が大きく増える少子高齢化が顕著である。

表１　龍神村人口の推移　（単位：人・戸）

区分	人口			世帯数
	男	女	計	
昭和 30 年	4,200	4,258	8,458	1,732
昭和 40 年	3,736	3,715	7,451	1,785
昭和 45 年	3,069	3,294	6,363	1,672
昭和 50 年	2,898	2,963	5,861	1,666
昭和 55 年	2,600	2,753	5,353	1,631
昭和 60 年	2,480	2,630	5,110	1,595
平成 2 年	2,370	2,477	4,847	1,627
平成 7 年	2,272	2,370	4,642	1,669
平成 12 年	2,153	2,308	4,461	1,635
平成 17 年	2,156	2,321	4,477	1,746
平成 22 年	1,954	2,153	4,107	1,755

出典：『龍神村村勢要覧』・『田辺市統計書』

産業

龍神村は古くより農業・林業を産業の中心とし、山地松煙・山地茶・山地紙などの特産物があった。しかし、近年は農業・林業とも衰退の一途をたどり、椎茸や木炭などの産物がある程度となった。

表2は、昭和五十年より、平成十二年までの産業別就業者数の変化を表したものである。これを見ると、農業・林業を中心とする第一次産業の就業者が大きく減り、一方で第三次産業は増加してきている。人口が減っていく中で、農林業を中心とする山村から、サービス業を中心とする観光の村へと変化してきていることが看取できよう。

表２　龍神村 産業別就業者数の推移（単位：人）

区分	昭和 50 年	昭和 60 年	平成 2 年	平成 7 年	平成 12 年
第 1 次産業	1,125	801	609	576	391
農業	661	530	388	362	312
林業	460	269	221	212	73
水産業	4	2	–	2	6
第 2 次産業	690	647	719	748	619
鉱業	26	12	6	4	5
建設業	388	338	364	398	366
製造業	276	297	349	346	248
第 3 次産業	927	1,001	1,065	1,030	1,082
卸売・飲食店	213	263	258	274	266
金融・保険業	27	26	29	26	17
不動産業	3	–	2	3	–
運輸・通信業	119	96	82	72	67
電気・ガス水道業	11	10	6	5	11
サービス業	450	510	589	536	605
公務	104	96	99	114	116
分類不能	4	–	1	–	–
総数	2,746	2,449	2,394	2,354	2,092

出典：『和歌山県・龍神村 平成 15 年版村勢要覧資料編』

次に、農業・林業・観光業の現状についてみてみたい。まず農業について。表3は、平成二十二年二月における龍神村と、旧田辺市ほか三町村の農家総数および農家の形態を示したものである。これをみると、龍神村では約六五パーセントが自給的農家であり、販売農家は四割にも満たない。専業農家にいたっては、約一〇パーセントほどである。

表３　田辺市地区別農家数　（単位：戸）

区分	農家総数	販売農家				自給的農家
		専業農家	兼業農家			
			計	第１種	第２種	
旧田辺市	2181	874	1022	419	603	285
旧龍神村	483	52	120	12	108	311
旧中辺路町	292	66	71	6	65	155
旧大塔村	213	67	36	5	31	110
旧本宮町	200	28	31	2	29	141

出典：『田辺市統計書』

旧田辺市をのぞく他三町村も概ね自給的農家の割合が高い。一方で、旧田辺市は専業農家の割合が四〇パーセント、兼業農家を合わせた販売農家は全体の約八七パーセントとなっており、他の四町村とは大きく異なった状況となっている。自給的農家の優勢な山村地域と、販売農家が大多数を占める旧田辺市域という構図が浮かびあがってくる。なお、龍神村内でみると、下山路地域の販売農家の占める割合がやや高くなっている。

　次に林業について。『龍神村森林組合のあゆみ』によれば、森林面積は二万四一六七ヘクタールあり、村総面積の九五パーセントにあたる。その大半は私有林である。現在の村の林業の中心となっているのは、昭和四十（一九六五）年に設立された龍神村森林組合である。組合員数八一四名、役員・職員・作業員数一一〇人（平成二十二年度現在）であり、林産・販売・建築・森林造成などの事業を行っている。龍神村の林業も、他の山村地域と異なることなく、安い外材に押され、苦戦が続いている。こうした中、平成二十二年十一月には森林組合を権利者として、「龍神材」を地域団体商標として登録した。これは、江戸時代以来の伝統ある龍神村林業の「龍神材」をブランド化し、差別化を図る戦略として注目される。

　最後に観光業について記す。龍神村は、古くより龍神温泉として名高く、観光客が多く訪れる場所であった。「龍神村入込観光客数」の統計によれば、昭和五十五年以降、観光客数は増加しており、平成七年以降はおおむね七〇万人以上を維持してきた。そして、「紀伊山地の霊場と参詣道」が世界遺産登録をされた平成十六年には七四万七〇〇〇人余となったが、以後は、漸減傾向にある。

日高川と龍神村遠景

交通・交易

　村内を国道三七一号が通っている。北は高野山へと続く高野龍神スカイラインがあり、南西部では、県道二六号（御坊《ごぼう》美山《みやま》線）が日高川に沿って御坊市へと通じ、一方で県道二九号（田辺龍神線）が虎ヶ峰峠を越えて旧田辺市域へと通じている。

　旧来は、この御坊や南部《みなべ》との結びつきが強かったが、昭和四十二（一九六七）年に虎ヶ峰トンネルが開通してからは当時の田辺市との結びつきが強化された。これは今回の市町村合併の一つの因ともなっている。

なお、ＪＲ紀伊田辺駅から龍神温泉まではバスで一時間二〇分余、高野山からはバスを乗り継いで二時間一〇分余（乗り継ぎ時間を含む）かかる。

二　山村調査実施時の龍神村

昭和九（一九三四）年から十年にかけて、後に龍神村の一部となる上山路村の調査を行ったのが倉田一郎である。ここでは、倉田が記した「採集手帖」と「南紀山村誌」に基づきながら、当時の状況についてまとめたい。

社会生活　昭和七年の上山路村の人口は、戸数五四〇で人口は二四七四人であった。この頃、都会へ笈を背負ってでる学生や村外への婚姻関係が多くなる一方、村外からの家族同伴の山稼ぎが増えているとする。上山路村の人口は、安定して推移していた。

上山路村では、ユヒは、テマヲスルと言われ、農事・山仕事に存在していた。また祝儀の時には手伝いはなかったが、不祝儀の時は、近所の人や親戚が手伝いをしていた。贈答については、他の人の山から薪をもらう場合は、盆と正月に贈り物をしていたという。また、年齢階梯集団については、上山路村青年会があり、村有林の整理、学校有林の整理を行い、会の財産としていた。

経済生活　昭和八年における上山路村は、全面積の九四パーセントが山林（面積四〇七八・五三町）であり、田畑・宅地はわずかであった。作物としては、米・麦・大豆・小豆・蕎麦・甘藷・馬鈴薯・粟などが生産されていたが、そのほとんどは自給用であり、米にいたっては需要の三割しか満たしていなかった。そのため、七割の米および、酒・魚・獣肉・砂糖・醤油・呉服・日用品は村外から移入されていた。一方で、村から移出されるものは、木材・木炭・松煙・椎茸・カミソなどであった。典型的な山村型経済生活が形成されていたのである。

信仰生活　講については、観音講と庚申講があったことが確認されている。観音講は、毎月十三日、男女ともに檀那寺である臨済宗大応寺に集い御詠歌の御勤めを行っていた。庚申講は、年六回行われ、小豆粥・小豆飯の振る舞いがあった。また四年に一度に庚申塚で供養が行われ、供養木も立てられていた。

三　市町村合併の背景と経緯

龍神村は、平成十七（二〇〇五）年五月一日に同県の四つの自治体（田辺市・西牟婁《むろ》郡中辺路《なかへち》町・同郡大塔《おおとう》村・東牟婁郡本宮《ほんぐう》町）と合併し、新たな「田辺市」の一部となった。明治や昭和の合併と異なり、日高郡という郡域を越えた合併となっている。本節では、この市町村合併の背景と合併にいたる経緯、また合併後の課題などについてまとめたい。

合併した自治体の概況

まず、合併した五市町村について、その面積や人口などをまとめたのが表4となる。

面積では田辺市が最も小さく他四町村の方が大きい。しかし、龍神村にいたっては、田辺市の二倍以上の面積がある。逆に人口については、田辺市が圧倒的に多く、他の四町村を加えても、田辺市の四分の一にも満たない。また六五歳以上の人口の占める割合も、田辺市だけが二割台であり、他四町村は三～四割と異なっている。

表4　5市町村合併直前時の状況

市町村名	面積(km2)	人口（人）	高齢化率
田辺市	136.42	70,360	20.20%
龍神村	255.13	4,461	33.90%
中辺路町	211.95	3,710	35.10%
大塔村	219.06	3,246	30.80%
本宮町	204.06	3,869	37.30%
5カ市町村計	1,026.62	85,646	22.70%

出典:『自然と歴史を生かした新地方都市の創造』

次に、各自治体のアウトラインを示しておきたい。田辺市は、古来より港町として発展し、熊野三山への入口としても栄えた。江戸時代は、紀州藩執政安藤直次の領地となり、城下町として発展をみる。現在も、紀南地方の政治・経済・文化の中心地となっている。中辺路町は、その町名が示すように熊野三山への参詣道（中辺路街道）に位置する。参詣の道として今も多くの観光客が通過している。大塔村の名は、後醍醐天皇の皇子護良親王の宮名「大塔宮」に由来する。親王が熊野へ落ち延びる途中、この地に滞在したとされる。山林豊かな村であり、林業の就業人口も高い。本宮町は、熊野本宮大社の所在地であり、古くから熊野信仰の中心地として栄えてきた。中世には熊野別当が置かれ、近世には紀伊藩主と新宮領主とによる支配を受けた。「紀伊山地の霊場と参詣道」として世界遺産となり、ますますその観光地としての価値を高めてきている。

合併の背景

田辺広域合併協議会が平成十六年五月に発行した冊子『自然と歴史を生かした新地方都市の創造』には、「合併の必要性と背景」として次の四点を挙げている。

①　少子高齢化社会の進展
②　地方分権の進展と地域間競争時代の到来
③　国・地方を通じた厳しい財政状況
④　住民ニーズの高度化・多様化

このうち、①の少子高齢化社会については、合併をする五市町村の六五歳以上の人口比率は高く（平成十二年時点で二二・七パーセントとなっており、国の平均一七・三パーセントを上回る）、全国よりも十年程度高齢化が進んでいるとしている。

この五市町村が最終的に合併したのは、(1)田辺市周辺町村として合併協議が行われてきた経緯、(2)田辺市周辺広域市町村圏組合に田辺市・龍神村・中辺路町・大塔村が加わっているなど一部事務組合の結合、(3)国道三一一号を通じて田辺市と中辺路町・大塔村・本宮町が結ばれているという交通の状況などの理由による。

また、龍神村にとっては、田辺市と合併することに大きな意義があった。日高郡に属し、村内を日高川が貫流する龍神村は、元々郡内の中心地であり、河口にあたる御坊との結びつきが強かった。特に林業においては、明治期には運材を日高川に頼り、流筏や管流しによって龍神村産の材木は全て河口の御坊に運ばれていた。その後、大正八年に紀南索道が開設されると距離的に近い田辺にも搬出されるようになった。その割合は三～四割程度であったとされる。しかし、昭和二十八（一九五三）年七月の大水害によって日高川流域が大きな被害を受けると、その復興の過程で道路が整備され、木材運搬もトラック輸送に切り替えられていき、日高川の筏流しも消えていった。田辺市と龍神村を結ぶ最短ルートでありながら、最大の難所が虎ヶ峰峠であった。昭和四十二（一九六七）年にこの峠を越える虎ヶ峰道路が開通すると、田辺市への木材搬出が決定的になるとともに、田辺市と龍神村の生活上の結びつきも深まることになったのである。龍神村にとっては、身近な地方都市として、田辺への依存度が高まっていった。このことが合併の背景にある。

合併の経緯

昭和四十六（一九七一）年、十市町村（田辺市・龍神村・南部川村・南部町・白浜町・中辺路町・大塔村・上富田町・日置川町・すさみ町）により、田辺周辺広域市町村圏組合が設置された。これにより、広域行政が進められる一方、市町村合併についての調査・研究も進展した。それをふまえて、平成十三（二〇〇一）年五月に田辺周辺市町村合併研究会が設置される。この研究会は、十の市町村の助役や合併担当者によって構成され、現在の各市町村の現況の把握や合併協議の基礎資料の作成などを目的としており、平成十三年度中に十回の研究会が開催されている。

平成十四年四月にはこの十の市町村の首長・助役、議会二名、民間委員二名から構成される田辺広域任意合併協議会が設置された。任意合併協議会は五回開催され、その中で南部町・南部川村は不参加を表明し、また白浜町は九月までオブザーバー参加となった。同年七月一十三日に、七市町村からなる田辺広域合併協議会が設置された（首長・助役、議会二名、民間委員二名から構成）。その後同年十月には本宮町が加入するが、平成十五年四月に日置川町とすさみ町が離脱、平成十六年一月には上富田町が離脱し五市町村となった（田辺市・龍神村・大塔村・中辺路町・本宮町）。この間、合併協議会のほか、「新市の名称の選定等に関する専門委員会」や「議会の議員の定数の取扱い等に関する専門委員会」も開催されている。

こうした協議を経て、平成十六年三月から六月にかけて、住民説明会が五市町村の八十二会場で開催され、二三六九名が参加した。説明会実施後の六月十九日に、合併協定書の調印式が田辺市内のホテルで執り行われ、合併が正式に決定された。

その後は、事務事業の調整や移転作業が進められた。龍神村では、平成十七年四月十七日に龍神村民センターにて閉村式が、四月二十八日には閉庁式が行われた。ここに五十年にわたる龍神村としての歴史は終幕となったのである。新たな田辺市の開庁式は五月二日に行われ、また同月中に合併に伴う市長、市議会議員選挙が執行され、市長選挙では前中辺路町長の真砂充敏氏が当選している。

なお、新市の名称については、和歌山県在住者を対象に一般公募された。その結果、前述の新市の名称についての専門委員会で、⑴田辺市、⑵みくまの市、⑶紀南市、⑷南紀州市、⑸牟婁市の五点を選定したうえ、最終的に「田辺市」に決定された。

また、合併に伴って町・字の区域および名称も変更された。龍神村では、町・字の区域の変更はなく、現行の大字名の前に「龍神村」を付し、「大字」の字句を削除したものとなる。たとえば「旧・日高郡龍神村大字西○○番地」は、「新・田辺市龍神村西○○番地」、と変更される。このように、龍神村という名前は行政地名の中に残されたのである。本宮町と中辺路町も同様であったが、大塔村だけは残されず、たとえば「旧・西牟婁郡大塔村大字鮎川○○番地」は、「新・田辺市鮎川○○番地」となった。

龍神村の意向

龍神村では、田辺市との合併に向かうという方向性が打ち出されたあと、地区懇談会などが行われ、その後平成十四年十月、村内一〇〇〇人を対象に合併についてのアンケート調査が行われている（『広報りゅうじん』二五二号）。中学生を除く一五歳以上を対象に、コンピューターで無作為抽出し、アンケート票を配布している。回収率は五八・二パーセントであった。

そこでは、「村長の合併やむなしとの方向に理解していただけますか」という問に対して、二四・二パーセントが「理解できる」とし、四七・八パーセントが「やむをえない」とし、一三・七パーセントが「わからない」と回答している。積極的・消極的を合わせても、合併に賛成という村民がこの時点でも七割を超えている。しかし、一割を超える反対者も存在している。

合併についての「どのようなことが不安と思われますか」という問いについて最も多い回答は、「市町村合併後の中心地域と周辺地域で格差が生じる」で、二二・四パーセントを占め、次に「市町村の区域が広くなり、住民サービスが低下する」で一八・四パーセント、三番目には「議員の数が減少することにより、住民の意思が行政に反映されにくくなる」の一五・四パーセントであった。このように、中心市となる田辺と周辺町村の格差や、合併によってむしろ日々の生活が不便になることへの危惧が示されている。

こうしたことは、同年八月に行われた地区懇談会でも、出席者から意見として述べられている。また、この席では、「トンネルを抜いて、日高川の水を田辺へ持っていくことはないのか」や「村内の一番端である。医療、経済はすべて御坊であり、田辺地域への合併は具合は悪い。田辺以外に合併の呼びかけはなかったのか。」といった発言もある（『広報りゅうじん』二四九号）。龍神村は、田辺との結びつきは深いものの、村内の小家《おいえ》地域などは、依然として御坊市との結びつきが深い。田辺市との合併によって不利益を被ることになるのではないかと危惧していることが読み取れる。

同年九月には、龍神村地域母親集会実行委員会が市町村合併についての勉強会を開催し、ここでは合併に理解を求める村長に対し、合併に反対する意見が相次いで出された。また同月に発足した「龍神村の合併を考える会」が、合併方針の白紙撤回を村長に求めている。また、合併協議が大詰めを迎えた平成十六年六月には、「龍神村合併問題村民会議」が龍神村と村議会に、一八九二人の署名簿を提出し、田辺広域との合併再考を求めている。龍神村議会は、この請願書を不採択とし、合併関連議案を採択しているが、龍神村において合併反対をめぐる運動は根強く展開されていたのである。こうした動きは先に掲げていた、住民の合併に対する不安をバックボーンとしていたと思われる。こうした問題点を抱えながらも、龍神村は合併へ踏み切ったのである。

新「田辺市」の目標と課題

新「田辺市」は、総面積一〇二六平方キロメートルとなり、和歌山県全域の二割を超える、県下最大の自治体となった。日高川・富田川・日置川・熊野川という四つの水系を持ち、日高郡・東牟婁郡・西牟婁郡の三つの郡にまたがっている。地域内は中心都市の田辺市から国道三一一号で大塔村・中辺路町・本宮町につながっている。龍神村は、県道田辺龍神線で田辺市と、県道龍神中辺路線で国道三一一号の沿線町村と結ばれている。

それでは、新たな田辺市はどのような都市を目指していくのか、またその上で課題となることは何かをまとめたい。

平成十六年六月に田辺広域合併協議会がまとめた「市町村建設計画」では、「自然と歴史を生かした　新地方都市の創造」を進めるとしている。つまり自然、歴史、文化などの地域資源の豊かな山村地域と、都市的地域が一体化した新しい地方都市を目指すということだ。新田辺市域には、熊野本宮大社・熊野古道という世界文化遺産があり、また龍神温泉や湯の峰温泉などの観光地も多く見られる。加えて、中心となる都市的地域は県南部の中核となる場所である上、京阪神地域や関西国際空港とも約二時間の時間距離で結ばれている。こうした至便性を活かしつつ、新たな観光都市として今後大いに飛躍が期待されるところであろう。

その上で課題となってくるのは、旧五市町村の連携を深めていくかということであろう。旧田辺市と他の四町村とは、人口や高齢化率でも大きな開きがある。また産業構造も大きく異なっている。そうした自治体がそれぞれの個性を生かして、協働態勢をとることが大切なのだが、一つ間違えればお互いの差異を強調し、それはたちまち不協和音へと発展していく。特に、旧田辺市が都市的機能を担うとされるが、四市町村をカバーして、そうした機能を果たしていくことが注目される。

また、山村地域の側にも連携の障害ともなりうる問題がある。それが世界文化遺産「熊野古道」の問題だ。現在、世界遺産として内外から大きな観光客がやってきており、地域に大きな経済的利益をもたらしてきている。反面、この世界遺産への観光ルートから漏れた地域や、それ以外の観光地との格差が生じ始めている。こうしたことがやがて、田辺市内の格差や序列意識となって、自治体としての一体感を失わせる原因ともなりうる。

四　合併後の生活の変化

人口と産業

田辺市の人口の推移をみると、総人口は漸減傾向にあり、それは合併の行われた平成十七年以降も変わっていない。龍神村においても、人口は減少しており、少子高齢化も進行している。

平成二十二年の田辺市の工業生産で見ると、木材・木製品を扱う事業所は一四あり、製造品出荷額は三七億円余に上っている。これは全工業製品の出荷額三六八億七千万円余のおよそ一割を占め、産業別では、食料品に続いて第二位となっている。こうした木材・木製品の中には、旧龍神村や大塔村など山村地域で伐り出されたものが、旧田辺地域へ運ばれ、さらに東京などへと出荷されていくものもある。合併前には行政の枠組みを跨いでいたものが、一つの市の内で実現することができるようになった。林業生産を通じて、田辺市内に新しい一体感が醸成されつつあることは大きな変化の一つであろう。

民俗

民俗については、合併から八年しか継続しておらず、大きな変化があったということはない。ただし、課題は多い。旧村町地域では一様に住民の高齢化が進んでいて、民俗の保持が難しくなっているにも関わらず、田辺市として民俗の保存や記録に向けた態勢が十分に取られているとは言い難い状況だからである。財政上の問題もあると思われるが、田辺市には平成二十五年八月現在、民俗学専門の職員はいない。こうした状況が続けば、大切な民具や無形文化財の保持が難しくなっていくと思われる。

小括

以上、本節では、龍神村の合併にいたる経緯等を分析した。龍神村は本来、日高川を通じて河口の御坊との結びつきの方が強かったが、筏による木材の運送がトラック運送へと変化し、また田辺市と龍神村との間に立ちはだかっていた虎ヶ峰にトンネルが開通する中で、同市との結びつきが強まっていった。こうしたことを背景として田辺市を中心とする合併へと至ったのである。合併後は、林業生産などを通じて新しい田辺市として一体感が醸成される一方、市内にある世界文化遺産「熊野古道」を各地域の特性にも配慮しつつ、どのようにアピールしていくか等、新たな課題も生じてきている。そうした中で、龍神村の社会生活や民俗にどのような変化が起こっていくのか、今後も調査を継続していく必要があると思われる。

また、もうひとつ課題として挙げておきたいのは、合併にあたって龍神村の住民が表明していた不安が、はたして現実のものとなるのかということである。山村である龍神村地域と、田辺の市街地で格差が拡大し、前者では合併前よりも日々の暮らしが不便になるのではないかという危惧を多くの住民が抱いていた。この問題は、合併後わずかな期間で判定できるような事象ではない。今後も注視していく必要があろう。

なお本書の論考編では、群馬県吾妻郡を事例として、明治の大合併時の山村地域で一つの行政村が形成されていく過程を検討した（論考編第3章参照）。龍神村で生じたような合併に対する不安は、すでに明治の大合併時にもみることができる。山村地域の合併の問題を歴史的にたどる意味で、あわせて参照いただきたい。

［参考文献］

「角川日本地名大辞典」編纂委員会・竹内理三編『角川日本地名大辞典三〇　和歌山県』角川書店、一九八五年

倉田一郎「南紀山村誌――和歌山県日高郡上山路村」『地理学』四巻一号〜三号、一九三六年

政策調整部政策調整課編『田辺市・龍神村・中辺路町・大塔村・本宮町合併の記録「田辺市」誕生』田辺市、二〇〇五年

森岡清美・高橋泉「南紀山村の生活変化とその要因――和歌山県日高郡龍神村上山路地区」『山村生活五〇年その文化変化の研究　昭和六〇年度調査報告』成城大学民俗学研究所、一九八七年

龍神村誌編さん委員会編『龍神村誌下巻』龍神村、一九八七年

『自然と歴史を生かした新地方都市の創造』田辺広域合併協議会、二〇〇四年

『平成十五年度龍神村村勢要覧』和歌山県龍神村、一九九三年

『龍神村森林組合のあゆみ』龍神村森林組合、二〇一一年

（山﨑久登）

兵庫県佐用郡佐用町海内（旧佐用郡石井村海内）

一　地域の概況

地理

佐用町は兵庫県南西の内陸部に位置し、西播磨とよばれる地域を構成している。西は岡山県に接し、北は鳥取県境に近い。面積は三〇七・五一平方キロメートル、総人口は平成二十五（二〇一三）年七月三十一日現在で一万九〇三七人、世帯数は七〇八七世帯である。

海内《みうち》集落は、佐用町の北部、佐用川の支流である庵《いおり》川をさかのぼった最奥にある（図1）。平成二十五年四月現在の戸数は三七戸で、庵川上流二キロメートルほどの川沿いに家屋とわずかな水田が点在し、家屋の裏山に畑がある。全体的に山がちな地形で、平坦地がきわめて少ない。集落面積四・八三平方キロメートルのうち山林面積が四・四六平方キロメートルを占める（平成二十二年の町役場資料より）。庵川は、海内から桑野・庵の各集落を経て、因幡街道の平福《ひらふく》で佐用川に合流するが、全体に流れはゆるやかで川幅が狭い。降水量が多くなるとたちまち増水し、過去にはしばしば氾濫したことから、現在でも河川改修工事が継続的に行われている。

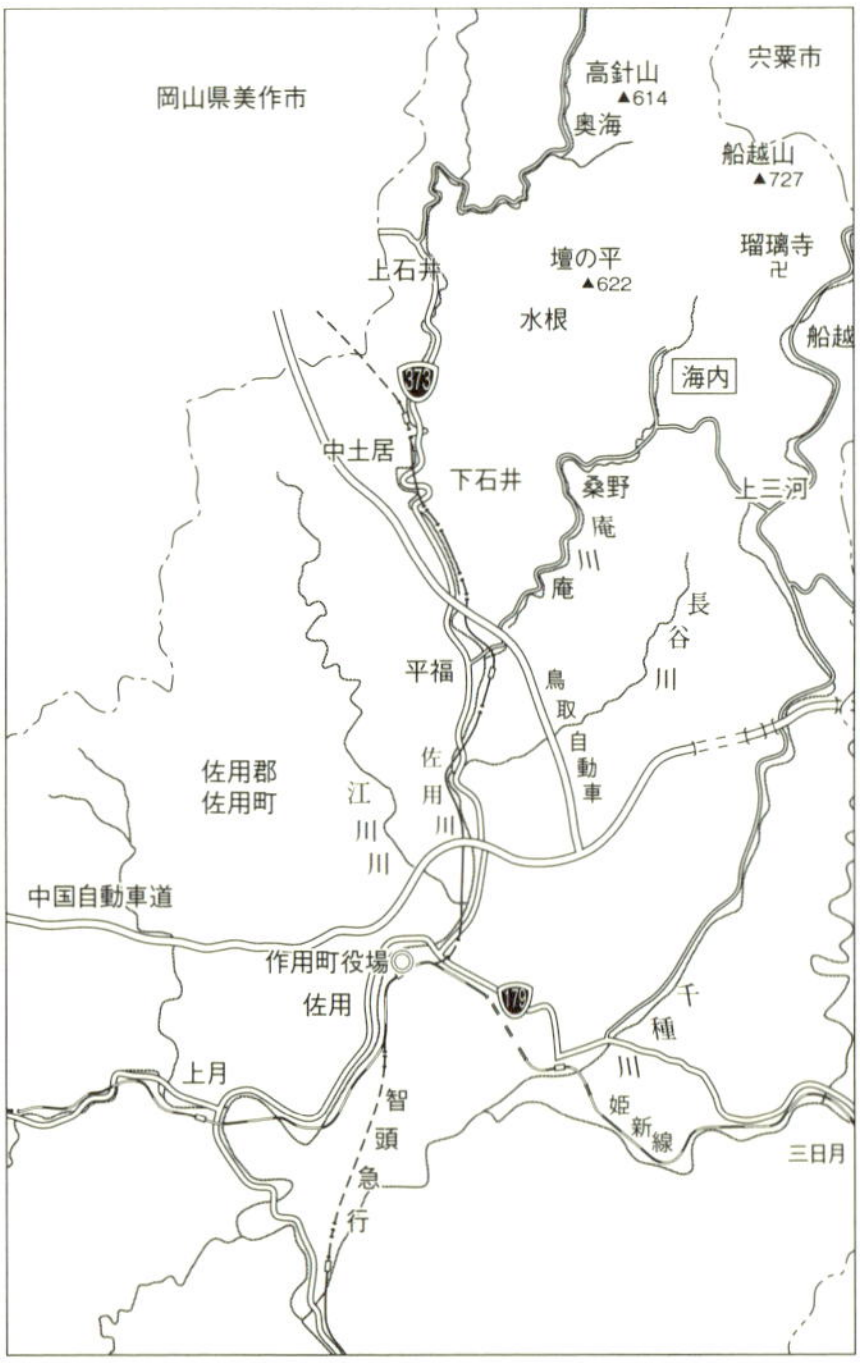

図1　海内の位置

西播磨地域全体で見ても、網の目のように張りめぐらされた河川が特徴的である。記憶に新しいところでは、平成二十一年八月の台風九号来襲による大雨で、佐用川、千種川などが各地で決壊し、人家にも甚大な被害を及ぼした。この地域の地理的な特徴から、常に水害に見舞われやすい状況下に置かれてきたことがうかがわれるのである。

歴史・産業

海内集落は、近世においては美作国吉野郡石井庄に属する村であった。石井庄の領主は、戦国期には宇喜田秀家、小早川秀秋、近世初期は津山森藩、元禄十（一六九七）年から慶応元（一八六五）年までは幕府領、幕末期は明石藩松平氏所領と変遷している。明治維新後の廃藩置県により、吉野郡は明治五（一八七二）年に北条県の管轄となり、明治九年には北条県が岡山県に編入された。明治二十二年の町村制施行に伴い、海内は、水根・上石井・真・奥海・桑野・下石井の周辺六集落とともに、岡山県吉野郡石井村となる。村役場は、ちょうど中心部に立地する水根（羽蔵）に置かれた。

表1　海内における農家数の推移（戸）

年	総戸数	農家数	販売農家数	専業農家	第1種兼業農家	第2種兼業農家
昭和 45 (1970)	53	49	–	1	3	45
昭和 55 (1980)	57	35	–	4	6	33
平成 2 (1990)	43	22	–	2	1	19
平成 12 (2000)	40	20	9	1	2	6
平成 22 (2010)	34	18	4	1	–	3

出典：「2010 年世界農林業センサス農業集落カード」より作成。

　石井村を構成する各地域では、領地上は近世以降美作国に所属してきたものの、従属意識は低かったようである。生活面ではむしろ播磨国方面との関係が強かったといい、そうしたことから、明治二十九年三月、県境の変更が実施され、兵庫県佐用郡石井村となった。この行政区分は、昭和三十年、佐用町・平福町・長谷村・江川村・石井村が合併して兵庫県佐用郡佐用町となるまで存在する。その後、平成十七（二〇〇五）年の広域合併により、佐用郡を構成する佐用町・上月町・三日月町・南光町の四町が合併して佐用郡佐用町となった。

　表1は、昭和四十五（一九七〇）年から平成二十二（二〇一〇）年にかけての海内における農家数の推移を表したものである。平成二十二年の総戸数三四戸のうち、農家は一八戸であるが、販売農家数は四戸のみとなっており、農家の多くが若干の農地で自家用に小規模な生産を行っていることがわかる。昭和四十五年には集落のほとんどの家が農家であったが、第二種兼業農家がその大半を占めることを考えると、すでに当時から農業以外で収入を得る家庭が主流であったと考えることができる。聞き取りによれば、現在は勤め人が多く、もっとも近いところでは平福の道の駅、また佐用町中心部や役場、三河（旧南光町）、もっとも遠いところで姫路といったあたりに自家用車で通勤している。またかつて昭和四十六年に、アサヒゴムの工場を集落の入り口近くに誘致したことがあり、当時四〇人くらいが働いていたという。この工場は四十年ほど続いていたが、平成十七年頃

表2　田畑を持つ農家数（戸）と経営規模（a）

年	田		畑		樹園地			
	農家数	面積	農家数	面積	農家数	果樹園	茶園	桑畑
昭和45 (1970)	26	500	48	740	18	30	70	520
昭和55 (1980)	19	358	35	314	17	27	70	2
平成 2 (1990)	18	379	15	103	20	59	91	4
平成12 (2000)	15	356	20	150	8	11	46	13
平成22 (2010)	4	139	3	29	1	—	—	—

出典：「2010 年世界農林業センサス農業集落カード」より作成。

に閉鎖した。

表2は、同じく昭和四十五年から平成二十二年にかけて、農家が所有する田・畑・樹園地の面積の推移を表したものである。昭和四十五年当時においては、農家のほとんどが畑を有し、約半数が田を有していたことがわかる。また、樹園地のうち桑畑が突出して多く、この頃まで養蚕が盛んであったことをうかがうことができる。

表3　経営規模別農家数（戸）

年	総農家数	0.3ha未満	0.3~0.5	0.5~1.0	1.0~2.0	2.0~
昭和45(1970)	49	25	10	11	3	–
昭和50(1975)	40	25	8	6	1	–
昭和55(1980)	35	25	8	2	–	–
昭和60(1985)	34	21	10	3	–	–

出典：「2010年世界農林業センサス農業集落カード」より作成。

表4　海内における世帯数（戸）と人口（人）の推移

年	海内				石井地区（石井村）			
	世帯数	男	女	合計	世帯数	男	女	合計
嘉永5(1852)	41	145	96	241	374			1,590
大正10(1921)					494	1,560	1,402	2,962
昭和5(1930)					496	1,321	1,218	2,539
昭和15(1940)								2,375
昭和22(1947)								2,790
昭和25(1950)						1,430	1,418	2,848
昭和44(1969)	54	109	127	236	455	924	953	1,877
昭和50(1975)	52	94	101	195	429	806	823	1,629
昭和55(1980)	46	86	88	174	421	795	816	1,611
昭和60(1985)	43	80	76	156	407	723	774	1,497
平成2(1990)	42	69	70	139	385	672	726	1,398
平成7(1995)	41	66	69	135	377	632	685	1,317
平成12(2000)	38	52	62	114	360	567	620	1,187
平成17(2005)	35	52	55	107	353	514	572	1,086
平成22(2010)	37	52	56	108	329	475	498	973
平成25(2013)	37	51	50	101	324	437	459	896

出典：佐用町役場の資料による。典拠は『佐用郡誌』、『東作誌』、兵庫県統計書、佐用町データ等。

表3は、農家が所有する耕地の規模を表したものである。これをみると、昭和四十五年から六十年にかけて、いずれももっとも多いのは〇・三ヘクタール未満の農家であり、その数にはほとんど変化がない。また〇・五ヘクタール未満で集計すると、昭和四十五年であっても約七割、それ以降には八～九割を占めることになり、全体として小規模の農業経営であったことがわかる。

世帯数・人口の推移

表4は、海内における世帯数と人口の推移を、統計上可能な範囲で一覧にしたものである。明治期の統計が存在しないことと、海内単独での統計が近代以降は昭和四十四年からとなるため、参考として海内を含む石井地区（旧石井村）における推移を併記した。

これを見ると、石井地区全体では大正末期頃に人口が約三〇〇〇人と最も多く、昭和初期にかけて漸減の後、昭和二十年代の統計で再び増加している。これは、海内在住の方の話でも、戦中戦後に疎開者で戸数が増加したことが記憶されていることから、同様の理由によるものと考えられる。その後、高度経済成長期以降は世帯数、人口ともに減少が続き、現在にいたる。

海内の世帯数のみで見ると、幕末期の記録と現在でそれほど差はないが、一世帯あたりの人口では、幕末期の嘉永五（一八五二）年が五・八八人、平成二十五年が二・七三人と半減している。また、近年における六五歳以上の割合が約四〇パーセントであることを考えると、少子高齢化の現象が顕著になりつつある状況をうかがうことができる。

交通・交易

平成二十五年現在、佐用町中心部から海内へ行くには、公共交通手段がないため、庵川沿いの道路を自家用車か徒歩で往来するしか方法がない。海内から川下の平福までは約七キロメートルで、戦後の昭和二十二（一九四七）年に新制の佐用中学校が平福にできた際には、片道二時間ほどかけて歩いて通ったという。

庵川沿いの海内集落

佐用町の中心部までは、平福からさらに六キロメートルほど国道を南下する。この国道三七三号は、かつて因幡国と播磨国とを結んでいた因幡街道にあたる道である。平福と佐用は、古くはこの因幡街道の宿場であった。

現在でも、国道三七三号を北上すると、岡山県美作市・英田郡西粟倉村を経て、鳥取県八頭郡智頭町へと通じており、南下すれば赤穂郡上郡町を経て赤穂市にいたり、岡山方面から姫路方面へと東進する国道二号にぶつかる。

佐用町中心部は、南北に走る国道三七三号と、東西に走る国道一七九号が交差する位置にある。この国道三七三号が因幡街道にあたることは先述したが、国道一七九号はかつての出雲街道（美作道）にあたる。そのため、佐用は古くから交通の要所に位置してきたといえる。こうした歴史もあってか、昭和五十八年に全通した中国自動車道には、佐用にインターチェンジが置かれ、鳥取方面と姫路方面それぞれへの分岐点の役割を果たしている。鳥取方面へは、平成二十五年三月に無料の鳥取自動車道も全通している。

その一方で、鉄道の開通は比較的遅く、姫路から津山を経て新見へといたる現在のJR姫新線は、昭和十年の開通である。その後平成七年になって、鳥取方面からの智頭急行が姫路まで開通し、佐用町内には石井　平福・佐用・久崎の各駅が設置された。

ところで、海内を含む旧石井村の場合は、かつては佐用町の中心部よりも、東側の峠を越えた旧三河村（広域合併前の南光町）方面へ徒歩や自転車で出る場合のほうが多かったという。この旧来の交通路については論考編で詳述する。

海内の集落内にはかつて日用品全般を扱う店があったが、現在はない。そのため、現在の日常的な買い物は佐用町中心部に自動車ででかけるか、土日にまわってくる移動販売車を利用する。やや遠距離の買い物は、姫路方面か、鳥取方面に自動車ででかける。特に鳥取方面へは先述した無料の高速道路が開通したことにより便利になった。

二　合併に至るまでの経緯と背景

合併の経緯　平成十七年十月一日、佐用郡を構成していた旧佐用町・上月町・南光町・三日月町の四町が合併し、新しい佐用町が誕生した。

合併は佐用郡四町での合併を前提として開始され、平成十四年五月二十七日に、まずは佐用郡合併調査研究会が発足した。その後、同年夏から秋にかけて、「市町村合併について」と題する講演会や各町の住民説明会が開催されている。それらを経て、平成十五年六月六日に佐用郡合併協議会が正式に発足した。

四町のうち、南光町と三日月町において、それぞれ住民投票が行われた。南光町では、賛成六四・二パーセント、反対三五・八パーセントであったが、三日月町では、賛成四八・六パーセント、反対五一・四パーセントと、反対が上回る結果となった。このため、合併協議会発足から約半年後の平成十五年十二月二十四日に三日月町から協議会離脱の申し入れがあった。これを受けて、平成十六年一月三十一日をもって、佐用郡合併協議会は解散した。その翌月、合併推進の立場をとる佐用町と上月町とで住民説明会を開催、平成十六年四月一日に佐用町・上月町合併協議会が発足する。同年五月に、南光町から合併協議会加入の申し入れがあり、七月一日に佐用町・上月町・南光町合併協議会が発足。九月には三日月町でも再度住民投票が行われ、その結果、合併協議会への再加入の申し入れがあった。十月十二日、佐用町・上月町・南光町・三日月町合併協議会が発足、結果的に当初の四町での合併に落ち着いたが、佐用町と上月町とで先行して協議を進めていたため、後から合流した二町はその流れに従う形となった。四町での合併協議会は計五回開催され、平成十七年一月から二月にかけて住民説明会を実施。二月十五日に合併協定調印式が行われ、同年十月一日に合併が実施された。町名については、郡名も佐用であり、また古代からこの地域の中心的な役割を担ってきたことから、佐用で統一された。上月や三日月は町名が消滅した後も大字の地名として残っているが、南光のみは、字名ではなく船越山南光坊瑠璃寺に由来する町名であったため、地名としては現在残っていない。

合併の背景　①合併までの紆余曲折　昭和三十年の町村合併以降、四町で佐用郡を構成してきた関係から、当初よりこの四町での合併が前提となっていたが、特に三日月町においては合併に対して消極的な姿勢が見られた。その理由のひとつに、播磨科学公園都市（通称「テクノ」）との関係がある。播磨科学公園都市は、昭和五十七年に策定された西播磨テクノポリス基本構想に基づき、三日月町・赤穂郡上郡町・揖保郡新宮町（現たつの市）の三町が隣接する丘陵地帯で開発が開始された。昭和六十一年に建設起工式が行われ、大型放射光施設「スプリングエイト」をはじめ、大学や企業などの施設、分譲住宅、小・中学校、商業施設などが建設されている。計画面積は二〇一〇ヘクタールで、三工区に分けて順次整備される予定だが、実際に整備されているのは第一工区九六〇ヘクタールのみである。「人と自然と科学が調和する高次元機能都市」をコンセプトに、磯崎新、安藤忠雄、ピーター・ウォーカーといった国内外の著名な建築家が設計を手がけたことでも知られる。三日月町では、合併するのであれば、この「テクノ」が立地する上郡町・新宮町などとの合併を望む傾向があった。先述したとおり、住民投票の結果により一旦合併協議会からの離脱を決めたが、その後再度行われた住民投票では、「佐用郡四町での合併」が一四七二票、「相生・上郡との合併」が八二八票、「合併しない」が八八票という結果となり、最終的に四町での合併協議に再参加する形となった。

　また、南光町でも合併に際して複数回にわたる住民投票が行われ、四町での合併に積極的ではなかったようすがうかがえる。その背景としては、昭和三十年に徳久村・中安村・三河村が合併して南光町が発足したときにさかのぼる。徳久村と中安村は佐用郡であったが、三河村は宍粟《しそう》郡に属していた。そのため、南光町へと合併する際に、三河村住民がハンストするほどの反対運動があったという。平成の合併にあたっても宍粟市との合併を望む声があり、住民投票に頼る結果となった。

　佐用郡を含む西播磨の各地では、相生市のみが合併をせず単独を貫いた以外は、いずれも広域合併が実施された。そのようなことから、最終的に四町での合併の合意にいたるまで、隣接するどの地域との合併を選ぶかで紆余曲折が生じることとなった。

②広域行政からの転換——文化財行政を中心に　合併以前から、佐用郡の旧四町では、消防やごみ処理など町単独で対処するよりも広域で対応するほうが都合がよい分野に関しては、広域行政事務組合を組織して対応にあたってきた。教育委員会もこの広域行政のひとつとして、かつては四町合同で事業を展開させていた。そのため、行政面でのつながりを考えれば四町での合併が自然だった。

　佐用町教育委員会の文化財行政担当者によれば、平成十四年に佐用郡合併協議会が発足した当初は、教育委員会もその会議に参加していたが、その後三日月町と南光町の離脱により佐用・上月の二町での協議となった時点から、会議への参加はなくなったのだという。最終的には四町での合併に戻ったが、結局その後、教育委員会が合併問題に関する会議に参加することはなかった。

　合併により、四町それぞれが中心施策としてきたことが絞られる結果となり、それまで続けていたことを中止せざるを得ない事態も起きてきた。具体的には、史跡や文化財の整備など、合併と同時に予算が確保できなくなり、事業が中断されるケースが多くあったという。

組織の面でも、広域行政のときには各町の担当者が集まって六～七人のチームであったものが、現在では文化財担当は二人である。また従来の生涯学習課が町長部局に移されたことにより、教育委員会の中に社会教育を担当する部署がなくなった。伝統芸能や祭りの管轄は生涯学習課であるため、文化財行政としてこれらが扱われることはないということになる。教育委員会とは別の人事であるため、現在の生涯学習課の担当職員もこれらの対応について困惑することが多くあるという。

なお、郡内には昭和三十六年発足の「佐用郡地域史研究会」があり、広域行政の頃から、佐用町教育委員会に事務局を置いて活動が続けられてきた。同研究会による郷土史研究の成果は、これまで『佐用郡の民俗』『播磨古道をさぐる――佐用郡編』『佐用郡歴史年表』などにまとめられており、合併後も活動は継続している。

三　民俗の変化

ここで調査対象とする海内集落は、昭和九（一九三四）年に実施された山村調査の対象地域である。採集者は、神戸市在住の河本正義で、昭和九年九月十六日から二十二日にかけて、旧石井村の海内・水根・桑野で聞き取り調査を行っている。平成二十四年二月に海内を訪問した折には、河本が訪ねた家はこの地にはすでになかった。また昭和六十年に成城大学民俗学研究所が実施した追跡調査の対象地にもなっていないことから、現状は「採集手帖」の記載から約八〇年が経過しているということになる。したがってここでは、海内在住の方々からの聞き取りをもとに、昭和初期から戦後にいたる地域の生活の変遷を中心に復元を試みる。

社会生活

①「株」から「隣保」へ　海内には、カブ（株）と呼ばれる同族組織が存在する。「採集手帖」には、梶本株（一五軒）・紙本株（一五軒）・井上株（二〇軒）・安東株（一〇軒）・中島株（六軒）・蓑畑株（二軒）・堤株（二軒）とある。これらは、戸数は減っているが蓑畑株以外は現存し、井上株から分離した春名株も存在している。昭和初期の当時は、カブは冠婚葬祭において協力し、手伝うという機能をもっていた。ほかに「採集手帖」に記載はないが、江戸時代の五人組にあたる隣保という相互扶助組織があり、特に太平洋戦争中にこの運営が強化された記録が『佐用町史』に掲載されている。聞き取りによれば、昭和三十年頃までは海内に八隣保あったといい、これが現在では四隣保となっている。隣保は「葬式隣保」ともいい、行政上の組織ではあるが、むしろ冠婚葬祭で協力しあう近隣仲間となっている。かつてはカブが葬式組であったが、現在は隣保でこれをまかない、人が足りなければカブで補うという形に変わっている。葬式も業者に任せるため、さほど人手が必要なくなっ

たのだという。

　こうした行政上の組織のほかに、字による地理的な区別もある。海内集落の南から、下土居・上土居・宮の前・東谷・蓑畑があり、蓑畑には現在家がない。「採集手帖」では、これらの地理的区分を「講仲間」としており、下土居に「カミモト・オオスミ組」と「カジモト組」、上土居に「ミヤノマエドイ＝イノウエ組」と「ヒガシドイ（東谷のことか）＝アンドウ組」という四つの講仲間があり、葬式などはこの仲間で世話をしあったことが記されている。これらのことから、冠婚葬祭等の場面では、同族によるカブと隣保に類する地理的な組織とを組み合わせた仲間組織が機能していたことがわかる。

　このほか「採集手帖」には、かつて積善社とよばれていた青年団があり、一五歳～三〇歳くらいまでの男性が参加していたこと、入団には酒一升を持参する決まりになっていて、かつては正月二日の入団の日が、この頃には四月中日になっていたことなどが記されている。

　②海内小学校の変遷　海内の集落入り口付近、桑野集落との境界にあたる場所に、小学校の跡地がある。平成六年に平福の利神小学校に統合されるまで、海内と桑野を校区とする海内小学校がここに置かれていた。

　海内小学校の創始は、明治十一（一八七八）年に創設された協中小学校にさかのぼる。それ以前、学制発布をうけて、石井庄に明治八年に松齢小学校が創設された。上石井・水根・真・西町・奥海・海内・桑野・下石井の八カ村を校区とし、校舎は上石井の相応寺が使われていた。このため当初から新しい校舎を建てる計画が進んでおり、その際に、石井庄に二つの学校を置くことが決められていた。結果、明治十一年に、上石井と海内それぞれに校舎が新築され、海内と桑野の児童は海内の協中小学校へ、それ以外の地域の児童は上石井の松齢小学校へと通うことになった。海内と桑野を校区とする学校が別に置かれた背景には、地理的な理由もあるが、当時の学校建設資金は村や個人でまかなわれたため、当時この地域に独立した学校を建設するだけの財力があったことを示しているともいえる。また、その後町村制が敷かれて石井村が成立してからは、この地域からたびたび村長を送り出すなど、政治的にも力をもつ有力者がいたことがわかる。協中小学校は、その後松齢小学校海内支校・桑海小学校と名前を変え、明治三十五年に海内小学校に改称された。

　表5は、海内小学校の生徒数の推移を示したものである。開校当初には一三人であったが、明治末から戦後しばらくまでは

表5　海内小学校の在籍児童数の推移（人）

年	明治11年	明治26年	明治40年	明治41年	大正13年	昭和5年	昭和10年	昭和15年	昭和23年	昭和27年	昭和30年	昭和36年	昭和41年	昭和45年	昭和50年	昭和53年
尋常科	23	36	61	90	93	119	100	97	120	84	81	66	61	47	37	21
高等科	-	-	-	-	22	20	34	37	-	-	-	-	-	-	-	-

出典：『海内小学校創立百年の歩み』1978年より作成。

一〇〇人前後で推移している。生徒数は、この地域の盛衰のひとつのめやすと考えることができ、生徒が多かった時期は地域が栄えていた時代であったといえるだろう。

平成六年に利神小学校に合併されてからも、旧学区の海内と桑野で小学校跡に集まり、運動会を続けている。毎年十月の体育の日の前日（日曜日）に行うことになっていて、この日は地域の外に出て行った人たちも帰ってきて参加するのだという。友人に会えるので、祭りには帰ってこなくても、運動会には帰ってくるというほどである。

このほか、海内小学校跡地には、地域活性化のための施設として「ふれあいの郷みうち若杉館」が建てられた。地域特産のこんにゃく作りの工房や、会議室、研修室、多目的ホールなどがあり、利用されている。

経済生活

先述したとおり、海内は全体的に平坦地が少なく、各家が所有する耕地も小規模である。特に水田での稲作は従事していない家も多く、あっても自家消費用程度に細々と作られているにすぎない。そのため各家では、戦前期からさまざまな現金収入手段を複数組み合わせて生計を成り立たせてきた。聞き取りから復元されたかつての主な生業は、(1)コンニャク作り、(2)炭焼き、(3)製茶の三種類である。さきほど表2で示した養蚕は、戦後になって一時的に盛んだったというが、前記の三つを上回るほどではなかったという。

経済生活の変遷の詳細は、論考編にて詳述する。

信仰生活

海内の神社は海内八幡宮で、例祭は本来、十月十日であった。トオカマツリといい、前日の九日にはヨミヤが行われ、獅子舞や神輿が出てにぎやかであった。昭和五十年代に十五日に変わり、現在では十五日に近い日曜日に行われる。十五日に変わったのは、周辺地域で例祭日が十日と十五日のところがあり、互いに行き来があったため、十五日にすることで落ち着いたのだという。獅子舞は因幡の方で習ってきたと伝えられていて、一五、六種類ほどの舞い方がある。九日のヨミヤで、獅子がオカマバライといって集落の全戸をお祓いしてまわる。この獅子舞は昭和五十九年に担い手の不足から中止になった。海内八幡宮には、明治時代の伊勢講中による参詣記念の大絵馬が何点か奉納されている。当時はコンニャクや木炭などで豊かだった時代であり、こうしたところにもそれが反映しているのだろう。

海内八幡宮の脇には、海内薬師堂が置かれている。ここに安置されている薬師如来坐像は平安時代後期の作とされ、平成四年に町指定文化財となっている。どこからか持ち込まれたものと推測できるが、「仏師が瑠璃寺（旧南光町）の薬師を作った」「海内の薬師を作った残りの木で海内の薬師と瑠璃寺の薬師は兄弟」といった言説もあり、関連が興味深い。瑠璃寺については論考編で詳述する。なお、平成十七年に、薬師如来坐像の修理に伴って薬師堂の改修も行われた。その際の棟札などの調査により、薬師堂の建立は寛永六（一六二九）年と推定されることがわかっている。

このほか、火伏せの神である京都の愛宕さんを信仰する愛宕講は、現在でも隣保ごとに行われている。また、大師講は現在行われていないが、十月十二日をオダイシサマの日とする認識は残っている。

年中行事で特筆すべきは、六月末か七月初めの日曜日に行われる夏越祭りでの虫送り行事である。この時、虫送りの舟を庵川に流し、ムラの入り口四カ所に札を立てる。現在札を立てるのは、東西南北それぞれの境界であるが、旧来は、ナワメ（縄目）とよばれる集落内の結界箇所にも置かれるものであったという。ナワメの場所は現在明確ではないが、各集落にたいてい複数個所あった。ナワメでころぶと病気になるとか、ナワメには家を建てないなどの言い伝えがある。「採集手帖」には、桑野のナワメとして、海内に近いところに小さな雑木林があり、それがナワメといわれ、そこでころんだら病気になるので近寄らないようにしている、といったことが記録されている。

海内の各家の宗旨は大半が真言宗である。もとは瑠璃寺末寺の常福院（旧南光町）が菩提寺であったが、現在は平福の寺院に多くの家が変わった。また墓地そのものは、自宅や所有する畑の敷地内に置かれている場合がほとんどである。

小　括——海内の暮らしの現状と課題

平成の合併後の新しい佐用町では、先述した生涯学習課の教育委員会からの移動により、公民館活動も廃止された。それに代わるものとして新たに発足したのが、地域づくり協議会である。

地域づくり協議会は、合併後の佐用町総合計画の基本理念として示された「協働のまちづくり」に基づいて設けられた、旧町単位での「まらづくり協議会」の下部組織として機能するもので、小学校区を単位とする地域コミュニティである。現在、旧佐用町に六つ、旧上月町に一つ、旧南光町に三つ、旧三日月町に一つ（地域別に三つの部会がある）の地域づくりセンターが置かれ、それぞれに協議会が設置されている。本庁（旧佐用町役場）では企画防災課と生涯学習課、支所（旧上月・南光・三日月の各町役場）では地域振興室がこれを管轄する。小学校区を単位とするが、実際には複数の自治会により結成されており、委員の編成も自治会長を中心に組織されている。活動内容は各地域づくり協議会によってさまざまであるが、主たる管轄が企画防災課であることや、平成二十一年に大きな水害が起きたことなどから、どちらかといえば防災的な面に重点が置かれている。広域合併により役場の人員も整理され、各地域に対する行政的なサポートも十分には行えなくなっている中で、地域内での相互扶助の必要性が再考されているのである。

海内集落が所属しているのは、「海内地域づくり協議会」である。平成六年に統合のため廃止となった海内小学校の校区である海内と桑野の二集落で構成され、町内で最小規模の地域づくり協議会となっている。平成十八年六月十八日施行の規約によれば、運営委員会は、両集落の自治会長・副自治会長・婦人会代表・消防代表をはじめ、PTA代表、農会長代表などの三一名で構成されており、(1)地域住民相互の情報交換並びに交流・親睦に関すること、(2)生活環境の保持と改善向上に関すること、(3)青少年育成に関すること、(4)防災・防火・防犯に関すること、(5)センター等の運営に関すること、(6)自治会活動との連携に関すること、(7)その他協議会の目的達成に関すること、という事業目的が掲げられている。これをうけて、これまで移動販売車の試験運転（平成二十一・二十二年度）、現在の利神小学校区の四つの地域づくり協議会共同でのキャンプ（平成二十三・二十四年度）、防災研修会などを実施してきた。また、盆の時期の納涼ふるさと祭りや、十月のふれあい体育祭などの毎年恒例となっている行事のほか、十月と十二月を除く毎月の最終日曜日に、海内小学校跡地のみうち若杉館でふれあい喫茶が実施されている。これらの行事は、以前からの公民館活動の延長として行われているものもある。

海内の方によれば、こうした地域づくり協議会の活動は、比較的活発に行われているものの、やはり役場からのお仕着せの感があり、また役員も二つの自治会から参加しているため、どうしても各自の自治会の行事を優先する傾向があるという。同じ小学校区であったからか、海内と桑野は「ミウチクワノ」とひとくくりで呼ばれることも多い。あたかもひとつのまとまりであるかのように表現されてきたが、実際には暮らしの立て方にしても、コンニャクなどの換金作物を中心としてきた海内と、稲作中心の桑野ではまったく違う。この二つの集落をひとつの地域づくり協議会とする背景には、両集落とも過疎地域であり、いずれこの二つの集落を合併しようという意図なのではないかという。さらにその先には、旧石井村を構成していた石井地区全体の問題もみえてくる。

海内を含む旧石井村としてのつながりは、石井地区というまとまりが依然として存在し、消防団や自治会長会などでも現実に機能している。また旧石井村から引き継いだ財産区も、石井地区の所有として佐用町森林組合で管理されている。ただし、石井地区の連携は、かつて峠道を介して行き来していた時代に培われたもので、自動車が中心の現代にあっては、たとえば消防ひとつにしても、かえって遠回りになる場合も出ている。そのため、海内の若い年代の人のなかには、いずれ合併しなければならないのであれば、東側の三河でもよいのではないか、という意見をもつ人もいるという。三河はかつて南光町であったが、広域合併した現在は同じ佐用町であるので、それも不可能ではないというのである。

このように、広域合併の陰で、その最下部の組織である集落の再編問題が現出している。とりわけ町の中心部から離れた僻地においてそれは顕著であり、海内にとっては、町単位の広域合併よりも、集落レベルでの今後の合併問題のほうがより切実であるといえる。

〔参考文献〕

佐用郡教育委員会社会教育課『海内薬師堂に関わる調査報告――佐用町指定文化財　薬師如来坐像の修理に伴う調査』二〇〇五年
佐用郡地域史研究会編『播磨古道をさぐる――佐用郡編』二〇〇二年
佐用郡地域史研究会年表作成部会編『佐用郡歴史年表』二〇〇七年
佐用町立海内小学校6年生編『ふるさと昔ばなし』一九八九年
佐用町史編さん委員会編『佐用町史　上・中・下・別巻』一九七五〜一九八二年
兵庫県佐用郡役所編『佐用郡誌』一九二六年
海内小学校創立百周年記念事業実行委員会編『海内小学校創立百年の歩み』一九七八年

（山本志乃）

岡山県笠岡市　笠岡諸島（旧小田郡白石島村）

一　地域の概況

地理

笠岡市は岡山県の西南部に位置し、瀬戸内海に面する本土（地《じ》方《かた》）と、大小三一の島嶼（島《しま》方《かた》）によって構成される。市の東部は浅口《あさくち》市、里庄《さとしょう》町と、北部は矢《や》掛《かげ》町、井原市と、西部は広島県福山市と接し、経済的には福山市との結びつきが強い。市域の大部分が丘陵地であることから、近世以来の度重なる干拓事業によって平地を開いて耕地・宅地を確保してきた。特に戦後の大規模干拓事業によって笠岡湾周辺の地勢は大きく変転しており、昭和四十一（一九六六）年に着手された国営笠岡湾干拓事業では、笠岡諸島中最大であった神島《こうのしま》をはじめ、片島、木之子《きのこ》島などが陸続きとなった。

その笠岡市の島嶼部である笠岡諸島は、高島、白石島、北《きた》木《ぎ》島、真鍋島、飛《ひ》島（大飛《おおび》島、小飛《こび》島）、六《む》島という七つの有人島と、小《こ》高《たか》島、差出《さすで》島、明地《みょうじ》島、梶子《かじこ》島、大島など多くの無人島から成る。有人七島の総面積は一五・三六平方キロメートルで、笠岡市全体の一一・三パーセントを占める。真鍋島の南東方面には香川県の塩飽《しわく》諸島が連なっており、かつては笠岡港から笠岡諸島～佐柳《さなぎ》島～高見島を経由して多度津《たどつ》にいたる定期旅客船が就航し、昭和三十年代には本州側・山陽本線と四国側・予讃線を繋ぐ国鉄連絡切符が発売されるなど、本四連絡の重要な航路の一つであった。

図1　笠岡諸島の位置

これら島嶼部も、地形は概して急峻で平地はほとんどない。全島が花崗岩地で、その隆起と浸食による岩崖や、風化土壌である真砂によって作り出される変化に富んだ景観は高く評価され、その大部分が昭和九年に日本で最初の国立公園の一つである瀬戸内海国立公園に指定された。

海域としては、水島灘、備後灘、燧《ひうち》灘の境界地域であり、古くから内海航路の要地であった。また東西からの潮流の交流点でもあり水産資源に恵まれている。

気候は一年を通して比較的温暖で、夏期に雨の少ない典型的な瀬戸内気候である。年間平均気温は真鍋島で一六・六度、年間平均降水量は一一〇〇～一二〇〇ミリとされる。

歴史

笠岡諸島の中で歴史が比較的明らかなのは真鍋島である。『平家物語』巻九に「備中国の住人真名辺四郎真名辺五郎とて兄弟あり」と描かれ、『源平盛衰記』には讃岐国住人真鍋四郎・五郎として登場するのは、真鍋島の開発領主である真鍋氏の一族と考えられる。源平争乱期にすでに存在したこの真鍋氏が、中世にわたって真鍋島とその周辺を支配したことが『備中真鍋島の史料』所収の真鍋増太郎家文書などからうかがわれる［宇野 一九五五］。

関ヶ原戦役の慶長五（一六〇〇）年から備中国奉行小堀氏二代の支配、備中松山藩池田氏の短い支配に続いて、元和五（一六一九）年に備後福山藩水野氏領に編入された。元禄十一（一六九八）年に水野家断絶に伴い幕府領（倉敷代官所支配）となり、元禄十三年には笠岡代官所が置かれ、笠岡諸島はその支配下で幕末を迎えた。

明治四（一八七一）年の廃藩置県で深津県が設置され、翌年に小田県と改称、笠岡村に県庁が設けられた。小田県は明治八年に岡山県に編入され小田郡となった。

世帯数・人口の推移

戦後の笠岡諸島各島の人口および世帯数の推移を、表1に示す。戦後は各島とも人口の流出が急激に進んだことが明らかである。昭和二十五年から平成二十二年までの六〇年間で、有人七島合計の人口は八二・五パーセント減少している。高度経済成長の最盛期にあたる昭和三十五年からの一〇年間で二五・八パーセントの減少があったが、平成に入るとさらにそれを上回る人口の流出がみられ、平成二年からの一〇年間で三五・五パーセント、平成十二年からの一〇年間で三二・〇パーセントも人口が減少している。

人口の減少にもまして近年の変動が顕著なのが高齢化率である。今から二〇年前の平成六年の時点で、笠岡諸島全体の高齢化率（六五歳以上人口の割合）は三一・五パーセントで、これは笠岡市全体の同年の高齢化率二一・〇パーセントと比較して約一〇パーセント高い程度の水準であった。しかし、平成二十五年の笠岡諸島全体の高齢化率は六二・四パーセントに上昇している。笠岡市全体が三〇パーセント強であるのと比較しても、著しい高齢化の進行であるといえよう。

各島の高齢化率の推移を図2（次頁）に示しているが、高齢化の進行には島ごとの特徴が

表1 人口および世帯数の推移

		高島		白石島		北木島		真鍋島		飛島		六島		合計		10年ごと人口増減率	
		人口	世帯数	人口	世帯数	人口	世帯数	人口	世帯数	人口	世帯数	人口	世帯数	人口	世帯数		
昭和	25	585	—	2,348	—	5,896	—	2,172	—	635	—	723	—	12,359	—	1950	
	35	576	131	2,159	472	5,190	1,429	1,635	428	575	121	412	141	10,547	2,722	1960	-14.7
	45	415	117	1,484	438	4,142	1,207	1,059	368	475	111	246	122	7,821	2,363	1970	-25.8
	55	266	104	1,180	412	3,583	1,155	761	310	389	123	180	98	6,359	2,202	1980	-18.7
平成	2	212	92	1,039	415	2,650	978	553	250	325	109	162	84	4,941	1,928	1990	-22.3
	12	140	64	772	355	1,562	764	390	188	206	89	117	61	3,187	1,521	2000	-35.5
	22	94	51	581	300	1,027	577	277	147	102	62	85	44	2,166	1,181	2010	-32.0

出典：国勢調査による。

うかがえる。笠岡諸島のなかでは人口規模の小さい島のうち、真鍋島ではこの一〇年ほどの変動があまり無く、六島では平成十六年のピークの後は、むしろ高齢化率は下がっている。それに対して飛島はかつて北木島に次いで高齢化率が低かったが、現在は七五パーセントを超えており、笠岡諸島のなかでも顕著に高い。その大きな理由として、学校の存在があるだろう。真鍋島には小・中学校が、六島には小学校があるが、飛島では平成十六年に中学校が、平成二十三年に小学校が閉校している。この影響はグラフからも明確に読み取れる。

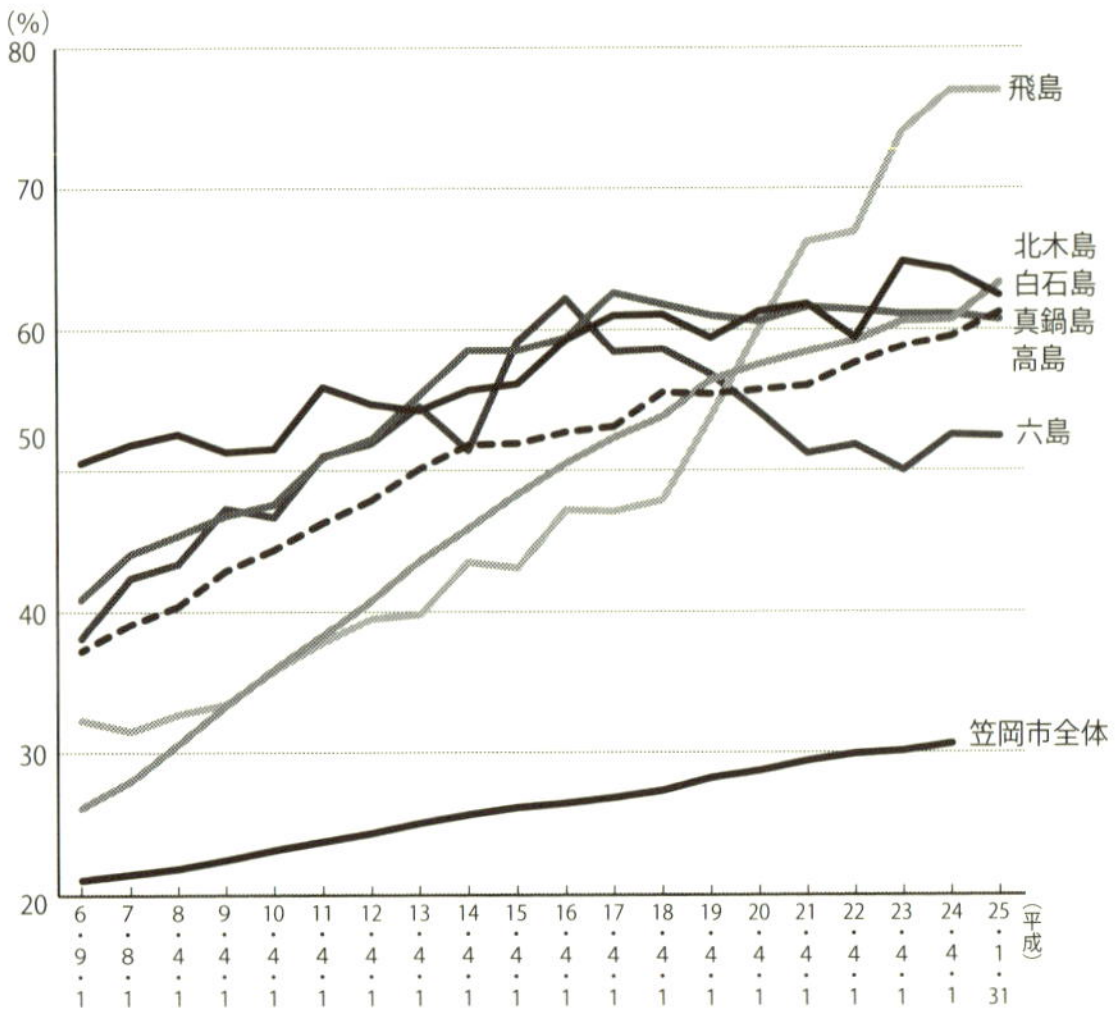

出典：笠岡諸島振興計画（第２次）より。

図２　高齢化率の推移

　さらに、近年の各島の産業分類別の就業者数の推移を表2に示す。後に述べるように笠岡諸島の各島はそれぞれ特徴ある生業が営まれており、第一次産業の比率が高い真鍋島、第二次産業の比率が高い北木島、第三次産業の比率が高い白石島などが目立つ。ただしこの二〇年間の推移においても、二〇〇〇年頃を境に、白石島では第三次産業への傾斜が著しくなったこと、北木島では第二次産業の割合が落ち込んでいること、そして人口規模の小さいそれ以外の島では第二次産業がほとんど成立できなくなっていることなどが読み取れる。

交通・交易

　笠岡諸島は、少なくとも近世末期には西回り航路の重要な寄港地であった。特に白石港は北向きの良港と知られており、明治六（一八七三）年刊の『大日本船路細見記』（松川半山画）に「白石の港のかまへ何風にてもよし」と記されており、風待ち港として重要であった。

　近代になると小型の貨客輸送船である渡海船《とかいせん》が増え、個人経営、共同経営ともに客の求めに応じた不定期就航を行っていた。大正時代に、各島の渡海船が本土の笠岡と結ぶようになり、やがて島と笠岡との間に定期航路ができた。

　終戦後は各島と笠岡とを直結する定期船が運航され、広島県の尾道、鞆《とも》や香川県の多度津などと結ぶ汽船会社による航路にも組み込まれた。昭和二十四（一九四九）年に、この地域に就航する汽船会社が合同して三洋汽船株式会社が設立され、笠岡～多度津航路および福山～多度津航路に就航した。

その後、定期旅客船としては白石島～北木島～真鍋島の三洋汽船、北木島～飛島の豊浦汽船、真鍋島～六島の六島航路という三社が就航していたが、各島と笠岡港との連絡が重視されたため、島間の移動は不便であった。

平成二十三（二〇一一）年十月に上記三航路の統合があり、現在は三洋汽船が笠岡～高島～白石島～北木島～真鍋島（一部～佐柳島）を一日上下八便、笠岡～飛島～六島（一部～真鍋島）を上下四便運航している。定期船は、高速艇利用なら最も遠い真鍋島でも約四四分と便利であり、毎日本土の職場に船で通勤する島民も少なくない。他に笠岡～白石島のフェリーが一日上下四便、笠岡（伏越《ふしごえ》）～北木島のフェリーが一日上下一〇便ある。

二　笠岡市の町村合併

明治二十二年の町村制施行に際して、笠岡諸島には神島内《こうのしまうち》村、神島外《こうのしまそと》村（高島、白石島、飛島を含む）、北木島村、真鍋島村（六島を含む）が成立し、岡山県小田郡に属することとなった。

昭和二十四年に白石島村は神島外村から分村独立した。昭和二十七年、前年に今井村を編入していた笠岡町と金浦《かなうら》町が合併して笠岡市が成立すると、翌年に城見、陶山、大井、吉田、新山、神島内の六カ村を編入し、昭和三十年には神島外町、白石島村、北木島町、真鍋島村の笠岡諸島の町村も、浅口郡大島村の一部と同時に笠岡市に編入合併された。昭和三十五年には北川村を編入し、現在の笠岡市域が確定した。当時の人口は七万三二三二人、一万六六〇四世帯だった。

笠岡市では今次の合併特例法による町村合併は行われていない。

表２　産業分類別就業者数の推移

		高島	白石島	北木島	真鍋島	飛島	六島
1990 平成 2	就業者総数	92	393	1168	245	149	52
	第 1 次産業	48	127	53	125	55	29
	第 2 次産業	11	125	840	33	2	3
	第 3 次産業	33	141	275	87	92	20
1995 平成 7	就業者総数	55	316	915	192	80	46
	第 1 次産業	18	93	67	95	*	26
	第 2 次産業	9	109	612	17	*	0
	第 3 次産業	28	114	236	80	*	20
2000 平成 12	就業者総数	44	209	477	153	52	45
	第 1 次産業	20	53	44	70	1	29
	第 2 次産業	5	54	234	16	1	0
	第 3 次産業	19	102	199	67	50	16
2005 平成 17	就業者総数	40	169	337	117	26	26
	第 1 次産業	18	36	52	54	3	19
	第 2 次産業	3	43	158	7	0	0
	第 3 次産業	19	90	127	56	23	7
2010 平成 22	就業者総数	23	128	248	81	30	24
	第 1 次産業	13	24	37	39	4	11
	第 2 次産業	1	19	93	4	1	1
	第 3 次産業	9	85	118	38	25	12

出典：国勢調査による。

三　笠岡諸島の生活文化の変遷

笠岡諸島では、白石島が離島調査の対象地になった。福島惣一郎が昭和二十五（一九五〇）年八月二十二日から九月八日まで、神島外村から分村独立したばかりの白石島での調査を実施し、『離島採集手帳第五冊〔岡山県白石島〕』を残した。なお福島は昭和四十年十一月に白石島を再探訪し、その知見も加えて翌年刊行の『離島生活の研究』に「岡山県笠岡市白石島」の報告を行った〔福島 一九六六〕。福島の調査時点（昭和二十五年九月一日現在）で、白石島の総人口は二二一〇人、総戸数は四五〇戸であった。

その後まとまった民俗調査として、国の補助を受けた岡山県教育委員会が昭和四十七年から二カ年間、振興離島民俗資料緊急調査を実施し、昭和四十九年三月に報告書『笠岡諸島の民俗』が刊行された〔岡山県教育委員会 一九七四〕。また平成十一（一九九九）年とその翌年には、成城大学民俗学研究所が「沿海諸地域の文化変化の研究」と題した海村調査・離島調査対象地の再訪調査の一環として白石島で調査を行っており、その論集『海と島のくらし』には松田睦彦による同時点での概況報告と、いくつかの論考が収められている〔松田 二〇〇二〕。

今回の調査は、町村合併とも通じる地域再編という視点から、近世以来、島ごとに独立した生活文化を形成してきた笠岡諸島における、近年の島嶼間連携の動きについて論じる意図があるが、民俗変化を考える起点となる離島調査は白石島のみを対象地としており、笠岡諸島全体の移り変わりを描くのは困難である。そこで本章では、特に時代の近い松田の報告との重複を避け、各島の特徴ある生産・生業の文化に着目し、それぞれその変遷を報告する。

漁業

笠岡諸島に共通する基盤的生業を挙げるとすれば漁業ということになろう。特に古くから漁業が盛んだったのは真鍋島で、福山藩水野氏の支配下で、地方の西浜《ようすな》村（現笠岡市金浦）とともに海役米を課せられていた。真鍋島の漁民は中世以来の漁業特権を主張し、他島民を漁場から閉め出して、紀州漁民に学んだタイ網漁などを行った。真鍋島のタイは福山藩主にも献上され、遠く江戸にまで活魚船で運ばれた。しかし延宝九（一六八一）年、江戸に送った活魚船が遭難し、多くの漁民を失う損害を被った。正徳五（一七一五）年には内神島、外神島、白石島、北木島、横島の五カ島にも海役米が課せられたことで、真鍋島の漁業特権は弱まったものの、タイ網は明治・大正を経て昭和戦前期までさかんに行われていた。

明治に入ると、各島とも地先・入会で壺網、タイ縛り網、打瀬網、イワシ巾着網、地曳網、エビ漕網、タコ壺縄など多様な網漁を行っていた。磯でのカキ漁も盛んであった。この当時でも、六島を含み広い地先漁場を持つ真鍋島村が、高島、飛島を含む神島外浦と並んで漁業先進地であった。

昭和の初期には漁船の動力化が進むが、地先に良い漁場を持っていたためか他地域に比べるとその度合いは緩やかで、遠方漁場への進出もあまり見られなかった。そのことが、もともと狭隘な内海漁場で市場にも遠い島方の漁業に停滞をもたらすようになる。

戦後は乱獲による漁獲量の落ち込みもあり、島の漁民にも他の生業に転換する者が見られるようになった。かつて盛んであったタイ網やイワシ巾着網などは昭和三十年代を境に姿を消し、小型底曳網や定置網、建網、壺網など家族経営の小規模なものが主流になった。島民の減少や少子高齢化とも相乗し、島の漁業は長らく退潮傾向にある。笠岡諸島域では合理化のため漁協の再編が行われ、平成十五（二〇〇三）年に神島外浦、白石島、北木島、真鍋島の各漁協が合併して笠岡市漁業協同組合となり、各島の漁協はその支所に位置づけられた。

こうした漁業の不振に対して、獲る漁業から育てる漁業への転換が図られてきた。昭和四十年代から、クルマエビの中間育成や、トラフグ、ノリ、カキの養殖などが進められてきた。その中ではノリの養殖が真鍋島、白石島で成果を上げ、昭和五十年代には島の漁獲水揚げ高の四割を占めるにいたった。しかし従業者の高齢化、環境変化などで徐々に不調となる。白石島を例に挙げると、最盛期には二五軒が経営していたが、現在は四軒に減少した。平成十四年に新しく上浦漁港が開港したが、この新港敷地の有効利用の観点からノリ工場建設を勧められ、これを機に四軒が協業し「白石島水産」として法人化した。

白石島と高島の間の海域では、音響馴致装置を利用した海洋牧場が設置され、平成十一年から本格的に操業し、中間育成したメバル、ヒラメ、キジハタ、オニオコゼなど高級魚の稚魚を放流している。施設を管理する笠岡市漁協白石島支所によると、確実に魚は定着しているとのことだが、別の問題が浮上している。海洋牧場周辺には多くの遊漁船が集まり、地元漁業者の操業に支障を来すなど、確執がある。現状では漁業者が引き下がることが多く、海洋牧場の管理を徒労と感じている者もある。

農　業

笠岡諸島における農業は、漁業などの主要な生業を補うものとして、女性を中心に自家消費的に行うものが主であった。もともと雨の少ない気候で、花崗岩質で保水力のない土地、傾斜地の多い地形など、農業をする条件は厳しい。甘藷をはじめとするイモ類や小麦をはじめとする麦類、エンドウなどの豆類を主に栽培しており、戦後まで田があったことが聞けるのは、シンガイと呼ばれる干拓地をもつ白石島のみである。

北木島では昭和三十年代にみかんなどの柑橘栽培が盛んになり、今も南面の丸岩などに多少の果樹園が残るが、大半は耕作されていない。どの島でも休耕地の環境保全が問題になっており、白石島では自生する桑に着目して、近年その商品化（桑茶など）に取り組んでいる。

調査中には、白石島や北木島などで畑に出て作業をしている島の人を多く見かけた。話を聞くと、多くが「診療所で勧められて」畑仕事をしているという。島の農業は生産活動というよりも、高齢者の健康増進の手段の意味合いが大きくなっているようである。

採石業（北木島）

北木島は「石の島」である。笠岡諸島の有人島で唯一、瀬戸内海国立公園の管理計画区に含まれていないのは、採石が島の人々の生活を支えていたからである。江戸時代から石材の生産が行われてきたというが、それを大きく発展させたのは、豊浦出身の畑中平之丞である。

島の石に目を付けた畑中は、慶応元（一八六五）年に石丁場を開き、伊予の伯方島から石工を招くなどして北木島の近代採石業の礎を築いた。畑中は石工を雇い入れ、自らは丁場の経営に専心したが、全国に石の販路を開き、横浜正金銀行、日本銀行本店などの建材として採用され、高級石材としての名を広めた。

戦後は昭和二十八（一九五三）年頃から削岩機を導入してさらに発展し、最盛期の昭和三十二年には一二七の丁場が島内にあったという。ただし古くからの島民は自ら採石に携わる者は多くなく、所有する山の採石権を、島外からきた石屋に売っていた。それでも切り出した石材の運搬や加工などには、多くの島民が従事した。

昭和四十年代後半から、中国などから安価な原石の輸入が増え、採石は急速に規模を縮小した。石材加工は平成の時代に入るまでは好況を維持したが、島で石材が採掘されなくなると立地のメリットは失われ、加工場は笠岡の地方の干拓地に移っていった。平成二十五年の調査時点では、島内で操業している石丁場は二カ所、加工業者は二三社であった。それでも島内に石材に勝る産業はなく、その振興に今も島の未来を託している。

北木島で今も操業する石丁場

観光業（白石島）

昭和十八年に国の名勝に指定された白石島は、笠岡諸島の中でも特に観光業が盛んな島である。最大の観光資源は西ノ浦一帯の笠岡諸島中では珍しい広い砂浜で、夏は海水浴場として賑わう。

島に伝わる盆踊りで、国の重要無形民俗文化財に指定されている白石踊りも重要な観光資源である。平成十年からは船会社と連携して踊り鑑賞と体験の観光ツアーを実施しており、その練習のための出前講座を笠岡で開催したり、盆前の夏休み期間の毎週土曜日に海水浴場で踊りを披露するなど、様々な工夫を行っている。踊りの観光化への取り組みには紆余曲折があり、地元の伝統行事と観光のための「見せる」踊りの共存に、島民たちも試行錯誤してきた。平成十八年から、八月十三～十六日を島の盆行事とし、鑑賞・体験ツアーはそれと分けて七月下旬に開催する形式で行われている。

白石島が特に観光地として賑わったのは昭和四十年代後半で、福山～丸亀航路に就航された高速船の中継地となったことで、国鉄（当時）のディスカバージャパンキャンペーンとも相乗して年間一〇万人以上の観光客があったという。ただし近年は、島を訪れる客数は年間二万人程度あるが、滞在日数が短く、日帰り客が大半で、島の観光関連業は苦心している。

盆の白石踊り

白石島海水浴場を訪れると、外国人観光客が多く、洒落たビーチバーなど、西洋のビーチリゾートを切り取ってきたかのような雰囲気がある。島には平成三年に岡山県が開設した国際交流ヴィラという外国人専用の宿泊施設がある。前述のバーは、この施設の利用を契機に島に移住し、今では氏子として神社の祭礼にも参加するアメリカ出身の女性とそのパートナーによって経営されている。彼らが発信する情報を見て島を訪問する外国人は多く、島の若者たちも彼らとの交流を楽しんでいる。岡山県は財政的な問題から平成二十年で国際交流ヴィラ事業を廃止したが、施設は島の希望によって笠岡市に移管されて存続し、翌年から島民の組織で運営されている。ヴィラに来訪する外国人の存在が島の個性の一部になっているという認識があるからだろう。

ヴィラの運営を島主体で行うようになったことをきっかけに、白石島の観光のあり方は大きく変わろうとしている。平成二十一年度から、内閣官房地域活性化統合本部による地方の元気再生事業に採択され、「エコ島力で国際交流を目指す白石島の活性化」事業を実施した。この中で、体験型エコツーリズムの開発が進められ、シーカヤック、マウンテンバイク、トレッキングなどの野外活動を行いながら、島の自然や文化を学ぶメニュー作りが行われた。島の観光は、今まさに変容のさなかにあるといえる。

海運業（飛島）

飛島は六島と並んで笠岡本土から遠く、生活基盤の整備が遅れた島である。昭和四十二（一九六七）年に北木島からの海底送電によってようやく二四時間電気の使える生活が得られ、海底送水管による上下水道が実現したのは昭和五十四年のことであった。

戦後の飛島の主要産業は農業と漁業で、笠岡諸島の他の島と比較すると農業の割合が高かった。昭和四十七年時点では、島の総面積に占める耕地の割合が、小飛島二七・〇パーセント、大飛島二二・六パーセントで、笠岡諸島の平均一四・〇パーセントに比して高く、農家一戸あたりの耕地面積も〇・三五ヘクタール、〇・三六ヘクタールと、やはり諸島平均の〇・二一ヘクタールより広い。主要な作物は小麦と甘藷であったが、島の特徴ある産物として、自生するヤブツバキから採取する椿油があった。一時期その生産は途絶えていたが、中学校の総合学習のテーマに取り上げられたのをきっかけに、平成十五年に椿油搾取機を導入して復活させた。三月には椿まつりを開催し、島外者を招いて椿の実収穫ボランティアツアーを実施するなど、今では椿が最も重要な島おこしの資源となっている。

しかし椿油生産が復活したその年に、そのきっかけを作った中学校は本土の神島外中学校と統合され、島の急速な高齢化が進んだ。平成二十三年には小学校も休校となり、平成六年に三二・三パーセントと北木島に次いで低かった島の高齢化率は、平成二十四年には七六・九パーセントにまで上昇。島民の四分の三が六五歳以上という状態にまでいたった。

その飛島の現在の最大の生業は海運業である。島に第一次産業従事者は四名に対し、第三次産業従事者は二五名（平成二十二年国勢調査。大飛島・小飛島合計）で、島民中の就業者の大半が海運業に就いている。大飛島の北浦や大浦の港には、八〇〇トン級の大型貨物船が停泊する。平成二十三年時点で、島民所有の貨物船は二十五隻。正月や盆、祭りの日などは多くの貨物船が帰港し、小さな港に停泊するその光景は圧巻だという。

飛島の海運業の起こりは、漁民が漁業の不振から転身したもので、戦前の手漕ぎの渡海船を経て、昭和三十年代までは木造の機帆船が神島化学工場で生産された化学肥料などを大阪まで運んでいた。昭和四十年代から鋼船が普及し、運賃のコストダウンのために次第に大型化していった。

このような事情から、飛島はその数字が示す以上に高齢化の島という印象を与えるという。数少ない壮年の働き手の大半が船乗りで、島に不在のことが多いからである。島の大運動会の綱引きなどの人手のいる競技では、飛島チームにバレーボールVリーグ、岡山シーガルズの選手が助っ人で参加するのが近年の恒例になっているが、同チームの監督が小飛島出身という縁に加えて、島民だけでは人数を揃えるのが難しいという現実がある。この十年ほどで人口がおよそ半減し、急速に進んだ高齢化に対して、島に残る老人たちの日常生活のサポートが最大の課題であるという。

出稼ぎ（六島・真鍋島）　笠岡諸島の多くの島で見られるが、特に出稼ぎが多いのが六島と真鍋島である。両島は伝統的に漁業を生業とし、活船という櫓漕ぎの運搬船で市場に鮮魚を運んでいたが、かえってその動力化が遅れ、自立して海運業を興すことができなかった。そこで第一次世界大戦の影響による活況を呈していた阪神地域の港に、艀労働者として出稼ぎに出る者が多かった。

こうした出稼ぎは高度経済成長期まで一般的で、就学期のみ島で過ごし、壮年期には年に数回帰島する程度で、定年後にようやく島に戻って家督を継ぐことも珍しくなかった。ただしそうした中で便利さを求めて出稼ぎ先に定住した者も多く、結果として島の人口流出が進んだのも事実である。これまでは、定年後は島に帰り墓守りをするというのが一般的であったが、出郷者の子孫世代になると、幼少期すら島での生活体験を持たず、島に帰るという意識すらなくなっていくかもしれない。

花卉園芸（真鍋島）

前述の通り、真鍋島は長く笠岡諸島中の漁業先進地であった。しかし現在、真鍋島の本浦港に着くと桟橋で出迎えてくれるのは「花の島まなべへようこそ」というゲートである。

真鍋島が「花の島」になっていったのは、昭和二十年代の半ば、島で除虫菊の栽培が盛んになってからである。除虫菊自体は明治期から岡山県の特産で、笠岡諸島でも大正四（一九一五）年の北木島の記録では一六町歩の作付けがあったほか、白石島、高島などでも相応の規模で行われており、北木島には線香工場も存在した。

真鍋島でも戦前から除虫菊栽培は行われていたが、戦後、底曳き網による乱獲で漁獲高に落ち込みがみられ、それを補うために島の女性たちが畑で菊を栽培し始めたという。さらに真鍋島の場合は、除虫菊栽培のノウハウを切花用の花卉《かき》園芸に生かして、寒菊、マーガレット、キンセンカなどが作付けされていった。とりわけ昭和二十七〜二十八年頃から始められたという寒小菊は、初秋から電照栽培で育成されており、菊畑の斜面を照らす夜間の電灯が島の風物詩であった。

昭和三十年代をピークに、平成に入る頃まで花卉栽培は安定した収入をもたらしたが、その後は生産者の高齢化によって徐々に規模を縮小していった。真鍋島の場合、急峻な斜面に畑が広がり、道路が整備されていないため車やリヤカーも使えず、筵に包んだ菊の束を背負って斜面を往復しなければならない。老齢の生産者にとっては重労働である。近年は沖縄で冬でも露地栽培できる菊が市場に出回り、ハウス栽培に船で出荷するコストまでかかる島の菊は価格で負けてしまう。真鍋島では、平成十三年からJAと連携し、かつての菊畑でゴーヤの栽培を奨励し、

斜面に建ち並ぶ真鍋島・岩坪の集落

今では岡山県下有数の産地となっているという。

小括

笠岡諸島の各島は、それぞれの環境に応じて、歴史の過程の中で独特の生業文化を形成してきた。しかしいずれの島も自給自足の生活を支える農業の基盤が弱かったことから、本土の都市や市場とダイレクトに結ばれ、それに依存する度合いが高かったと言えよう。それは裏を返せば、地理的に近い島どうしが関係を結ぶ必要が薄かったということでもある。

しかし戦後の市場と流通のグローバル化の中で、大規模化が困難な島の各種の産業は総じて停滞を余儀なくされた。とくに漁業における乱獲による漁獲量の減少や水産物価格の低下、採石・石材加工業における輸入石材との競争の激化などは、近代以降の各島の社会構造にも影響を与えてきた基盤的生業を大きく揺るがすことになった。これを背景に、戦前から行われていた阪神方面への出稼ぎがいずれの島でも一般的になった。出稼ぎによって労働力人口が島から流出することで、急激な少子高齢化が進行した。人口の流出は、高度経済成長期にあたる一九六〇年代に大きく進んだが、一九九〇年代以降はさらにそれを上回るスピードで進んでいる。高齢化率も諸島平均で六〇パーセント以上になり、島内だけで内発的発展や持続可能性を考えるのは限界がみえている。

こうした状況の下では、島で生活するために必須のインフラストラクチャーの維持管理や社会保障の充実などにおいて、行政の力に頼らなければならない場面が必然的に多くなる。笠岡諸島の各島は、昭和三十二（一九四七）年八月の第六次指定で大飛島・小飛島・六島が、同年十二月の第七次指定で高島・白石島・北木島・真鍋島が離島振興法に基づく離島振興対策実施地域に指定された。その後はこれに沿った行政施策が島の生活を支えることになっていくが、それが進むにつれ徐々に明らかになってきた課題は、各島での生活上の課題や困難を解決する要望を、いかに行政に伝え、実質的な協働を実現するかである。各島の生活文化は既述の通り共通性が高くはなく、島民間の交流も決して活発だったとは言いがたい。しかしながら、本土の行政機関（笠岡市）に島の要望を伝える必要が高まると、個々の島がそれぞれ行政と対峙するという構造では立ちゆかない。そこで生まれてきたのが、笠岡諸島の各島が問題を共有し、全島をあげて連携することで存在感を高め、行政と対峙するという戦略であった。

［参考文献］

宇野脩平『備中真鍋島の史料　第一巻』日本常民文化研究所、一九五五年

岡山県教育委員会編『笠岡諸島の民俗』岡山県教育委員会、一九七四年

笠岡市編『笠岡諸島振興計画（第２次）』笠岡市、二〇一三年

笠岡市史編さん室編『笠岡市史　第二巻』笠岡市、一九八九年
笠岡市史編さん室編『笠岡市史　第三巻』笠岡市、一九九六年
笠岡市史編さん室編『笠岡市史　第四巻』笠岡市、二〇〇三年
元気ユニオン・in北木編『ふるさと読本「北木を語る」――島と石と人の営みと』元気ユニオン・in北木、一九九六年
福島惣一郎「備中白石島」『民間伝承』一五（四）、日本民俗学会、一九五一年
福島惣一郎「岡山県笠岡市白石島」日本民俗学会編『離島生活の研究』集英社、一九六六年
松田睦彦「岡山県笠岡市――白石島（旧小田郡白石島村）」田中宣一・小島孝夫編『海と島のくらし――沿海諸地域の文化変化』雄山閣、二〇〇二年
八木橋伸浩、遠藤文香、松田睦彦「笠岡諸島白石島における民俗の変容と継承」『岡山民俗』二一一五、岡山民俗学会、二〇〇一年

（俵木　悟）

島根県　隠岐諸島（旧穏地郡都万村）

一　隠岐諸島（島前・島後）の概況

地　理

隠岐諸島は、島根半島の北方約四〇～八〇キロメートルに位置する日本海に浮かぶ島々で、四つの有人島と一八〇余の小さな無人島で構成され、島前《どうぜん》（知《ち》夫《ぶ》村・海士《あま》町・西ノ島町）と島後《どうご》（隠岐の島町。合併前は西郷町・都万村・布施村・五箇村の一町三村）は一〇キロメートルほど離れている（図1参照）。気候は、対馬暖流の影響で、島根半島より五〇キロメートルほど北側に位置するが、海洋性気候で、一月の厳冬期でも四・九度を下回ることはなく、八月でも二六・一度を超えない。年平均気温は一四・六度である。

また島前の海士町は遠流《おんる》の地として後鳥羽上皇、西ノ島町は後醍醐天皇（旧西郷町との説もある）の名を想起する人は多かろう。交通手段は、境港（または七類港）からフェリーあるいは高速船の便がある。島前で水上飛行機を用いた空の便（昭和十年城崎号・昭和三十六年日東航空）が試行されたこともあったが、現在空港は島後のみである。

さて西ノ島、中ノ島（海士町）、知夫里島（知夫村）の三島とその周辺の島を総称して、隠岐島前という。島前で最も大きな島は西ノ島（五六平方キロメートル弱）で、その最高峰は焼火《たくひ》山（標高四五一メートル余）。平安時代より近世にいたるまで、灯台の役割を果たしたとの伝承を持つ焼火神社を中腹に持つ。太古には焼火山を中央火口として、西ノ島、中ノ島、知夫里島の三島を外輪山とする二重式火山であった。長期にわたる火山活動によって、カルデラが形成され、やがてそこに海水が流れ込み、三島に囲まれるようにして現在のような広大な内海が誕生したという。その後、日本海の荒波と激しい季節風が島前の島々に自然の造形をもたらした。西ノ島の国賀海岸、知夫里島の赤壁、中ノ島の明屋海岸等はその代表であるという。まさに有力な観光資源である。なお、島前は平成の大合併に参加せず、二町一村を維持した。

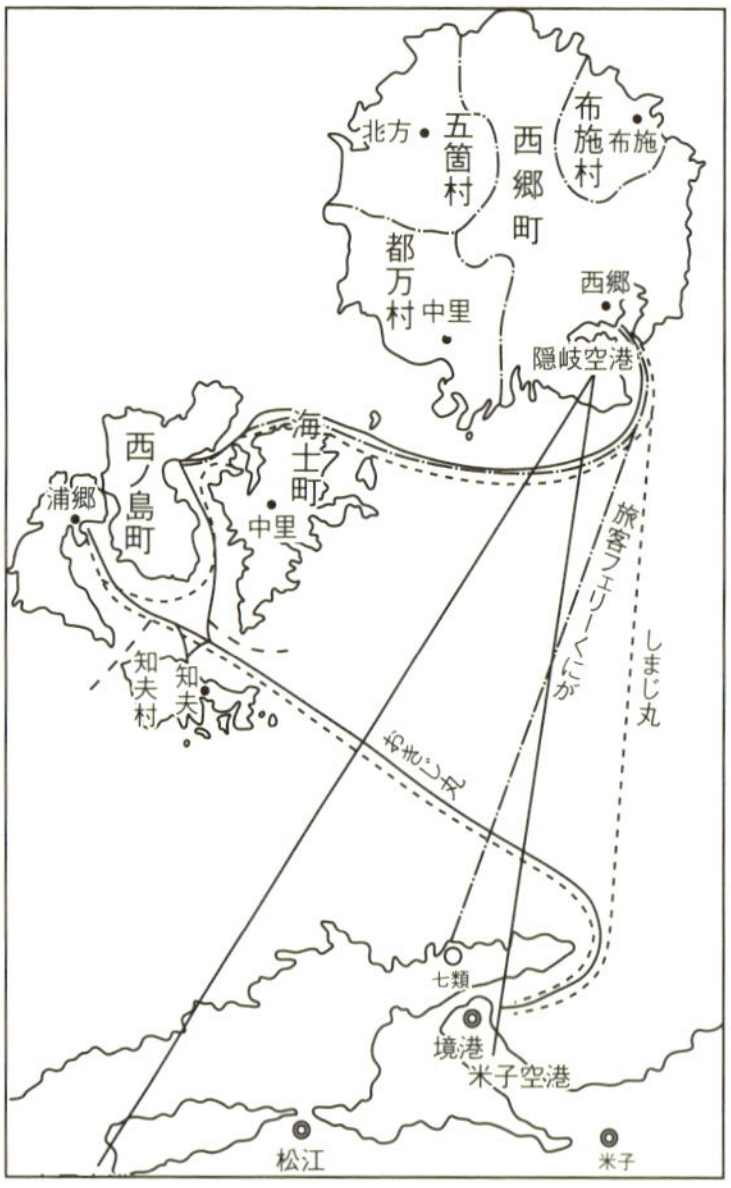

図1　隠岐諸島

島後（二四二平方キロメートル余）も火山活動によってできた島である。地図に見るように、合併前は一つの島に一町三村があり、その最高峰は東側の大満寺山（標高六〇七メートル余）であるが、この近くにはほぼ同じ標高の葛尾山、一〇〇メートルほど低い小敷原山・大峰山と北に向かって点在する。中央部には時張山（五二一メートル余）、西側には横尾山（五七二メートル余）があり、南側の西郷港側をのぞき山が切り立ち、沢が続く。したがって河川が発達し、かつて林業がさかんであったことも頷ける。こうした地形から観光資源としてのローソク島、壇鏡の滝、隠岐布施海岸、隠岐白鳥海岸など豊富である。また大型船が接岸できる天然の良港もこうした島の地形に限定され、旧西郷町側に限られてしまう。島の発展も旧一町三村といっても西郷町に集中し、隠岐支庁、病院、高校、スーパー等、また役場規模など社会・経済的面で、一極集中であった。特に対向二車線、十分な幅員をとった大規模トンネルの敷設を含む道路の充実整備は、ますますの旧西郷町への人口集中を促しており、一町三村の合併は、あたかも西郷町に吸収合併されたといった印象さえいだく。合併（二〇〇四年十月）の諸事が済んで約十年、二〇一三年三月に旧布施・五箇・都万村を訪ねたが、旧村の施設が朽ち、墓ばかりが目立つ過疎の村といった印象であった。すなわち各村の中心にあった役場が名ばかりの出張所となり、村の中心が抜け落ちたような印象を深めたのである。旧西郷町とのコントラストには著しいものがあった。

なお、「採集手帖（沿海地方用）」時の調査対象地域は、島後の旧都万村であった。担当者は大島正隆で、昭和十三年七月末から八月の中旬にかけて実施された。

また二〇一三年、島前・島後はともに「隠岐世界ジオパーク」に認定され、「優れた大地の遺産と美しい自然景観、そして様々な文化を含めた、人々の営みを体験できる場所で「大地の公園」ともいわれています。」とパンフレット（「隠岐世界ジオパーク見どころマップ」）にうたい、官民あげてジオパーク・ツアーガイド養成などに努めている。

歴史・産業

島根県北東部に位置する隠岐諸島は、奈良時代律令制では五畿七道の一つ山陰道に含まれ、その山陰道の中の一カ国に位置付けられていた。大変来歴の古い地域で、延喜式神名帳に載る神社がいくつも存在する由緒ある地でもあった。隠岐が早く知られるばかりでなく、遠流の地として設定（七二一年）され、承久の乱（一二二一年）では後鳥羽上皇が、元弘の乱（一三三一年）では後醍醐天皇が実際に流された。ますます歴史的に忘

島前・西ノ島町珍崎地区（牛の放牧）

れがたい地と刻印されたのである。また渤海との交流ではしばしば隠岐が中継地となったという。日本列島からは出っ張った最も遠い場として、中国大陸からは日本海での最初の日本列島として意識されたであろう。隠岐はそのように特異なトポス（場）にあった。

　後に隠岐郡に統一されるまでは、知夫郡・海士郡・周吉《すき》郡・穏地《おち》郡に分かれていた。現在の島前は知夫郡と海士郡、島後は周吉郡と穏地郡にあたる。

　さて、史上最も話題をさらうのは、「隠岐騒動」である。これは廃仏毀釈とも連動し、島後を中心に慶応四（一八六八）年から明治二（一八六九）年にかけておこった一連の騒擾で、明治維新初頭の隠岐を激しく揺り動かした事件であった。正義党を称する神官・庄屋を頭目とする三〇〇〇人の集団が、松江藩郡代の常駐する西郷の陣屋に押しかけ、郡代を松江に追放し、「自治政権」を樹立したというものである。この争いで、寺院側が一貫して松江藩に味方したというので、明治二年三月より島内の寺院をことごとく焼き払うという徹底した廃仏毀釈を行った。江戸幕府の崩壊と明治の成立という混乱の中で起こった騒動であったが、寺院側が松江藩に加担したということがなければここまで徹底はしなかったのではないかといわれる。現に島前では、これほどの廃仏毀釈は行われなかったからである。少なくともこの事件に関しては、島前・島後でかなりの温度差がある。またこの事件は、後の葬儀の形式や様式にさまざまな影を落とすことになった。

後に明治十二年寺院復興運動がおこり、焼き払われた四十余カ寺のうち十三カ寺が順次復興した。また新規に五カ寺が創建されもしたのであった。大きな揺り戻しであった。

　さて、次に産業について触れたい。漁業・農業・林業・観光ということになるが、まず農産品について明治十六年の隠岐支庁の統計表（「明治十六年地方統計表」）を見てみたい。そこでは、米・麦・生糸・茶・粟・黍・ソバ・豆・甘諸・馬鈴薯が記録されている。島前では生産されない品目に生糸・茶・裸麦がある。この中で生糸が大変経済的に意味がある。つまり金額が稼げるのである。海士郡・知夫郡では桑の育成がうまく行かなかったのであろうか、養蚕に手がついていないのである。この飼育には高度な技術が必要であるが、明治日本の重要な輸出産品として大きな金額を稼ぐのであって、できれば是非必要なものであったろう。周吉郡・穏地郡――つまり島後では可能であったものが、島前では達成できていなかった。農業産品でもう一つ特徴は、島前ではしいたけ・菜種・葉タバコ・繭の産出がないことである。島後ではこれらがすべて産品として出荷されていた。もう一つ興味深いのは、松板・杉板の出荷が島前にはないことだ。大変金額を稼ぐ存在なので、木挽き職の介在も可能であるし重要ではないか。産業としてはキンマ利用の原木切り出しとそれの製材加工業も大事な仕事の創出である。地理の項目でも記したように、島前と島後の自然環境の相違が木材生産には直接響いていた。島前では、西ノ島の黒木地区を除いて、まともな木材は育たない。表土が浅く、さして根が張らないうちに岩盤に当たってしまうのである。季節風の甚だしいことも杉・松が育たない理由と言われている。なるほど西ノ島町の浦郷地区周辺に行き観察してみると、風の来る方向に枝はほとんどない。どの木もそうなっているのである。逆に、ぶり・ホシカの加工では島前が金額を稼いでいる。隠岐全体としては、海鼠・スルメ・鮑の加工を初めとして、重要な島外出荷産品であった。

島後・旧都万村の入り口にある牛の角突きの石像

　生産構造から見ると、隠岐から出荷できるものは、スルメ・ブリ・ナマコ・アワビ・ホシカ・ワカメ・アラメ・テングサ・シイタケ・ナタネ・コキソ・ノリ・松杉板・豆である。これを売って、米・塩・綿・油・石油・紙を買うという構造である。右の明治十六年隠岐支庁統計には、麦・粟・大豆・玉蜀黍・甘藷・稗・蕎麦があがっているが、それは実は牧畑《まきはた》耕作によるものである。牧畑という輪転農耕がさかんに行われていたことを示すもので、灌漑が行き届かない山の畑を耕作するには、牛馬を入れてその糞尿を肥やしとし、そこに麦やソバ・ナタネ・大根などを順次播き付けする。その翌年は耕作を休む。そういう輪転式耕作であった。昭和十八年ごろまで続いていたが、戦後はみなやめて、そこに牛馬、ことに牛（隠岐牛）を放牧するようになったのである。今現在、隠岐全体でこの牛の放牧が大いに行われ、山の舗装された林道を登っていくと、柵が作られていたり、「牛が現れても驚くな」とか、「騒がすな」と注意書がされている。牧畑と牛馬の放牧はつながっていたのである。観光パンフレット（「隠岐楽」二〇一三年度版）を見ると、データの項目にわざわざ隠岐の島町「牛五〇〇頭、馬八頭」などとある。ちなみに同じパンフレットに、西ノ島町「牛八〇〇頭、馬一〇〇頭」、海士町「牛八〇〇頭」、知夫村「牛五〇〇頭、馬五〇頭、たぬき二〇〇〇匹」とある。他の町村は別として、知夫村は人口数と牛馬数がほぼ同じであった。

　総じて農業、林業、漁業、観光の島であった。しかし地形は急峻で「牧畑」に見られるように平地が少なく、したがって農業には頼りがたい。西ノ島を例に農家戸数を見ると、昭和二十二年をピーク（一一二〇戸）に減少を続け、昭和六十年現在五分の一（二四戸）まで減少した。後は牧畑の後継としての畜産に託すのみである。島後の林業も衰退して久しい。となれば、漁業と観光に活路を見出すほかはない。右に名勝をいくつか指摘したが、切り立った断崖など厳しい自然が造形した景観と美しい海はアクセスさえ整えば、観光によく向いている。隠岐は昭和三十八年国立公園（大山国立公園に編入）に指定され、昭和四十年代後半の離島ブームに乗って、大変な観光客の賑いを経験した。ピーク時の昭和五十年には二一万六〇〇〇人を超す収容能力を誇った宿泊施設も、平成三年現在は一五万人の収容力に落ち着いてきている（『離島統計年報』）。

平成二十四年度現在の人口について確認をすれば、西ノ島町三一三六人、海士町二三七四人、知夫村六〇二人。島前計で六一一二人である。三島ともに、一〇年前の平成十四年度と比較して見ると、それぞれ八~九パーセント余の人口減少がみられる。まさに危機的であるが、西ノ島町では家族住宅を準備し、大型船の漁業労働者を近畿から誘致する等様々な方法を用い、その家族と共に来島して貰うことで、人口減に歯止めをかけようとしている。また微々たるものだが、ニュージーランドなど外国人の来訪もあり、それなりに効果をあげている。海士町では「島留学」を提唱し、高校留学制度を様々な形で工夫・運用することで、県外からの志願者増を可能にし、平成二十四年度からは、二クラスに増えるなど効果をあげている。また、IT利用の受験対策など予備校とのタイアップを通じたきめ細かな施策をうっている。海士町は、このほか町の職員が様々なアイデアを提案し、また給与を自ら減額する等具体的な生き残り策を次々に提案し、将来につなごうとしている（論考編第9章参照）。

しかし島前で高校があるのは海士町だけで、この他ということになれば隠岐の島町（島後）に行くか、松江など本土に行くほかない。医療についても、急病、出産などで緊急の場合はドクターヘリを用いて、隠岐の島町あるいは本土へと搬送する手立てを講じているという。全般的に、西ノ島町と海士町は、行政施策が具体的で率直かつ行動的。内向きに籠もらない所が特徴である。これが強みなのである。

島後は、先にも記したように一町三村が合併して隠岐の島町となり、その総人口は約一万五五〇〇人である。島前二町一村の総計約六二〇〇人のほぼ二・五倍である。総面積も島前が一〇三・〇七平方キロメートルに対し、島後は二四二・九五平方キロメートルで、これまた二・四倍である。人口規模、面積規模からして島後が隠岐の島町を名乗り、隠岐の代表であるかのように振る舞うのもむべなるかなといった態ではある。ちなみに島前は、島後が「隠岐の島町」を名乗らないよう申し入れをしたという経緯がある。

漁業・農業の推移

島間の交通アクセスは当然のことながら、船が基本である。既述したように本土の境港もしくは七類港からフェリー、高速船の便がある。また現在は島後に空港があり、大阪から直行便、また出雲空港経由便がある。島の内部は、島前・島後ともに道路が整備され、難所だった峠がトンネル通過となることで、物流の観点からも実に快適である。

交易に関わって漁業の歴史をたどれば、明治二十八年頃から導入された巾着網漁によって漁獲高が飛躍的に伸び、スルメに代表される水産物加工技術の発達が目覚しい。島前・島後ともに漁業が会社組織になり、四ツ張り網、江戸時代より続いた延縄漁の進展が著しい。明治二十一年漁業組合も規則の制定とともに発足し、鮮魚販売圏が著しく拡大した。これには明治十八年頃から帆船輸送から汽船輸送に変わったことが大きい。隠岐の沿岸漁業は明治四十年頃まで順調に伸び、大正時代へと乱高下しながら推移していくのである。大正十年ころから対馬海域、黄海、東シナ海へと動力船の導入に伴い漁場が広がっていく。この頃から水揚げの港を長崎、下関へと移し、底引き網の導入とともに魚種もカレイ、ヒラメと変わっていく。こうして現在の漁業へとつながるのである。交易圏が、島根県内というか、境港だけではなく、山口県・九州圏へと展開・拡充して行った歴史が見て取れるのである。

農業は島前と島後で大きく異なる。「明治十六年隠岐島支庁地方統計表」によると、島前は牧畑が中心で、水田中心の農業は島後に限られる。島後では旧西郷町にあたる周吉郡が最も生産高がある。「島根県勧業統計」によって、昭和十五年の島前と島後の水田面積を比較して見ると、島前の二・九倍の面積を誇る。島前はそもそも三島の総面積自体が狭く、しかも海士町以外では水田は狭小であった。

二　昭和十三年沿海採集手帖の時の都万村

昭和十三（一九三八）年の大島正隆の調査によれば、次のような生活が営まれていた。社会生活、経済生活、信仰生活に分けてそれぞれ採集手帖をたどってみたい。調査に当たり大島は、都万村の六大字、蛸木、津戸、都万、那久、油井、南方とすべてを歩き、聞き書きしている。

社会生活

村社会を円滑に進めるには、一定の共同作業は避けられず、相互扶助も前提となろう。津戸では、クバゴト（公方事）とコクジがある。たとえばお宮の大掛かりな修繕、道路普請、川普請など一日仕事は前者であり、お祭りなどで神官を送り迎え、あるいは荷物運びをするなどは、後者にあたるという。部落共同でやるこれらの仕事はジゲ仕事というが、牧畑の垣結い、水路の工事、ジゲ網、雨乞い、虫送り、あるいは山林の植え継ぎ、下刈り、境の番に到るまで、実に多くの仕事がある。津戸には九つの小組《こぐみ》があり、その個々は近隣住民十戸で組織する。その全体を統括するのが組長で、現在は区長がこれにあたる。小組みの構成戸数は地域によって異なり、那久では二〇戸で一つの小組が作られている。またここにはヤクニという連絡役が置かれ、触れ役として、各小組に情報伝達する。その伝え方が面白いのであるが、「何々さっしゃーい」等と大声で小組の地域に触れ歩くのだという。なお、この小組は地域社会にきわめて重要な位置を占め、たとえば死者が出た場合、属する小組全戸が協力し、漁も休み葬儀万般を執り行うという。村の構成員にとって、この小組は死活的に重要であるといえよう。

社会的共働にはさらにいろんな形があり、モヤヒ、テマガへ、カロクなどの名で呼ばれる。ともに労力の融通共働であるが、テマガへはテトリともいい、カロクはテゴともいう。つまり多様で微妙な言い方の違いがあるということは、それだけきめ細かな協働上の違いや必要があったということだ。

「子方（男子・一五歳）やフデ子（女子・一三歳）は、ケイヤクオヤの家の忙しい時には注意していて、必ず手伝いに行く」と、採集手帖にあるように仮親、ケイヤクオヤの関係も労働の融通・協働の一つのかたちであった。

経済生活

最後に漁業協同組合について触れておきたい。島後では、明治十五年頃ハマガリという大きな社会問題が起こった。これは、漁期以前に融資を受け、漁獲があがったところで返済するというシステムだが、漁獲高がおぼつかなければ直ちに返済に窮する。これを救済したのが、明治十七年成立の漁業協同組合で、この漁協からの融資で島後の村人は何とかしのいだのだった。

隠岐の場合は、島前・島後を問わず農業・漁業のいずれか一本で家計がなりたつ状況ではなかった。常に漁業と農業を兼業するといった経営形態であった。また、大正七～八年頃から阪神地方に沖仲仕、船員、工場労働者、女中奉公に出る等で、若者がいなくなり、祭りも老人でやらねば、といった状況になったこともあった。

台所の切り盛りを嫁に渡すことを「マスヲアテガフ」という。「カカがヨメに米を計る枡を宛がう」ということである。資産家の家では、「ゴリンサンにカギ渡すそうだ」という。ゴリンサンは御寮さんで、嫁さんのこと。「身上回し」を渡すとも。島後は早い段階で、牧畑が忘れられていくのに対し、島前は第二次大戦段階までそれなりに機能していた。ことに第二次大戦後の引揚者の間では、島前でしばしばなされた。

信仰生活

大島調査時では、ホトホト（一月十五日）、トンド、ネムリナガシ、タナバタ、厄年、死の忌み、ニジョーライ、シャーラー船、由良姫、恵比寿、船魂、天狗、雨乞い、道きりなど、生活の中に浸透していた。

講も、庚申講、大社講（出雲大社）、一畑講（出雲一畑薬師）などがあり、信仰・社会関係の一局面を見せる。またシコー（頼母子講）もあり、互助組織として有効機能している。コモリ（籠り）といって、正月の日を選んで若者だけが酒食を携え、氏神のコモリシヨに行き夜を明かすというのもある。三三歳、四二歳、六二歳などでもそれぞれオヒマチのコモリをする。

三　平成二十年「沿海諸地域の文化変化の研究」時の都万村

平成二十年調査の報告は、『海と島のくらし――沿海諸地域の文化変化』（田中宣一・小島孝夫編、雄山閣）の四一二ページから四二一ページに資料編として掲載されている。担当は小島孝夫成城大学民俗学研究所主事で、大島正隆調査から六十年後の調査とて、当時の話者を訪ねるといずれも離村、離島しており、「島で暮らすことの現実をうかがい知ることとなった」と感慨を記している。以下このデータに従い、簡略に確認してみたい。

社会生活

都万村の世帯数推移をみる。現在人口一一五八、総戸数七六四、一世帯当たり平均二・九人とのデータ。一九一四（大正三）年の三八一〇人をピークに、一九四〇（昭和十五）年に三二一三人まで減少。一九五〇（昭和二十五）年には四四〇八と急増し、後は漸次減少し現在にいたっているという。一九一四年までの増加は合併によるもので、一九五〇年の急増は第二次大戦後の引揚者によるものだという。ともに外部要因によって変動がもたらされている。産業も農林漁業の第一次産業を基幹とする形態が維持されているが、生産基盤は脆弱で、生産性も低い。過疎化や高齢化の進行が様々な課題を突き付けているという。離島振興法に基づく公共事業の増加で、建設業従事者は増えている。西郷町や村役場に就職する者が増加している。

交通では、明治以前の帆船時代は、海上交通がもたらす文物や情報の伝達が盛んであったので、島特有の停滞はなかった。むしろ北前船など海上交通を前提に活発であった。しかし明治に入り鉄道主体の交通体系の整備の結果、航路をつなぐ島の役割は失われ、本土から隔絶するという現在の位置づけができあがっていったという。北前船などの日本海航路という大きな枠組みが失われることで、島と本土という単独かつ単線的な海上交通へと質的転換が起こっているという。地理の項で述べた古代の渤海使の寄港といった話に繋がるものである。島内の道路の整備は離島振興法により、著しく進んだ。しかし、自家用車利用のできない高齢者などモータリゼーションの恩恵を受けにくい人々の問題は、定期バスなどを含め今後一層の問題を含むことになろう。

経済生活

生産・生業については、農林水産業を組み合わせることで、生計を維持することが多かった。それは、この島の歴史的継続と言ってよく、江戸あるいは明治以来大きく変わらない。那久の水田開発。もと牧畑であったところに那久川の上流をせき止め、用水路を用いて水田とするものであった。畑作は自給用で、大麦・小麦とサツマイモ、大豆・小豆にゴマや野菜類をつくったという。養蚕は戦前で終わった。春蚕と晩秋蚕を飼育したが、戦時中食糧不足で、桑畑を普通畑に変えてしまったので自然に養蚕もやめた。各集落には区有林があるが、薪の需要がなくなり、植林されたスギ、ヒノキも木材価格の暴落で、手入れもされない状態である。かつては炭焼きも行われたが、燃料革命以来廃絶となった。水産業が最も可能性があったが、もとは沿岸漁業が中心であった。戦後、鳥取県の境港を本拠とする本土資本による巾着網漁が導入され、それによる島沿岸への魚種の著しい減少が起こった。都万村といった小規模な漁業資本では、とても太刀打ちできないということである。西ノ島町・海士町にみられるような、養殖漁業も都万村ではあまり考えられていないようである。スーパーマーケットは西郷町に大規模なものがあり、その資本集中は著しい。観光業も一九七三年には年間二一万六〇〇〇〇人もの観光客があったが、離島ブームが去り、漸次減少し、現在では年間一五万人程度だという。単に素晴らしい景観がありますだけでは、なかなか観光客を引き付けられない。今現在「世界ジオパーク」認定を起爆剤として、新たな観光へと脱皮することが期待される。

信仰生活

　さて津戸地区の本家分家関係のマトリクスを読み解くことで、葬送儀礼・墓制・盆の行事を通した社会変化を明らかにしようとする。相続は長男相続で、アニキ（長男）が家をつぎ、オジ（弟）が縁組して分家となる。一〇戸が小組の一つを構成するというのは、大島調査の六〇年前と同じである。家屋の並び順の近隣で組織するというのも同じである。ジゲの定義もジゲ仕事の内容もまた同じである。海辺と海際の道路周辺・学校・道路・運動場の清掃をする。十月に区有林のシタフギ（下刈り）をする。ともに六十年前にかたられたままである。小組を単位とした葬式時の互助は現在も継承されている。

島後（都万地区）ソヤ（墓石左側の木造のお宮）

　火葬になることで、穴掘りが不要になった。ハナゴシラエ、ニワシゴトと呼ばれる装具作りが一九八五年ころからやられなくなった。これには村の年寄りからの伝承が途絶えたことと、葬儀屋がその役を果たすようになったことがある。また手伝いを頼むと「答礼」としてオミキや食事を準備しなければならないので、これを嫌い葬儀屋に頼むこととなった。キヨメの膳なども縮小気味になりつつあるという。理由は、小組の構成員が高齢化したり、一人暮らしの家が増えたりする過程で、従来の互助活動が困難になるという事情がある。

　墓制の変化を促す大きな理由に火葬の導入がある。土葬の場合は、野辺送りや埋葬に関する儀礼があり、葬列の移動などの展開に関わる。しかし、現在では霊柩車を見送って終了といった感がある。水死人や行き倒れなど、引き取り手のない死者を埋葬した墓をジゲ墓というが、これの管理は婦人会がやっている。土葬が行われていたころ、埋葬するとその上にミドウ（ソヤ）と呼ばれる木製の小さな祠が設けられ、それが朽ちてなくなると個人や夫婦を単位とした石塔が立てられてきた。火葬になってもそれを踏襲する人がかなりいる。

　盆の大事な行事にシャーラー船というのがある。現在も六〇年前と同様に大工に頼んだり、手伝ってもらって作る。木製の船で、「西方丸」と書いた晒を帆にし、沖から西に向け流した。この船には寿司・果物・うどん・キュウリとナスで作った牛馬・シキビ等々の供物を載せて流す。

四　合併にいたらなかった島前

ここでは隠岐の島前と島後で、異なった結果にいたったことをまず確認しておきたい。島前すなわち西ノ島町・海士町・知夫村の二町一村は合併しないことと決着した。また島後すなわち西郷町・五箇村・都万村・布施村の一町三村は合併することで決着した。そのそれぞれの経緯と関わる諸事を以下に述べることとしたい。

島前の「合併協議会外最終案」

二町一村の合併協議は、第九回まで行われ、その最終結論が、各町村から平成十五年十二月十二日提案された（『任意合併協議会だより』第九号〈最終号〉平成十五年十二月二十四日）。その内容は、自治能力の向上、行政の効率化および財政基盤の強化等々に及ぶ協議であったが、結論として「時期尚早」となり、合併協議会の解散を提案するものであった。

こうして合併問題は、ここで一度打ち切りとするが、内航船、病院、し尿、ゴミの広域処理は今後とも協力してやっていくこととする。また、離島である島前が陸続きの町村と同じ扱いにされ、地方交付税の圧縮を迫られないように、国に訴えていきたい、ということとなった。

二町一村の最終案をそれぞれ読んでみると、合併に関わる様々な問題が提起されており、そのそれぞれは尤もであるが、そのように発言できるということは、まだ余裕があるということでもある。換言すれば、ここには施策の余地があるということで、現に海士町には目を見張るものがあった。

五　合併にいたった島後

島後の合併

島後一町三村は、平成十六年十月一日をもって合併し、隠岐の島町となった。すなわち「隠岐郡西郷町、同郡布施村、同郡五箇村及び同郡都万村の廃置分合に伴う経過措置に関する協議書」が発効し、議会処理された結果である。島後の合併は、過去に二度あり、今回の三度目で、隠岐ノ島町一つになった。一回目は、町村合併促進法に基づき昭和二十九年東郷村、磯村、中条村と西郷町が合併し、新西郷町ができた。二回目は昭和三十五年にその西郷町と中村が合併し、新西郷町となった。そしてこのたびは、その西郷町と布施村、五箇村、都万村の三村が合併し、隠岐の島町が成立し、これで島後全体が一本化されたわけである。つまり、右に見たとおり、一貫して西郷町に吸収される形で合併が進んできたのである。合併直前人口一万三〇〇〇人余を擁する西郷町に、過疎化した都万・五箇・布施の三村がどう抗いようもないというのが実情であったろう。

合併に至るまでの経緯と課題

①平成十二年八月二十四日《島後町村合併研究協議会》発足

次の〈課題〉に対応する必要がある、

と提起。
・地方分権時代に対応する。
・少子高齢化に対応する。
・日常生活圏の拡大に対応する。
・厳しさを増す財政事情に対応する。

②平成十四年九月二十日～九月二十五日《各町村議会で法定協議会設置議案の可決》

合併の背景　①で指摘された課題の解決の為に動いたということに尽きる。特に財政事情の何らかの好転手段の模索である。地方交付税の減額問題を起点に、行政組織の簡素化、合理化を進めなければならない。このままでは、いずれ地方財政は破綻する、という認識である。

六　合併後の生活の変化

社会生活　平成二十五年三月、合併一〇年というつもりで旧都万村を訪ねてみた。すでに過疎地域になっているので、村人の意見・苦情はおよそ想定の範囲であった。乗り合いバスの本数が減った。また、乗り場が遠くなった。ゴミの収集場所の数が減った。役所が西郷になったので、都万からは相当遠いと感ずる。行くのが大変だ。若い人は車に乗って行くからいいが、年寄りは困る。不便になった印象だ。布施村、五箇村での聞き取りでもほぼ同様な声が聞かれた。

上下水道は都万村では早い段階で敷設工事が進み、合併問題が起こるずっと以前に整備された。だから合併の成果ではない、などの意見も聞かれた。また、村の連帯が薄くなったという印象が強い、との声も聞いた。しかしこれは、むしろ過疎化が原因だとは思うが、いろんな行事が成り立ちにくくなっていることは確かなようだ。旧役場施設や旧村の単独事業でやっていた施設は廃止となり、寂れた印象は否めない。既に限界集落に突入しているわけで、そのことに伴う様々な不具合が生じてきている。村人はそのことをよく理解しており、やや諦め顔、といった印象でもあった。

ただ、元の役場は、旧村の中心としての機能・意味があった。心の拠り所としての、中心という感覚である。これが消滅することで、人々は深い喪失感を味わっているのではないか。旧各村に中心があり、結び目のようにして文化の小中心が点在、散在していた。それが旧西郷町という一つの大きな中心に統合されることで、いわば村の文化が吸い出されてしまったという印象ではないか。それはある均質化であり、都市化した人間関係を結果してきているように思う。村人の口々に言う様々な寂しさや不安はそこに基づいているのではないか。

しかし道路の整備は著しく、西郷町を基点に何本もの立派なトンネルが開通した。布施村、中村、五箇村、都万村いずれに行くにも、幅員の十分取れた対向2車線のすばらしい道路とかつて難所であった峠——そこに敷設された立派なトンネルがある。我々は矛盾したものを同時に成り立たせようとしているのであろうか。

小 括

さて、試みに島後の旧布施村の世帯と人口推移を、大正九（一九二〇）年から昭和六十年（一九八五）のスケールでみてみよう。世帯数は、六五年で二五一戸から二三一戸に変わっていた。つまり二〇戸減っているだけである。しかし人口総数で見ると、一一四五人から六一五人に減じている。ほぼ半数になっているのである。したがって、一世帯当たりの人口も四・六人から二・七人となっている。現在の総人口六一五人のうち女性三三五人であり、女性の方が男性よりも五五人多い。グラフを書けば想像通りの高齢者の数がはるかに多い、逆ピラミッド型になる。結局これが、全てを語っているということになってしまう。

島前と比較してみて、島後は陸続きというか、地続きであることが合併を可能にしている。しかし、致し方ないとしても、合併が叶ったことが果たして地域住民にとって良かったのかという疑問が残る。特に島前の海士町の企画・研鑽・アイデアの紡ぎだしなど、話を聞かせてもらっている方が励まされる思いがするからである。彼ら職員はステレオタイプではなく、チャレンジを通して自らを成長させ、社会に様々な問いかけをしているように思うのである。ただ、自然的条件、環境だけは人の自由にはならない。

［参照文献］

五箇村誌編纂委員会編『五箇村誌』一九八九年
西郷町誌編纂委員会編『西郷町誌』（上・下）一九七六年
田中宣一・小島孝夫編『海と島のくらし』雄山閣出版、一九九一年
都万村誌編纂委員会編『都万村誌』一九九〇年
布施村誌編纂委員会編『布施村誌』一九八六年
『海士町史』海士町役場、一九七四年
『浦郷漁業協同組合沿革史 由良の海から』浦郷漁業協同組合、二〇〇五年
『隠岐 西ノ島の今昔』西ノ島村役場、一九九五年
『復刻 黒木村誌』一九九二年

【付記】

「全国町村会」・「道州制と町村に関する研究会」（平成二十年十月）発行の〈「平成の合併」をめぐる実態と評価〉を読むと、多様な問題が潜んでいるように思う。行政サービスが遠のき、きめが粗くなるという印象を深くするのである。

（山田直巳）

徳島県那賀郡那賀町木頭（旧海部郡木頭村）

一　旧木頭村の概況

地　理

木頭《きとう》村は徳島県の南西端、那賀郡の最西端に位置する。村域は四国山地のほぼ中央にあり、村域のほぼ中央部を剣山系ジロウギュウを水源とする一級河川、那賀川《なかがわ》が東流し、南川をはじめ多くの支流が流入している。北に標高一九二九メートルのジロウギュウ、西の高知県境に標高一七〇七・七メートルの石立山など標高一七〇〇メートル級の山々が連なっている。那賀川に沿って国道一九五号が東西に走り、集落もこの谷筋に集中している。

総面積は二三三・四四平方キロメートルで、徳島県内の占有率は五・六パーセントを占める。森林面積二二八・五四平方キロメートル・可住地面積五・六平方キロメートルで、それらの比率は九七・六パーセントと二・四パーセントである。森林のほとんどが民有林である。

東は上那賀町、北は木沢村・三好郡東祖谷山《いややま》村、西は高知県香美郡物部村、南西は同県安芸市、南は同県安芸郡馬路村、海部郡海南町と接する。北部を東西に剣山スーパー林道が走る。北西部の高の瀬峡は紅葉の名所と知られ、村域の一部は剣山国定公園に含まれている。

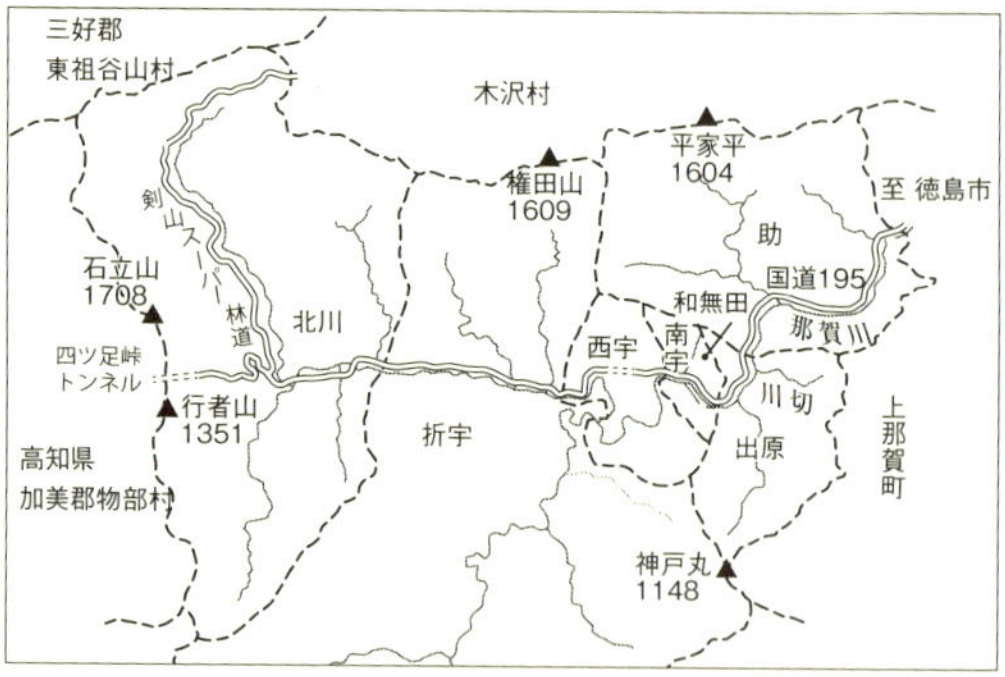

図1　昭和60年頃の木頭村

那賀川流域には川口ダム・長安口《ながやすぐち》ダム・大《おお》美谷《みたに》ダム・追立《おったち》ダム等のダムが建設されているが、村域にも小見《こみ》野々《のの》ダムがある。

歴史・産業

近世は海部《かいふ》郡に属し、上木頭村、または上木頭・奥木頭とも呼ばれた。「正保国絵図」によれば木頭村高六〇〇石とあり、枝村二十四カ村のうち村域の村は北川村・平村・上折宇村・和無田村・西宇村・南宇村・出原村・大久保村・阿世か野村・宇井内村・寺ノ内村の十一カ村といわれている。宝永五（一七〇八）年の伐畑検地帳によると木頭上山村の伐畑面積四四町歩余、また総伐替畑面積一三〇町四反余となっており、伐畑の代替えになる山林を有していたことがわかる。当時の産物としては、茶、漆、椎茸、麻、木地椀、棕櫚皮等があったが、最大の産物は木材であった。木材の伐採の進展や伐畑などの増加に対して、折宇谷をはじめとして那賀川上流域の藩直轄林には留山の木頭山が設定され、藩によって伐採や林野保護等に関する管理が行われた。

　近代にいたっても海部郡に属していたが、明治二十二（一八八九）年の町村制施行を経て、昭和二十六（一九五一）年一月一日に海部郡から那賀郡に編入された。昭和三十二年に上木頭村の助地区を編入するにいたるまで、数次の合併を繰り返している。

　その間も、産業は林業が中心で、山林のほとんどが私有林であったため明治三十年代以降は積極的な造林も進み、特にスギは「木頭杉」として県内外に知られるようになった。しかし、大正期以降、那賀川下流域の木材業者などの外部資本による山林の買収等がすすみ、約七〇パーセントが村外部資本の所有となった。それ以外には、太布・茶・和紙・棕櫚皮・蒟蒻・椎茸等、近世以来の物産が多い。主要産物は、明治初期までは主に那賀川と海上を利用して徳島・大阪方面に移出されたが、峠道を介して高知方面への移出も増加していった。

　昭和二十七年に那賀川下流の長安口ダムの建設に伴い、流路が遮断されたことと上流域への大量の物資輸送が行われることになったこととで、陸送が一般化し、それまでの村内のキンマ道（馬道）の拡幅工事が進み、それに伴い木材等の販路も拡大していった。昭和三十九年には国道一九五号の高知県境に四ツ足峠トンネルが完成し、高知県との流通が盛んになると同時に、徳島県下の最奥地が徳島県と高知県を結ぶ通過点に変わっていった。

世帯数・人口の推移

　合併直前の平成十六年三月の木頭村の人口は一七九〇人で、平成十二年の一九二五人に比べて約七パーセント減少している。男女構成比は、男性四九パーセント・女性五一パーセントになり、開発工事が盛んな折には周囲から「男のまち」と評されていた頃に比べると女性の割合が高くなっている。

　昭和九年の杉浦健一による「山村調査」時には、人口は二二二五人前後、世帯数は五〇〇戸を超えていたようである。国勢調査の統計によると、その後昭和三十年頃まで緩やかに上昇し、ピーク時の昭和四十年に四一一五人・九〇〇戸を数えた。

　その後の人口の推移は昭和五五年・二四〇五人、昭和六十年・二一八三人、平成二年・一八一一人、平成七年・一九四八、平成十二年・一八四三人と、漸減してきている。その後の世帯数の推移は、昭和五十五年・八三八戸、昭和六十年・八一九戸、平成二年・八一一戸、平成七年・八〇八戸、平成十二年・八〇一戸で、世帯数も漸減してきている。昭和三十年代の人口の急増は、全国的な林業好況期と重なっており、併せて、この時期は輸送手段が陸送に転換した時期で、国道工事や林道整備などにかかわる労働者人口の流入による社会増によるものである。

　木頭村の昭和四十年以後の人口動態の特徴は、村外への人口移動が顕著であるということである。木頭村の人口移動に

北川地区からの遠望、手前に見えるのは水田と転作地の柚子

は、徳島市・阿南市・小松島市への移動と相生《あいおい》町・鷲敷《わじき》町・羽《は》ノ浦町という那賀川下流域への移動が顕著であるという特徴がある。前者は高校進学とその後の就職先として選択されており、後者は林業や木材関係の職業に従事する人々による移動で、青壮年世代を中心としたものである。婚姻に伴う女性の移動についても、同様な傾向がみられる。学卒者の動向に注目してみると、木頭村における中卒者の高校進学率は昭和三十一年度では三六パーセントであり、このうちの六〇パーセントは村内の木頭分校に進学している。この傾向は昭和三十七年度まで続いた。そして、昭和三十八年度には高校進学率が五〇パーセントを占めるようになったが、木頭分校に通う者の割合は三〇パーセントにまで減少している。この傾向はその後も一層顕著になり、昭和四十三年度では進学率六〇パーセントで、村外への高校進学者の割合は九〇パーセントにまでなった。こうした村外への高校進学の展開は、当時の林業の好況によって現出したものとみることができる。

交通・交易

木頭村における交通・交易の展開を概観すると、近世期から明治四十二（一九〇九）年頃までは徒歩による移動が主で、北川集落から四ツ足峠を越えて高知県側に通じる山道がキンマ道として開設された明治四十二年から、自動車交通が始まる昭和十七（一九四二）年までが馬による時代ということになり、その後は自動車の時代ということになる。

徒歩の時代は、交易圏も通婚圏も峠道を介して徒歩で日帰りできる範囲で形成されていたが、馬による輸送の時代になると物流の量も範囲も大幅に拡大していくことになった。それに伴い通婚圏も拡がっていった。

キンマ道が整備されることで人の往来も活発化し、上那賀町平谷から生活資材を仕入れていた出原地区にも自転車店や理髪店などが開業し、木頭村内に商業空間が生まれることになった。

また、木頭村最奥部の北川地区においても高知県側との往来を密にしていくことになった。当時までは、木頭村内を基点として周囲の地域との交流や交易が行われていたが、昭和十七年に那賀川に沿った林道が上那賀町平谷から出原まで開通し、翌年には北川まで延伸され、徳島市から最奥部の北川までが一本の林道で結ばれることになった。林道の開通と同時に、貨物自動車や乗合バス、郵便車などが走るようになった。この過程でさまざまな物資や商品が村内に大量にもたらされ、家屋の屋根が茅葺きからトタン葺に変わっていった。昭和二十八年頃には、それまで河川を利用していた木材運搬も大型トラックによる陸送に変わっていった。

さらに、当該林道が徳島県と高知県とを貫通する国道一九五号に昇格すると、道路整備が一層進むようになり、村内の人や物資の往来はさらに盛んになっていった。そして、村域を前提としていた交易圏や婚姻圏も徳島市や高知市など村外の都市との関係を前提としたものへと変化していった。

二　昭和九年山村調査実施時の木頭村

木頭地域の民俗に関する学術的報告の嚆矢は、木頭から祖谷山に向けての調査記録である『東京人類學雑誌』第一八〇號（明治三十五年一月刊）所収の玉置繁雄による「阿波國木頭土俗」である。

昭和九（一九三四）年の杉浦健一による調査時には次のような生活が営まれていた。

社会生活　相互扶助としてのコーロク、青年会、各種の講が存在しており、親類への義理や賦役に関するさまざまな慣行が記載されている。また、木頭村の民俗の特徴の一つである隠居制度について言及されている。

経済生活　当時は木頭村の馬道が整備された時期で、家屋の屋根がトタン葺きに変わっていく様子などが記されており、従来の林業や焼畑を主体とした農業生産に加えて、新たに馬方などの運送業を生業とするものが参入している様子が記されている。

食生活では、粟・稗・トウキビ等の雑穀を主体としていた主食に、次第に米麦が加わってくる様子が記録されている。

信仰生活　人生儀礼については、勾配地での土葬の様子や仲人が酒を届けることで成立する簡便な婚姻の方法や自宅出産など、山間地における相互扶助を前提とした慣行が記録されている。

さらに、「採集手帖」には中谷地区から平地区にいたる十四の氏神社での当屋を中心とした例祭や夏祭りの様子が記されている。村内の神社で行われていた当屋制度についても記されている。併せて、集落内に多様な講集団が存在していたことも記されている。

なお、昭和三十三年三月には近畿民俗学会が『阿波木頭民俗誌』を刊行している。昭和三十一年一月および三十二年四月に実施された調査の報告で、簡易水道が導入される直前の木頭地域の自給的な生活の様子が記録されている。さまざまな山かせぎや山に関わる信仰に関する記述が見られる。

三　昭和六十（一九八五）年調査時の木頭村

社会生活　成城大学民俗学研究所が実施した追跡調査の時点では木頭村は過疎化・住民の高齢化が顕著になったことが指摘されている。

過疎化対策として「集落再編事業」が村によって行われ、移入者を対象とした新たな集落が形成されたことが記録されている。

一方、相互扶助に関する慣行や講などの諸集団がこの間に消滅していることなどは、大きな変化である。

経済生活　キンマ道が国道一九五号に昇格し、自動車輸送が一般化し、物流が一変したことに起因する村内の生活の変化が指摘されている。その一方で、木材の価格低迷や減反政策への対応などが村内の課題であったことが指摘されている。減反政策への対応として導入されたのが、助地区を中心に生産されていた柚子生産で、水田跡地への樹種選定の事由として、水平方向に根を張る柚子の特性が水田の床土を壊さずに栽培できることが、水田への復元も可能であるとの判断となり、各集落で栽培されることになった。

信仰生活　葬儀では火葬が普及し、傾斜地での棺桶担ぎがなくなったこと、集会所を利用して行っていた結婚式が村外の式場を会場に行われるようになったこと、通婚圏の拡大に伴い自宅での出産が減少し、病院出産が定着したことが記されている。

過疎化と住民の高齢化の進展が背景となって、祭礼行事の簡素化が進んでいることが記録されている。昭和四十八年に実施された過疎化対策の一環としての「集落再編事業」が神社の合祀をともなうことになり、それにより祭礼行事の統合が行われたことなども記録されている。

四　昭和六十年以降の木頭村

細川内ダム建設中止の経緯　追跡調査後の木頭村での最も大きな事件は、建設省四国地方建設局が計画した細《ほそ》川内《ごうち》ダム建設計画とそれに対する村をあげての反対運動である。

ダム建設の概要は次のとおりである。木頭村折宇、西宇両地区の間を流れる那賀川の細川内地点に高さ一〇〇メートル程度のダムを建設し、洪水調節、工業・農業用水の確保・発電を行うことを目的としたものであった。建設計画は県によって早くから進められており、昭和四十三年から四国地方建設局が予備調査を開始し、翌年度には実施調査費として大蔵省に一億二〇〇〇万円を要求していたが、木頭村には全くこのことが知らされておらず、昭和四十六年七月の徳島県議会で副知事がダム建設計画について答弁したことで、この問題が表面化することになった。

その後、同年八月に村当局と村議会が住民に説明会を実施

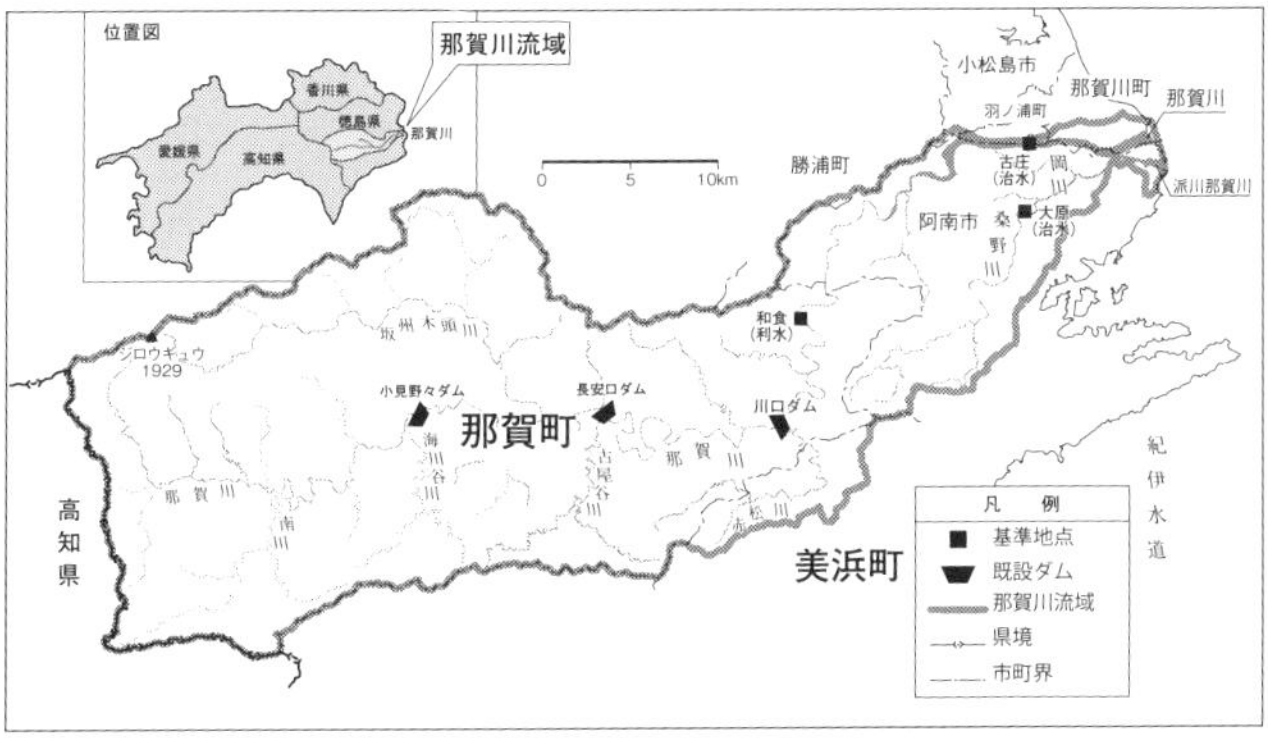

図２　那賀川水系図

するが、村内に細川内ダム連合対策同志会が結成された。さらに、当時の村長がダム建設の可否を見極めるために計画された建設側の調査を受け入れようとしたため、新たに水没予定地住民による細川内ダム対策研究会が結成され、村内には賛成派と反対派が併存する状態が長く続くことになった。

　こうした状況下で、村議会では昭和五十年一月に村議出直し選挙が行われ、同年七月には新たにダム対策協議会が発足した。同年十二月に木頭村議会がダム建設反対を決議し、村をあげてダム建設に反対していくことになった。多くの紆余曲折を経て、平成十二年十一月二十八日に細川内ダム建設事業の中止が正式に決定した。

　最終的には、村をあげての反対運動を展開した木頭村内部には、国・県・村と重層的に存在する行政に対する不信感、村民間での疑心暗鬼という意識が共有されていくことになった。

ダム建設と合併

　細川内ダム建設が中止されるまでの間に、反対の姿勢を崩さない木頭村に対して、徳島県側は那賀川の上流と下流との分断、村内での賛成派と反対派との分断などを働きかけていくことになった。特に、那賀川上流域の反対派に対して、下流域の阿南市・小松島市・那賀川町・羽《は》ノ浦町の二市二町によるダム建設促進期成同盟の設立準備を働きかけ、四市町長連盟で県議会に建設促進を訴える陳情書を提出させることで揺さぶりをかけようとした。平成二十六年八月の台風十一号による下流域の浸水被害でも明らかになったように急峻な那賀川流域の地形では、洪水・浸水被害が頻発しており、下流域においては河川に対する洪水対策は必須の事項であった。洪水対策を念頭に置いた下流域の自治体のこうした動きは、那賀川上流・下流域の自治体間の対立という図式をも帯びるようになり、こうした経緯が今次の広域合併の協議にも影響を与えることになった。

　また、ダム建設中止運動の過程で、木頭村民の多くが木頭村に対する県側の姿勢に不信感を抱くことにもなり、県主導で進められた今次の広域合併に対して、村内でコンセンサスを形成することを難しくする遠因にもなった。

五　合併にいたるまでの経緯と課題

那賀町合併までの経緯

木頭村は合併により誕生し、合併により閉村した。明治二十二（一八八九）年の市制・町村制施行により木頭上山の南宇村・西宇村・折宇村・北川村の四カ村が合併し、奥木頭村が誕生した。明治四十四年には上木頭村大字出原・大字和無田を編入し、昭和八年には奥木頭村の名称を木頭村に変更した。徳島県下最奥地の山村の後進性からの脱皮と、新しい村づくりに向けての強い願望を籠めた村名変更であった。さらに昭和三十二年に上木頭村大字助を編入し、今次の広域合併にいたるまでの木頭村の村域が確定した。

徳島県那賀郡那賀町は、平成十七（二〇〇五）年三月一日に、那賀川中・上流域で隣接していた鷲敷町・相生町・上那賀町・木沢村・木頭村が新設合併（対等合併）することで誕生した。この五町村による合併については、一九五八年にも住民側の要望から当時の元町村長たちが中心となって合併が模索されたが、具体的な進展がないまま立ち消えとなったという前史がある。

一方、今次の合併にいたるまでには五町村で左記のような調整が行われた。平成十二年五月に上勝町・上那賀町・木沢村が「広域合併協議会」を設立し、木頭村も同年十二月に相生町とともにこの協議会に参加した。この協議の過程で、同十三年に上勝町が協議会から脱退し、新たな協議会の枠組みが模索されることになった。同十四年に木頭村・相生町・上那賀町・木沢村により、「那賀川上流域合併協議会」が新たに発足し、合併についての協議が開始されたが、新町の庁舎の建設場所のことで調整がつかず、同十五年三月に同協議会は解散した。解散後、各町村では合併の方策を模索することになり、まず鷲敷町と相生町が任意の合併検討協議会を設置した。

これに対して、木頭村は上那賀・木沢・木頭の三町村での合併を強く望んでいたが、木沢村がいち早く、上那賀町を飛び越えて、隣接していない鷲敷・相生二町の合併検討協議会への参加を申し入れた。木頭村は上那賀町に二町村での合併を申し入れたが、上那賀町からの同意は得られなかった。そのため、同年に木沢村に次いで、上那賀町とともに「鷲敷町・相生町合併検討協議会」への参加を申し入れ、五カ町村による丹生谷《にゅうだに》合併検討協議会が発足し法定協議会を設置することが合意され、五カ町村一斉に臨時議会を開会し、平成十六年十一月十九日に「丹生谷合併協議会」が正式に発足した。翌年三月一日に「那賀町」が誕生した。

丹生谷合併協議会の活動

平成十五年十二月に五町村による丹生谷合併検討協議会が、翌年一月には法定の「丹生谷合併協議会」が発足し、二十四項目の合併協定項目についての審議が重ねられ、同十七年三月に那賀町が誕生することになった。

丹生谷合併協議会発足後、合併に向けての具体的な検討を行ったのが協議会委員で、行政・議会・住民の代表三十一名と監査委員二名で構成された。住民の代表として委員に選出された人々は、村内各地区で開催された説明会において、「公」の立場に立って、「官」と「民」との仲介役を担うことにもなった。この当時、木頭村の場合は住民間に、同十二年十一月二十八日に正式決定された細川内ダム建設事業中止にいたるまでの過程で生じた対立感情が残っており、合併協議の機会が住民間の融和を図る契機となることが期待されていたこともあり、説明会には多くの住民が参加した。

合併の背景

那賀町の合併は、当該五カ町村が地理的・歴史的・産業及び文化的にも古くから結びつきがあり、行政運営においても一部事務組合で丹生谷地域全体の課題やまちづくりに共に取り組んできたことが素地となっている。一方、過疎化や少子高齢化がすすみ、さらには地方分権の推進や地方交付税の削減による財政困難等、多種多様な行政課題に対応するためには広域合併を模索するしかないとしても、その際に、当該自治体がどのような判断で合併の組み合わせを考えていくかは、さらにさまざまな背景や事由があった。丹生谷合併協議会発足にいたる過程においても、細川内ダム建設中止問題のしこりが顕在化することになった。那賀川流域における細川内ダム建設に関する可否は、下流部が賛成で、上流部が反対という立場であった。木頭村が合併に際して上流三町村での合併を強く望んだ背景にはこうした事由があった。

また、合併に際して、木頭村民がこだわったのは、「木頭」という呼称の存続であった。先述したように木頭村には住所表示における「木頭村」以外に「木頭」という地名で括られる対象地は存在しない。「木頭」という地名は隣接する木沢村には存在するが、木頭村には存在しないのである。明治時代以後の廃置分合によって形成された村域が「木頭村」となったが、合併の中核単位となった具体的な集落名としての「木頭」は存在していないのである。村内において「木頭」の核となった集落は、旧木頭上山村の本村であった大字出原の左岸の集落を指すものとして認識されていた。

木頭村の住民は、合併に際して、昭和三十二（一九五七）年から村域を統合する名称であった「木頭」を合併後の住所表示に残すことを了解したことで、合併についての大方の議論が終了したという。七〇余年間にわたって、「木頭」という村名のもとに住民間で共有されてきた何がしかの意識が存在したことの証左ということになろう。

合併の課題

明治の大合併は、近代的地方自治行政を実現するための基盤を整備することを目的として、小学校や戸籍の事務処理を念頭にすすめられた。昭和の大合併は、戦後の地方自治、特に市町村の役割を強化する必要や、新制中学校を効率的に設置管理していくことを念頭に進められた。そして、今次の合併は人口減少・少子高齢化等の社会経済情勢の変化や地方分権の担い手となる基礎自治体にふさわしい行財政基盤の確立を目的としたもので、平成十一年に全国に三二三二あった市町村が平成二十二年には一七三〇となり、平均人口は三万六三八七人から六万八九四七人に、平均面積は一一四・八平方キロメートルから二一五・〇平方キロメートルへと、いずれもほぼ倍増することになったが、多くは中山間地に位置する自治体間の合併であった。旧木頭村を含む那賀町の合併も広域合併の典型例となった。

これらの合併は、当該地域の住民が生活上の必要性などから望んで実施されたものではない場合が多い。そのために、住民の側はこれらの広域合併を経験する過程で帰属意識の核となるものを希薄化・形骸化させることにもなった。

一方、政府を起点とする施策は、地域社会に一様な対応を求めようとするものであるが、当該自治体を含む官の側は国・都道府県・市町村と階層的に存在しており、地域住民側に段階的にさまざまな働きかけを行ってきた。それらの施策の受容に対して、住民側は地域内にさまざまな属性を有する集団が併存しており、それぞれの集団が共有する関係性が存在しているため、一様な対応で応じられるというわけではないのである。木頭地区においても、広域合併によって市域の周縁部で生きていくことになった人々が、ともに生きていくための模索を続けており、合併後の木頭地区の人々の生活は次のように推移している。

六　合併後の生活の変化

社会生活　追跡調査時でも確認されていた隠居制度は、屋敷内の家屋の利用方法としては継承されているが、現在では隠居したくとも後継者が離村している家が多いため、七〇歳を超えても用水普請などのムラづきあいを続けている家庭が多い。別居している後継者は徳島市や阿南市に自宅を所有している場合が多く、村内在住者以外のムラづきあいへの参加は、ほとんどないというのが現状である。

用水普請などのデヤクについては、各集落単位で自給生活を互いに保障するためにすべての住民の賦役としてきたが、旧木頭村内で継続的に行われているのは四月に行う用水普請だけになっている地域が多いようである。南宇地区の場合、人手不足を補うため、用水路をコンクリートで作りなおすことで、二日分の作業を一日で終えるようにして現在も用水管理を行っている。

経済生活　柚子栽培が継続されているが、減反政策への対応策として開始された側面があり、個々の農家の作付け地は水田跡が主である。そのため、栽培規模は零細のまま推移している。

広域合併で危惧されたことの一つに、「木頭柚子」のブランドをどう維持するかということがあった。那賀町全域でも柚子の栽培が行われており、合併により、それらも「木頭柚子」として販売されていくことになることへの対応が模索されることになった。柚子栽培は寒冷地に適しており、上流域と中・下流域との柚子では品質に差異が生じる危惧があったためである。それでも旧木頭村内では、柚子生産者の仲間が増えることになることを評価すべしとして肯定的に対応していくことが協議され、このことを契機として生産者個々の生産物の質を上げていくことが一番の対応策になるということが了解された。ただし、柚子栽培は稲作に比べて周年にわたる育成作業が必要となるため、高齢者を主体とした家庭では、生産活動がいつまで続けられるかが課題となっている。

一方、木頭村の伝統技術である太布織の伝承が困難になりつつある。木頭村当時は、教育委員会による伝承者への目配りがなされていたが、広域合併により那賀町教育委員会の担当者が一名体制で文化財保護事業を担当することになってしまったことで、木頭村の太布織の継承についての関心が総じて低くなっており、保護団体だけの努力では技術伝承の存続が危ぶまれる状態である。

信仰生活

現在も中谷地区から平地区にかけて十四の氏神社があり、それぞれ日を定めて例祭が行われている。神社によっては夏祭りが行われるが、多くは当屋だけの祭りになっているという。村内の神社では当屋制度により祭りを維持してきたが、氏子の高齢化等により、当屋をこなすために当屋の数を増やすことで対応する例がみられるという。一方、地域によっては当屋の役を断る例も見られるようになり、各地の例祭の存続が危ぶまれている。

南宇地区の吉野神社の当屋では、かつては五軒ずつ一〇年周期で分担していたが、現在では七軒ずつ七年間で分担するように変更されている。

和無田八幡神社の提灯祭りは、合併するまでは旧木頭村の商工会が運営していたが、合併後は木頭出身の那賀町役場職員によって運営されている。当日は当該職員がその準備に専念することになるが、見物客からの評価は昔よりつまらなくなったとされ、合併に伴う祭礼の形骸化が指摘されている。

南宇吉野神社当屋

那賀川上流域における民俗変化――徳島県那賀郡那賀町木頭地区の現在

徳島県下で実現すべき目標として推進された市町村合併は、(1)地方中核都市形成、(2)地域中心都市発展、(3)地域拠点形成、(4)地域振興・行政基盤強化の四つに類型化される。

(1)は徳島市を含む人口三〇万人程度を目安とした合併、(2)は阿南市を含む人口一〇万人程度を目安とした合併、(3)は人口五万人程度を目安とした合併、(4)は人口一～二万人程度を目安とした合併で、適切かつ効率的な基幹的行政サービスの提供をめざすというもので、那賀町の合併はこれにあたる。

那賀川上流域の五カ町村の合併は、細川内ダム建設問題で顕在化した那賀川下流域との対立を背景として成ったともいえる。しかし、合併後の評価は、合併をすすめようとした役場職員からはすでに「次の合併を考えなければならない」という声が聞かれる。一方、町民からは、「何も変わらなかった」という評価が多く聞かれる。こうした発言の真意を明らかにするには、もうしばらく時間を要するが、木頭村をめぐる合併の経緯から看取できることとして次のことを指摘しておきたい。

旧木頭村は数次の合併を経て昭和八年に「木頭村」となり、那賀町の誕生によって消滅した。そして、合併に際して、当該住民が何よりも拘泥したのは、村域名を示す「木頭」という呼称を住所表示に残すことであった。このことは、他の四町村には見られなかった事柄である。先述のように村域には「木頭」という集落は存在せず、村民が「木頭」として捉えているのは、旧木頭上山村の本村であった大字出原の左岸の集落である。このような意識がどのようにして形成されたのかを考えてみると、その端緒は昭和八年の「木頭村」の誕生であることは確かであろう。このことに加えて、那賀川最上流部で約七〇年にわたり暮らしてきた人々が共通の経験を共有していくことで、「木頭」で暮らしているという意識が内包化されていったのではないだろうか。その最も大きな経験が、約三〇年間にわたって継続された細川内ダム建設中止運動だったのではないだろうか。昭和八年の合併によって作られた村名であったが、ダム建設に対して賛成であれ反対であれ、「木頭」で生きていくことを個人の生き方として選択するという経験を共有したからこそ、今次の合併でその名称が消えることに際して、当該町民たちは強いこだわりを示したということなのではないだろうか。今次の合併が今後どのような意識を当該住民に共有させていくかは、今後の調査課題となっていくが、昭和の大合併を基点として木頭村の人々の間で、さまざまな関係性が七〇年の間に形成され共有されていたのではないかと考えられる。

小括

林業振興策の策定

那賀町における今次の合併の成果の一つとして、膨大な森林資源を活用した町の活性化を目途とした「那賀町林業マスタープラン」の策定を上げることができる。平成二十三年に那賀町・徳島県・徳島県林業公社・木頭森林組合・民間事業体・那賀町議会によって設立された那賀町林業活性化推進協議会が策定したもので、民有林がほとんどを占める那賀町域において、自律的に健全な森林の実現・森林所有者の所得向上・林業木材産業の活性化・地域雇用の拡大などをめざそうというものである。

那賀町の合併が成る前に、当該各町村の森林組合の合併が先行しており、その過程でこうした試行が始まったのだという。目標達成のための具体的な行動目標には、①「森づくり」のための体制づくり、②事業地確保対策、③機械化と路網整備の推進、④人材育成と林業事業体の支援、⑤原木の流通体制の整備、⑥木材の利用促進の六項目が挙げられている。この那賀町の試みは、徳島県が現在すすめている「次世代林業プロジェクト」という林業振興に呼応したもので、徳島県の行動計画もまた、林業生産・木材加工・木材利用の三分野に対して、具体的な行動計画を策定している。

　那賀町の林業振興策は、徳島県が平成十七年に開始した「林業再生プロジェクト」、平成十九年から開始した「林業飛躍プロジェクト」、さらに平成二十二年五月に国が制定した「木材利用促進法」と連動した施策で、これらは広域合併が実現したことで可能になった施策と位置づけられるものである。

家業の消滅と振興策

　那賀町域の森林の蓄積量は約二四〇〇万立方メートルで、年間約三〇万立方メートル成長しているといわれている。しかし、それらの山林を所有する家の所有面積は概して小規模で、家長は高齢で後継者が同居していない場合が多い。こうした状況下で、山林所有者たちは山の木を切ろうとはしない。この世代には、「林業は植えてひとまわり」という意思が強くあり、自分たちの世代で植える作業まではできないから、「山の木は伐らない」と考えているのである。林業という長い時間を循環させることで成り立つ家業が途絶えようとしているのである。

　山の木が動かなければ林業振興策自体が起動できないため、那賀町はこうした現状を打開するために、平成二十四年四月に、林業振興課内に森林管理受託センター準備室を設立した。先述した那賀町林業マスタープランの実行組織として、山林所有者からの森林施業相談・経営計画相談・事業見積依頼・森林管理委託を受けて、林業事業体に収入間伐事業・森林作業道開設事業・森林境界の明確化に関する事業発注を行うというものである。森林所有者に代わって森林管理を行うもので、自伐方式でなければ経営が成り立たないといわれている、林業の現状に対して行政がどこまで関わることができるかという試みでもあるのである。林業振興の試みは、広域合併した他の中山間地域の自治体においても行われている。こうした試みの可能性と課題については、論考編「中山間地域における森林資源の活用と課題」を参照されたい。

［参考文献］

木頭村誌編纂委員会編『木頭村史　続編』木頭村、二〇〇六年
近畿民俗学会・澤田四郎作『阿波木頭民俗誌』凌霍文庫刊行会、一九五八年
徳島県那賀郡木頭村編・発行『木頭村史』一九六一年

（小島孝夫）

佐賀県唐津市厳木町天川（旧東松浦郡厳木町天川）

一　対象地の概況

地　理　佐賀県唐津市厳木町《きゅうらぎちょう》は、佐賀市街地と唐津市街地とのほぼ中間に位置する山がちの地域である。総面積は約六〇平方キロメートル。低地の標高は一〇〇メートル未満であるが、そこから東北にかけては山地になっている。集落（区）数は一五。標高四〇〇メートルを超える山地集落は九州といえども寒冷であり、半数近くはこのような山間にある（図1参照）。

天川《あまかわ》は厳木町の山地部にある集落であり、天山《てんざん》（標高一〇四六メートル）の麓の、天川川（厳木川の上流）に沿う標高五五〇メートル前後の緩傾斜地に展開している。

歴　史　明治二十二（一八八九）年の町村制施行によって一五村が合併して東松浦郡厳木村が誕生し（旧村だった天川はその大字となる）、昭和十七（一九四二）年にそのまま厳木町となり、平成十七（二〇〇五）年の一市六町一村（翌年にもう一村加わる）の合併により、唐津市厳木町となる。

厳木町の低地部にはすでに明治時代にJR唐津線が開通し、厳木駅が設けられていたが、天川からは遠かった。

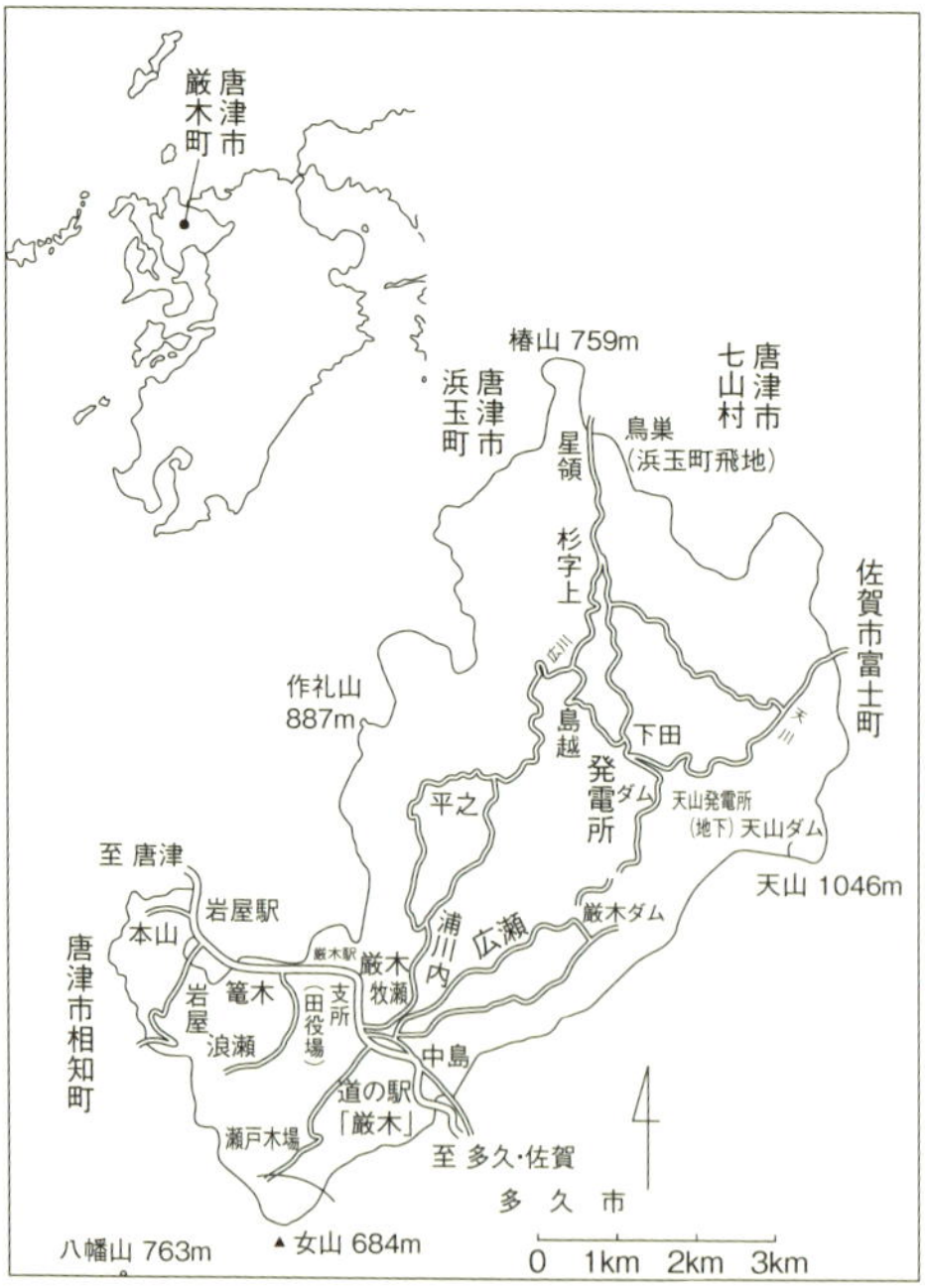

図1　厳木概略図

昭和初期から水力発電所があったが、昭和四十（一九六五）年頃になると九州電力によって大規模な揚水式発電所が計画され、新たにダムが二つ完成して昭和六十二年に稼働しはじめた。天川にとってダム建設の影響は大きかった。

天川に電気が通じたのは昭和五（一九三〇）年、テレビは昭和三十六（一九六一）年に分校に初めて設置された。電話は昭和三十三（一九五八）年に農集電話が各家に架設された。

厳木小学校の天川分校はすでに明治八（一八七五）年に開設されている。

天川だけで日露戦争において一名、支那事変（日中戦争）二名、大東亜戦争（太平洋戦争）一四名の尊い命が失われている。

公共施設としては小学校分校や天川集会所（公民館）のほか、天山ダムの完成に伴い、近年、九州電力の天山発電所展示館や市立の天山スポーツ公園が設けられ、近くには天山スキー場（所在地・佐賀市）もあり、シーズンには賑わう。

平成十二年、排水処理施設が完成し、各家ではトイレを水洗式に改めた。この効果は思わぬ面で大きく、汲取式トイレでは都市部育ちの子供は祖父母宅へ訪れるのをためらっていたのが、これによって孫たちが自由に来るようになったと年輩者は喜んでいる。

表1　天川の農業

項目	年	1980（昭和55）	1985（昭和60）	1990（平成2）	1995（平成7）	2000（平成12）	2005（平成17）	2010（平成22）
専・兼別農家	専業農家数	1	1	0	0	1	0	2
	第1種兼業農家数	19	15	2	3	2	5	3
	第2種兼業農家数	37	40	50	46	46	38	25
経営耕地面積規模別農家数	0.3ha 未満	3	3	－	－	－	0	0
	0.3 ～ 1.0 未満	16	12	15	15	18	13	9
	1.0 ～ 2.0 未満	32	33	32	28	27	26	15
	2.0 ～ 3.0 未満	6	8	5	6	4	4	3
	3.0 ～ 5.0 未満	0	0	0	0	0	0	3
販売目的作物作付面積（単位・a）	稲	4722	5115	4839	4875	4106	3673	3891
	雑穀	0	9	15	0	0	－	0
	いも類	6	36	25	7	2	－	0
	豆類	11	375	729	20	4	－	0
	工芸農作物（含・茶）	216	246	235	220	167	58	－
	野菜類	345	170	177	89	23	－	－
	花き類花木など	0	0	0	50	40	－	0
	その他の作物	10	146	79	60	40	0	0
作物販売額第一位農家数	稲	52	49	49	47	45	30	28
	雑穀・いも類・豆類	0	0	0	0	0	0	0
	工芸農作物	2	0	0	0	1	1	0
	野菜類	0	2	0	0	0	1	1
	花き類花木など	0	－	0	0	0	1	0
	肉用牛	0	0	0	0	0	1	0
販売規模別農家数	1 ～ 100 万円未満	－	－	－	－	－	27	31
	100 ～ 500 万円	－	－	－	－	－	9	8
水稲作受託農家数		－	－	－	－	－	3	1

注1：「2010年世界農林業センサス『農業集落カード』」より作成。
注2：1990年以降は販売農家のみの数値。

産業

長い間、水田稲作のほか、みかんや茶栽培の農業と炭鉱事業を主生業としていた。石炭採掘は近代の厳木町を支える一大産業だったが、昭和三十年代後半のエネルギー革命の影響を受けて閉山があいつぎ、現在では絶えている。その後、中小の工場誘致が進められ町民の貴重な働き場となっている。平成七（一九九五）年には国道沿いに道の駅「厳木」がオープンした。

天川の主要な産業は農林業であるが、現在、木材はほとんど販売されていない。耕地面積は五〇ヘクタールほどで、大部分が水田である。田植えが平地より早く終わるので、昭和三十年前後までは、終わると佐賀市や小城市方面へ田植えの出稼ぎ（賃稼ぎ）に回っていた。しかし現在は表1のように専業農家は二戸、第一種兼業農家も三戸にすぎない。

それでも近年、一二ヘクタールほどで「天川コシヒカリ」を特栽米として育て、いわゆるブランド米として販売しようとの動きが強くなっている。天川はもともと水に恵まれ、よ

表２　集落外の勤務地と勤務形態（数字は人数）

	正規社員		非正規社員等		自営業	
	男	女	男	女	男	女
厳木町（除天川）	6	9	3	2	4	0
他唐津市	1	1	0	0	0	0
多久市	1	2	0	1	0	1
小城市	0	1	1	0	0	0
佐賀市	6	6	5	0	5	0
武雄市	2	1	0	0	0	0
他佐賀県	1	0	0	0	4	1
その他	0	0	0	0	1	0
計	17	20	9	3	14	2

注：山田幸範氏にうかがったもの。

い米の収穫できる所ではあったが、さらに研究会（一二戸が加入）を作ってＪＡの指導を受け、より質のよい米に仕上げようというのである。ＪＡの技術指導員が田を巡回して稲の実りぐあいを検査し、合格すれば収穫後充分に乾燥させて脱穀する。全収穫量の八割ぐらいは農協に販売を委託し、残りは研究会として都市部のデパートなどで販売する。これとは別に独自に栽培し、自家米のみを耕作者名を明らかにして自ら販売ルートを開拓して、都市部の個人宅に送っている農家もある。これは縁故米と呼ばれている。従来の農法で栽培して、一般米としてＪＡに委託販売している家も多い。

人手のない家では耕作料を支払って、余裕のある家に耕作を委ねる例もある。受託農家数は五戸ほどある。今後はこのように耕作の集中化が進むかと思われるが、現在のところでは法人化までの動きはでていない。

昭和六十（一九八五）年前後には集落内でダム工事や飯場の炊事に出る人が多くいたが、ダム完成後、それらにつづく世代は集落外に勤務先を求めるようになり、現在、表２のように六五名もが（夫婦共働きも多い）何らかの形で集落外に職をもっている。

表３　天川の世帯数・人口の推移

年	世帯数	人口
明治 6（1873）	88	385
33（1900）	88	—
大正 14（1925）	74	426
昭和 12（1937）	65	—
24（1949）	88	506
30（1955）	104	590
40（1965）	79	437
52（1977）	78	385
60（1985）	85	376
平成 5（1993）	72	341
10（1998）	71	313
15（2003）	71	312
20（2008）	69	229
24（2012）	64	187

注：『厳木町史』、支所（役場）資料による。—は不明。

したがって、現在でも水田稲作農業に熱心ではあるが、農業収入のみで生計をたてている家はなくなっているとみてよいだろう。年金生活世帯や建設土木業者・会社経営者・旅館経営者・僧侶を除く天川の大部分の家（世帯）は、集落内の建設土木会社への六名、発電所の展示館への二名、若干の自営業（大工職など）を除いて集落外に働きに出、働くことのできる老若男女は農業との兼業である。

世帯数・人口の推移

昼間に地域内に青壮年者層のいない事情は、都市部と変わらないのである。厳木町の平成二十三年の世帯数は一九〇〇弱、人口は四八〇〇余、天川のそれは表３のとおりである。近年は漸減ぎみである。

交通・交易

厳木町の低地部は早くからそれなりに交通の便はよかったが、天川の場合には山間の集落同士の交流にくらべ、役場や商店のある低地部の町の中心部へ行くには不便だった。道路事情がムラ発展の隘路だったわけで、昭和五年から五年をかけムラ仕事として低地部へ通じる道路の大工事を行い、完成させた。昭和四十一年には路線バスが天川まで開通した。昭和四十七年にはすでに二一戸が自家用車を所有し（小型トラックも含む）、町の中心部や町外への通勤者が増えた。昭和五十年以降になると九州電力のダム建設により道路事情は一気に解決に向かい、外部との交流がいっそう進んだ。そのかわり、かつての山越えで歩いて出かけていた杉山（富士町）の祇園祭りや別府の六斎市には次第に足が遠のき、交流先が変化していった。

　道の駅がオープンしたので、そこへ野菜や花卉類を出す家もでてきた。他方、勤めからの帰りに道の駅や職場近くの商店で食品や日用品を買い求めてくる人も多くなり、昭和六十年当時ムラに一軒あった食料品店は、その煽りで数年前に店じまいせざるをえなくなった。行動圏拡大の結果、日常の消費生活が地域内でおさまる状態でなくなったのである。

　外部社会へ出ていく人が多くなる一方で、天川発電所展示館見学やスポーツ公園利用のための入村者も多くなった。石楠花が自生しているので、四月最終の日曜日に「しゃくなげ祭り」が開催されるようになり、当日は多くの来村者で賑わう。平成に入ってから工夫された観光イベントである。

図２　天川の家屋配置概略

二　合併の経緯と背景

　平成の合併の話は、合併特例法の成立による全国的な市町村合併の機運を受けて、唐津市と東松浦郡の七町二村（浜玉・厳木・相知・肥前・玄海・鎮西・呼子の七町と北波多・七山の二村）の間で持ちあがった。

　各市町村とも、国家予算からの援助が減れば町財政が苦しくなり、広域合併をして行財政の合理化・効率化を目ざす必要があったからである。

平成六（一九九四）年二月に「唐津・東松浦合併懇話会」が発足するとともに、各市町村内で活発に議論されるようになった。平成十四年七月には、「唐津・東松浦合併協議会」が組織され、合併を前提にした協議が本格化した。協議会は以後二十数回開催され、翌十五年二月には合併方式を「新設合併」、新市の名称を「唐津市」、合併期日を平成十六年十月一日」（のちに延期される）とすることが確認された。その後、玄海町と七山村が協議会から離脱し、平成十七年一月一日に一市六町一村による新たな唐津市が誕生したのである（翌年には七山村も加わり、結局は一市六町二村の合併となった）。

この間、厳木町でも住民への説明会が開催され、町議会や各区（集落）の総会において活発な意見の交換がなされた。平成十三年十一月には、隣の多久市との合併を望む住民発議による「厳木・多久合併協議会設置の申請」が県に提出されたりしたので、唐津市等との合併に向けての意思は一枚岩ではなかったことがわかる。反対もしくは消極的な意見も多かったのである。代表的な反対意見は、合併すると厳木町は唐津市の最も周辺部に位置することになるため、公共施設への投資などが合理性・効率性の名目で市中心部に集中すれば、たいへん不利になるということにあった。

三　民俗の変化

社会生活　血縁集団であるイットウの本家分家関係はそれほど濃密とはいえないが、意識は存在している。平成二十二（二〇一〇）年には山田イットウの先祖様の碑が、秋の彼岸を前にしてイットウ総出で再建されたのである。

天川の世帯数・人口の推移についてはすでに表3に述べた。しかしこれは統計上のことで、住民基本台帳上は居住していても、平成になるころからこの三〇年近くの間に、勤めに不自由だからとか老齢になり子供宅に身を寄せるなど、さまざまな理由で集落を去っていく家があいつぎ、平成二十四年現在、図2のように実質は五八戸である。その中にも長く病院や介護施設に入っている単身世帯があったりして、天川集落の数年後十数年後の危機を案じている人は少なくない。分校には六名しか生徒がいないことも（昭和六十年には三〇名を超えていた）、不安材料である。

地縁集団としては、昭和十（一九三五）年当時は五つあった近隣集団としてのカドが、戦時中に七つの隣保班に改変され、現在にいたっている。隣保班（カド）は、かつて祭り当番や青年団の宿の単位であり、またモヤーブロ（共同風呂）の単位として、さらに農作業のイイ（ユイ）や新築・屋根の葺替え、葬式組の単位として機能していた。しかし昭和四十年代のモヤーブロの廃止、農業の機械化、建築事情の変化、土葬から火葬への変化などにより、昭和六十年までにその機能は少しずつ薄くなっていき、隣保班は日常的な互助共同組織としての役割はほぼ終わっている。現在、行政事務の下請け的組織として、信仰的講組織や若宮神社の祭礼当番の単位として機能しているのみである。

年齢集団としてのかつてのワッカモン組（若者組）は、近代には青年会の名称で残り、昭和十年前後、そこへ官製の青年団の組織・活動が浸透してきた。カドごとに広い家の一室を借りて寝宿生活をしていたが、そこでの生活は年齢による上下関係は厳しかったと伝えられている。宿は次第に二カ所にまとめられ、さらに公民館二階の一カ所となった。寝泊まりの慣行も昭和六十年代には絶えた。青年の数は減っても、浮立《ふりゅう》という奉納芸能によって若宮神社の祭りに果たす青年団の役割が大きかったため、その後もまだ青年団は存続していた。しかしさらに青年が減少し、また昭和六十年頃には保存会によって、これら青年の務めていた役が担われるようになったため、青年団の影は薄くなった。現在でも青年が舞っているが、青年団の一員としてではないのである。

集落のほぼ中心部の高札場のあったあたり（上）、集落の街道に面した地域（下）。

かつては子供組も整い、男子が一三、四歳になるとヘコオヤを頼んでいた。現在この習俗は消えたが、子供組の正月十四日（近年はその前後の日曜日）のモグラウチは行われ、各家では餅とかお金を与えている。モグラウチは長らく絶えていたのを、平成になってから復活させた伝統行事である。

老人会と婦人会もあり、随時寄合いをもつなど活動している。ほかに、同年と呼ばれる同年齢者同士の任意の組織も存続している。

消防団は厳木町の第五分団十部として編成され、団員は二一名。年齢は三〇歳代・四〇歳代が中心である。

牛を使っていた家々がダックレといって農繁期前に集まって飲食する行事は、牛使用がなくなるとともに絶えている。講行事については後述する。

経済生活

勤め人が多くなったとはいえ、兼業ながら大部分の家がいまだ農家であり（表1参照）、山林も所有しムラの共有林も維持されている。

平野部農村地帯とは規模的に比較にならないながら、天川の農業は水田稲作に特化している。平成二十四年秋の再調査のとき、夏季には天候不順で心配された稲が、幸いにもその後晴天がつづいて成熟した。稲刈りが無事に終了して本当に安堵していると洩らす多くの人の明るい言葉に、人々の間に流れる農民の血を感じた。稲作の出来不出来が人々に与える影響には、経済を越えるものがあると感じた。

昭和三十年に耕耘機が導入され、昭和五十年前後には圃場整備がなされて稲刈機や田植機までが普及し、かつての家族労働力を結集した農業が変化して現在にいたっている。

畑ではわずかながら茶の栽培もし、みかん栽培も試みられ、戦後しばらくまでは小規模ながら養蚕も行われていた。しかし現在ではハウスで換金作物としての野菜を栽培する一、二の家を除いては、畑では自給用の作物栽培にとどまっている。

かつて山は雑木林や原野が主で薪炭生産もなされていたが、多量に販売する家はなかった。とはいえ、自給の薪炭生産や栗拾い、山菜採取などのために山とのかかわりは強く持ちつづけていた。しかし昭和三十・四十年代にプロパンガスが普及し、薪炭生産はしだいになくなっていった。

原野も屋根葺き用の茅や肥料、牛飼育用の採草地として必要で、春には区長の指揮のもとで野焼きをし、口明けの日を決めて山に入っていた。しかし昭和三十・四十年代の瓦屋根への転換、化学肥料の普及によって芝原の価値は薄れ、そこに杉や檜の植林を進め、芝原は現在なくなったといってよい。

昭和三十年代後半から四十年代の後半までは多くの人が官行造林に雇用され、山とのかかわりは続いていた。建材として販売するほか、炭鉱の坑木用として木を伐ったり、チップ材としての出荷もあった。しかしその後、外国材の輸入により木材価格が下落し、山野の価値は少なくなっていった。

ほとんどの農家が一・五〜二ヘクタール内外の山林を所有していて、現在でも山への関心は持ちつづけているが、期待度は低いといわざるをえない。生育した杉や檜を売却できず、「山が動かん」「山がねむってしまっとるです」という言葉を何度も聞いた。

水については、昭和五十六年に簡易水道が完成した。それまでは川水、もしくは近隣数戸で整備したモヤイガワ(シミズガワともいう)などの谷水を用い、一日分の水を汲んで水甕に貯えていた。近年の大きな変化は、すでに述べたように平成十二年に排水処理施設が完成したことである。

動物とのかかわりをいえば、かつて多くの家で耕耘用や運搬用に牛を飼っていたが、現在は一戸のみである。その家で数頭の肉牛や仔取り用の牛を飼育しているほかは、天川から役牛や乳牛は消えてしまった。鶏を飼っている家も目にしない。他方、夕方になると、屋内飼育の愛玩用の犬を連れて散歩している方に何人も出会った。昭和六十年の調査中にこういう光景は見た憶えがないので、平成以来の現象であろう。

猪・狸など野獣は確実に増えた。跋扈しているともいえる。特に猪の被害には皆が頭を悩ませ、田畑を電柵で囲んで防禦している。罠を仕掛けることもあるが、猟銃所有者がいないので、多くは近隣集落の猟友会の人に処分を依頼しているという。鹿の話は聞かない。猿は少し低地の集落には幾集団か生息して困っているようだが、天川まではきていないという。

　昭和二十四（一九四九）年と昭和二十八（一九五三）年に大きな水害にみまわれたが、総じて大災害は少ない。この三〇年間に強い台風は何度か経験しているが、特段の災害には遭っていない。天川では、まずは自然の恵みを享受しているといってよいであろう。

信仰生活

　氏神は若宮神社。寺院には天聖寺（曹洞宗）と本立寺（日蓮宗）がある。かつてのカド単位に観音堂もしくは天満宮も祀られている。

　神社が賑わうのは、元旦や田植え前の神事のほか、秋の大《おお》祭《まつり》と秋彼岸の浮立奉納のときである。大祭は十一月二十三日で、当番になった隣保班の青年三人が、早朝に神社の前の川で潔斎してから赤飯を蒸して神に供え、参拝に来た人々に神酒とともにこの赤飯をふるまう。このあと午前一〇時頃から式典となる。現在でも厳重に潔斎して行われている。

　浮立は秋分の日に奉納される天衝舞《てんつくまい》と呼ばれる芸能で、唐津市重要無形民俗文化財に指定されている。原則として一戸から一人が、酒肴などを入れた重箱持参で参列する。かつては青年団が舞っていたが、昭和六十年にはすでに天川浮立保存会（会員は三〇歳半ばぐらいまでの男性）が中心になったので、保存会の一員として青年が舞っている。

　秋というだけで日は不定のようだが、神社境内では伝統の大綱引き行事も行われる。神社に参拝後、集まった人々が適宜二グループに分かれて、何回か引き合うというものである。綱は一〇年ほど前までは、各家から藁を集めて毎年一抱えもあるような太い藁縄（これに多くの子縄がつく）をこしらえていたが、現在では購入した縄を毎年用いている。

　寺院の行事として、本立寺では夏土用の丑の日に、夏祈禱という悪病退散道中安全祈禱をした梵木を、道切として集落内八カ所に立てる。また、十一月二十七日（かつては旧暦の十月十四日）の夕方から夜にかけて住職がムラの檀家を廻り、日天・月天・明星に報謝と安全祈願をすることである。これはお日待と呼ばれているが、後述の男性のお日待行事とは別である。

　かつて疫病（トンコロリンと呼ぶ）の流行時に祀りはじめたという水神祠が、分校横の川辺にある。ここで旧暦六月二十五日に川の神を祀っていたが、九州電力の援助で祠が改築されたのを機に、祭日が新暦の七月十五日

神社の境内での秋の綱引き

（近年は第四日曜日）に変更になった。各家では饅頭を供える。

平成二年に、祇園山笠行事が復活した。区が主催し、七月十五日に山車に囃子連を乗せて集落内を曳きまわし、神社にも繰り込む。明治末ごろに絶えたあと囃子だけつづけていたのが、山車の盛んな旧浜玉町（現・唐津市）へ見学に行き復活させたのである。川の神祭りと関係する行事である。

かつてのカドごとに観音堂または天満宮が祀られており、だいたい神社の大祭終了後、現在でも、隣保班単位で観音堂に籠ったり当番の家で講が行われている。十二月十四日には男性のお日待行事もあり、餅を搗く。

昭和六十一年八月に、日露戦争・支那事変（日中戦争）・大東亜戦争（太平洋戦争）の戦没者の招魂碑が、区の総意によって若宮神社境内に建立された。大正生まれの人々が中心になって、忘れられつつある先輩同輩たちの招魂のために建立したのである。そのときの寄付者は四〇名を数えた。なお同年正月には、明治末期の神社合祀によって境内に集められていた一一柱の神々の祭場も整備された。現在でも神社が集落結集の大きな拠り所の一つであるのは間違いない。

年中行事では、家々の正月や盆の行事はほぼ継承されているように思われる。ただ、初盆宅の庭先で盆踊りをしていたのが共同慰霊祭に変わり、位牌を集会所に集めて祀り、その隣の分校の庭で踊るように変わった。家々の年中行事日が旧暦から新暦に改められたのは、戦後早くである。

祝儀については、いわゆる村内婚であったが、戦後はいくらか他集落との婚姻も行われるようになりはじめた。ヨバイもあったがしだいになくなった。昭和四十五年前後から結婚式場が家から町のコミュニティセンターや専門の式場へと移りはじめたのに伴い、中宿の習俗や入家の儀礼などがなくなっていった。婚姻圏も拡大した。平成以降の天川への婚入女性は一七、八名いるが、昭和五十四年を最後として、天川同士の結婚で天川で所帯を持った例はない。

産育習俗や産の忌では、出産の場が昭和六十年前後に家から病院などに変わっていったのに伴い、出産儀礼にも変化が生じたが、平成になって大きな変化はみられないようだ。

宮参りの日取り（男三一日、女三三日）にも変化はない。

葬式に関しては、昭和五十年代に土葬が火葬にかわり、葬祭業者が関わることで、隣保班単位の互助協同の慣行は少なくなった。火葬導入に伴い天聖寺では納骨堂を建て、家々の墓ではなくここで遺骨を一括して祀るようになった。本立寺では地域内各所にあった墓を境内にまとめたというように、墓制に変化がみられた。葬儀後四十九日がすむまでは家に祭壇を設けて骨壺を据えて拝み、その後天聖寺檀家では合同納骨堂に納め、本立寺檀家では寺院境内の墓に納めている。

通夜は家で行う場合もあるが、葬儀の会場は斎場へ移ってしまった。それに伴い、隣保班でオトキの準備をする慣行もなくなりつつある。

橋浦泰雄が訪れた昭和十一年当時の俗信の多くは、現在でもほぼ伝承されていると思われる。小祠跡に足を踏み入れたり不用意に石を動かしたりした場合の、祟りの伝承もある。多久市などの祈禱者（ヤンボッサン）にうかがいに行く人もいる。安産祈願のために霊験あるという神社に出かけるのはごく普通である。

小　括

民俗変化にとって戦争の影響は否定できないが、戦後も、そして現在も、昭和二十年代以降の生活改善・新生活運動、農山村振興計画、農業構造改善事業など、役場を通して集落内にはたらきかけられたさまざまな国の施策によって変わった。学校教育やマスコミなどを通して新しい思想や流行がもたらされたりもした。九州電力のダム建設の影響も大きい。

天川はいろいろな出来事を経験して変わってきたが、平成時代の民俗変化は概してゆるやかなものだったと思う。このことは、橋浦泰雄が訪れ『採集手帖』にまとめたような、昭和十年前後の伝承生活が継承されているということではまったくない。

昭和十年前後の生活は、さまざまな互助協同慣行にしろ、生業上の技術、婚姻習俗、葬送習俗・墓制、青年宿、衣食住生活にしろ、変わるべきものは、すでに昭和六十年前後までにおおよそは変化してしまっていたのである。その一方で、祭りや講行事など、いわゆる神との関係にかかわる伝承には、変化しないか変化のゆるやかなものが多く、これらの伝承が、激しく揺れる時代のなかで、人々に心の安定を維持させてきたのだと考える。いくつかの新たな行事が復活したことも含めて伝承生活の変化は概してゆるやかで、この三〇年間近くはほぼ安定していたといえる。

伝承生活を離れて天川をみると、日中には勤めのためにムラ外へ出る男女青壮年層が大部分を占めるようになったり、逆に新たに設けられた施設に多くの来訪者がみられるようになるなど、天川全体が外に開かれるようになってきた。そして、山に囲まれ山林を所有しながらも山林資源を有効に活用運営できないもどかしさ、野生動物被害への対処の困難さ、幼少年者層の減少など、将来に向けて克服すべき幾多の難題にも直面しているのである。ただ、「天川コシヒカリ」「しゃくなげ祭り」などの新たな取組み、いくつかの伝統行事の復活、神社行事・講行事にみる集落の人々結集に、天川の意欲と落ち着きを読み取ることができる。

小稿をなすにあたっては、厳木支所の結城茂支所長、山田幸範課長、戸川武幸係長、そして天川の山田正芳区長、その他多くの方にお世話になった。記して感謝いたします。

（小稿は、拙稿「佐賀県唐津市厳木町天川再訪」〈『民俗学研究所紀要』第三十七集、二〇一三年三月所収〉に基づいている。）

（田中宣一）

鹿児島県出水市（旧出水郡大川内村）

一　旧大川内村の概況

地理　現在の出水市は、鹿児島県の北西部に位置し、陸の三方を阿久根市、薩摩川内市、伊佐市および熊本県水俣市に接し、北西には八代海を臨んでいる。北東部には国見山地、南部には出水山地の山々が連なり、北の県境には矢筈岳、南の市境には北薩第一位の高峰、紫尾山がそびえる。これらの山地を分水嶺として、市域の中央をほぼ西方に流れる米ノ津川は、平野部で北西に流路を変えて八代海に注ぐ。河口の米ノ津は北薩米の集散地として発展した。

米ノ津川・高尾野川・野田川水系によって形成されている市域の地形は概して、山地、山麓部の丘陵性台地、洪積台地、河川流域の沖積地が連なり、下流地域には県有数の出水平野が形成されている。さらに河口部には干拓地が広がる。干拓地の荒崎地区一帯はツルの渡来地として知られている。

旧大川内村は市域の東部に位置し、東西一三キロ、南北一二キロ、面積八五・四平方キロであった。村域の中心部を東西に広瀬川（米ノ津川）が貫流し、これに小さな支流が流入している。村域の東西を国道四四七号線が伊佐市に向けて貫通しており、上大川内宮之元から分岐する市道は、標高五百余メートルの上大川内上場まで通じている。

歴史・産業　市域は古代の律令国郡制度のもとでは出水郡に属していた。近世期には、薩摩藩の外城制度により市域全域は出水郷に含まれ、同郷の郷士が居住する麓集落が武本に形成された。出水郷は肥後熊本藩と境を接する要地であったことから藩の直轄領とされ、藩内最大の外城と位置づけられていた。西南戦争では、出水市域も戦火に見舞われた。熊本県水俣から出水・大口方面に進軍してきた政府軍と、これを迎え撃つ士族軍とが約一ヵ月にわたって矢筈岳山系で戦い、出水麓でも戦いが行われた。

大川内上場

旧出水郡大川内村の成り立ちと変遷は次のとおりである。明治十七（一八八四）年に出水郡の戸長役場が波留村、上名村、柴引村、武本村、下知識村、脇本村、鷹巣村、平尾村に置かれた。当時、大川内村は上大川内村と下大川内村とに分かれており、武本村に含まれていた。当時の武本村は、武本村（外三カ村）連合村会として組織されており、そのもとで上大川内村と下大川内村は連合村と位置づけられ、連合村の村会戸長は下大川内村に置かれた。二十年には、武本村に出水郡役所が設置された。二十一年に市制・町村制が公布されると、鹿児島県下でも各郡長が県と協力して管下町村の合併計画が検討された。地形や民情を考慮して、戸長所轄区域をそのまま合併して一町村とするという基本方針により、合併がすすめられた。その結果、出水郡では、武本村、上鯖淵村、上知識村、上大川内村、下大川内村を合併して上出水村、下鯖淵村、六月田村、下知識村、荘村を合併して中出水村、脇本村と江内村とを合併して下出水村となった。

上出水村の区域に統合された上大川内、下大川内は大字となったが、武本麓（現在の出水市麓町）にあった村役場までは距離があり、納税や諸届などの用務に非常に不便であったため、その後、その不便を解消し、地域の発展を期すためには、新しい村を設置した方が望ましいという機運が高まり、上大川内と下大川内両地域は、明治二十四（一八九一）年二月に旧出水郡上出水村から分離して、新たに大川内村となった。村役場は下大川内三九九〇番地に置かれた。

その後、大正六（一九一七）年に町制施行した上出水村が出水町となり、同十二年には中出水村が町制施行して米ノ津町となった。両町は昭和二十九（一九五四）年に合併し、市制施行がなされて出水市が誕生した。そして、大川内村は同年十月に出水市に編入された。

編入された当時の大川内村の基幹産業は農業と林業で、田畑の面積は約四〇一町であった。主要な作物は水稲、裸麦、甘藷で、養蚕も盛んであった。林野面積は村域の九〇パーセントを占め、そのうち私有林は林野面積の約半分にあたる四〇三三町であった。最も多い樹種は「樫雑」で、約二八〇〇町を占めていた。村有林も同様で、六〇二町のうち約八割が雑木であった。林業の主要生産物は木炭で、毎年、約二二万三〇〇〇キロが生産され、出水駅に集荷された。当時のスギ、ヒノキ、マツの植生面積は少なく、約一九三町に植林されており、約七二〇〇立方メートルが伐採されていた。農林業に関する団体には、出水営林署大川内担当区事務所、大川内農業協同組合、上場地区開拓農業協同組合、大川内煙草耕作組合、大川内森林組合、大川内農業共済組合、木炭組合があった。林業を中心とした産業構造が当時の出水町・米ノ津町・大川内村による合併計画から大川内村が一時後退していく要因となった。

世帯数・人口の推移

大正四年の戸数は六六一戸、人口は三五〇七人であった。その後、大正十一年の七八〇戸、三七二三人まで微増状態が続いたが、昭和十一年には六六五戸、三四二九人まで減少している。編入された昭和二十九年十月の戸数は九七八戸、人口は五三〇三人であった。大字は上大川内と下大川内に分かれており、それぞれの戸数は六五三戸と二〇六戸であった。

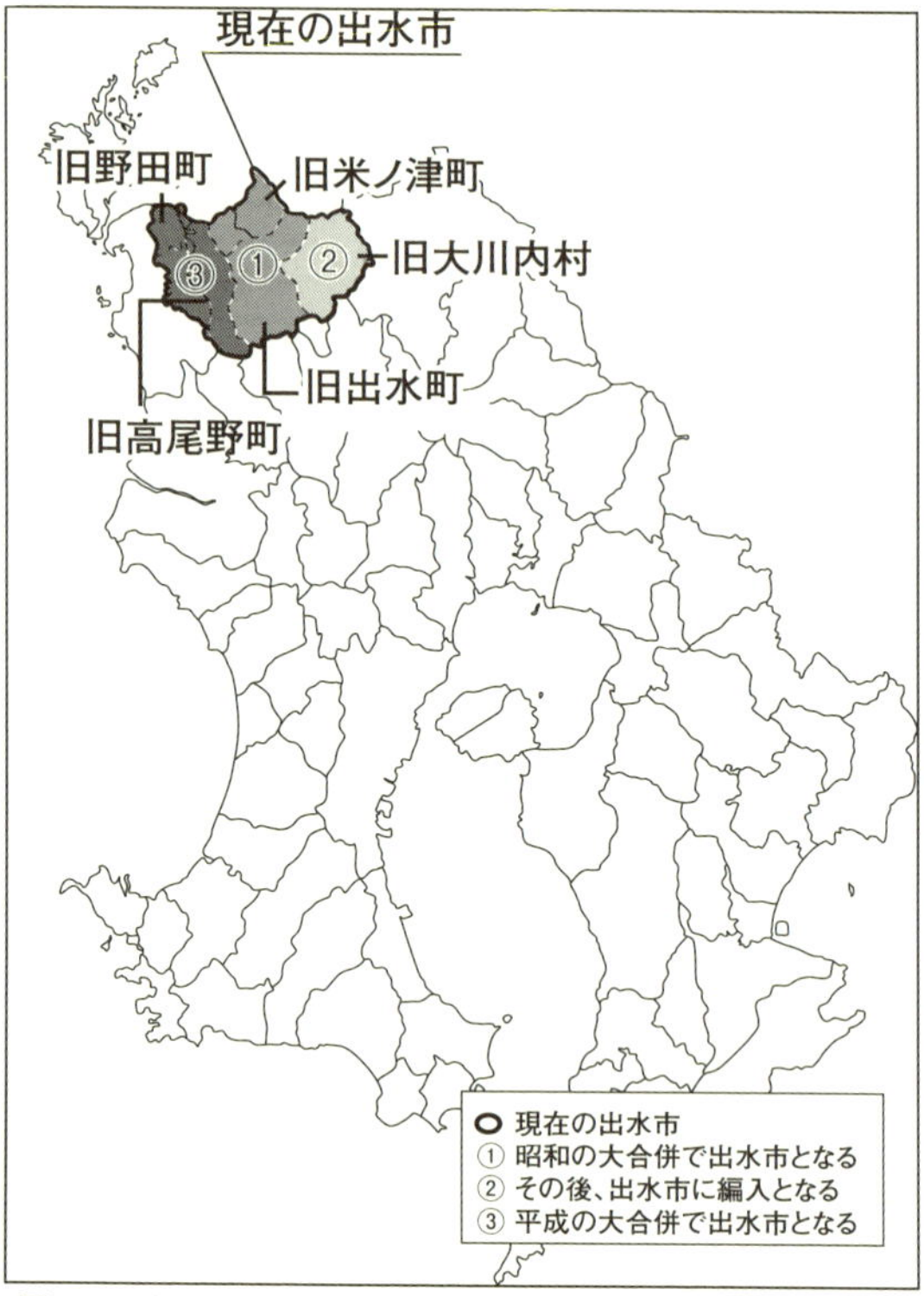

図１　昭和の大合併前の鹿児島県の行政区分と出水市域の変遷

交通・交易

昭和二十二年頃の出水市域では、南国交通株式会社による私営バスと鉄道省営業バスとが運行しており、私営バスは阿久根線と水俣線とを営業区間としていた。阿久根線は出水町を起点として、米ノ津町を経由して国道を南下し、高野尾町・野田村を通り、折口駅で三笠・黒之浜線と分岐して阿久根町に向かう路線で、一日一往復の定期バスであった。水俣線は出水町を起点として、米ノ津町を経由して、水俣町を終点とする一日一往復の定期バスであった。同二十三年には鹿児島市を起点として、入来・宮之城を経由して米ノ津港を終点とする省営バス運行路線北薩線が開通した。これらのバス路線により、出水町と米ノ津町の生活圏は身近なものになっていった。

一方、同二十六年頃の大川内村でも、南国交通株式会社のバスが大川内線として一日七往復運行されており、この年の利用者数は九万五三八九人であった。当時、村民が支出したバス料金は二七〇万円を上回っていたという。また、路線の行程には坂道やカーブが多く路面も未舗装であったため、他の路線より割高な料金設定となっていた。そこで、青年団が中心になって、バス会社に運賃の値下げ交渉が行われたという。

二　山村調査実施時の大川内村

大間知篤三が山村調査の対象地として旧大川内村を訪れたのは、昭和十一（一九三六）年五月と十月である。後者は再調査のためであった。調査時の対象地域となった村内の対象地域は不明であるが、記述内容から推測すると下大川内地域を中心とした調査であったようである。当該調査の概要は次のとおりである。藩政期の門割制度から発したといわれているホウギリ（方限＝集落）を単位とした強い結束力が存在していたことが看取できる記述内容である。

社会生活

調査時の大川内村は、一八のホウギリに分かれていたという。一番早く拓かれたのは平野部の片町集落であるといわれている。大川内村では、かつては武家八〇カマド、百姓三三屋敷と呼びならわされていたという。さらに百姓は、ミョウツウとナゴとに呼び分けられていたという。

村の公役をフクといい、昔は一ヵ月に三五日のフクがあったという。一家から複数の人間が出なければならなかったという。それに対して、集落単位の仕事はムラゴトといった。年四回の道路掃除などがあり、必ず出なければならなかった。

同姓のことをヒトツカド、本家分家の一団をケナイウチ、親戚をヤウチと呼び、長男をカドと呼ぶ場合もあった。氏神祭りは本家に集まってするのが普通だったが、本家分家の一団で廻り番にすることが多くなってきたという。出別れの子どもたちは、少なくとも正月と盆には、親を訪ねなければならないとされていた。村社祭礼の翌日は、他家に嫁いでいる娘は、米と焼酎と出水エビを持って必ず里帰りをしなければならなかった。名護のトクイと呼ばれた行商人は、それを目当てに出水エビを売りに来ていた。

屋号は、当時は用いられていなかったようで、姓で呼び合っていたという。長男が結婚して二～三年経つと、オンジョ（年寄り）はトヂュウ（本宅）から別棟に移って隠居した。位牌はトヂュウに置くが、小さな仏壇を隠居家に設けることもあった。また、仏壇を隠居家に移す場合でも、ミタマサマ（神棚）はトヂュウに置いておいたという。オンジョは隠居に際して、家屋周辺の水田を「隠居田」として持って出た。また、次男以下を隠居家に連れて出て、やがて分家させた。調査時の大川内村には隠居家屋が二〇〇棟ほどあるのではないかと記述されている。かつては三世代目の隠居家屋であるサンキョもあったという。

男たちは年齢に応じて、ワカシュウ、チュウロウ、オンジョに区分されていた。六一歳の誕生日にはホンケガエリの祝いを、八八歳の誕生日にはガンイワイをした。

ニセ衆と呼ばれた若者組は、ホウギリ毎に一五～一六歳から三三歳の者で組織されており、それを抜けるとチュウロウと呼ばれて、ニセの顧問格となった。ニセ衆がニオと呼び分けられるのは庚申講の中心となっていたからで、庚申ニオなどとも呼ばれた。

青年団を抜けることをマチアゲと呼んだ。青年団は村単位で組織されており、その下部にニオと呼ばれた支会があり、ニオの中の最年長者がニセガシラとなった。五〇歳位からはオンジョと呼ばれるようになった。

子ども組は旧八月十五日に綱引きをした。ホウギリを上と下とに二分して、月の出に合わせて引き合った。綱引きに使う綱は、子供たちが集めたクズカズラで、ニオたちが作った。

盗みなどを行うとケゴハンシといって一切の交際を発つことはあったが、ホウギリから追い払うようなことはなかった。その家が火事になった場合は、大字単位の互助習慣により、加勢に集まった。人に頼んで謝罪をしたり、一定の制裁を受けることで仲直りをし、ホウギリ内の秩序統制が図られていた。

棟上げ祝いでは、親子相互間、兄弟相互間、叔伯父と姪甥の相互間で籾一俵を祝いとして贈ることが慣行となっていた。屋根葺きの加勢はホウギリ単位であるが、飲食の準備と葺き替え用の萱は作業を頼む家が準備した。家を新築する場合には近い親戚が籾一俵を祝いとして贈る習いであった。新築屋根替えをヤゴトと呼んだ。煙草の収穫と販売が済むと、どの家でもタバコウイウエ（売祝）をして、加勢してくれた家の人たちを招いて、祝宴を開いた。

火事で家が焼失した場合、大字に一軒であれば、その大字で援助を行ったが、二軒以上の場合は二つの大字で対応した。焼失した家の片づけや、仮小屋や馬小屋の建築について、大字全体で協力した。大工や左官の仕事を除いて、屋根が葺きあがるまでの労力や縄などを提供した。木材は、その家になければ、部落の者や知り合いの家のものをもらった。

縁組は村内婚が多かったが、出水町の者との縁組も多かった。仲介者をチュウサイとかナカダチニンと呼び、嫁候補者をこっそり見に行くことをオナゴミと呼んだ。

初産は実家にもどるのが一般的で、誕生して三日目にカミタテの祝いとして名前をつけた。女児は三十三日、男児は三十五日でヒがはれるとされ、ヒガカリの期間は産婦の夫は庚申講には出ず、神社の鳥居はくぐらぬようにした。七歳の正月七日に、男女ともに近隣の七軒からご馳走を貰い集めさせて食べさせた。ナナクサモレにして食べさせると丈夫に育つといわれた。

子どもが育たぬ家では、人付き合いの良い人や人から敬われている人にヤシネオヤを頼んだ。水俣の久島から来ていた塩売りをヤシネオヤにする風習もあった。親戚に頼むことはなかった。

経済生活

大川内村の共有林野は七〇〇町歩ほどあった。

村内の共有林野は、村共有林野、「村山」と呼ばれた部落共有山、何軒かで共有するモヤイ山の三種類に大別された。林野の権利は必ずその部落内の人に売却しなければならないことになっていた。部落共有林からの収入は、講の雑費などに充てられた。

各ホウギリにも必ず共有林野があり、マグサバやカヤバとしても利用されていたが、その後に造林が行われるようになった。かつては大風や大洪水が発生したというが、その植林事業により、洪水の被害が減少し、旱魃もなくなったという。これらの民有林にはノッパラの共有地も含まれており、誰でもカライモや粟を作ることができたというが、造林後にはそれができなくなってしまったという。また、ノッパラがあった時には、カシキと呼んだ下草等を緑肥として水田に入れることができたが、造林後は金肥を使わなければならなくなってしまった。肥効が長かった緑肥に比べて、金肥は肥効が短かった。また、カヤバがなくなると麦藁で屋根を葺くようになり、麦刈り直後の忙しい時期に屋根葺きをしなければならなくなったという。

田植えはイーで行った。イーのことを「カタイ仕事」ともいった。田の草取りや味噌搗きもイーで行った。近所や親戚の者に作業の手伝いを頼んだ。手間返しのことをイーモドシといった。「イーモドシや親の死に目にもあはん」という諺があったという。頼まれたらどんなに忙しい用事が自分の方にあっても、行くべきものとなっていた。田植えなどの「カタイ仕事」は短期間のうちにもどさなければならなかったが、味噌搗きのような仕事は、相手の都合に合わせて返すようになっていた。三人以上の共同作業をモエイと呼んだ。正月には七日間、盆には二日間の休み日があり、方祭と呼ばれた鎮守の祭りでも三日間一斉に休むことになっていたが、田作りヨクイといって、ホウギリで相談して一斉に休む日を決めることもあった。また、田植えが終わるとホウギリ一同が集まりトキという祓いをして、ホウギリの境に注連縄を張った。雨乞いは、ホウギリ単位で行う場合と村で行うこととがあったが、概して高い山に登ることが行われた。大川内村の場合は、日照りよりも冷害の方が恐ろしかったという。

キリカエバタと呼ばれた焼畑は、三年作って戻すといわれていたが、五〜六年耕作してから放置するのが普通だった。山を開墾することをコバウチ、野を開墾することをアラノウチと呼び、常畑にしたコバをシアケと呼んだ。コバは、土地の状態や日照の関係などにより異なるが、急傾斜地では三年、緩傾斜地では一〇年程耕作する。主としてカライモとノイネを作った。

大川内村の人たちが炭を焼くようになったのは大正時代初め頃で、それまでは大分から来た人たちが炭焼きをしていた。大分から炭焼きとしてやってきて、三〇年もの間、山中で暮らし、貯めた金で金貸しを始めて資産家になった家もあるという。製材所ができると、木挽き仕事がなくなったという。木挽きの仕事はモトヤマという木の伐採作業だけが残ったという。カヂ紙を作る家が一五〜一六軒あったが、当時は五〜六軒に減少していたという。農業や林業の副業として、どの家も煙草栽培をしていた。御料煙草ができるほどの品質であったという。また、当時の日雇いの日当は一円五〇銭で、石工の日当は三円だった。常食としたのはカライモダンゴで、スミナという草の根も食べたという。昭和十一年頃に漁業組合が組織され、アユを自由に獲ることができなくなってしまったという。

調査当時、大川内村にあったのは、宿屋、雑貨屋、床屋などであったが、この頃に薩摩川内の方面から来た人が樟脳の製造を始めたという。また、男たちは静岡県に炭焼きに、女たちは大阪の紡績工場に出稼ぎに出ていった。

明治時代の終わり頃までの作業時の装いは、股引きはバッチだけで、山草履か草鞋を履くというものであった。足袋は一年に一足だけ買うという生活であった。

昔から粟を多く作っており、麦の耕作は調査時より少し前から始まったという。山村ではあるがコメもたくさんとれたので、粟、唐芋、麦などを混ぜたものを主食にしていたという。以前はクズの根からとったカンネもよく食べた。農閑期の食事は、チャノコ、アサメシ、チュウハン、ユメシの四食であったが、農繁期には、チュウハンの前後にコジュウハンが加わり、六食となった、コジュウハンでは、握り飯や唐芋を食べた。

カワリモノには、正月七日のナノカズシ（七日寿し）、二月初午の米粉で作ったホウソウダンゴ（疱瘡団子）、三月三日にはフッモチ（蓬餅）、五月五日には糯米で作ったアクマキ、土用丑の日にはカワノモノ、八月十五日には団子、十月亥の日には百姓の神様にお供えする†ノヒモチを相互に贈って食べ、収穫後のニワアガリにもカワリモノを食べたという。

塩売りは水俣の久島から来ていた。また、米ノ津町名護から魚の行商人が来て懇意の家をまわっており、行商人と得意先とが互いをトクイと呼んでいた。トクイがまわって来たら必ず買わなければならなかったという。割高な買い物であったという。マワリタンコと呼ばれた桶屋もまわってきた。ゴゼやザッツと呼ばれた天草琵琶や肥後琵琶の奏者もまわってきた。彼らはトクイの家を宿にしていた。

日用品は行商人が来ていたので不自由することはなかった。また、村の中心から出水町までの距離は二里余りであったので、出水町まで出れば、大抵の用事は足りたという。

一般的な屋敷は木戸口から前庭に入り、母屋に馬小屋と物置が敷設されているというものであった。木戸口から前庭には正月に門松を立て、盆には火を焚いた。母屋の間取りは、ウスニワという土間にオモテ、ショエン、ナンド、コザ、ナカエの五室から成っていた。ナンドは物置、コザは産所などに使い、ナカエには大黒柱があり、それに並んでユルイと呼ばれた囲炉裏が設けられていた。嫁入りの場合、嫁は玄関から入り、ショインに落ち着くことになる。葬式の場合は棺をショインから前庭に出した。

信仰生活

大川内村の一八ホウギリではムコウ（六講）と呼ばれた山の神講（一月・九月の十六日）、御伊勢講（二月・九月の十一日）、観音講（二月・六月の十八日）が行われていた。講にはヨイコと呼ばれる料理番がおり、ゴヒトツマス（二合半枡）一杯の米と野菜とを集めて料理の準備をする。宿はクジトリという神籤で決めていたが、次第に順送りの方法に変更され、二〇戸の集落ならば五人宿で、四回目毎にまわるようになっていた。宿はデッウといい、宿を譲ることをツウヲツクといった。座順は原則として年齢順であったが、厳格なものではなかった。会費は共有財産がある集落はそこから支出するが、会費を少々集める場合もある。会費は焼酎代や砂糖代にあてる。宿では煮しめや膾を出した。

正月の山の神講には必ずシシ（猪）を備えなければならなかったので、集落単位で必ず狩りをした。各家には犬が飼われていて、狩りには必ず連れて行かなければならなかった。犬を持たない家は、山の神講の折に焼酎を出さなければならなかった。シシが獲れぬと塩をおかずに飯を食べなければならなかった。シシが獲れると四～五発連続して発砲して、集落に知らせた。カノシシ（鹿）の場合は間隔をあけて四～五発発砲した。その合図により、集落の人たちは準備をした。山の神講では、山の神の日に山や田に行ってはいけないなどの禁忌があった。また、山の神講の日は、水神祭りの日でもあった。

御伊勢講は、集落によっては、長男が戸主になった隠居の年寄りに準備等を一任している場合があり、オンジョ講とも呼ばれた。御伊勢講が一番にぎやかな講で、御土産を持ち帰ることもあった。

ムコウ以外の講に、一六のホウギリに田の神講があった。各講に一反から五畝程のモエイ田があり、講田と呼ばれていた。植え付けや収穫は共同で行い、収穫した米で濁酒を作っていた。各戸（ヒトヤウチ）の田植えが終わると、最後に講田の田植えをして、その晩に春の田の神講をした。輪番でまわる宿に老若男女が集まった。同様に、講田の収穫後に秋の田の神講が行われた。なお、サノボリはヒトヤウチの田植えが終わる毎に、各家で祝ったというが、田植えの始まる前に田の神講を行い、全戸の田植えが終わってからサノボリ祝いを行うホウギリもあるという。田の神盗みも行われていたという。田の神講は、共同作業の関係から、次第に、タツクリヨキという部落単位の休み日へと意味合いが変わっていったようである。その他に、ホウギリが祀っている観音様や地蔵様にもモヤイ田があり、田の神講と同様に管理していた。

代参の講として霧島講があった。講ギンを積んでおき、神籤にあたった者二名が秋の彼岸の第一日に代参をした。帰り着く日には講中が集落の境まで出かけてサカムケをした。そのまま一同で代参者の家に行き、御札や土産の手拭いなどを受け取った。

オナゴン講は二月初午や十二月頃を目安に、年二回行われたが日時は集落ごとに異なっていた。ヨイコがゴヒトツマスに米を集めた。集まって、歌ったり踊ったり、話をしたりした。ハツウマノオダンゴといって繭型の団子を作って、コノミヤ様に参ることもあった。

講の場ではさまざまな協議が行われた。とくに屋根替えの相談は秋の講で行い、一月から二月にかけて行うようにしていた。萱場が無くなってからは、麦刈り直後に葺き替えを行うようになった。

氏神は屋敷神ともいい、氏神祭りはホウギリで定めた日に、世話人の家で一緒に行う。かつては士族の家の習慣であったが、調査時には平民の家でもだんだんと氏神様を祀る風になってきたと記されている。分家の場合は、分家に出た当初は本家の氏神祭りに加わるが、三代もたつと、一緒には祀らなくなるという。そのために、氏神を祀る宿を、一年毎に一族内で順番にまわすということが起きているという。
葬式の加勢はホウギリ単位で行うが、大きな集落では、二つか三つの組に分かれていた。ワカシュウは穴掘り、老人は道具作り、女たちは料理方というように役割分担ができていた。
葬儀には親子相互間、兄弟相互間、叔伯父と姪甥の相互間で、籾一俵の香典を供えなければならなかった。以前は埋葬後二週間位は若い衆がムショ（墓）の近くに宿をとり、一晩に数回、ムショの見回りをした。キモトリが遺体をあばくといわれていたためであるという。墓石碑は三年忌か七年忌に建てた。

三　昭和の大合併にいたるまでの経緯と課題

先述のように、強い結束力を有していた旧大川内村は、昭和の大合併に際して、出水市に編入されたが、その経緯とそれによって生じた課題は次のとおりである。

出水市の誕生　旧出水町と旧米ノ津町とが昭和二十九年に合併し、市制施行がなされて出水市が誕生した。それにいたる経緯を概説する。

両町などの住民の間には、当時から合併して市とすべしという機運が高まっていたという。昭和二十四年に、当時の出水、高尾野、米ノ津、大川内の三町一村を合併して大出水市制を布こうという機運により「出水市制実施期成同盟会」が発足したが、その後、高尾野、米ノ津両町が地形その他の条件で合併に反対したため、この運動は中断することになったが、当時から広域合併を指向する動きがあったのである。同二十六年に発足した「出水・米ノ津両町議会連絡委員会」と「北薩総合開発期成同盟会」等で、両町利害を共にする事項については、一丸となり両町民福祉のために努力すべきであるとされた。

出水町議会は、同二十八年に全員協議会を開催し、市制施行調査特別委員会を設置することを決した。同委員会は市制施行問題の調査研究に着手し、合併の効果について、①議員定数等の消費的経費は自治体の規模が大きいほど割安になる、②職員数は市町村の規模が大きいほど少なくて済む、③投資的経費は自治体の規模が大きいほど多い、④財政運営の弾力性は自治体の規模が大きいほど大である、⑤職員の質は規模が大きいほど大である、⑥広域総合行政の利益、⑦合併促進法によって受ける地方財政法の特例などの各種の利得という七点を示した。また、各地での視察結果から、合併は時代の趨勢であることも論じられていった。一方で、合併市制施行に関する一般的な障害として、①地理的・歴史的環境と伝統に基づく現状維持思想及び優越感情、②偏狭で排他的孤立主義に基づく現状維持の思想及び優越感情、③財政上の不均衡、住民負担の不均衡、④財産及び負債の不均衡とその帰属処分、⑤議員の反対、町村長はじめ特別職の反対、一般職の反対、⑥都市計画と農村計画との不均衡による住民の反対という六点を予測していた。

米ノ津町議会は同二十七年以来、出水町議会と連絡を保つために、相互に連絡委員を五名ずつ選出し、両町において利害得失を等しくする問題については協同して対応していくことにしていた。昭和二十七年には市制実施研究特別委員会を設置し、①米ノ津町単独市制施行の可否、②田町村と連合市制施行の可否、③米ノ津町単独市制施行による場合は、将来予測されるべき問題について検討するという三点をについて検討をすすめた。

両町議会は、同二十八年十二月二十三日、両町合併市制施行について特別委員会の調査研究の結果報告を受けて、両町は合併して市制施行を行うという結論を得た。この結論を具体化するためには、両町が合同して協議検討することが必要とされたため、合同協議会はそれぞれの自町民の了解と納得を得るために、出水町・米ノ津町合併市制施行促進協議会を発足させ、公聴会の開催を経て最終議会へとすすめていくことになった。

両町は昭和二十九年二月十九日にそれぞれ公聴会を開催し、両町民からの賛同を得、翌二月二十日にそれぞれ臨時議会を開催し、両町合併市制施行を議決した。

大川内村の編入

出水町と米ノ津町の合併の背景には、平野部の割合が高く、生活・生産環境が類似していたうえに、廃藩置県後、町村制施行までは、出水・米ノ津町域は井出水郷に所属していたことがあげられる。

一方、大川内村と両町との関係をみてみると、町村制施行当時、大川内村は上出水村に所属していたがその後に分離した経緯があり、産業・交通・文化等の面でも密接な関係があった。出水町の市制施行調査特別委員会報告には「新市の規模についての意見」という項目があり、大川内村や高尾野町との関係にも言及されており、両町村との関係については、合併の意思があれば受け入れると述べられていた。また、出水町での公聴会においても大川内村との合併についての質問が出るなど、出水市発足の時点においても、大川内村を含めた三町村合併の気運は、とくに住民間では濃厚であった。大川内村内では、青年と婦人が中心となった村民大会が開催されるなど、両市村の合併への気運は高まっていった。

昭和二十九年一月十八日に大川内村議会は村財政事情調査特別委員会を設置し、財政的観点から合併についても併せて検討することにした。村民の間には、早期合併を希求する要望があったが、当時、出水・米ノ津両町は合併のうえ市制施行する方向が確定していたため、村当局および村議会は合併問題について充分に研究し、その功罪を納得したうえで決定すべきであるという姿勢であった。また、合併するにしても、後から出水市に編入する方が合併手続き等の面からも適切であるという判断もあったようである。

出水市では、住民側から市制施行前から大川内村との早期合併が要望されていた。そこで、両市村議会は、議員懇談会を企画して市村間の意思疎通を図り、具体的な協議へと進展

山を下りた家の墓

させていくことになった。同年九月十四日に大川内村村民大会が、同月二十三日に出水市において、「出水市大川内村合併の可否について」の広聴協議会が開催され、大川内村の編入合併に対する住民の意向が確認された。翌二十四日に両市村議会は、大川内村を出水市に編入合併することを議決し、十月九日に大川内村は出水市に編入された。

編入後の課題

合併直後の昭和三十年の国勢調査によると、当時の出水市の総人口は四万七五四五人で、総世帯数は九八九一戸であったが、平成十二（二〇〇〇）年の総人口は三万九七〇八人、総世帯数は一五三五七戸となった。合併前の三町村別の動態を比較してみると、旧出水町の場合は、人口は二万二三二三人から二万三七七二人に、世帯数は四七四九戸から九四一八戸に、それぞれ増加している。旧米ノ津町の場合は、人口は一万九八二六人から一万四七〇八人に減少し、世帯数は四一一一戸から五四六三戸に増加している。一方、旧大川内村の場合は、人口は五三九六人から一二二八人に、世帯数は一〇三一戸から四七六戸へと、それぞれ激減している。

この背景には、高度経済成長期を経た産業構造の変化がある。出水市における昭和三十年の第一次産業従事者は一万四二九八人で、そのうち農業従事者人口は一万二九〇二人であったが、平成十二年の同人口は二三九八人で、そのうちの農業従事者人口は二一四二人である。旧大川内村の人口・世帯数の減少には、家業としてきた農業後継者の途絶や農業従事者の高齢化による平野部への転出という事由があるのである。農作業や山仕事に従事してきた世代も、手入れのできなくなった山林を伐採し、墓から精を抜いて山間地から平野部に下り始めていたのである。こうした人びとは、山間地への道路事情が良くなったことで、平野部に新たに家屋を求めて、筍掘りなどの季節の作業に合わせて山にもどるのであるが、山に残した家屋は終の棲家ではなくなっているのである。

旧出水町域の人口・世帯数の増加の背景には、こうした市域内の人口移動や出水市街地での第二次産業や第三次産業従事者の需要とがあるのである。広域合併の目的の一つであった道路などのインフラ整備は、山間地からの吸出し現象を引き起こすことにもなったのである。

四　平成の大合併にいたるまでの経緯と課題

出水地域では、昭和の大合併以前から広域合併を模索する動きがあったが、その背景には廃藩置県後、町村制施行までの地域間の関係性があった。平成の大合併の一環として行われた出水市の合併も、昭和の大合併時の大出水市制を伏線としたものであった。

合併までの経緯

出水地区における合併の取り組みは、平成七年の出水市長選挙後に策定された「第四次出水市総合計画」において、出水市、高尾野町、野田町、阿久根市、東町及び長島町の二市四町による広域合併を前提とした計画が示されたが、当時は国も県も合併推進に力を入れていなかったので、具体的な活動にはならなかった。次いで、平成十一年の出水市長選挙後にも市役所内に合併研究会が起ち上げられたが、周辺の自治体に反応は冷ややかなものであったという。

平成十二年十二月に、鹿児島県が出水市、高尾野町、野田町、阿久根市、東町及び長島町に対して、「出水市、高尾野町、野田町」「阿久根市、東町、長島町」での合併案を提示したことで、出水地区の合併の枠組みはこの案の可否について議論されることになった。

平成十三年に四月に、鹿児島県が地方課の部署に市町村合併推進室を設け、県内各地で合併のための地域シンポジウムを開催するようになった。平成十四年六月に阿久根市においても鹿児島県地方自治研究会が主催したシンポジウムが開催され、登壇した阿久根市長と出水市長から二市四町の合併をめざす旨の発言がなされた。また、出水商工会議所の青年部長からも、合併の是非に関する署名活動を始める旨の発言がなされた。その後、出水商工会議所青年部が中心となった住民発議による法定合併協議会設置請求の準備が進められていくことになった。十月に前述の二市六町を同一請求関係市町とする合併協議会設置の直接請求が、市町村の合併の特例に関する法律第四条の二第一項の規定に基づきなされた。請求を受けた関係市町長は、同条六項の規定により、平成十四年第四回定例会に出水地区二市四町合併協議会設置議案を提出した。各議会での審議結果は、出水市、高尾野町が否決、他の市町が可決であった。

その後、関係市町長間で、一市四町で合併の協議を行うとした場合の基本項目について、合併方法については「対等合併」、合併の期日は「平成十七年三月末日。ただし、合併特例法による財政支援の経過措置が適用される期間」、新市の名称は「公募」、新庁舎の位置については「出水市内でより高尾野町に近いところ」という合意がなされたことから、議会議長等との会議を経て、平成十五年九月に、再度、二市四町法定合併協議会設置議案が各市町議会に提案されたが、各議会の審議結果は前回と同様であった。

この結果を受けて、野田町などが合併に関する住民アンケートを実施したところ、出水市、高尾野町、野田町の一市二町の枠組みの方が、阿久根市、野田町、東町、長島町の一市三町の枠組みよりも賛同者が多かったことから、平成十五年十月十六日に出水市長、高尾野町長、野田町長が協議し、一市二町での合併を進めるために、各市町の議会に法定合併協議会設置議案を付議することについて、合意がなされた。出水市、高尾野町、野田町での議会審議の結果、各議会ともに可決され、同年十一月一日に市町村の合併の特例に関する法律第三条に定める法定合併協議会が設置されることとなり、同日、鹿児島県の合併重点支援地域の指定を受けた。

合併の背景と課題

出水地区の合併計画の背景には、将来の地方交付金の減少を想定した財源対策であることは想像に難くない。合併の枠組みの選択に際しては、そのことが最優先されていくことになった。次いで、自然環境等に起因する産業構造の検討である。昭和の大合併の特徴の一つは、都市部と農村部とが合併することであったが、当時、第一次産業が盛んであったため、合併に際して農村振興策が積極的に検討されていたわけではなかった。出水市の場合も、高度経済成長期を経る過程で産業構造が転換し、旧大川内村を例にあげれば、社会的な居住環境という点では、出水市街地との地域格差が生じている。さらに、家業の途絶による世代間の棲み分けという現象も顕著になった。

こうした経験を経たうえでの、今次の合併であるが、九州新幹線の開通や高速道路網の展開を前提とした出水市街地の開発と高尾野・野田地区の産業育成という課題は、未だに大きな課題である。人口の吸出し現象は、出水市域内にとどまるものではなく、全国的な傾向であるからである。

五　もう一つの合併――開拓集落の統合

出水市の中心部から約二〇キロ程離れた標高五〇〇メートルの高原地帯に位置する上場は、国境の警護のために六つの番所が設けられていた地域である。幕末頃から、当時の出水麓の竹添家の世話で天草方面からの移植が始まり開拓されたという。竹添家の世話で入植したので、竹添姓を名乗った家が多かったという。その後、村一番の資産家がここから生まれたという。山村調査時の上場集落の戸数は三〇余戸であったという。

この集落には、第二次世界大戦後に新たな入植者が加わることになり、両者は別個の集団として暮らしていくことになった。上場の事例は、町村合併と意味合いは異なるが、異なる出自の集団が他者を理解して受容していく過程は、町村合併後の地域内の新たな関係性の構築という視点からも示唆に富む事例である。

上場高原の開拓

嘉永五（一八五二）年頃に天草の栖本村から三戸が移住するまでは、全く人家がなかったという。その後に、さらに入植者が増加し、明治三十三（一九〇〇）年には四〇戸にまでなったという。当時の開拓地は田畑を合わせて百町歩に及んだという。棚田を開いて新田開発と養蚕をにより生計をたて、薪や採草は国有林を入会的に利用することで得ていたという。

昭和十九年に、戦時食糧対策事業農兵隊が上場に駐屯し、開拓事業を行った。終戦により農兵隊は解散したが、駐屯者の一部は帰農組合を形成しそのまま開拓に従事することになった。これに、同二十一年に大川内村農業委員会の指定を受けて入植してきた集団移住者十七名が加わり、三十五戸の開発集団が旧住民の集落内に上場開拓部落を形成することになった。同三十五年には上場集落の総戸数は一〇七戸にまで増加した。このようにして展開した上場の開拓政策は、旧住民と開拓入植者との間にさまざまな軋轢をうみだすことになった。

二つの開拓集落

上場の開拓政策は、地域内に旧住民の上場部落と開拓部落という二つの集落を作っただけでなく、農業協同組合においても、開拓農業協同組合を併存させることになった。さらに、旧住民の自治会館と開拓自治会館とが併存することになった。

戦後の開拓政策は、国有地を造成することで入植事業を展開させていったが、対象となった国有地には旧住民が入会地として利用してきた土地も含まれていたため、自分たちの山林を取り上げられたという意識が生まれていったのである。開拓入植者にしてみれば、水源に恵まれた土地の多くは旧住民に占められているなかで、不毛の土地を開拓していくという労苦は、旧住民に対する感情を複雑なものにしていったのである。水田を持つ旧住民と食糧確保すらおぼつかないまま開拓事業に従事しなければならなかった開拓入植者との間に軋轢は深いものであったという。

開拓集落の統合

二つの地域組織を統合していくことになったのは、上場小学校の設立と電気・水道事業を展開させるための協働であった。同二十三年に上場に朝日小学校上場分校が設立された。戦後の開拓政策による人口増により、旧住民も待望していた分校が開校されることになったのである。分校開設運動は、主に開拓入植者が中心となって行われ、旧住民もそれに賛同することで実現されたものであったし、分校の開設は上場住民に共通の地域活動の基盤をもたらすことになった。こうした協力関係が生まれたことで、同二十八年には両者の協力によって電気利用組合を発足させることになった。同三十六年に九州電力に編入されるまで、地域内での自家発電により電気の供給を実現させることになった

着任教員の引っ越し作業（出水市上場）

のである。

昭和二十九年に上場分校は上場小学校と改称され、名実ともに上場の子どもたちの学校となった。このことにより、PTA活動や運動会などの学校行事を介して地域を統合していくことになった。同三十二年には小学校内に開拓僻地集会所も併設されることになり、婦人会や長寿会などの、二つの集落を統合した諸集団を形成させていくことになった。現在も続いている小学校教員の離着任時の全戸による引越作業は、上場において学校が果たしている役割を伝えている。

さらに、両集落を完全に融合させたのが、平成五(一九九三)年から同十三年度にかけて実施された水道事業で、開拓地整備事業として、出水市内から二〇キロにわたる水道管敷設を実現させた。上場の飲料水は、井戸と湧水であったが、開拓入植者が中心となって展開していた畜産においては、飲料水の安定的な確保は死活問題であった。本事業を展開するにあたり、水源に困らなかった旧住民側は、負担金の支出を伴うことから多くの賛同者が得られなかったが、平成五年に起こった大旱魃が、旧住民側の意識を大きく変えることになり、負担額を受益者別に設定するということで、全戸をあげてこの事業に取り組むことになった。この事業の完成により、上場の全戸に給水が可能になると同時に、二つの集落間にあったわだかまりも完全に払拭されることになった。さらに、このことが契機となって、上場では、自らの水源地をまもるために植林事業が始まった。全戸が体験した旱魃が、開拓に従事してきた人びとに自然環境を再生することの必要性を気づかせることにもなったのである。

入植時期のことなる二つの集落が、完全に融和していった過程をとおしてみてとれるのは、互いが生きていくための課題を協働で解決しようとする経験の存在である。この経験をとおして、互いが共に暮らしていきたい関係であるということを共有していくことになるのである。このまま住み続けたいと思うことが、他者や地域の役に立ちたいという意識を生み出していくのである。一開拓集落の事例であるが、これからの地域社会の形成を考えるうえでも、多くの示唆を含んでいる。

六　小括

旧出水町と旧大川内村とは、藩政期には薩摩藩の外城制度により出水郷に含まれ、郷士が居住する麓集落が武本に形成されていたことから、地域間の関係性は密であった。その一方で、地域内には旧士族と農家という家に対する意識の差異が存在した。さらに、旧士族内には、島津家に繋がる家と西郷軍に繋がる家とがあり、ホウギリ内での人びとの意識は多様であった。そのことは、大間知の残した記録からも窺い知ることができる。

昭和の大合併に際しても、地域間の親密性と地域内の意識の統合ということが念頭に置かれていたことが、旧大川内村当局や村議会が合併市制施行に対して慎重に対応したことに現れているようである。地域の再編は、単に空間を組み替えることだけではなく、当該地域で暮らす人びとを主体とした関係性を創出することであることを、大川内村の対応事例は示している。

それに対して、平成の大合併に際して当該自治体や人びとが示した対応は、新たな自治体規模や範囲を設定することを前提としてすすめられた。今次の合併は、政府が昭和の大合併で実現しようとした中央政権的な自治体統合を、「地方分権」という目標を設定することで再び試みようとしたものと位置づけることができるが、二つの合併が行われた間に展開した高度経済成長によって、地域社会の紐帯を担ってきた家業という存在が途絶し、それにともない地域内での家どおしの関係が希薄化していったことで、政府が地方自治体を統合していく意図が一層強固になってきていることが、今次の合併の経緯からもうかがえる。平成の大合併に際して、住民側の一番の関心事が新庁舎の建設場所であったことは、行政側と住民側との間に意識の齟齬が存在したことを示している。

［参考文献］
出水市郷土誌編集委員会編『出水郷土誌』（上・下巻）出水市、二〇〇四年

（小島孝夫）

鹿児島県鹿屋市輝北町百引（旧肝属郡百引村）

一　対象地の概要

地理　鹿児島県鹿屋市輝《き》北《ほく》町百引は、大隅半島のほぼ中央西寄りに位置している。桜島の東方にあたる山地・丘陵部と、平地部に点在する大小の農業集落から成りたち（図1・図2参照）、面積は約五二平方キロメートル。中央には、旧国分市（現・霧島市）から鹿屋市へ抜ける国道五〇四号が南北に貫通している。気候は温暖で雨量もあり、山地・丘陵部には温帯・暖帯の植物が混在している。ただ、桜島の噴火による降灰には悩まされつづけてきたし、現在もそうである。

歴史　縄文・弥生時代や古墳時代の遺跡・出土品が存在しているので、百引やその周辺に早くから人の居住のあったことは明らかである。彼らは、いわゆる熊襲・隼人を構成していたのであろう。中世以降は島津一族の影響がおよび、江戸時代末までつづいた。

明治二十二（一八八九）年の町村制施行にさいしては、江戸期に百引郷であった地域が肝属郡百引村となり、その中が上百引・下百引・平房という大字にまとまった。その後、昭和三十一（一九五六）年に郡域を越えて隣村の曽於郡市成村と合併し、曽於郡輝北町を形成することになった。さらに平成十八（二〇〇六）年、その輝北町が鹿屋市および肝属郡の串良町・吾平町と合併することになり、新たな鹿屋市の一部となっている。

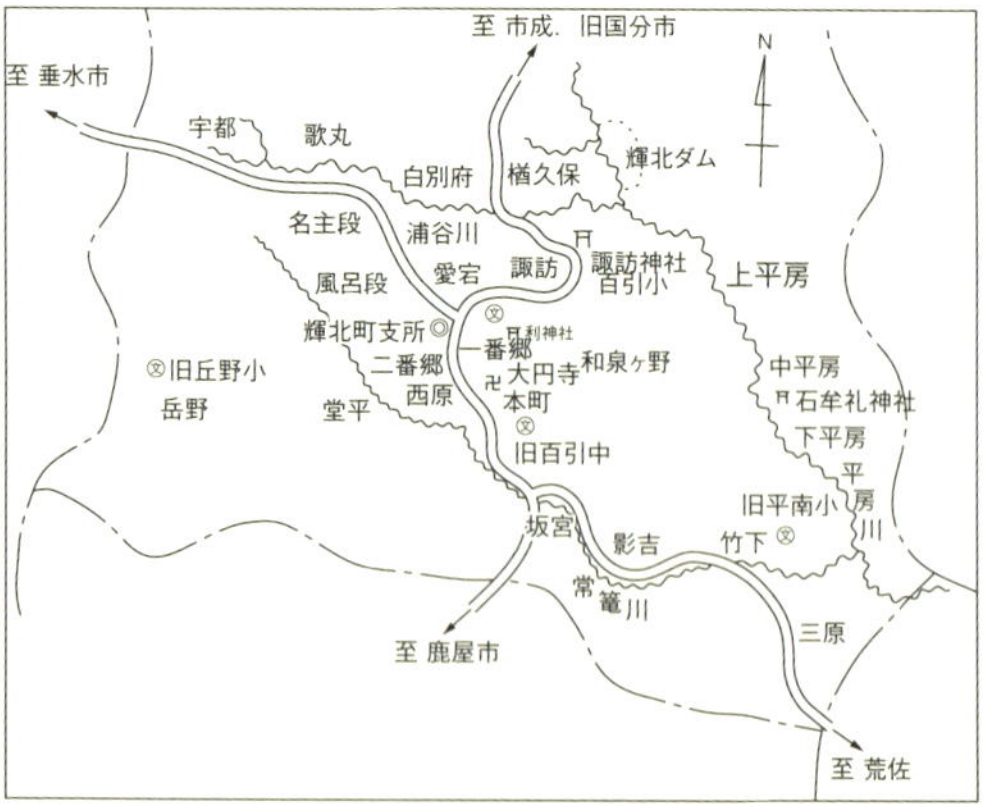

図1　旧百引村概略図

百引は、明治十（一八七七）年の西南戦争の戦場の一つになったところである。西南戦争もさることながら、近代の百引は、この地域特有の大きな出来事を経験した。麓直《ふもとなお》りと桜島の大噴火である。

麓とはこのへんで、江戸時代に薩摩藩の郷士が蟠居していた集落のことをいう。百引では堂籠（図1の堂平の場所）がそうであったが、郷士は各集落にも分散居住していた。明治三（一八七〇）年にそれら一三〇余戸の旧郷士を、図1の一番郷・二番郷・西原あたりの広大な原野を宅地化して、明治七（一八七四）年までに一括移住させ、一番郷から六番郷までの人工的な集落を作った。旧郷士たちはここで新たな地域社会を営むことになったのであるが、これを麓直りという。のちに一番郷に百引村役場が置かれ、商店や旅宿もでき、一番郷周辺は他の農業集落とは趣きの異なる、ささやかながらマチ的雰囲気を持つ地域になった。

　桜島の大噴火は大正三（一九一四）年一月十二日のことだった。桜島はそれ以前にも、また現在も噴煙を上げているが、このときの爆発は全域に約三〇センチ前後の灰を降らせて村内からすべての緑を奪い、集落によっては一メートルにも達する特大なものだった。村外に移住する家があいつぎ、当時の百引村の三分の一弱にあたる三〇〇戸ほどが去ったため、村は深刻な打撃を蒙った。

一番郷の古い雰囲気を残す家

　百引には昭和九年に桜田勝徳が訪れて、『郷士生活研究採集手帖――鹿児島県肝属郡百引村』をまとめている。その追跡調査のため筆者は三田村成孝、石川康治とともに訪れ、『山村生活五〇年　その文化変化の研究』にその成果を報告している。追跡調査までの略史はすでにその報告に記しておいたので、ここでは、昭和六十一（一九八六）年の前回調査以降の、主たる出来事を述べておこう。

　平成五（一九九三）年に地域福祉の拠点として、入浴施設を備えた「やすらぎの里」が完成した。平成十二年には、町の「みどりの園」（市成にある）がデイサービスを開始した。高齢者のうち、この「みどりの園」でデイサービスを受けている人は多い。

　平成七年、旧市成村域の公園内に、九州最大級の反射望遠鏡を備えた天文台・輝北天球館が完成オープンした。古来、輝北町あたりは馬の産地として驥北と称していたため、かつて百引・市成両村の合併にあたっては驥北町と命名したかったようであるが、驥の字が当用漢字にないために、北極星を意識して希望ある躍進の町にしたいとの願いをこめて、同じ音の輝北町にしたという経緯がある。新たな輝北天球館はいわば輝北町の象徴であり、観光の目玉ともなっている。

　平成十二年に中山間地域農村活性化総合整備事業が完了し、各所で水田の圃場整備がなされた。

　平成十七年に、平房川上流部に国営の曽於南部水利事業としての畑地灌漑用の輝北ダムが、基本調印から一〇年余をへて完成した。下流域の大崎町・有明町がもっとも恩恵を受けるダムではあるが、百引の平房地域のためにもよかった。しかし、上平房集落周辺四〇余世帯が湖底に沈むことになり、これらの家々は、父祖伝来の地を離れて町内での集団移住を余儀なくされることになったのである。

なお水没にあたって上平房では、鹿児島大学法文学部の下野敏見教授と学生たちによる民俗調査が実施され、その成果は、輝北町教育委員会から『平房川流域の民俗誌』（平成七年）として刊行されている。

平成七（二〇〇五）年以降、国道五〇四号（平成四年に国道指定）が、支所（旧役場）周辺から旧百引中学校あたりまで、歩道を備えた大きな道路に拡張整備された。これによって一番郷・二番郷・西原集落などでは多くの家が移築し、中心部の町並みは一変してしまった。

平成二十四年に、町に四校（百引には二校）あった小学校が統合され、旧百引小学校の地に新たな鹿屋市立輝北小学校が創設された。同時に中学校の二校（百引には一校）も統合され、旧市成中学校の地に鹿屋市立輝北中学校が創設された。合併後の一つの変化である。

産業

給料生活者も年々増えているが、百引全体としての主生業は一貫して農業だったし、現在でもそうだといってよい。

農業は、稲作を中心に雑穀や芋類を生産している。酪農・畜産に力を入れる家も多く、花卉栽培を取り入れている家もある。農協に肉用牛部会が設けられていることからわかるように、輝北町は畜産の盛んな地であり、百引でも肉牛や豚を飼育している家が多い。降灰のため葉物の野菜は振わず、ハウス内の園芸作物のほか、露地野菜としては大根や里芋栽培が主である。

農作物の多くは、JAをとおして販売されている。

農業振興のためふるさと創生資金を活用して、平成五年から毎年、農家の若妻を四、五人、一〇日間ほど海外へ派遣している。

表1　下平房の農家数と販売部門別1位の家数

部門＼年		昭和60 (1985)	平成2 (1990)	平成7 (1995)	12年 (2000)	平成17 (2005)	平成22 (2010)
農家数		35	27	28	22	19	16
専業農家		16	13	8	10	14	11
第1種兼業農家		7	9	9	6	1	
第2種兼業農家		12	5	11	6	4	5
販売門別一位の家数	稲	12	2	11	3	3	3
	麦類	1					
	雑穀・いも類	7	5	3	3	4	3
	工芸作物	1	1	1	1	1	1
	露地野菜	1	1	1	1	1	3
	酪農品	1	1	1	1	1	
	肉用牛	4	12	8	7	5	4
	豚	1	1	1	1	1	1
	鶏・卵	2	2	2	2	1	1
	繭	5	2				

注：:2010年世界農林業センサス『農業集落カード』より抽出作成。

平成十年には、町と農協が出資して（財）輝北町農業公社を設立し、大型農業機械を積極的に購入して小規模農家の田畑の耕作を請負い、農業活性化に努めている。同時に、町外から農家として定住を希望する人を募集して、スプレー菊（仏花用）栽培などの農業指導をし、研修後は農地借用を斡旋して園芸農家の育成定着をはかっている。すでに町内各地域に、二〇戸ほどの定着に成功している。

林業は、林道が整備されて生産への条件は整っていながら、木材の販売価格が低迷しているため、不振だといわざるをえない。それでも樹齢をへた杉・檜ならば伐採搬出しても採算がとれるが、一般には苦戦している。筆者の見るところ、枝の下打ちや間伐のよくなされている山林は多いのであるが、販売は思いどおりにはいかないようである。

集落別にみると、小稿で主対象としている一番郷と下平房のうち、下平房は純農村集落で、専業農家もまだ少なくない。その内訳は表1のとおりである。どの農家も稲作には従事しているが、収入面での稲作農業への依存は必ずしも大きいとはいえないようである。相対的に畜産農家が多いといえる。他方、一番郷は古くからの家が他所へ出る一方で、新しい人々が移住してきているため、後述するように家の交替が進んで勤め人世帯が多く、『二〇一〇年版　世界農林業センサス』ではすでに農業集落とは認められなくなっている。

平成期の百引全体と、今回の主たる調査地である一番郷・下平房両集落の世帯数・人口の変遷は表2のとおりである。一番郷の世帯数はほぼ変わらずで（内訳については後述）、下平房は漸減傾向にある。人口はともに減少気味であるが、一番郷は平成元年の約九割にとどまっているものの、下平房は七割弱にまで減っている。特に青少年の減少が著しい。

世帯数・人口の推移　すでに述べたように中心部には国道五〇四号が通っているほか、集落内の道路も整備されている。この国道にバスは走っているし村内に循環バスもあるが、運行本数は少なく、公共交通の便はよいとはいえない。

表2　平成以降の人口・世帯数の変遷

年＼地域	百引全体	一番郷	下平房
平成元年	2864 (1011)	246 (91)	118 (42)
3	2795 (1015)	256 (94)	109 (42)
5	2696 (1014)	251 (91)	109 (41)
7	2636 (1002)	251 (90)	105 (42)
9	2568 (999)	253 (91)	97 (39)
11	2543 (1011)	246 (95)	92 (42)
13	2496 (1013)	236 (94)	88 (39)
15	2447 (1012)	232 (96)	83 (37)
17	2355 (986)	204 (88)	82 (35)
19	2245 (976)	217 (92)	79 (33)
21	2171 (979)	228 (97)	75 (33)
23	2060 (958)	223 (96)	72 (33)

注1：上段が人口、（　）内が世帯数。
　2：支所資料による。

商工会所属の会員数は三九であるが、商店は少なく建築・建設関係が多い。かつては戸数の多い集落には小商店が必ず一軒はあって日用雑貨や簡単な食料品の購入に便利だったが、それがほとんどなくなってしまった。その代わり、一番郷にはＪＡのマーケットが新たにできている。昭和六十一年当時、中心部にあった旅館は営業を停止してしまっている。

二　合併にいたるまでの経緯と背景

合併の経緯　平成の市町村合併はここ輝北町でも進められ、その結果、平成十八年に鹿屋市および肝属郡の串良町・吾平町と合併して、新たな鹿屋市の一部となった。合併の話合いは平成十四年から始まった。鹿屋市、垂水市、肝属郡の五町、大隅郡の四町および曽於郡輝北町という二市

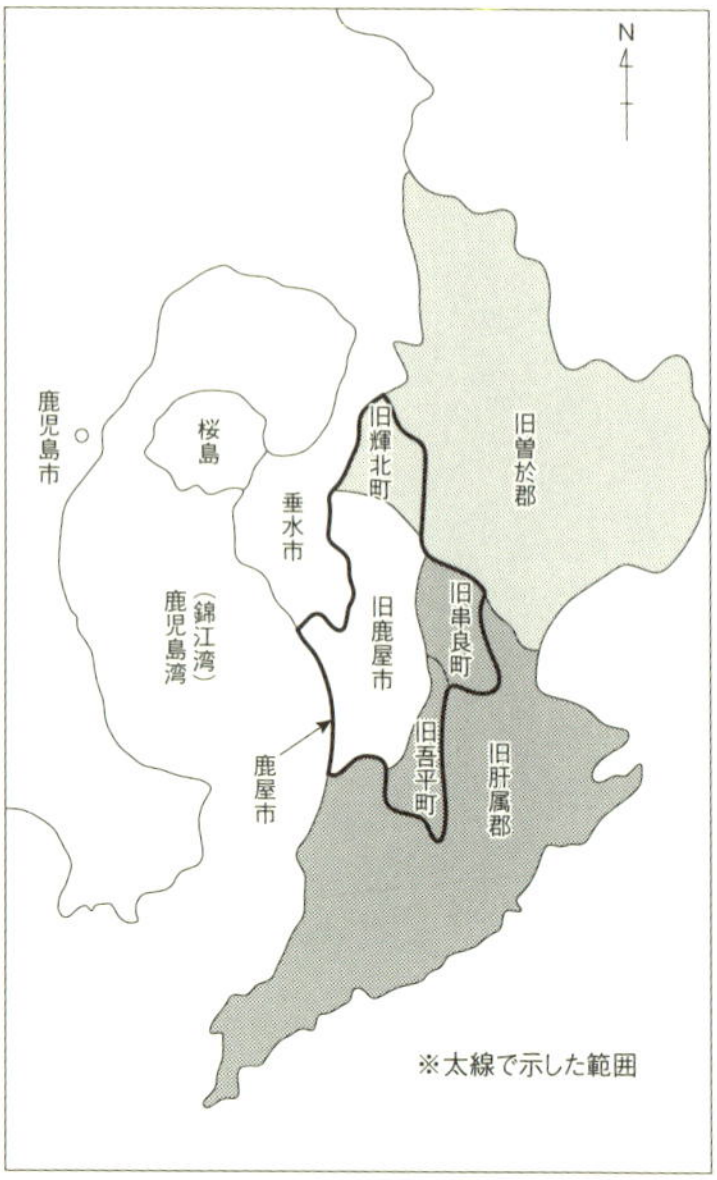

図２　合併後の鹿屋市

一〇町で合併についての調査会を設け、地域の財政シュミレーションを行って地域の将来像を話合ったが、結論にはいたらず会は解散した。

その後、鹿屋市と垂水市、肝属郡の串良町・吾平町、そして輝北町の間で、組合せを替えながら議論検討して合併協議会設立を模索し、結局はその中から垂水市を除いた一市三町で、平成十六年七月に大隅中央合併協議会を設けることになった。そして協議を重ねつつ、まちづくりフォーラムなども開催して準備を整え、同年十一月に一市三町の合併協定調印に漕ぎつけたのである。さらに廃置分合の申請など事務上の処理をし新市に向けての体制作りをしたあと、平成十八年一月に新「鹿屋市」を誕生させた。面積は約四四八平方キロメートル、合併時の世帯数は約四万三〇〇〇、人口は一〇万六五〇〇であった。

新市の名称に鹿屋市が選ばれた理由は、従来から大隅半島部の中核都市であった上に、海上自衛隊鹿屋基地や国立鹿屋体育大学など、全国的に知名度のある施設の存在していることによる。

それでは、合併に向けての輝北町内の動きはどうだったのであろうか。平成十四年に町が実施したアンケート調査によると、約四分の三が合併そのものの必要を認めていた。しかし、輝北町には昭和三十一（一九五六）年の合併のさい、郡を越えて曽於郡市成村と肝属郡百引村が一緒になって、曽於郡輝北町となった経緯がある。

輝北町となって以降、曽於郡の一員として郡内他町との交流を重ねるとともに、町内では充分融和を保ち一体感が築かれていた。とはいえ、新たな合併にあたり、曽於郡を離れて鹿屋市を中心とする大隅中央合併協議会に参加すべきか、前々から密に交流し農業に力を入れている曽於郡各町との合併を模索すべきか、考えが分かれたのである。大隅半島の中核都市鹿屋市と比較的にではあるが近い百引（もとは鹿屋などと同じく肝属郡に属していた）の人がだいたい前者、昭和三十一（一九五六）年の輝北町誕生以前から曽於郡に属し、概して百引より畜産の盛んな市成方面の人に、曽於郡各町との合併を望む後者の意見が多かったようである。

双方の考えをめぐって、公開での意見主張会を開催したり、広報車まで用いての五日間にわたる広報活動のあと、平成十五年六月に住民投票を行った。その結果は、大隅中央合併協議会に参加すべきが二〇四三票、曽於郡各町との連携を模索すべきが一三六八票となり、大差とはいえないまでも、大隅中央合併協議会への加入意思のまさることが確認されたのである。

合併後、輝北町役場は鹿屋市輝北総合支所となり、地域振興・市民生活・産業振興・建設維持という四課体制に変わった。やむをえないことではあるが、保健福祉とか教育関係の部署は置かれていない（これらは鹿屋市役所にのみある）。当然人事異動も行われ、定年近い職員は早期退職し、輝北に馴染み浅い多くの職員が配属されてきた。そのため、多くの人が合併以降、支所（旧役場）と地域住民との関係は薄れたと感じているようである。

町内の関係各機関の去就についても述べておく。

農業協同組合は曽於郡内のＪＡそお農協から離れず、市町合併後も従来のまま曽於郡の各町の農協と活動を共にしている。農協には園芸振興会、稲作部会、肉用牛部会があるが、いずれの分野も、合併した鹿屋市や串良・吾平両町よりも、曽於郡内各町が盛んであるために、従来のままＪＡそお農協にとどまっていた方が都合がよいのである。森林組合も曽於郡内の町と一緒のままである。

商工会は串良町の商工会と合併して、新たに鹿屋商工会を組織した。そこに鹿屋市が加わっていないのは、従来の鹿屋市は鹿屋市商工会議所として別組織なので合併は困難だったからである。

消防団は、鹿屋市の消防団に加わった。体育協会や婦人会も、曽於郡との連携を離れて鹿屋市の体育協会や婦人会の一員となったが、現在のところ、実質は旧来のまま輝北町の体育協会・婦人会として活動をしている。

合併の背景　合併を促した理由は、各自治体において効率的住民サービスや地域振興を進める上で、財政基盤や行政機構の強化が急がれていたことが大きい。少子高齢化や情報化国際化の進展、住民の生活や価値観の多様化などに充分に対応するため、行政区域の拡大も求められていたからである。輝北町においても同様であった。

三　民俗の変化

社会生活　家の系譜関係を意識した同族団的親族組織は、かつても現在も稀薄である。

地縁組織としては、百引は上百引・下百引・平房という三大字に分かれるが、その中にはいくつもの集落があり、集落がムラとして完結した最小の自治組織となっている。

集落は、輝北町になった昭和三十一年に、それまでの小集落を他とあわせて行政上二二に整理し、部落振興小組合と呼ぶようになった。この単位に集会所兼公民館が設けられたので、山村調査追跡調査を行った昭和六十一年当時には、部落とか公民館と通称されていた。それが現在では、鹿屋市との合併の結果、一六集落からなる百引町内会（ほぼ上百引の範域）と五集落からなる平南町内会（ほぼ下百引・平房の範域）という二町内会にまとめられている。ただ二町内会にまとめられたとはいえ集落の機能が消えたわけではなく、新たに自治会と呼んで継承されているのである。

この自治会（集落）は、日常的に顔をあわせる人同士の地縁組織であり、従来からのつながりもあるので、依然として最小の住民自治組織としての機能には無視できないものがある。しかし、人のつながりが時とともに稀薄になりつつあることもまた、否定できない事実である。

例えば、ユイ（結い）とかカセイ（加勢）という農作業上の労力の交換や助力、屋根葺きや共有地の野焼きなどの互助協同は、昭和六十一年段階ですでに行われなくなっていた。道路事情がよくなったために、道普請は小規模な作業になった。

葬儀における互助協同も集落の大きな機能だったが、葬儀はすっかり葬祭業者などにまかせ（町の社会福祉協議会が面倒みることもある）、この面での互助協同もなされなくなっている。集落で選ばれるシニンヌイドリ（死人主取）と呼ばれる役割の人があれこれ采配し、これに集落のメンバーが協力するというかつての葬儀の形は、現在ではほぼ消えようとしている。昭和六十一年当時にはすでに火葬になっていたとはいえ、まだシニンヌイドリが中心になって進めるという従来の形が保たれていたが、当時はまだ自宅で葬儀を出す例が多かったからであろうか。

講行事も少なくなり、大隅半島地域に特徴的な内寺（後述）も多くの集落ではなくなり、そのぶん集落としての機能は減退している。

一方、同じ農作物を生産出荷している家々同士の研修会や親睦行事、民謡など趣味のグループというような、集落を越えた人々の結びつきは、逆に強くなっているように思われる。人同士のつながりが広域化しているのである。

祭りをとおしての人と人とのかかわりは大きい。神社の祭りについては、後述するとして、ここではイベントとしての祭りについて述べておく。

昭和五十九年に、文化協会、農協、商工会、森林組合の共催で、第一回「輝北まつり」が開催された。従来の町振興大会を発展させたもので、秋の農繁期を終えた十一月二十三日（現在は十一月上旬）に、運動公園諸施設を利用して開かれたのである。内容は講演会、郷土芸能や演芸、優れた牛・花など生産物の展示、農機具・農産品の販売、植木市、健康相談コーナーの開設、模擬店などである。同時に、その年、各分野において輝北町に貢献のあった人の表彰も行われている。「町民そろって楽しい一日に」ということで、老若多くの人が参加し、集落単位の交流を越えた新たな人と人とのつながりを考えようとしたものである。平成四年からは、町の象徴である輝北天球館「星のふるさと輝北まつり」と名を変えてますます盛んになり、合併後の現在もつづけられている。八月の「きほく夏祭り」も同様に継続されている。

　年齢集団としての青年同志会の活動は、昭和六十年以降も依然として活発だった。平成五年（当時の会員は三〇人）には、東京で開催された第四二回全国青年大会に演劇部門の県代表として出場し、みごと日本一に輝いたほどである。そのほか毎年、きほく夏祭りを主催してきたり、公民館の清掃などのボランティア活動、小学生たちとの交流、スポーツや文化行事、懇親会など、積極的に活動していたが、二〇歳代青年の減少により徐々に会員が少なくなり、平成十九（二〇〇七）年以降、活動を停止している。寂しい現実ではあるが、青年が少なくなったのでは活動停止もやむをえない。

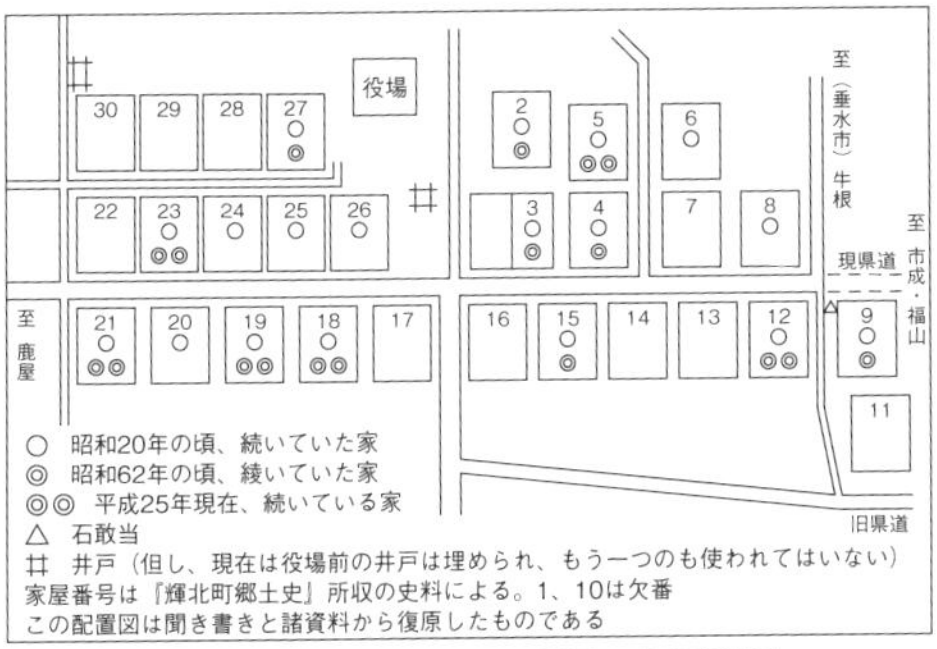

図３　麓直りの際の一番郷の家屋配置

　婦人会の組織はあるが、活動は活発といえないように思われる。

　成人式は、輝北町成人式として正月の帰省者にあわせ長年一月二日に行ってきたが（衣装を簡素にしようとして八月にしたこともある）、合併後は鹿屋市全体の行事として、一月半ばの成人の日に変更になってしまった。

　その年小学校一年生になる幼児対象の「合同七草祝い」は、従来どおり一月七日に輝北町単独で行っている。合併した他の市町に類似の行事がなかったからであろうか。

　集落別でいうと、図３のように麓直り後にできた一番郷では、その後、集落を出ていく家が続出し、最初二九家（図３の１は役場）あった家が残っているのは六家だけになり、それも年輩の一人暮らしの家が多くなっている。ただ、一番郷は役場（支所）所在地である上、周辺に町営住宅（現在は市営住宅）を建設したりして各集落の次三男の町外への流出を食い止めたり、他からの新移住者を求めているために、一番郷の統計上の世帯数・人口の総数に大きな変化はみられない。しかし、居住している家々はすっかり交替し、家々相互の関係は薄くなってしまっている。かつての一番郷集落として育まれてきた慣行は継承されにくく、機能は消えつつあるといってもよいだろう。

　一番郷がそうなった理由は、麓直りのさいに上流の郷士が居住し、教育程度が高かったり上昇志向の強い家が多かったために、子弟を上級学校に進学させて広く活躍させようとした。その結果として、後継者で集落内に居住する人が少なくなったからである。

　下平房の場合、世帯数は減少しているものの、一番郷のようにはなってはいない。

経済生活

先にも述べたように百引全体としては積極的に農業を推進しているのだから、人と自然とのかかわりは深い。

水田稲作や畑作農業は、平成十二年に中山間地域の活性化事業を完了させ、大型農機もつぎつぎに導入して、かつてのような家族労働力を結集する農業からは脱している。家にもよるが、酪農や畜産（肉用黒牛・豚・鶏）も盛んである。茶や花卉栽培もみられる。

水とのかかわりであるが、百引に一級河川はない。二級河川である菱田川水系の五つの河川があり、灌漑などに利用されている。生活水としては、山間部の数十世帯を除いて簡易水道が完成していたために、旧輝北町時代の水道料金は安かったそうである（合併後は他とそろえるようになり高くなった）。下水施設は、全体的にはこれからである。

自然とのかかわりは、利用し恩恵を受けるだけではなく、被害も蒙っている。この地域はしばしば台風の通過地になるほか、桜島の噴火による降灰にも常時悩まされている。

表3　旧百引村の神社と氏子圏

神社名	所在地	氏子の集落	『百引郷神社取調帳』（明治22年稿本）記載の枝社・末社
利神社（旧郷社）	一番郷	一番郷・二番郷・西原（三・四番郷）・本町・坂宮・影吉	金峯神社・御年神社・大山祇神社・水神社・田中御前社
諏訪神社（旧村社）	諏訪	諏訪 諏訪・愛宕（五・六番郷）・楢久保・白別府・歌丸・名主段・宇都・岳野・堂平・和泉ヶ野・風呂段	大王神社・早鈴神社・御年神社
石牟礼神社（旧村社）	中平房	中平房・中平房・下平房	竈神社・白山神社・早馬神社・池王神社・国司神社

かつてから猪には悩まされつづけている。かつては猟友会が活躍し、獣害を何とか食い止めてきた。現在でもおおよそは昭和六十一年当時と変わらないが、猟友会員が高齢化したうえに人数も少なくなり、猪の被害に悩むことは多くなっているようである。昭和六十一年当時には兎の被害もあったが、現在はそれよりもアナグマ（狸の小型のもの）の悩みを語る人の方が多い。筍を掘って竹林を荒らしたり、畜舎の金網の下を掘り下げて入り、豚などの餌を平らげていくというのである。

信仰生活

百引の神社とその氏子圏は表3のとおりである。中心地域にある利神社では戦前にはジンメン（田畑）を所有し、盛大に祭祀が営まれていたが、戦後はその賑わいを失い、祭礼当日でも役員が集まるだけの寂しいものになってしまった。一番郷・二番郷集落に、集落設立時の「神道」を家の宗教とする家（郷士）の多かったときには、祭りは熱心に執り行われていたが、それらの家々が他出し新移住家が多くなったという家の交替が、大きく影響しているものと思われる。諏訪神社と石牟礼神社の祭礼は、特に変わっていない。

下平房が氏子圏に入っている石牟礼神社の場合は、祭礼は昭和六十一年当時と同じく三月第三日曜日（戦後しばらくまでは三月初申の日）で、上・中・下平房の氏子青年たちによる棒踊りや婦人の踊りが奉納され、地域神社らしい賑わいをみせている。ただ青年が少なくなったため、棒踊りには高校生も参加するようになっている。

寺院は、浄土真宗本願寺派（西本願寺）の大円寺のみである。少数の神道の家を除いて、百引の家はほぼすべて同寺の檀家かと思われる（新しい移住家もあり詳細は未調査）。とはいえ多くの集落には内寺《うつでら》という制度があり、当地の寺檀関係は全国一般の寺檀家関係とは異なっている。昭和六十一年当時はその内寺制度がまだ健在だったが、その後解消する集落が増え、百引における家と寺との関係は、密になっているといえよう。

利神社前の石塔群

内寺制度とは、要するに隠れ念仏のことである。すなわち、江戸初期の宗門改めのさいに、薩摩藩はキリスト教とともに浄土真宗（一向宗）をも禁じた。百引に浄土真宗が広がるのは江戸中期以降のことらしいが、浄土真宗門徒になった集落（ほとんどの集落がそうなったようである）では、表面上は従来どおり禅宗などを奉じつつ、番役という役を選んで番役の家に共同の仏壇を設けてそこを内寺としてて集まり、門徒としての仏教行事を営んでいた。葬儀も、番役が僧の役目を務めて執行していた（番役が交替すると共同の仏壇は次の番役宅に移動される）。役人が入村してくると、人々はすぐ連絡しあい番役はその仏壇を背負って裏の竹藪などに隠し、素知らぬ態度でいたと伝えられている。集落間を回って仏教行事を行い信仰心を高める僧もきていたようである。このような内寺制度は、人と人とのかかわりが緊密でなければ守ることができない。

明治になって禁教が解かれ、明治十（一八七七）年に大円寺に本願寺系の僧侶が住むようになった。そのとき家々では、同じ宗旨ということで新たに大円寺との関係を結んだのではあるが、内寺制度は各集落とも長く維持しつづけたのである。そして、葬儀や法事などの特別な読経は僧侶に依頼しても、平素の仏教行事は従来どおり番役中心に営んでいたのである。

昭和六十一年当時にはまだ、ほとんどの集落が内寺制度を守っていた。しかし、近年、その役務の忙しさから徐々に番役の引き受け手が少なくなったので、内寺制度を廃止して仏事関係をすべて大円寺に依頼する集落が多くなった。大円寺でもそのように勧めたようである。番役を介して寺との関係を持つのではなく、このように家々が大円寺と直接つながるようになることを、大円寺のジキモント（直門徒）になるといっている。その点で近年、家々と寺との関係は密になりつつあるといえるのである。

寺からの回覧物などの世話役としてだけ番役を選んでいる例はまだ多いが、番役宅（すなわち内寺）を結集の要として、日常的に先祖とかかわりを持ったり、人々がかかわりあう制度は消えたというわけである。長年守られてきた内寺制度が解消されつつあることは、百引全体の大きな変化である。

昭和四十・五十年代に火葬になったことにより、それからしばらくたった後近年になって、従来の墓を解消する家が多くなり、遺骨をまとめ、大円寺が設けた納骨堂の一角を購入して、そこへ納めるようになりつつあるのである。これも、ジキモントが増えたことと関係しているのであろう。納骨堂内で祀りつづけるとはいえ、代々継承してきた墓をなくすということは、墓制の大きな変化だといわざるをえない

家々の年中行事については、簡略になりながら行われているものが多いようだが、細部については今回の調査ではよくわからなかった。サノボリ・ニワアガリ（庭上がり）など農耕儀礼についても行われているようである。

集落の行事としての一月七日のオネッコ（鬼火焚き）や十五夜綱引きを継続している集落もあるが、両行事とも一番郷・下平房では行われなくなっている。

かつて集落ごとに日取りを決めて盛んに行っていたホゼ（方祭）という行事は、秋の収穫後のこの地域の一大行事であった。その無礼講的な賑わいは多くの人に懐かしく記憶されているが、すでに昭和六十一年段階で完全に絶えている。

先祖を祀っているという屋敷神としてのウッガン（内神）祭祀は、いちいち訪ね歩いたわけではないが、ほとんどの家において現在も継承されているように思われる。

ホシャドン（法者殿）とはこのへんの民間呪術宗教者のことである。家人が交通事故に遭ったり、家に死者が続いたり、子供が病気がちだったりすると、家に何かサワリ（障り）があるのではないかと心配して、ホシャドンに相談に行く人は依然として多いようである。

小括

一番郷と下平房という両集落を多く取りあげてはいるが、かつてのいわゆる行政村としての百引の範囲全体を対象として、昭和十年前後の「山村調査」と昭和六十年前後のその「追跡調査」および平成二十五年の筆者の二度の調査にもとづいて、民俗の変化を報告した。

「山村調査」以来今日まで約八〇年を経ているので、すべての面で変化は著しいし、現在も変わりつつあるのであるが、民俗に関する大きな変化はすでに「追跡調査」までの段階で終わってしまっているように思われる。

変化という点に焦点を当て、次に小稿で述べた主要な出来事を箇条書ふうにまとめておく。

・まず町村合併を述べると、昭和三十一年に隣接する市成村と合併して曽於郡輝北町百引となり、平成十八年には鹿屋市と肝属郡の串良・吾平の両町と合併して、鹿屋市輝北町百引

となったのである。ただ、ＪＡ（農協）や森林組合は従来のままである。
・いくらかマチ的雰囲気を持つ一番郷の家の交替が大きい。一番郷は明治初期に、百引各地に散在していた旧郷士のうち比較的上位の家を集めて作った人工的な集落である。当初は各家とも農業を営んでおり、ここに役場も置かれたので、長い間、百引全体の中心的集落であったし現在もそうである。しかし、旧郷士ということで上昇志向の家が多く、子弟を上級学校に進学させた結果、彼らの家は櫛の歯が欠けるように少なくなっていったのである。そのため旧郷士家を多く氏子に持ち、旧郷社とし百引の中心神社として重きをなしていた利神社の祭礼は、淋しいものになった。しかし一番郷の地は比較的広々した台地なので新たに移住してくる家は多く、百引の中心集落であることに変わりはない。しかし、そこの住民は一変してしまったといってよい。
・農業が機械化したために、集落での農作業をめぐる互助協同がほとんど絶えてしまっている。その代わり、大型機械を備えた農業公社が仕事を請け負うことが多くなっている。
・旧輝北町では地域おこしの祭りなどいろいろなイベントを企画していたため、集落間の壁を超えて人びとの交流が盛んになっていた。これらには、昭和六十年以降に始まったものが多い。農協の企画するイベントも同様である。
・この地で特徴的だった、いわゆる隠れ念仏的な浄土真宗（一向宗）信者（旧郷士系の家は神道だが）宅の内寺制度が、「追跡調査」以来三〇年間で解消に向かおうとしている。またそれと関連して、従来からの家々の墓を徐々になくし、大円寺に設けられた納骨堂を購入して、そこで祀る傾向になっている。
・産育習俗や婚姻習俗は、昭和六十一年段階ですでに現在と同じような形に変わってしまっていたが、葬送習俗はその後の変化が著しい。

小稿をまとめるにあたっては、主として次の各氏にお世話になった。記してお礼申しあげます。
輝北支所長・藤井正和氏、有村ミキ氏、歌丸千敏氏、堀切育雄氏、松田アヤ子氏、松谷日出男氏。資料館、農協、商工会、その他各所で多くの方にお世話になりました。

【参考文献】

輝北町郷土誌編纂委員会／編集『輝北町郷土誌』輝北町、二〇〇〇年
広報紙『きほく』各号
田中宣一「鹿児島県鹿屋市輝北町百引再訪（中間報告）」『民俗学研究所紀要』平成二十六年

（田中宣一）

あとがき

まえがきでも述べたとおり、本書は成城大学民俗学研究所プロジェクト研究「町村合併による社会・文化の再編に関する民俗学的研究――『平成大合併』を視野に」の成果であり、本共同研究の遂行にあたり日本私立学校振興・共済事業団学術研究振興資金による研究助成（平成二十三～二十五年度）を受けた。

また、本書は、成城大学民俗学研究所の同プロジェクト研究成果刊行の出版助成（平成二十六年度）により刊行された。

本プロジェクトの構成員は、次のとおりである。小島孝夫（所員・代表者）、田中宣一（名誉教授・元所員）、俵木悟（所員）、山田直巳（所員）、八木橋伸浩（玉川大学教授）、山本志乃（旅の文化研究所主任研究員）、加藤秀雄（研究員）、亀井好恵（研究員）、今野大輔（研究員）、高木大祐（研究員）、山口拡（研究員）、山崎久登（研究員）、玄蕃充子（研究生）

この共同研究は、四年間にわたり継続的な現地調査と一八回の研究会を開催してきた。その研究会活動の履歴を以下に記す。

①平成二十三年六月四日
　議事：研究の全体構想について／調査地等の分担について
②平成二十三年十月七日
　報告：今野大輔「長野県伊那市長谷（旧上伊那郡長谷村美和地区）調査報告」／八木橋伸浩「長野県伊那市長谷

（旧上伊那郡長谷村美和地区）調査報告」
議事：今年度の活動経過／・来年度の研究計画
③平成二十四年一月二十日
報告：高木大祐「林業の町の変遷――合併への認識の変化を視野に」／俵木悟「白石島でみた島づくりの実践と困難」
議事：今年度の活動経過／来年度の研究計画
④平成二十四年三月十日
報告：亀井好恵「新潟県東蒲原郡阿賀町上川地区について」／山口拡「岡山県新見市大佐大井野調査報告」
議事：今年度の活動総括／来年度の研究計画
⑤平成二十四年五月十一日
報告：小島孝夫「二〇一一年度調査概報」／山本志乃「兵庫県佐用郡佐用町海内における生活の変遷――昭和三〇～四〇年代までの交通と生業を中心に」
議事：昨年度の活動総括／今年度の研究計画
⑥平成二十四年七月二十日
報告：田中宣一「佐賀県唐津市厳木町（旧東松浦郡厳木町）天川の社会変化」／山崎久登「和歌山県田辺市龍神村調査報告――観光・林業の現状を中心に」
議事：今後の研究計画
⑦平成二十四年十月十二日
報告：今野大輔「『日本民俗学』第二四五号 特集「市町村合併と民俗」の検討」／山田直巳「合併の島と合併しないアイランド――隠岐諸島、島前島後の比較社会論」

議事：今後の研究計画
⑧平成二十四年十二月二十一日
報告：山口拡「市町村合併にみる故郷意識」／小島孝夫「那賀川上流域における民俗変化――徳島県那賀郡那賀町木頭地区の現在」
議事：今後の研究計画
⑨平成二十五年三月十五日
報告：俵木悟「笠岡諸島の「島づくり」の実践にみる地域再編」／八木橋伸浩「合併拒絶の判断」
議事：今年度の活動総括／来年度の研究計画
⑩平成二十五年六月七日
議事：過去二年間の調査内容について／研究成果の刊行計画について／公開シンポジウムについて
⑪平成二十五年七月十二日
報告：小島孝夫「「資料編」原稿の取りまとめ案について――徳島県那賀郡那賀町を事例として」／八木橋伸浩「合併しないという選択肢とその背景」
議事：研究成果の刊行計画について／公開シンポジウムについて
⑫平成二十五年十月二十五日
議事：シンポジウムについて／研究成果の刊行について
⑬平成二十五年十二月二十一日
公開シンポジウム：「市町村合併と民俗変化――平成の合併を中心に」
招聘討議者　内山節・大門正克
⑭平成二十六年二月二十八日

議事：シンポジウムの論点について／研究成果の編集方針について／次年度の研究計画（刊行計画）について
⑮平成二十六年四月二十五日
議事：資料編入稿原稿について／論考編の編集方針について
⑯平成二十六年七月二十五日
議事：資料編の校正内容について／論考編構成案について
⑰平成二十六年九月二十六日
議事：資料編校正作業の進捗状況について／論考編構成案について
⑱平成二十七年三月二十七日
議事：研究成果の刊行について／新たな研究プロジェクトについて

以上のような経緯で本書は成されたが、この間に多くの方々や諸機関からのご教示とご協力を賜った。記して感謝の意を表したい。現地調査に際しては、調査で直接お世話になったみなさまをはじめ、当該自治体担当者ならびに区長などの地区の役職者の方々にも大変お世話になった。本研究プロジェクトにご参加いただいた方々には、限られた条件の下で研究成果をお寄せいただいた。プロジェクト参加者の惜しまぬ協力により本書は成った。

公開シンポジウム「市町村合併と民俗変化――平成の合併を中心に」では、招聘討議者としてご参加いただいた内山節氏と大門正克氏から、啓発的で刺激的なコメントをいただいた。シンポジウムにおいて大門氏より本研究を総括するキーワードについての指摘があったが、地域社会における関係の意義を論じてきた内山氏のコメントと、大門氏の示唆とにより、「関係性」という言葉に行き着いた。そして、町村合併を契機とした主体と他者との関係性を考えるうえで、公共性のあり方についても考えていくことになった。本書の論考編には、お二人を交えた議論の成果が反映されている。

成城学園ならびに成城大学民俗学研究所には、本プロジェクトの調査研究活動と研究成果の刊行についてご支援いただいた。末筆ながら記して御礼を申しあげたい。

最後に、本書の出版の趣旨についてご理解をいただいた明石書店ならびに煩瑣な編集作業を担当していただいた編集部小林洋幸氏の、一方ならぬご尽力とご助言に対して衷心より感謝申しあげる。出版に際して、仲介の労をとっていただいた畏友松本徹二氏にも御礼を申しあげる。

本プロジェクトの成果を検証・継承する目的で、平成二十七年度より「地域社会における関係性の変容に関する基礎的研究」を開始する。「ともに生きる」という課題について、さらに検討を続けていきたい。

小島孝夫

平成二十七年三月

■人名索引

〈か〉

〈さ〉

〈た〉

〈な〉

■地名索引

索　引

■事項索引

〈あ〉

〈か〉

田中宣一（たなか せんいち）
1939年生まれ。成城大学名誉教授。主な著作に『徳山村民俗誌——ダム 水没地域社会の解体と再生』慶友社、2000年、『祀りを乞う神々』吉川弘文館、2005年、『暮らしの革命——戦後農村の生活改善事業と新生活運動』編著、農山漁村文化協会、2011年ほか。

俵木 悟（ひょうき さとる）
1972年生まれ。成城大学文芸学部准教授。主な著作に『日本の民俗9　祭りの快楽』共著、吉川弘文館、2009年、「あのとき君は〈無形文化財〉だった」岩本通弥編『世界遺産時代の民俗学——グローバル・スタンダードの受容をめぐる日韓比較』風響社、2013年、『民俗小事典　神事と芸能』神田より子と共編、吉川弘文館、2010年ほか。

八木橋伸浩（やぎはし のぶひろ）
1957年生まれ。玉川大学リベラルアーツ学部教授。主な著作に『都市周縁の考現学』言叢社、1995年、『キーワードで学ぶ知の連環』共著、玉川大学出版部、2007年、『都市民俗文献目録』岩田書院、2010年ほか。

山﨑久登（やまざき ひさと）
1977年生まれ。東京都立高等学校教諭。主な著作に「御場肝煎制と江戸の町」『史潮』76、歴史学会、2014年、「江戸周辺鷹場と御場肝煎制——化政期を中心に」『地方史研究』63(6)、地方史研究協議会、2013年、平凡社地方資料センター編『日本歴史地名大系 第13巻（東京都の地名）』共著、平凡社、2002年ほか。

山田直巳（やまだ なおみ）
1948年生まれ。成城大学社会イノベーション学部教授。主な著作に『民俗と文化の形成』新典社、2002年、「踏喪歌の諸相——その局面の概念定義」『アジア民族文化研究』アジア民族文化学会、2012年、「雲南省大理白族の葬送歌唱——永香村踏喪歌」『成城大学社会イノベーション研究』8(2)、成城大学社会イノベーション学会、2013年ほか。

山本志乃（やまもと しの）
1965年生まれ。旅の文化研究所主任研究員。主な著作に『女の旅——幕末維新から明治期の11人』中央公論新社、2012年、『日本の民俗3　物と人の交流』共著、吉川弘文館、2008年、『乾杯の文化史』共著、ドメス出版、2007年ほか。

〈執筆者紹介〉（50音順）

加藤秀雄（かとう ひでお）
1983年生まれ。国立歴史民俗博物館機関研究員。主な著作に「三浦家のモノにみる本吉地域の生活文化――津波のあとに興されたイエ」『東日本大震災と気仙沼の生活文化――図録と活動報告』人間文化研究機構国立歴史民俗博物館、2013年、「伝承概念の脱／再構築のために」『現代民俗学研究』4、現代民俗学会、2012年、「マクシム・ゴーリキーのフォルクロール論と日本におけるその受容」『常民文化』35、成城大学、2012年ほか。

亀井好恵（かめい よしえ）
1962年生まれ。成城大学民俗学研究所研究員。主な著作に『女子プロレス民俗誌――物語のはじまり』雄山閣出版、2000年、『プロレスファンという装置』小田亮と共編著、青弓社、2005年、『女相撲民俗誌――越境する芸能』慶友社、2012年ほか。

玄蕃充子（げんば あつこ）
1987年生まれ。成城大学大学院博士課程後期在籍、成城大学民俗学研究所研究生。主な著作に「福島県いわき市江名における漁業の変容――漁村社会の把握にむけて」『常民文化』34、成城大学、2011年。

小島孝夫（こじま たかお）
編者紹介欄を参照。

今野大輔（こんの だいすけ）
1982年生まれ。成城大学民俗学研究所研究員・淑徳大学兼任講師。主な著作に『ハンセン病と民俗学――内在する差別論理を読み解くために』皓星社、2014年ほか。

髙木大祐（たかぎ だいすけ）
1977年生まれ。我孫子市杉村楚人冠記念館嘱託職員・成城大学文芸学部非常勤講師。主な著作に『動植物供犠と現世利益の信仰論』慶友社、2014年、「漁業と供養――東北地方の鮭供養を事例として」『日本民俗学』248、日本民俗学会、2006年、「奥山半僧坊信仰の変遷――講と漁業史の視点から」長谷部八朗編著『「講」研究の可能性Ⅱ』慶友社、2014年ほか。

〈編者紹介〉
小島孝夫（こじま たかお）
1955年、埼玉県生まれ。筑波大学大学院修士課程環境科学研究科（文化生態学専攻）修了（修士（学術））。千葉県立大利根・安房・関宿城博物館学芸員を経て、現在成城大学文芸学部教授。日本民俗学（生業論・環境論）。共著に『海と里』（日本の民俗学1、吉川弘文館、2008年）。単編著に『クジラと日本人の物語 ―― 沿岸捕鯨再考』（東京書店、2009年）、『海の民俗文化 ―― 漁撈習俗の伝播に関する実証的研究』（明石書店、2005年）。共編著（田中宣一との共編）に『半島のくらし ―― 広域民俗誌の試み』（慶友社、2009年）、『海と島のくらし ―― 沿海諸地域の文化変化』（雄山閣、2002年）。

平成の大合併と地域社会のくらし
―― 関係性の民俗学

2015年3月31日　初版第1刷発行

編著者　小島孝夫
発行者　石井昭男
発行所　株式会社 明石書店
〒101-0021 東京都千代田区外神田6-9-5
電話 03（5818）1171
FAX 03（5818）1174
振替 00100-7-24505
http://www.akashi.co.jp
組版／装幀　明石書店デザイン室
印刷／製本　モリモト印刷株式会社

（定価はカバーに表示してあります）　ISBN978-4-7503-4164-4